中国财务与投资前沿研究丛书

交叉上市、政府干预与公司投融资行为

Cross-Listings, Government Intervention, and Corporate Investment and Financing

覃家琦 ◎著

图书在版编目(CIP)数据

交叉上市、政府干预与公司投融资行为/覃家琦著.—北京:北京大学出版社,2016.12
(中国财务与投资前沿研究丛书)
ISBN 978-7-301-27753-9

Ⅰ.①交… Ⅱ.①覃… Ⅲ.①上市公司—研究—中国 Ⅳ.①F279.246

中国版本图书馆 CIP 数据核字(2016)第 273770 号

书　　　名	交叉上市、政府干预与公司投融资行为 JIAOCHA SHANGSHI、ZHENGFU GANYU YU GONGSI TOURONGZI XINGWEI
著作责任者	覃家琦　著
责 任 编 辑	杨潇宇　李　娟
标 准 书 号	ISBN 978-7-301-27753-9
出 版 发 行	北京大学出版社
地　　　址	北京市海淀区成府路 205 号　100871
网　　　址	http://www.pup.cn
电 子 信 箱	em@pup.cn　　QQ:552063295
新 浪 微 博	@北京大学出版社　@北京大学出版社经管图书
电　　　话	邮购部 62752015　发行部 62750672　编辑部 62752926
印 刷 者	三河市博文印刷有限公司
经 销 者	新华书店
	650 毫米×980 毫米　16 开本　29.25 印张　450 千字 2016 年 12 月第 1 版　2016 年 12 月第 1 次印刷
印　　　数	0001—3000 册
定　　　价	72.00 元

未经许可,不得以任何方式复制或抄袭本书之部分或全部内容。
版权所有,侵权必究
举报电话: 010-62752024　电子信箱: fd@pup.pku.edu.cn
图书如有印装质量问题,请与出版部联系,电话: 010-62756370

总　　序

综观过去 30 年公司财务(Corporate Finance)与资本市场(Capital Market)的研究动态,这一领域的研究发生了一些革命性的变化,通过与不同学科(例如,经济学、心理学、法学、非线性动力学、金融学、投资学、会计学和审计学等)的相互碰撞和融合,产生了一系列具有挑战性的新课题。我认为,以下四方面新的研究课题反映了当代公司财务和资本市场研究发展的新趋势。

第一,公司财务和资本市场的研究与公司治理的研究相互融合,探讨公司治理是否对公司财务产生影响、为什么影响和如何影响。传统的公司财务都是在一般均衡条件下讨论成本最小化或收益最大化,而忽略了公司的股权结构、董事会构成、总经理与董事会关系、经理持股、经理薪酬制度等对公司财务政策的影响。事实上,近年来的许多案例和研究成果都表明,无论是在国内还是在国外,公司治理因素对公司财务政策选择和业绩都具有显著影响。但迄今为止,在公司治理如何影响公司的资本结构、融资方式、股利分配政策、投资决策和业绩等方面,并没有明确的结论;公司治理是否影响公司资产定价,即"公司治理溢价"(Corporate Governance Premium)是否存在等问题也没有得到解答。由此可见,公司财务与公司治理之间的关系仍是一个值得深究的"谜"!

第二,公司财务和资本市场的研究与心理学及行为科学的研究相互融合,探讨管理者和投资者的非完全理性行为是否以及如何影响公司财务政策、投资决策和资产定价等。传统的公司财务和投资理论都是在理性投资者或管理者的前提下讨论财务理论和投资理论的,但新的研究发现,不仅投资者存在非理性行为,而且管理者也存在非理性行为。这些发现对传统的财务理论和投资理论无疑是个巨大的挑战。也正是由于这些发现,使得研究者开始从心理学的视角来解释公司财务和资本市场存在的某些反复出现,却难以用传统的财务理论和投资理论来解释的"异象"(Anomalies)。例如,为什么股票价格涨(跌)得越快,投资者买(卖)得越多,即使股价已经超过(低于)其价值?从心理学角度研究投资行为和理财行为,推动了行为金融(Behavior Finance)和行为公司财务(Behavior Corporate Finance)这些新思想和新理论的产生与发展。

第三,公司财务和资本市场的研究与法律的研究相互融合,探讨法律是否以及如何影响公司财务政策和投资行为等。法律作为公司外部治理变量,早年属于公司治理研究的范畴,但近年来,法律与公司财务及投资的关系研究纷纷兴起,特别是投资者法律保护是否影响公司的股权结构、财务政策选择和投资决策,投资者法律保护是否能够提高公司的价值,等等。当前,"法律与金融"(Law and Finance)以及"法律与公司财务"(Law and Corporate Finance)已经成为财务和资本市场研究的新领域。

第四,公司财务和资本市场的研究与微观结构(Microstructure)的研究相互融合,探讨从微观的视角,采用高频数据(High Frequency Data),研究投资者潜在需求如何最终转化为公司资产价格和交易量的过程。更具体地说,微观结构思想和方法的导入,使得我们能够更加细致地观测各种信息与资产价格及交易量之间的变动过程和关系、价格形成与交易规则之间的关系、信息透明度与交易行为及交易策略的关系、流动性程度与资产收益的关系,也有助于我们从市场微观结构视角解释股票首次公开发行(IPO)、股票拆细、小公司股票筹资、境内资本市场分割、外汇交易市场等"谜题"。

本系列丛书的作者正是立足财务与投资研究的前沿,结合国情,以中国上市公司和资本市场为研究对象,针对中国上市公司面临的财务政策、融资与投资决策、公司治理与财务管理、投资者行为等相关问题展开专题研究,发现并提出许多具有科学意义和应用价值的结论和建议。我相信,本系列丛书所介绍的研究成果,不但有助于我国高校理财、会计、金融、投资专业的教师和研究生,也有助于证券业研究机构的研究人员拓展研究思路,拓宽研究视野,掌握研究动态和深化我国财务和投资的研究;不但有助于我国上市公司、投资基金和证券业的财务和投资管理工作者深入了解我国上市公司财务管理和资本市场面临的问题以及公司的财务行为、投资者行为和资本市场的变化趋势,掌握基于价值创造理念以科学地制定上市公司的财务政策和投资决策的原理，进一步完善上市公司的财务制度和治理结构，做好财务管理工作，也有助于证券监管机构的管理者了解上市公司的财务行为及其成因，以及资本市场投资者行为及其成因，为制定和完善我国证券市场监管政策提供科学依据。

本系列丛书的撰写和出版得到福耀玻璃工业集团总裁曹德旺先生的关心和支持。福耀玻璃工业集团本着办好民族企业和为股东创造价值的理念，艰苦创业，注重技术创新和管理创新，强调品质第一，以质量强化品牌，不断开拓市场，研究国内外市场需求变化，加强财务管理，追求投资效益。福耀玻璃工业集团所生产的汽车玻璃先后赢得了国内外诸多荣誉，成为优秀的民族品牌，企业的经济效益也日益提升，成长为一个"价值创造型企业"，不断为股东创造价值，并为投资者带来丰厚的回报。曹先生办企业兴民族产业的卓越领导才能，举善事以回报社会的爱国爱乡之心，有口皆碑。我谨代表本系列丛书的全体作者，真诚地感谢曹先生和福耀玻璃工业集团对学术研究的支持！

本系列丛书的出版，得到原北京大学出版社梁鸿飞博士及其北京大学出版社其他同事的理解和支持。梁博士以敏锐的学术眼光和高超的专业精神，对本系列丛书的定位、选题、学术价值、编委会组成等，提出了诸多宝贵的意见和建议，特此致谢！此外，本系列丛书的编选和出版，还得到国内外同行专家的帮助和支持，他们都是财务与投资研究领域的杰出学者。因此，我还要代表全体作者深深感谢全体编委会成员，他们为提高这套丛书的学术价值和质量作出了重要的贡献！

吴世农
2006年2月于厦门大学芙蓉湖畔嘉庚楼

前　言

根据交叉上市(cross-listing)领域的权威人物、康奈尔大学金融系的Andrew Karolyi教授的定义，交叉上市也称为双重上市(dual-listing)、跨国上市(international listing)，甚至交互上市(inter-listing)，通常是指公司将其在母国市场(home market)交易所上交易的股票拿到一个新的海外市场(overseas market)进行二次上市。这种"先母国后海外"或者"先境内后境外"的上市顺序成为当前文献中交叉上市的主要形式。但这个定义忽略了另外两种形式：一种是先在海外市场发行股票并上市，而后在母国市场再次发行股票并上市。这种形式可称为"先境外后境内"交叉上市。另一种是境内外同步交叉上市。中国的交叉上市同时存在这三种形式，但以"先境外后境内"为主。研究中国这种不同于主流形式的逆向交叉上市的动机，及其对公司投融资行为的影响，是本书的写作意图。

本书专注于先在香港上市然后回归A股市场的交叉上市公司(简称H＋A公司)。根据会计学对企业活动的三分法，企业活动可划分为投资、融资与经营三类，并且经营可以视为投资的执行或继续；又因为自MM理论以来，公司财务学的研究重点集中于投资与融资决策，因此，本书也专注于H＋A公司的投融资行为，并集中回答如下问题。问题一：中国长期处于由计划经济到市场经济的转轨时期，其交叉上市的制度背景是什么？问题二：在中国的特殊制度背景下，交叉上市公司的投资行为有什么特点？问题三：在中国的特殊制度背景下，交叉上市公司的融资行为有什么特点？问题四：作为公司投融资的重要传导机制与绑定假说的重要逻辑中介，中国交叉上市公司的治理水平是否获得提升？

  本书的章节安排如下：第一章为导论，介绍本书的研究背景、研究内容、研究方法、研究发现与研究贡献。第二章是文献综述。第三章是中国 H＋A 交叉上市的制度背景，旨在回答问题一，让读者尽可能详细地了解中国交叉上市的制度背景。第四章是中国 H＋A 公司的投资行为，旨在回答问题二，分别从如下四个方面来刻画投资行为：投资水平、投资效率、投资回报率、投资的融资约束。第五章是中国 H＋A 公司的融资行为，旨在回答问题三，分别从如下五个方面来刻画融资行为：A 股 IPO 抑价的市场估值法、A 股 IPO 抑价的随机边界分析法、权益再融资行为、负债行为、股利政策。第六章是公司治理、政府干预与制度变迁，旨在回答问题四。第七章是研究结论与政策建议。最后是一篇附录，来自交叉上市研究领域的权威人物 Karolyi 教授关于绑定假说的一篇综述。

  本书的贡献可概括如下：

  第一，本书首次在中国的经济改革与国有企业改革背景下考察 H＋A 公司交叉上市的动机，发现 H＋A 公司交叉上市植根于政府干预下的强制性制度变迁，与纯 A 股公司相比，H＋A 公司受到更多的政府干预并导致更严重的投融资扭曲行为，这使得基于公司自愿选择的绑定理论无法解释中国的 H＋A 公司交叉上市。本书首次从政府干预的角度系统地考察了 H＋A 公司交叉上市的投融资行为，同时为中国的 A 股和 H 股交叉上市的制度背景提供了最为详实的历史资料。

  第二，本书首次系统地实证检验了中国 H＋A 公司的投资水平、投资效率、投资回报率和投资的融资约束。在投资效率上，本书首次将基于微观上市公司平衡面板数据的参数与非参数化生产效率引入 H＋A 公司的投资效率分析中，通过考察交叉上市、投资效率与公司价值之间的交互关系，为交叉上市估值效应提供了一个新的中介变量即投资效率，丰富了交叉上市对公司价值的作用机理的研究文献。本书发现，中国 H＋A 公司并没有相对于纯 A 公司获得市场溢价，反而显示出显著的折价，为交叉上市的估值效应提供了来自新兴市场国家的反面证据。

第三，本书首次系统地实证检验了中国H＋A公司的A股IPO抑价、A股再融资行为、负债行为与股利政策。在A股IPO抑价上，本书不仅采用了传统的市场估值法（包括首日回报率法），还引进了随机边界分析法来降低对二级市场对估值的影响。在股利政策上，本书发现H＋A公司具有更低的增长机会，但同时具有更低的现金股利支付水平和支付意愿。这种反常的现象无法为绑定假说所解释。但在政府干预假说下，H＋A公司由于受到更多的政府干预而无法根据市场变化来执行未来投资机会，从而使增长机会更低；同时，Stultz(2005)所指出的双重代理问题将使得H＋A公司倾向于在缺乏未来投资机会的情况下对当前项目进行过度投资，而经营机制上的不足也导致H＋A公司的净利润及自由现金流降低，最终导致股利支付水平和意愿都下降。本书克服了绑定假说在解释交叉上市与股利政策时所存在的逻辑不一致问题。

第四，本书首次将交叉上市、公司治理、政府干预与制度变迁有机地结合起来，不仅从实证上检验了H＋A公司的治理水平与政府干预，而且从制度理论的视角解释了H＋A公司的制度绑定初衷没有获得预期效果的原因。本书指出规则系统的层级性要求整个系统能保持某种可预期性和系统的内在一致性，规则系统变迁由此存在某种路径依赖。H＋A交叉上市乃至中国经济改革都属于一种政府干预下的强制性制度变迁，这种变迁要求遵守一些基本原则，并保证规则系统的其他子系统的相应调整。但中国的改革进程未能很好地遵守这些基本原则以及保证系统的整体协调，以致整个制度改革虽有成效，但未能达到令人满意的效果。而H＋A公司作为试点公司，虽为中国整体的制度变迁作出了巨大贡献，但也为这种制度变迁承担了相应的成本。这些结论为"摸着石头过河"与"顶层设计"的辩证关系，为当前中国经济改革与国有企业改革均提供了良好的历史证据与经验解释。

本书内容的研究过程得到了国家自然科学基金青年项目"跨境双重上市对公司投资效率的作用机制研究"（70902048）、国家自然科学基金面上项目"风险资本、企业家控制权与公司投资政策——基于中国民营上市公司的研究"（71372096）以及国家自然科学基金重点项目"公司财务政策选择与动态演化研究"（71232005）、南开大学人文社会科学校内青年项目"多重上市对公司投资效率的作用机制：理论与实证"（NKQ07014）的资助,在此表示感谢!同时需要感谢的有:美国康奈尔大学金融系的 G. A. Karolyi 教授及其博士生 Yuzheng Sun;美国波士顿学院的 Thomas J. Chemmanur 教授、Philip Strahan 教授以及金融系的全体中国博士生;美国圣路易斯大学的 Yan Sun 副教授;南开大学商学院的张玉利院长、孙悦书记、李莉教授、王永进教授、刘志远教授及各位同仁好友;厦门大学的吴世农教授、沈艺峰教授、潘越教授;对外经济贸易大学国际经贸学院的邵新建副教授;山东大学威海分校的陈学胜副教授;上海国际集团的刘昕博士;中国人民银行研究局的杨娉博士;国家自然科学基金委;国家留学基金委;人民邮电出版社的贾福新总经理和郭咏雪副总经理;北京大学出版社的林君秀主任、张燕女士和杨潇宇女士;我的家人;等等。最后我想说明的是,学术研究艰辛而无止境,本书虽经多年酝酿方得以出版,但其中不足之处在所难免,欢迎各位读者批评指正。

覃家琦

2016 年 11 月 5 日

Email:qjq@nankai.edu.cn

目　　录

第一章　导　论 …………………………………………………………（1）
　第一节　研究背景 ……………………………………………………（2）
　第二节　研究内容与研究方法 ………………………………………（18）
　第三节　研究发现与研究贡献 ………………………………………（25）

第二章　文献综述 ………………………………………………………（30）
　第一节　公司投融资理论研究脉络 …………………………………（31）
　第二节　交叉上市研究脉络 …………………………………………（35）
　第三节　绑定假说检验模型中的技术问题 …………………………（51）
　第四节　关于中国交叉上市的研究 …………………………………（65）
　第五节　综合述评与展望 ……………………………………………（68）

第三章　中国 H＋A 交叉上市的制度背景 ……………………………（73）
　第一节　国企改革、试点策略、境外上市与绑定意愿 ……………（74）
　第二节　中国 H 股上市的历史进程 …………………………………（76）
　第三节　H 股公司回归 A 股市场的历史进程 ………………………（85）
　第四节　绑定假说是否适用 …………………………………………（96）
　第五节　一个替代性解释：政府干预假说 …………………………（105）

第四章　中国 H＋A 公司的投资行为 …………………………………（117）
　第一节　投资水平 ……………………………………………………（117）
　第二节　投资效率Ⅰ：参数化方法 …………………………………（128）
　第三节　投资效率Ⅱ：非参数化方法 ………………………………（166）
　第四节　投资回报率 …………………………………………………（197）
　第五节　投资的融资约束 ……………………………………………（212）

第五章 中国 H＋A 公司的融资行为 …………………… (217)
第一节 A 股 IPO 抑价Ⅰ：市场估值法 ………………… (218)
第二节 A 股 IPO 抑价Ⅱ：随机边界分析法 …………… (258)
第三节 A 股再融资行为 ………………………………… (284)
第四节 负债行为 ………………………………………… (291)
第五节 股利政策 ………………………………………… (299)

第六章 公司治理、政府干预与制度变迁 ………………… (321)
第一节 公司治理与政府干预 …………………………… (322)
第二节 H＋A 公司的治理水平 ………………………… (333)
第三节 H＋A 公司的政府干预 ………………………… (343)
第四节 强制性制度变迁及其成本 ……………………… (360)
第五节 试点战略与顶层设计：何处寻求大智慧 ……… (375)

第七章 研究结论与政策建议 ……………………………… (386)
第一节 研究结论 ………………………………………… (387)
第二节 政策建议 ………………………………………… (394)

附录 公司治理、代理问题与跨国交叉上市：对绑定假说的捍卫 …………………………………………… (402)

参考文献 …………………………………………………… (440)

第一章 导 论

根据交叉上市(cross-listing)领域的权威人物、康奈尔大学金融系的Andrew Karolyi教授的定义,交叉上市也称为双重上市(dual-listing)、跨国上市(international listing)、甚至交互上市(inter-listing),通常是指公司将其在母国市场(home market)交易所上交易的股票拿到一个新的海外市场(overseas market)进行二次上市(Karolyi, 2012)。这种"先母国后海外"或者说"先境内后境外"的上市顺序成为当前文献中交叉上市的主要形式,在下文我们也称其为正向(obverse-order)交叉上市。但Karolyi的定义忽略了另外两种形式:一种是先在海外市场发行股票并上市,而后在母国市场再次发行股票并上市。这种形式可称为"先境外后境内"交叉上市,或称逆向(reverse-order)交叉上市。另一种是境内外同步交叉上市。中国的交叉上市同时存在这三种形式,但以逆向形式为主。研究中国这种不同于主流形式的逆向交叉上市的动机,及其对公司投融资行为的影响,是本书的写作意图。

本章第一节介绍研究背景,包括全球与中国的交叉上市现状以及存在的问题。以这些问题为铺垫,第二节介绍相应的研究内容与研究方法。第三节介绍研究发现与研究贡献。

第一节 研 究 背 景

一、全球交叉上市现状与问题

（一）现状

由于资本市场的日益国际化，交叉上市公司已经遍布全球各地。如图 1-1-1 和图 1-1-2 所示，这两张图的原始数据均来自股票交易所世界联合会(World Federation of Stock Exchanges，WFE)，Karolyi (2012)。需要说明的是，两张图的标题都指的是 foreign listings，即外国上市或境外上市的公司数量，但按照 Karolyi 的意思，他其实想分析的是境外交叉上市的公司数量。境外上市与境外交叉上市毕竟不相同。不过，由于境外上市包含了境外交叉上市，因此通过境外上市的公司数量来推断境外交叉上市的公司数量也是有道理的。

根据图 1-1-1，2008 年境外上市公司数最多的是伦敦交易所，共 680 家，这一数量包括了在主板、全球存托凭证以及伦敦备择投资市场(Alternative Investment Market，AIM)上市的公司。排在第二名的是纽约泛欧(NYSE Euronext)交易所(欧洲)，共有 650 家境外上市公司。该交易所包括了以前来自巴黎、布鲁塞尔、阿姆斯特丹和里斯本的交易所。纽约泛欧交易所(美国)和纳斯达克(NASDAQ)分列第三和第四位，境外上市公司分别为 415 家和 336 家。如果仅考虑一个国家，则美国拥有数量最多的境外上市公司，将美国股票交易所(AMEX)包括在内，一共达到 846 家。中国内地仍然禁止外国公司上市，因此深圳交易所(深交所)和上海交易所(上交所)自然不在统计范围。但中国香港交易所(Hong Kong Exchange)则排在 24 位。邻国日本的东京交易所(Tokyo SE)则排在 22 位。

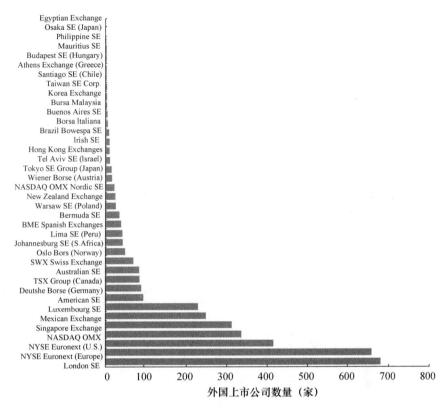

图 1-1-1[①] 主要股票交易所的外国上市公司总数,2008 年

资料来源:Karolyi(2012)。

注:每一年的数据来自股票交易所世界联合会(WFE)2009 年 12 月所公布的数据。第一列的交易所名单是 2008 年的。在以前年度,某个给定的交易所可能已经以不同的名字存在或根本不存在。2003 年在 NASDAQ QMX Nordic 交易所的上市数量是如下交易所的汇总:哥本哈根、OMX 赫尔辛基、OMX 斯德哥尔摩。这是由于合并而需要对数据进行加总的唯一例子。伦敦交易所的数量包括交易所本身所报的数量加上 2006 年后备择投资市场的上市数量。

根据图 1-1-2,1995—2008 年期间,世界上大部分交易所的境外上市公司的总数是下降的,例如,纽约泛欧交易所(美国)、德意志交易所、多伦多的 TSX、瑞士的 SWX 等。而另一些交易所的境外上市公司的总数则在增加,包括伦敦交易所、新加坡交易所、墨西哥证券交易所、纽约泛欧交

---

① 本书对图的命名方法为"章-节-图",如"图 1-1-1",第一个"1"是指第一章,第二个"1"是指第一节,第三个"1"是指第一张图。

易所(欧洲)。Karolyi 特别提到香港交易所(在图 1-1-2 中未列出),认为其主板和创业板上市量都在提高,并将原因总结如下:在深圳和上海交易所上市的公司以 H 股形式在香港交叉上市,一些公司以红筹股形式在港上市,还有一些公司在内地注册却在香港直接上市。他推测香港交易所 2008 年年底的境外上市公司数量应该仅次于新加坡,排在第六位。

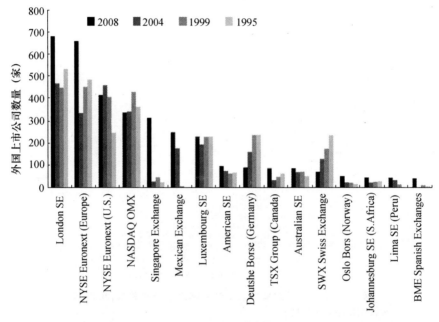

图 1-1-2　主要交易所中外国上市公司数量的变化,1995—2008 年
资料来源:Karolyi(2012)。

注:每一年的数据来自股票交易所世界联合会(WFE)2009 年 12 月所公布的数据。第一列的交易所名单是 2008 年的。在以前年度,某个给定的交易所可能已经以不同的名字存在或根本不存在。2003 年在 NASDAQ QMX Nordic Exchange 的上市数量是如下交易所的汇总:哥本哈根、OMX 赫尔辛基、OMX 斯德哥尔摩。这是由于合并而需要对数据进行加总的唯一例子。伦敦交易所的数量包括交易所本身所报的数量加上 2006 年后备择投资市场的上市数量。

(二) 问题

图 1-1-1 和图 1-1-2 所示的事实与数据令对交叉上市感兴趣的学者们深感困惑。

第一,交叉上市的两个主流理论为市场分割假说(market segmentation hypothesis)与绑定假说(bonding hypothesis)。前者代表了对交叉上市动机的早期理论解释，由 Stapleton and Subrahmanyam(1977)、Errunza and Losq (1985)、Eun and Janakiramanan (1986)，以及 Alexander et al. (1987)所提出，认为公司管理者所采取的交叉上市决策是为了克服监管约束、交易成本以及信息不畅等问题，这些问题导致了跨境权益投资的障碍。这些障碍"分割"了全球市场，而交叉上市可以使公司面向更广泛的投资者，获得更高的均衡估值，并降低资本成本。公司股票的升值来自 Errunza and Losq(1985)所提出的"超级风险溢价"，这是本地投资者因无法在全球范围内分散其投资风险而获得的补偿。后者即绑定假说最初由 Stulz (1999) 和 Coffee (1999)所提出，并由 Reeseand Weisbach (2002)以及 Doidge et al. (2004)提供了证据。绑定假说质疑市场分割所带来的投资障碍的作用，并将注意力放在了全世界许多公司都普遍存在的代理问题上，这些问题在很大程度上都源于脆弱的法制监管、透明披露要求以及提供给中小股东的法律保护。为了克服这些治理问题，这些公司选择交叉上市的方式，将自身与更有力的法律和金融制度"绑定"在一起。作为奖励，国际投资者对这类公司给予了更高的均衡估值和更低的资本成本。但不管是哪种假说，都预测交叉上市能够增进公司价值。既然如此，为什么图 1-1-2 表明交叉上市的公司数量没有稳定增长？我们该如何解释交叉上市的动机？

第二，如果绑定假说成立，为什么在美国 2002 年通过要求更加严格的《萨班斯-奥克斯利法案》后，不少在美交叉上市的公司选择退市或取消注册？究竟是什么因素决定了交叉上市？

第三，在 20 世纪 80 年代和 90 年代，交叉上市公司数量的增速已经急剧下降，但为什么对于这一问题的研究仍在增长？究竟是什么因素引起了学者们的注意与兴趣？

二、中国交叉上市现状与问题

（一）现状

根据 Liang and Chen (2012)基于 CSMAR 数据库的统计，中国公司*的境外上市最早始于 1964 年的新加坡上市。图 1-1-3 显示的是 1991—

---

* 此处及下文所提到的"中国公司"均指的是中国境内（即不包括港、澳、台地区）的公司。

2010年的境外上市公司数量,各年度数量波动起伏,但总体上呈上升趋势,在2010年年底总数达到783家,峰值出现在2007年。表1-1-1展示的是1990—2010年在香港交易所(HKEX)、新加坡交易所(SGX)、纽约交易所(NYSE)、纳斯达克(NASDAQ)上市的中国境外上市公司数量,首先看到香港上市的数量最大,达到265家;其次是新加坡,达到166家。图1-1-4展示的是截至2010年年底各个境外交易所的中国上市公司数量,共涉及9个主要的交易所,包括香港1个(HKEX)、美国3个(纽约交易所,NYSE;美国交易所,AMEX;纳斯达克,NASDAQ)、伦敦2个(伦敦交易所,LSE;伦敦备择投资市场,AIM)、新加坡2个(新加坡主板,SGX;新加坡二板,SESDAQ)、德国1个(法兰克福交易所,FWB)。前三大境外上市的市场分别为香港、新加坡和纳斯达克。但如果将美国三大市场加在一起,则在美国上市的中国公司数量将达到250个,排在香港之后但在新加坡之前。表1-1-1与图1-1-4的各交易所合计数存在些微差异,这或许源于统计期间的不同。

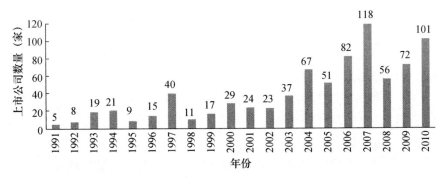

图1-1-3 中国境外上市公司数量

与Karolyi(2012)一样,Liang and Chen(2012)给出的也是境外上市公司数量,而未必是交叉上市公司的数量。限于数据的可获得性,本书将集中在香港上市的公司。从图1-1-3和1-1-4以及表1-1-1可以看出,中国公司在香港的上市数量也是最多的。

本书将要用到的数据主要来自CSMAR数据库,样本期间为1993—2014年。其中1993年是中国公司赴港上市以及交叉上市的元年,2014年是本书写作时所能获得的最新数据年度。为了区分不同类型的交叉上市,对于先发行A股后发行H股的,称为A+H公司;在同一时间既发行

表 1-1-1① 在 HKEX、SGX、NYSE 和 NASDAQ 上市的公司数量

(单位:家)

年份 交易所	1990	1991—1992	1993—1994	1995—1996	1997—1998	1999—2000	2001—2002	2003—2004	2005—2006	2007—2008	2009—2010	合计
HKEX	14	12	24	14	30	19	25	43	38	23	23	265
SGX	3	0	6	2	7	10	7	36	43	36	16	166
NYSE			2	1	3	4	2	3	4	23	32	74
NASDAQ			1	0	0	6	0	9	17	39	70	142

① 本书表格的命名方法为:章一节一表,如这里的"表 1-1-1",第一个"1"是指第一章,第二个"1"是指第一节,第三个"1"是指第一张表。

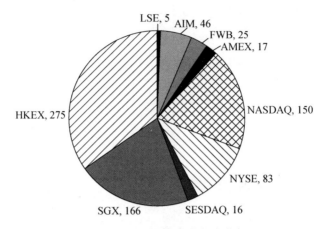

图 1-1-4　中国境外上市地分布

A 股又发行 H 股的,称为 A×H 公司;先发行 H 股后发行 A 股的,称为 H+A 公司。三类公司合称 AH 公司。

表 1-1-2 给出了截至 2014 年年底所有的 AH 交叉上市公司,总数为 88 家,不包括已经于 2006 年退市的吉林化工。其中 H+A 公司 61 家,所占比重为 70%;A+H 公司、A×H 公司分别为 23 家和 4 家。

A×H 公司的数量最少,只有 4 家,全部为金融类公司,分别为:工商银行(2006 年 10 月 27 日)、中信银行(2007 年 4 月 27 日)、农业银行[①](2010 年 7 月 15 日 A 股上市,2010 年 7 月 16 日 H 股上市)、新华保险(2011 年 12 月 15 日)。

A+H 公司的数量为 23 家,这类公司可分两类。一类是交叉上市时间间隔只有几天的,共 4 家特大型央企,包括:中国中铁(2007 年 12 月 3 日 A 股上市,2007 年 12 月 7 日 H 股上市)、中国铁建(2008 年 3 月 10 日 A 股上市,2008 年 3 月 13 日 H 股上市)、中国南车(2008 年 8 月 18 日 A 股上市,2008 年 8 月 21 日 H 股上市)、中国中冶(2009 年 9 月 21 日 A 股上市,2009 年 9 月 24 日 H 上市)。剩下的一类是交叉上市时间间隔超过 1 年的,共 19 家。

H+A 公司的数量最多,为 61 家(不包括已经于 2006 年退市的吉林

---

① 严格说来,农业银行属于先 A 后 H 上市,但中国媒体一直将其当作同步上市,因此我们也遵从这种习惯性说法。

化工)。但从年度分布看,在 2012 年之后不再有新的 H+A 公司,A+H 公司的数量则仍然在增长。

表 1-1-2 还显示:除了存在 AH 交叉上市之外,一些公司还存在多重上市。首先是 B 股,其正式名称是人民币特种股票,是以人民币标明面值、以外币认购和买卖、在中国境内(上海、深圳)证券交易所上市交易的外资股(2002 年之后则允许境内投资者购买且不再增加发行,B 股市场在那之后丧失了融资功能)。A+H 公司中有四家曾经发行或仍然存在 B 股,分别为晨鸣纸业、丽珠集团、中集集团、万科。其中,晨鸣纸业是第一家 A+H+B 公司,中集集团于 2012 年 12 月 19 日实施了首例 B 股转 H 股的方案,万科则于 2014 年 6 月 23 日实施了 B 股转 H 股的方案。

其次是美国存托凭证(american deposit receipt,ADRs),这分为三类。一级 ADRs(Level Ⅰ)只能在柜台交易市场(OTC)交易,是最简便的在美上市交易方式。美国证券交易委员会(SEC)对一级 ADRs 的监管要求也是很少的,不要求发布年报,也不要求遵从美国会计准则(GAAP)。一级 ADRs 是以数量计占比最高的一类 ADRs。二级 ADRs(Level Ⅱ)要比第一级复杂得多,它要求向美国 SEC 注册并接受美国 SEC 的监管。此外,二级 ADRs 必须要定时提供年报(Form 20-F),并遵从美国会计准则。二级 ADRs 的好处是可以在证券交易所交易,而不仅限于柜台市场。三级 ADRs(Level Ⅲ)是最高级别的 ADRs,美国 SEC 对其的监管也最为严格,与对美国本土企业的监管要求基本一致。三级 ADRs 的最大好处是可以实现融资功能,而不仅限于在证券交易所交易。为了融资,公司必须提供招股说明书(Form F-1)。此外,这类公司还须满足公开信息披露要求,以 Form 8K 表格的形式向美国证监会提交。此外,还存在一类名叫非参与型的存托凭证(unsponsored shares),它只能通过柜台交易市场(OTC)交易,且无监管要求,是更低级的一种 ADRs,但它不属于主流的 ADRs 种类。我们将一、二、三级 ADRs 分别记为 ADRsⅠ、ADRsⅡ、ADRsⅢ。从表 1-1-2 来看,有 10 家 H+A 公司发行了 ADRsⅢ(不包括吉林化工),分别为:上海石化、东方航空、兖州煤业、中国石化、华能国际、南方航空、广深铁路、中国石油、中国铝业、中国人寿。其余的 ADRs 则全为 ADRsⅠ。

最后是伦敦上市。伦敦有两个市场,分别为伦敦交易所(LSE)和备择投资市场(AIM),分别扮演主板和创业板的角色。AH 公司中有三家

表 1-1-2 中国 AH 交叉上市名单

序号	证券中文简称	A股代码	交叉上市类型	AH年度	A股上市日期	H股上市日期	B股代码上市时间	ADR级别	ADR市场	ADR时间	LSE类型与时间
Panel A：H+A 交叉上市												
1	青岛啤酒	600600	H+A	1993	1993-08-27	1993-07-15		ADR I	OTC	1996-02-01	
2	上海石化	600688	H+A	1993	1993-11-08	1993-07-26		ADR Ⅲ	NYSE	1993-07-26	
3	中船防务（原广船国际）	600685	H+A	1993	1993-10-28	1993-08-06		ADR I	OTC	1995-07-13	
4	昆明机床	600806	H+A	1994	1994-01-03	1993-12-07					
5	马钢股份	600808	H+A	1994	1994-01-06	1993-11-03					
6	京城股份（原北人股份）	600860	H+A	1994	1994-05-06	1993-08-06					
7	东北电气	000585	H+A	1995	1995-12-13	1995-07-06					
8	创业环保	600874	H+A	1995	1995-06-30	1994-05-17					
9	东方电气	600875	H+A	1995	1995-10-10	1994-06-06					
10	洛阳玻璃	600876	H+A	1995	1995-10-31	1994-07-08					
11	仪征化纤（原仪征化纤）	600871	H+A	1995	1995-04-11	1994-03-29					
12	经纬纺机	000666	H+A	1996	1996-12-10	1996-02-02					
13	吉林化工（2006年退市）	000618	H+A	1996	1996-10-15	1995-05-23		ADR Ⅲ	NYSE	1995-05-01	
14	南京熊猫	600775	H+A	1996	1996-11-18	1995-05-02					

第一章 导论

（续表）

序号	证券中文简称	A股代码	交叉上市类型	AH年度	A股上市日期	H股上市日期	B股代码上市时间	ADR级别	ADR市场	ADR时间	LSE类型与时间
Panel A：H+A 交叉上市											
15	鞍钢股份	000898	H+A	1997	1997-12-25	1997-07-24					
16	东方航空	600115	H+A	1997	1997-11-05	1997-02-05		ADRⅢ	NYSE	1997-02-05	
17	新华制药	000756	H+A	1997	1997-08-06	1996-12-31					
18	兖州煤业	600188	H+A	1998	1998-07-01	1998-04-01		ADRⅢ	NYSE	1998-03-31	
19	海信科龙（原科龙电器）	000921	H+A	1999	1999-07-13	1996-07-23					
20	宁沪高速	600377	H+A	2001	2001-01-16	1997-06-27		ADR Ⅰ	OTC	2002-12-23	
21	中国石化	600028	H+A	2001	2001-08-08	2000-10-19		ADRⅢ	NYSE	2000-10-18	标准国际存托凭证2000-10-18
22	深高速	600548	H+A	2001	2001-12-25	1997-03-12					
23	华能国际	600011	H+A	2001	2001-12-06	1998-01-21		ADRⅢ	NYSE	1994-10-06	
24	白云山（原广州药业）	600332	H+A	2002	2002-02-06	1997-10-30		ADR Ⅰ	OTC	2002-06-21	
25	江西铜业	600362	H+A	2002	2002-01-11	1997-06-12		ADR Ⅰ	OTC	2003-10-07	
26	海螺水泥	600585	H+A	2002	2002-02-07	1997-10-21					
27	中海发展	600026	H+A	2002	2002-05-23	1994-11-11		ADR Ⅰ	OTC	1996-03-01	
28	皖通高速	600012	H+A	2003	2003-01-07	1996-11-13					
29	南方航空	600029	H+A	2003	2003-07-25	1997-07-31		ADRⅢ	NYSE	1997-07-30	

(续表)

序号	证券中文简称	A股代码	交叉上市类型	AH年度	A股上市日期	H股上市日期	B股代码上市时间	ADR级别	ADR市场	ADR时间	LSE类型与时间
Panel A: H+A 交叉上市											
30	华电国际	600027	H+A	2005	2005-02-03	1997-06-30					
31	广深铁路	601333	H+A	2006	2006-12-22	1996-05-14		ADR Ⅲ	NYSE	1996-05-13	
32	北辰实业	601588	H+A	2006	2006-10-16	1997-05-14					
33	中国国航	601111	H+A	2006	2006-08-18	2004-12-15		ADR Ⅰ	OTC	2006-07-03	Standard Shares 2004-12-15
34	大唐发电	601991	H+A	2006	2006-12-20	1997-03-21		ADR Ⅰ	OTC	2001-09-04	Standard Shares 1997-03-20
35	中国银行	601988	H+A	2006	2006-07-05	2006-06-01		ADR Ⅰ	NYSE	2008-10-20	
36	中国石油	601857	H+A	2007	2007-11-05	2000-04-07		ADR Ⅲ	NYSE	2000-04-06	
37	建设银行	601939	H+A	2007	2007-09-25	2005-10-27		ADR Ⅰ	OTC	2008-10-20	
38	重庆钢铁	601005	H+A	2007	2007-02-28	1997-10-17					
39	中国神华	601088	H+A	2007	2007-10-09	2005-06-15		ADR Ⅰ	OTC	2008-10-10	
40	中国远洋	601919	H+A	2007	2007-06-26	2005-06-30					
41	中国平安	601318	H+A	2007	2007-03-01	2004-06-24					
42	潍柴动力	000338	H+A	2007	2007-04-30	2004-03-11					
43	中国铝业	601600	H+A	2007	2007-04-30	2001-12-12		ADR Ⅲ	NYSE	2001-12-11	
44	中国人寿	601628	H+A	2007	2007-01-09	2003-12-18		ADR Ⅲ	NYSE	2003-12-17	
45	中海集运	601866	H+A	2007	2007-12-12	2004-06-16					

第一章 导 论

(续表)

序号	证券中文简称	A股代码	交叉上市类型	AH年度	A股上市日期	H股上市日期	B股代码上市时间	ADR级别	ADR市场	ADR时间	LSE类型与时间
Panel A：H+A交叉上市											
46	中海油服	601808	H+A	2007	2007-09-28	2002-11-20					
47	交通银行	601328	H+A	2007	2007-05-15	2005-06-23		ADR I	OTC	2004-03-26	
48	中煤能源	601898	H+A	2008	2008-02-01	2006-12-19		ADR I	OTC	2009-08-10	
49	上海电气	601727	H+A	2008	2008-12-05	2005-04-28		ADR I	OTC	2009-08-02	
50	紫金矿业	601899	H+A	2008	2008-04-25	2003-12-23					
51	四川成渝	601107	H+A	2009	2009-07-27	1997-10-07					
52	山东墨龙	002490	H+A	2010	2010-10-21	2004-04-15					
53	大连港	601880	H+A	2010	2010-12-06	2006-04-28					
54	比亚迪	002594	H+A	2011	2011-06-30	2002-07-31					
55	金隅股份	601992	H+A	2011	2011-03-01	2009-07-29					
56	长城汽车	601633	H+A	2011	2011-09-28	2003-12-15					
57	中国交建	601800	H+A	2012	2012-03-08	2006-12-25					
58	广汽集团	601238	H+A	2012	2012-03-27	2010-05-30					
59	洛阳钼业	603993	H+A	2012	2012-10-08	2007-04-26					
60	东江环保	002672	H+A	2012	2012-04-25	2002-01-29					
61	浙江世宝	002703	H+A	2012	2012-11-01	2006-05-16					
62	一拖股份	601038	H+A	2012	2012-08-07	1997-06-23					

(续表)

序号	证券中文简称	A股代码	交叉上市类型	AH年度	A股上市日期	H股上市日期	B股代码上市时间	ADR级别	ADR市场	ADR时间	LSE类型与时间
Panel B: A+H交叉上市											
63	中兴通讯	000063	A+H	2004	1997-11-18	2004-12-09					
64	东风汽车	600006	A+H	2005	1999-07-27	2005-12-07					
65	招商银行	600036	A+H	2006	2002-04-09	2006-09-22		ADR I	OTC		
66	中国中铁	601390	A+H	2007	2007-12-03	2007-12-07		ADR I	OTC	2008-11-03	
67	中国铁建	601186	A+H	2008	2008-03-10	2008-03-13					
68	中国南车	601766	A+H	2008	2008-08-18	2008-08-21					
69	晨鸣纸业	000488	A+H	2008	2000-11-20	2008-06-18	200488 1997-05-26				
70	中国中冶	601618	A+H	2009	2009-09-21	2009-09-24		ADR I	OTC	2010-01-21	
71	民生银行	601016	A+H	2009	2000-12-19	2009-11-26					
72	中国太保	601601	A+H	2009	2007-12-25	2009-12-23					
73	中联重科	000157	A+H	2010	2000-10-12	2010-12-23					
74	金风科技	002202	A+H	2010	2007-12-27	2010-10-08					
75	上海医药	601607	A+H	2011	1994-03-29	2011-05-20					
76	上药转换	600849	A+H	2011	1993-05-10	2011-05-20					
77	中信证券	600030	A+H	2011	2002-12-30	2011-10-06					
78	郑煤机	601717	A+H	2012	2010-08-02	2012-12-05					
79	复星医药	600196	A+H	2012	1998-08-06	2012-10-30					

第一章 导　论

（续表）

序号	证券中文简称	A股代码	交叉上市类型	AH年度	A股上市日期	H股上市日期	B股代码上市时间	ADR级别	ADR市场	ADR时间	LSE类型与时间
Panel B：A+H交叉上市											
80	海通证券	600837	A＋H	2012	1994-02-15	2012-04-27					
81	中集集团	000039	A＋H	2012	1994-04-05	2012-12-29	200039 1994-3-23*				
82	光大银行	601818	A＋H	2013	2010-08-17	2013-12-13					
83	中国北车	601299	A＋H	2014	2009-12-28	2014-05-22					
84	万科A	000002	A＋H	2014	1991-01-29	2014-06-23	200002 1991-01-29**				
85	丽珠集团	000513	A＋H	2014	1993-10-25	2014-01-16	200513 1993-07-20				
Panel C：A×H同步上市											
86	工商银行	601398	A×H	2006	2006-10-27	2006-10-27		ADRI	OTC	2010-07-07	
87	中信银行	601998	A×H	2007	2007-04-27	2007-04-27					
88	农业银行	601288	A×H	2010	2010-07-15	2010-07-16					
89	新华保险	601336	A×H	2011	2011-12-15	2011-12-15					

* 2012年12月19日首例B股转H股。
** 2014年6月23日B股转H股。

在伦敦且全部在 LSE 上市,分别为中国石化、中国国航、大唐发电,这三家也都发行了 ADRs,因此可以称得上是四地上市。

表 1-1-3 对各种 AH 交叉上市类型进行了汇总:首先根据 AH 交叉上市类型划分为 H+A、A+H、A×H 三大类,然后在各自下面根据 B 股、ADRs、伦敦上市情况进行细分。

表 1-1-3　AH 交叉上市类型汇总　　　　　(单位:家)

H+A			A+H			A×H	合计
纯 H+A	H+A+ ADRs	H+A+ ADRs+L	纯 A+H	A+H+B	A+H+ ADRs		
36	22	3	18	2	3	4	
合计	61		23			4	88

尽管 2012 年之后不再有新的 H+A 公司,但 A+H 公司则在增加。而且如下两大趋势极有可能为中国的交叉上市注入新鲜的血液:一是沪港通,二是美国上市的中国公司对 A 股的回归。

沪港通是指上海证券交易所和香港联合交易所允许两地投资者通过当地证券公司(或经纪商)买卖规定范围内的对方交易所上市的股票。沪港通包括沪股通和港股通两部分。沪股通是指投资者委托香港经纪商,经由香港联合交易所设立的证券交易服务公司,向上海证券交易所进行申报(买卖盘传递),买卖规定范围内的上海证券交易所上市的股票;港股通是指投资者委托内地证券公司,经由上海证券交易所设立的证券交易服务公司,向香港联合交易所进行申报(买卖盘传递),买卖规定范围内的香港联合交易所上市的股票。2014 年 9 月 26 日,上海证券交易所制定了《上海证券交易所沪港通试点办法》和《上海证券交易所港股通投资者适当性管理指引》并自发布之日起施行。沪港通的实施将有助于进一步检验市场分割与价格发现,为 A 股与 H 股的价差之谜提供更有力的数据。只是,正如 Karolyi(2012)的综述之所以没有涉及价格发现一样,本书也不会涉及这方面的内容,因为交叉上市与价格发现问题值得用另一本书来单独研究。

在美国上市的中国公司数量已经超过 250 家(根据图 1-1-2),其中有不少优质的高科技公司,例如,百度、新浪、阿里巴巴等。国内从政府层面到民间都有呼声要求在美国上市的中国公司回归A股市场,一方面政府需要对这些在中国"长大"的公司进行监管,另一方面这些公司的客户与收入来源大都来自中国内地,应该让中国内地的客户也能以股东的身份分享这些公司的发展成果。但2009年一些中概股被华尔街做空事件使得中概股整体长期受损,一些中概股试图通过私有化在美国市场退市后回归A股市场。例如,2014年3月,史玉柱控股的巨人网络耗资28.68亿美元从美国市场私有化并退市,并于2015年12月借助世纪游轮(002558)回归A股,按照世纪游轮停牌前的市价计算,巨人网络的市值将暴增至1087亿元。这种价差虽然使得众多中概股排队回归,但这种回归并未构成交叉上市,因此不在本书的考虑范围。但如果这些公司能够继续保持在美国上市的条件下回归A股市场,将会形成另一道亮丽的中美交叉上市风景线。以中国公司在美国的上市数量,笔者对这样的交叉上市趋势是持有乐观态度的。

(二)问题

中国的交叉上市同样令人深感困惑。

第一,在外国主流的交叉上市文献中,交叉上市通常采取正向顺序,即先在境内上市然后再到境外上市。但从上述统计结果来看,中国的交叉上市以逆向顺序为主,即以先在中国香港上市然后回归内地的H+A交叉上市为主。是何种原因导致了这种与众不同?

第二,随着这种交叉上市顺序的不同,主流的市场分割假说或绑定假说是否仍能够解释中国的交叉上市?

第三,作为公司两大决策的投资与融资,我们所搜集的数据显示,其投资效率的低下与融资规模的庞大共存形成了鲜明对比。例如,第一家H+A公司即青岛啤酒公司,在1993年于香港上市后,所募集的大量资金被存于银行获取利息收入,1994年更是发生了资金投向、委托贷款的负面事件。1993年马钢股份赴港上市后,随即遭到钢材市场的逆转,把还沉浸在上市成功的巨大喜悦中的马钢推向亏损的边缘,马钢人甚至发出"我们的生存空间还有多大"的呐喊。部分企业如哈尔滨动力设备、东北电气几乎将招股说明书中所列的投资项目全部推迟,将募集资本存于银行;另一些企业如北人股份,则将募集资本挪作他用,将相当一部分资本投入房地产和股票市场(见上证联合研究计划)。其他H+A公司如洛阳玻璃、南京熊猫、兖州煤业、科龙电器、紫金矿业等都曾被曝光公司治理漏洞,南京熊猫与科龙电器更是曾出现了重大投资损失。刘研(1997)较为系统地分析了中国 H 股公司的资本使用效率,结果发现在所统计的 23 家 H 股公司中,只有不到 1/3 的公司将大部分资本用于生产、改造和建设,相当一部分公司上市后的资金运用状况不理想,一些企业将募集资本存于银行,另一些企业则挪作他用。

尽管 AH 公司的投资行为不令人满意,但其融资行为则引人注目。例如,中国工商银行于 2006 年 10 月 27 日通过 A+H 同步上市曾创下全球资本市场 IPO(首次公开发行)规模之最,总融资额高达 219 亿美元;仅 A 股便融资 405 亿元,创 A 股有史以来融资规模之最。但 A 股的这一纪录旋即被 2007 年 9 月 25 日从 H 股回归 A 股的建设银行所刷新,其融资规模高达 580.5 亿元。短短一周以后,这个纪录又被 2007 年 10 月 9 日从 H 股回归 A 股的中国神华 665.82 亿元的融资规模所刷新;2007 年 11 月 5 日,同样由 H 股回归 A 股的中国石油再次以 668 亿元刷新 A 股融资规模新纪录。而 2010 年 6 月 15 日登陆 A 股的农业银行的 A 股发行价尽管只有 2.68 元,却以 685.3 亿元的 A 股发行规模刷新 A 股融资纪录;在分别于 2010 年 7 月 29 日、8 月 13 日实施 H 股和 A 股的"绿鞋机制"后,其融资总额高达 221 亿美元,超过工商银行从而再创全球 IPO 之最。

这种投资效率低下与融资规模庞大共存的现象意味着 AH 公司所募集的资本没有得到充分的配置,实际上形成了社会资源的浪费。然而更严谨的分析支持这样的推断吗?如果是,又是为什么?应该怎么办?

第二节　研究内容与研究方法

一、研究内容

上述基于全球与中国的研究背景所提出的问题构成了本书的重要线索。基于数据的可获得性,本书专注于研究 AH 公司尤其是 H+A 公司。根据会计学对企业活动的三分法,企业活动可分为投资、融资与经营三类,并且经营可以视为投资的执行或继续。又因为自 MM 理论以来,公司财务学的研究重点集中于投资与融资决策,因此,本书也专注于研究 H+A 公司的投融资行为。本书将集中回答如下问题。问题一:中国长期处于由计划经济到市场经济的转轨时期,其交叉上市的制度背景是什么?其动机是什么?问题二:在中国的特殊制度背景下,交叉上市公司的投资行为有什么特点?问题三:在中国的特殊制度背景下,交叉上市公司的融资行为有什么特点?问题四:作为公司投融资的重要传导机制与绑定假说的重要逻辑中介,中国交叉上市公司的治理水平是否获得提升?如果没有,原因是什么?

除了作为导论的第一章外,本书的其他章节做了如下安排。

第二章是文献综述。第一节对公司投融资理论进行综述,揭示自 MM 理论以来公司投融资理论的发展脉络。第二节综述交叉上市理论。在这方面,Andrew Karolyi 教授已经有了三篇综述(Karolyi,1998,2006,2012)。① 本书并未因为 Karolyi 的这些工作而放弃综述。相反,本书没有过于强调绑定假说的统治地位,而是遵循第二章第一节的公司投融资理论框架,强调"交叉上市——→投融资行为——→公司价值"这样的逻辑链条,至于如何组织这些文献,则视这些文献在这个逻辑链条中的位置而定。至于其中的机制,本书认为并不唯一,绑定固然可以成为其中的一个原因,但基于市场分割的解释也不无道理,甚至还可以有其他的假说,例如,本书所提出的贯穿全书的"政府干预假说"。事实上,对于中国的 H+A 交叉上市,笔者不赞同用市场分割假说或绑定假说来解释的。第三节对主流的绑定假说的实证模型进行评述,这更多的是一个技术问题。第四节对中国国内学者的研究进行综述。第五节是综合述评与展望。

第三章是中国 H+A 交叉上市的制度背景,旨在回答问题一,让读者尽可能详细地了解中国 H+A 交叉上市的制度背景与动机。为了客观地找到中国交叉上市的动机,本书没有求助于当前主流的文献,例如,市场分割假说与绑定假说,而是采用历史还原法,通过互联网逐一

---

① 为了让国内读者更全面清晰的了解 Karolyi 教授对绑定假说的综述,笔者征得 Karolyi 教授的同意和 *Emerging Market Review* 杂志及其出版社 Elsevier 的授权,已经将 Karolyi(2012)的第三篇综述"Corporate Governance, Agency Problems and International Cross-listings: A Defense of the Bonding Hypothesis"全文翻译,将其作为本书的附录,一方面便于读者了解 Karolyi 教授的思路,另一方面便于读者将本书提出的"政府干预假说"与绑定假说相比较。

搜索AH公司的资料，尤其是在H股上市或回归A股时候的资料。这些资料既包括CNKI中国知网上的期刊论文，也包括各个网站上披露的信息，以及一些重要人物（例如，中国证监会第一任主席、H股上市的推动者刘鸿儒）的著作。本章第一节先描述国有企业改革背景。第二节分析H股上市的历史进程。第三节描述H股回归A股公司的历史进程。第四节分析绑定假说的适用性。第五节提出一个尝试性解释，即政府干预假说。

第四章是中国H+A公司的投资行为，旨在回答问题二。鉴于自MM理论以来，公司价值的源泉在于投资所能带来的现金流，因此交叉上市如果能够影响公司价值，必然会影响公司的投资行为。但我们该如何刻画投资行为？基于第二章第一节所阐述的公司投资理论框架，本书将宏观经济学中的托宾q理论、新古典投资理论、新制度经济学中的企业理论相融合，分别从如下四个方面来刻画投资行为：投资水平、投资效率、投资回报率、投资的融资约束。第一节首先考察投资水平，重点讨论投资-增长机会敏感性。本书基于Richardson（2006）模型考察了投资过度或者不足。第二、三节考察投资效率。本书融合了新古典投资理论与新制度经济学的企业理论，试图深入企业内部、打开企业黑箱，但又能够借助数学工具逻辑一致地揭示出企业黑箱中的各种信息。本书基于公司财务学的Fisher-MM传统，将投资效率理解为资本配置效率或者生产效率，从而可以借用全要素生产率、全要素生产率增长概念，采用参数法（例如TFP、TFPG、随机边界分析法）和非参数法（数据包络分析法）来度量。这两个方法的优点在于：它们能尽量多地分解出企业黑箱中的信息，这符合Coase的打开"企业黑箱"的精神，同时兼具数理上的逻辑严密性。第四节考察投资回报率。这个概念与已投资本回报率（return on invested capital）相似，也与经营业绩（operating performance）相似，因为经营可以视为投资的继续，而投资必须经过经营过程才能产生回报。这节主要分析单指标与综合指标。第五节考察投资的融资约束，研究方法采用经典的FHP（1988）投资-现金流敏感性方法。

第五章是中国H+A公司的融资行为，旨于回答问题三。很显然，交叉上市本身属于一种权益融资行为，因此，我首先考察H+A交叉上市公司的A股发行行为，尤其是经典的IPO抑价问题。当然，严格说来，由于有了 H 股发行,回归 A 股市场时已经谈不上 IPO 了,但对于 A 股来说,确实是首次发行,因此其抑价问题仍然值得考察。第一节采用传统的市场估值法来考察 A 股 IPO 抑价。但这种方法无法区分抑价是来自一级市场还是二级市场。第二节对此进行了改进,采用随机边界分析法,通过计算出定价效率来度量抑价水平。该计算过程回避了二级市场的要素,从而定价效率仅取决于一级市场。第三节考察权益再融资行为。第四节考察负债行为。第五节考察股利政策。本书把股利政策视为内部融资的内容。

第六章讨论公司治理、政府干预与制度变迁的关系,旨于回答问题四。第四、五章的分析其实都是在政府干预背景下进行的,但这两章都尚未对 H+A 公司的治理水平与政府干预水平进行正式的检验。对于逻辑链条"交叉上市──政府干预更多/治理水平更低──投资效率更低/融资效率更低──公司价值更低",第四章和第五章仅论证了"交叉上市──投资效率更低/融资效率更低──公司价值更低",第六章则试图补充对逻辑中介的检验。第一节首先从理论上考察公司治理与政府干预及其交互关系。第二节对 H+A 公司的治理水平进行变量描述与回归分析,检验 H+A 交叉上市公司是否具有更高的治理变量水平,以及公司治理变量是否影响投资效率与公司价值。第三节考察 H+A 公司的政府干预,由于政府干预不易直接度量,因此该节主要考察间接证据,这包括高管变更-业绩敏感性、高管薪酬-业绩敏感性、国有企业-价值负相关性。事实上,第四章和第五章也可视为政府干预的间接证据。第四节从制度的视角考察 H+A 公司的制度绑定的初衷为什么没能得到实现。第五节讨论试点战略即"摸着石头过河"与顶层设计的关系。

第七章是研究结论与政策建议。

以上是本书的正文部分。本书最后还提供了一篇附录,来自交叉上市研究领域的权威人物 Karolyi 教授关于绑定假说的一篇综述。读者可据此将本书的政府干预假说与主流的绑定假说相比较。

图 1-2-1 是本书的研究技术路线,表明了各章的逻辑关系。

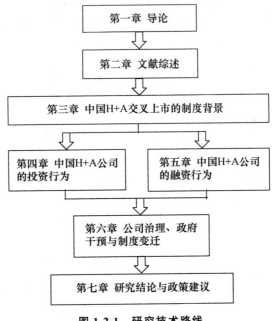

图 1-2-1　研究技术路线

二、研究方法

为了完成上述研究内容,本书采用了多种研究方法。

(一)历史分析法

之所以采用历史分析法,在于本书试图还原中国交叉上市的历史事实,然后从历史事实中进行归纳,概括出中国公司交叉上市的动机。这种基于客观事实的方法可以避免我们进行直观猜测,也可以避免我们不加分析地拿来主流的理论。例如,应用绑定假说解释中国的实践。历史分析法还有助于解决一些由逆向因果关系所导致的内生性问题。例如Benmelech(2009)试图证明:19世纪的美国铁路公司由于缺乏行业标准,各公司的铁轨规格不同,导致铁轨重新卖给其他使用者的能力不同,最终会影响公司的资本结构。但他也意识到这样的一个逆因果关系问题:究竟是铁轨规格(track gauge)决定融资进而决定资本结构,还是融资决定铁轨规格(即公司可能会根据融资的可得性来决定采取何种铁轨规格呢?)为了证明这种逆因果关系的不成立,作者列举了详细的历史事实,最后得出结论:由于在历史上,铁轨规格的最初选择并非取决于融资,因此这种逆因果关系与美国铁路发展的历史演变并不一致。

(二)常规实证分析法

常规实证分析法包括均值 t 检验、中位数秩和检验、普通最小二乘法(OLS)回归、随机效应回归、固定效应回归、广义最小二乘法(GLS)回归。回归方法视数据类型和变量类型而定。就本书而言,回归所采用的数据都是面板数据,分平衡面板和非平衡面板数据。对于平衡面板数据,由于关键变量(即是否交叉上市)在这种情况下属于时不变(time-invariant)变量,个体固定效应模型将因为均值离差而将关键变量剔除掉,因此个体固定效应模型不再合适,只能用其他的回归模型或者控制其他的固定效应,例如行业固定效应、年度固定效应。但如果满足数据要求(例如,关键变量不是时不变变量),则遵照 Petersen(2009)的建议,本书将首选个体固定效应模型,同时尝试其他的模型。采用回归分析的时候,本书尽量对误差项进行稳健性调整并在个体水平上进行 Cluster,或者采用 Neway-West 方法以及 Driscoll-Kraay 方法进行调整。本书还用到大量的交互效应回归分析。对于此类回归,本书区分了主效应回归模型与交互效应回归模型。

(三)随机边界分析法

随机边界分析法属参数法,需要对企业生产函数的形式进行假定。一般来说,其形式为: $\ln Y = \ln f(X) + v - u$。其中,Y 为产出,X 为投入,v 代表随机因素,v 可正可负,$\exp(v)$ 表示在给定企业的要素投入和生产技术不变的条件下,各种随机因素所导致的企业偏离最大产出,即生产边界的程度。当 $v=0$ 从而 $\exp(v)=1$ 时,表示没有确定性,企业可以达到生产边界 $Y=f(X)$。u 与技术效率(technical efficiency, TE)有关,TE=$\exp(-\hat{u})$。SFA 的关键在于 u 的估计。与传统的 OLS 模型相比,SFA 的误差项由两部分组成:v 和 u,因此 SFA 也被称为组合误差模型(composed error model),其中组合误差为 $\varepsilon = v - u$,并且呈非对称分布(因为 u 非对称),因此适用的检验方法不是 OLS 估计,而是极大似然估计 MLE,且依赖于 v、u 的分布假设。通常的一个假设是正态-半正态模型,即:$v \sim iid. N(0, \sigma_v^2)$,$u \sim iid. N^+(0, \sigma_u^2)$,$v$ 和 u 独立分布,且独立于自变量。在这种假设下,可以首先对组合误差 ε 进行估计,然后将 u 提取出来,办法是求出在已知 ε 时的 u 的条件分布 $f(u/\varepsilon)$,根据该分布的特征可知该分布的均值或众数可以作为 u 的一个点估计 $\hat{u}$,最后计算出技术效率。在全要素生产率增长(TFPG)的随机边界函数下,我们可以分解出四项信息:第一项 CTP 指企业从 t 时期发展到 $t+1$ 时期时的技术进步变动,即技术进步率;第二项 CRTS 指全部要素的变动所导致的规模报酬的变动;第三项指由要素投入的增长所带来的外部市场配置效率的变动;第四项指技术效率的变动。

(四)数据包络分析法

与参数化的随机边界分析法不同,非参数化的数据包络分析方法不需要事先假设生产函数形式,而是根据最佳实践(best practice)来计算效率值,其核心概念也为技术效率。是指最优投入相对于实际投入的比率,或实际产出相对于最优产出的比率。给定投入(产出)水平,如果企业产出(或投入)达到了最优水平,则此时的技术效率为1,此时企业的活动是有效率的,否则是低效率的(inefficiency)。而基于数据包络分析的 Malmquist 生产率指数则可以分解为类似于随机边界分析法下的技术进步率、纯技术效率和规模报酬效率等次级指标。随机边界分析法与数据包络分析法所分解出的这些指标有助于揭示企业内部的资本配置效率。

(五)内生性的解决方法

内生性的最为稳妥的解决办法是工具变量(instrument variable,IV)法。但困难在于:IV 法要求 IV 对因变量没有直接的影响而仅影响内生变量。要找到一个好的 IV 不是一件容易的事。因此我在本书中也尝试了其他的方法。

第一,干预效应模型(treatment effect model)。根据郭申阳等(2012),干预效应模型类似于 Heckman 两阶段模型,但区别在于:第一,干预条件的虚拟变量直接进入回归方程;第二,回归方程的结果变量对于干预组与控制组都是可观测的。本书用到的干预效应模型包括两类。一类是标准的处理效应模型,另一类则带有交互项,此时适合的模型是 Brown and Mergoupis(2011)所发展的具有交互项的处理效应模型。本书的绝大部分干预效应模型都采用极大似然法进行估计,以便对误差项进行稳健性调整并在个体水平上进行 Cluster(但交互处理效应模型尚未允许这样做)。当极大似然法出现循环迭代时,我们转而采用两步法进行估计。

第二,双元 Probit 模型(biprobit model)。在干预效应模型中,回归方程中的因变量是连续变量,干预变量则是 0—1 变量。但当因变量也是 0—1 变量时,干预效应模型则不再适用,适合的模型为递归二元 Probit 模型(recursive bivariate probit model),这是因为此时的回归方程与选择方程都是 Probit 模型,而且干预变量作为内生变量包括在因变量的表达式中,这构成了一种递归(recursion)。

第三,匹配法,包括倾向得分匹配(propensity score matching,PSM)和最近邻偏差修正匹配(nearest neighbourhood bias-adjusted matching)。倾向得分匹配法根据基于 logit 回归获得的干预概率(倾向得分)来进行匹配并计算 ATT(即平均干预效应:average treated effect for the treated)。本书在匹配过程中通常采取 1∶1 无回置最近邻匹配,并进行平衡性检验。最近邻偏差修正匹配则基于向量模(vector norm)来寻找最短马氏距离并据此进行匹配,最后计算出 SATT(即样本 ATT,sample average treatment effect for the treated)和 PATT(即总体 PATT,population average treatment effect for the treated)。SATT 和 PATT 的值是一样的,但 z 值以及相应的显著性可能存在差异。如果 SATT 显著且 PATT 也显著,则表明根据样本获得的 ATT 可以推广到总体。但如果 SATT 显著而 PATT 不显著,则根据样本获得的 ATT 结论仅限于所研究之样本。

第三节 研究发现与研究贡献

一、研究发现

本书的主要发现可以总结如下。

第一,在交叉上市动机上,本书对中国 AH 公司的历史资料进行了详细的收集与整理,发现中国的 H 股上市源于中国政府主导的市场经济体制改革与国有企业改革,H+A 交叉上市既作为国企改革的目的,也作为稳定 A 股市场的工具,同时还会受到社会舆论的影响。中国 H＋A 交叉上市的动机具有历史复杂性,不同的时期具有不同的动机,但可以概括为政府干预下的强制性制度变迁。由于 H＋A 交叉上市的反向顺序与政府干预,在国外交叉上市文献中占主流的绑定假设不适于分析中国的情形。香港的豁免、股份制改造的不彻底性、公司治理的趋同、法律移植的不系统性、政府干预与强制性制度变迁等因素,使我们无法先验的假设 H＋A 公司的治理水平绝对的高于纯 A 公司,也无法根据该假设预测中国 H＋A 公司具有比纯 A 股公司更优的行为表现。但从历史进程中可以肯定,H＋A 公司比纯 A 公司受到更多的政府干预,由此导致的投融资扭曲行为也更严重,经营业绩与公司价值可能更为低下。

第二,在 H＋A 公司的投资行为上,对于投资水平,H＋A 公司的投资水平-增长机会的敏感性更低,具有显著更大的概率投资过度或者投资不足。对于基于参数化方法的投资效率,H＋A 公司具有更低的全要素生产率、技术效率和全要素生产率增长。在全要素生产率增长的分解项中,H＋A 公司虽然具有更高的技术效率变动,但具有更低的技术进步率。交互效应回归发现,这些更低的效率指标降低了 H＋A 公司的价值。整体上,相对于纯 A 公司而言,H＋A 公司具有更低的资本配置效率与公司价值。对于基于非参数化方法的投资效率,H＋A 公司具有更低的不变规模报酬条件下的技术效率、更低的规模效率以及更小概率的规模报酬递增;同时,H＋A 公司具有更低的全要素生产率变动、技术效率变动以及纯粹技术效率变动。H＋A 公司具有更低的市场价值,并且其更低的静态与动态投资效率降低了公司价值。对于投资回报率,从单指标和综合指标的纵向以及横向比较而言,交叉上市并不能提高投资回报率。在投资的融资约束上,H＋A 公司的投资水平以及现金流敏感性更低。

第三,在 H＋A 公司的融资行为上,对于 A 股 IPO 抑价,H＋A 公司的基于发行价格的市账率显著更低。而当以首日回报率为因变量时,H＋A 公司具有显著更高的首日回报率,但基于收盘价的市账率则没有显著区别,表明较高的首日回报率主要来自较低的基于发行价的市账率。当以发行价格对数为因变量,甚至直接以发行价格和收盘价格为因变量时,发现交叉上市的作用显著为负。这些结果表明,中国 H＋A 公司的 A 股 IPO 存在抑价。基于随机边界分析的研究发现,H＋A 交叉上市与

IPO定价效率、融资规模效率均显著负相关,再次表明 H＋A 交叉上市反而导致公司产生更高的 IPO 抑价。进一步分析表明,H＋A 公司的更高 IPO 抑价与其超大规模的股票发行数量呈显著正相关,其行为逻辑可以总结为:由于股票发行规模大,发行人和承销商为了成功发行,被迫采取了低发行价格的策略,导致 IPO 定价效率、融资规模效率的下降;但正是大规模的股票发行数量导致了 H＋A 公司在低发行价条件下仍能不断打破 A 股融资规模的历史纪录。而且,大规模发行也导致 H＋A 公司具有热衷于在热市期上市的择时行为。对于 A 股再融资,H＋A 公司的增发概率更低,但增发抑价则更高。对于负债水平,H＋A 公司具有更低的负债水平-盈利性负相关性。原因在于,H＋A 公司的权益融资额度往往很大,并且具有更多的权益融资途径,使得其负债水平下降;同时,这类公司的项目投资对盈利性的敏感度下降,项目投资不再依赖于内部现金流,最终使得交叉上市变量会降低负债水平-盈利性敏感度。对于股利政策,H＋A 公司由于更多的政府干预而具有更低的增长机会、更低的现金股利支付水平与支付意愿。

第四,在 H＋A 公司的治理水平与政府干预上,对于所选取的公司治理变量——独立董事比例(INDDIR),股权集中度(TOP1),股权制衡度(BALAN5),年度股东大会出席股份百分比(ATTENDY),本书发现只有 TOP1 和 ATTENDY 的系数显著为正,但这两个变量与交叉上市虚拟变量的交互项均显著为负。这意味着,尽管平均而言,这两个变量能够带来效率的提升,但 H＋A 公司并没有因为更高的 TOP1 和 ATTENDY 而获得更高的效率提升,反而由此而弱于纯 A 公司。对于另一组公司治理变量——独立董事比例(INDDIR),股权集中度(TOP1),两权分离度(SEP),两职兼任(DUAL),四个变量的主效应回归全部没有显著作用,表明 H＋A 公司虽然具有表面上的治理优势,但这些优势对投资效率和公司价值没有提升作用。对于 H＋A 公司的政府干预,本书发现 H＋A 公司具有更低的高管薪酬-业绩敏感性、更低的高管变更-业绩敏感性、更高的国有企业-价值负相关性。基于制度与制度变迁理论,本书认为,H＋A 公司作为试点公司,虽为中国整体的制度变迁作出了巨大贡献,但也为这种制度变迁承担了相应的成本,并表现为其投融资行为的更大扭曲。

二、研究贡献

本书的贡献可概括如下。

第一,本书首次在中国的经济改革与国有企业改革背景下考察 H+A 交叉上市的动机,发现 H+A 交叉上市植根于政府干预下的强制性制度变迁,与纯 A 股公司相比,H+A 公司受到更多的政府干预并导致更严重的投融资扭曲行为,这使得基于公司自愿选择的绑定理论无法解释中国的 H+A 交叉上市。本书为中国 H+A 交叉上市的制度背景提供了最为详实的历史资料,并首次从政府干预的角度系统地考察了 H+A 交叉上市的投融资行为,所获得的证据均显著支持政府干预假说。

第二,本书首次系统地实证检验了中国 H+A 公司的投资水平、投资效率、投资回报率和投资的融资约束。在投资效率上,本书首次将基于微观上市公司平衡面板数据的参数与非参数化生产效率引进 H+A 公司的投资效率分析中,通过考察交叉上市、投资效率与公司价值之间的交互关系,为交叉上市估值效应提供了一个新的中介变量即投资效率,丰富了交叉上市对公司价值的作用机理的研究文献。本书发现,中国 H+A 公司并没有相对于纯 A 公司获得市场溢价,反而显示出显著的折价,为交叉上市的估值效应提供了来自新兴市场国家,即中国的反面证据。

第三,本书首次系统地实证检验了中国 H+A 公司的 A 股 IPO 抑价、A 股再融资行为、负债行为与股利政策。在 A 股 IPO 抑价上,本书不仅采用了传统的市场估值法(包括首日回报率法),还引进了随机边界分析法来降低二级市场估值的影响。在股利政策上,本书发现 H+A 公司具有更低的增长机会,但同时具有更低的现金股利支付水平和支付意愿。这种反常的现象无法为绑定假说所解释。但在政府干预假说下,H+A 公司由于受到更多的政府干预而无法根据市场变化执行未来投资机会,从而增长机会更低;同时,双重代理问题将使得 H+A 公司倾向于在缺乏未来投资机会的情况下对当前项目过度投资,而经营机制上的不足也导致了 H+A 公司的净利润及自由现金流降低,最终导致股利支付水平和意愿都下降。本书克服了绑定假说在解释交叉上市与股利政策时所存在的逻辑不一致问题。

第四，本书首次将交叉上市、公司治理、政府干预与制度变迁有机地结合起来，不仅从实证上检验了 H＋A 公司的治理水平与政府干预，而且从制度理论的视角解释了 H＋A 公司的制度绑定初衷没有获得预期成果的原因。本书指出，规则系统的层级性要求整个系统能保持某种可预期性和系统的内在一致性，规则系统变迁由此存在某种路径依赖。H＋A 交叉上市乃至中国的经济改革都属于一种政府干预下的强制性制度变迁，这种变迁要求遵守一些基本原则，并保证规则系统的其他子系统的相应调整。但中国的改革进程未能很好地遵守这些基本原则以及保证系统的整体协调，以致整个制度改革虽有效果，但未能达到令人满意的效果。而 H＋A 公司作为试点公司，虽为中国整体的制度变迁作出了巨大贡献，但也为这种制度变迁承担了相应的成本。这些结论为"摸着石头过河"与"顶层设计"的辩证关系、为当前中国经济改革与国有企业改革均提供了良好的历史证据、经验解释与未来启示。

第二章　文献综述

关于交叉上市的文献综述，Andrew Karolyi 教授已经写了三篇论文(Karolyi,1998,2006,2012)。国内学者中，覃家琦(2008)、陈学胜和覃家琦(2012)对交叉上市与公司价值、市场流动性等之间的关系进行过综述。

本章第一节将综述公司投融资理论。这一方面是因为本书专注于中国交叉上市公司的投融资行为研究，揭示出公司投融资理论的研究脉络有助于对本书研究重点的把握；另一方面则是因为交叉上市本身也属于一种融资行为，对交叉上市的解释不应超出投融资理论的基本框架。第二节将综述交叉上市理论。本书没有像 Karolyi (2012)那样过于强调绑定假说的统治地位，而是遵循公司投融资理论的框架，强调"交叉上市—投融资行为—公司价值"这样的逻辑链条。这是因为交叉上市本身属于一种融资行为，交叉上市对公司行为(例如投资行为)的影响机制，隶属于融资对公司行为的影响机制。第三节对当前主流的绑定假说的实证技术进行总结，这样利于第四到第六章的实证分析。第四节对中国国内学者的研究进行综述。第五节是对全章的总结。

第一节 公司投融资理论研究脉络

根据会计学的研究,企业的一切活动都被划分为投资、融资与经营三种类型,具体内容如下。① 企业投资活动是指对企业长期资产的购建和不包括在现金等价物范围内的投资及其处置活动。其中,长期资产是指固定资产、无形资产、在建工程、其他资产等持有期限在一年或一个营业周期以上的资产。需要说明的是,本书的企业投资行为不涉及金融资产投资。② 企业融资活动是指导致企业资本(包括权益及负债)规模和构成发生变化的活动。其中的权益既包括实收资本(股本),也包括资本溢价(股本溢价);负债是指对外举债,包括向银行借款、发行债券以及偿还债务等。③ 企业经营活动是指企业投资活动和融资活动以外的所有交易和事项。对于工商企业而言,经营活动主要包括销售商品、提供劳务、购买商品、接受劳务、支付税费等。这其实属于一种排除法的间接界定,对于企业中的任何一种活动,我们必须首先判断它既不属于投资活动又不属于融资活动,才能最后断定该活动属于经营活动。

从上述定义中可以看出投资与融资活动的重要性。自 Modigliani and Miller(简称 MM,1958)以来,公司财务学的研究领域长期专注于公司的投资与融资活动,而经营活动要么被忽略了,要么被视为投资活动的继续或者视为投资活动的执行从而隶属于投资活动。在这样的理论传统下,本书也专注于交叉上市公司的投资与融资行为。但在二者的关系上,理论传统经历了从不相关理论到相关理论的漫长演变。理解这些理论演变的关键之处,在于理解这些理论背后的企业理论。这点得益于 Zingales(2000)的洞察力,他指出:"企业的本质与公司财务问题的互相影响已经变得非常细密,以至于对企业理论中的基本问题的回答已经成为在公司财务方面获得更一步的进展的前提条件。"可以认为,公司投融资理论之所以得以长足发展,不断丰富与拓展的企业理论是一个重要的推动力。下面将首先阐述投融资不相关理论,其次解释投融资之间的相互影响。这里的综述逻辑借鉴了覃家琦(2007)和覃家琦等(2008)的研究。

一、投融资不相关理论

投融资不相关理论在费雪分离定理中已经得到过表述,但直到 MM(1958)才得以正式证明。在费雪之后,凯恩斯(1936)的宏观经济学将企业投资抽象为函数 $I=I_0+I(r)$,企业投融资行为开始受到经济学家的关注。Modigliani 毕生都致力于为凯恩斯理论寻找微观基础。在提出储蓄生命周期假设从而奠定了消费和储蓄的行为基础之后,他接着考虑如下问题:什么决定投资? 在凯恩斯的著作中,投资取决于利率,但这要以确定性为条件;在不确定性条件下,资本成本又是什么? 对于这一问题的关注导致了他和 Miller 的合作。MM(1958)逐个批判确定性等价、利润最大化、期望利润最大化、效用最大化等分析方法在不确定性条件下的不适用情况,①最终将以有效市场假设的市场价值最大化作为判断标准。② 接着,他们考虑一个 N 人经济,经济中存在 M 个不同的上市公司,这些公司通过向个人发行股票或债券获得资金,再购买实物资产以进行生产,经济中的所有实物资产都归公司所有,而个人则仅仅拥有公司的股权或债权。公司的实物资产对公司的股东产生了一系列的随机利润流或收入流,这些收入流随之增加到股东所持有的股份上。股东和债权人被假设为仅仅关心证券的市场价值,从而仅仅关心公司产生的收入流。这样,在投资者看来,公司不过是将他们的投资转化为现金流的装置。在此基础上,MM(1958,1961)提出如下无关性命题。命题1:公司的市场价值与资本结构无关。命题2:公司的再投资决策与再融资方式无关。命题3:公司的市场价值与股利政策无关。

---

① MM 的批判理由在于:确定性等价原则不过是在确定性分析的基础上加上了一个风险调整,但 MM 认为现有理论未能满意的解释风险调整的大小及其变动;利润最大化在不确定性条件下是一个随机变量,其最大化不再具有操作意义;而利润的期望值最大化也不可行,因为决策行为将同时影响利润变量及其概率分布;如果转而用企业所有者的效用函数来作为决策标准,则此时分析将完全成为主观的。

② MM 认为,采用市场价值价值的好处在于:由于市场价值不仅反映了当前所有者的偏好,而且反映了所有潜在所有者的偏好,因此市场价值完全独立于所有者的偏好。显然,这里暗含着市场有效性假设。

二、融资对投资的影响

在经典的 MM(1958)中,企业被抽象为一系列现金流 y,这种费雪企业构成了财务学的主流观点(Miller,1988)。当 MM 假设融资方式不影响 y 的分布,并且 y 就是投资者的自由现金流时,我们容易得到投融资的无关性(Zingales,2000)。当考虑 y 中所包含税收因素时,税收学派证明负债融资通过税收、自由现金流来影响企业的投资决策;当考虑负债融资同时导致财务危机成本时,权衡理论学者证明负债的税避和财务危机成本将导致企业存在一个最优资本结构。这些理论的共同点在于:他们均忽略 y 的产生过程,仅仅考虑融资方式如何直接作用于 y。

当引进马歇尔企业并将 y 简单地表述为 $y = pf(X) - PX$ 时,投融资互动机制便表现为融资方式如何通过 X、$f(X)$、$pf(X) - PX$ 来影响投资决策,这正是 Anderson-Prezas(1998)的逻辑。但对企业的这种理解仍然过于抽象,以致这方面的投融资互动机制理论比较少。

新制度主义学者试图彻底打开企业"黑箱"中的各种因素。我们可以将他们的研究逻辑表述如下:任何企业都从事一定的价值活动,这些活动可划分为生产和交易活动;对这些活动进行组织将产生金字塔式的企业管理结构,包括事业部、职能部门和职位;根据管理结构配置非人力资产,构成企业内部资本市场;根据管理结构和非人力资产配置进行人力资产配置,构成了企业内部劳动市场;根据管理结构、非人力资产配置、人力资产配置安排各项权利和义务,构成企业的决策层级和控制结构,通称管理制度。如何在企业内部配置非人力资产,正是企业投资的内容;如何获得这些非人力资产,正是企业融资的内容。在融资过程中,企业家(管理者)与股东、债权人之间存在信息不对称和代理问题,为此三方之间的职能制约关系构成了企业治理结构,相应的契约安排构成企业治理机制。上述各种因素(治理结构、治理机制、价值活动、管理结构、资产配置、管理制度等)共同决定了企业的现金流 y。融资对投资的影响机制由此表现为:企业的融资方式如何通过影响这些因素,来影响企业价值。根据上述传导机制,得出如下逻辑链条:"融资政策——→治理结构——→投资政策——→管理结构——→公司价值",即一项融资政策,将首先影响公司的治理结构;治理结构的改变,又影响公司下一步的投资政策,进而导致管理结构的改变;而管理结构决定了公司的产出,最终决定了公司价值。如果忽略治理与管理,则逻辑链条将简化为"融资政策——→投资政策——→公司价值"。在MM的无关性命题中,融资政策无关紧要,因此公司价值仅仅取决于投资政策。

这再次证明了 Zingales(2000)的洞见:"要破解资本结构之所以重要的秘密,关键在于进一步理解企业'黑箱'中的内容,并探讨企业的这些内容如何受到不同的融资方式选择的影响。"

三、投资对融资的影响

在上文基础上,关于投资对融资的影响机制,主要涉及投资行为所包含的非人力资产配置、人力资产配置和管理结构三个关键内容,相关结论如下。

(1) 投资所形成的非人力资产会影响企业融资,这表现在四个方面。① 投资规模决定融资规模,投资扭曲可导致融资扭曲;投资规模越大,企业可能越倾向于权益融资,而负债的期限越长。② 投资期权越大,负债期限越短;生产柔性可增加负债容量;投资期权执行时所带来的资产结构将导致企业权益融资是否过度。③ 非人力资产的收益性将导致资产负债的期限匹配,波动性和相关性决定了企业是否产生联合保险效应进而决定是否增加负债容量,专用性、依赖性、可塑性越高,企业越倾向于权益融资。④ 投资-现金流敏感性可能可度量融资约束。

(2) 投资所引起的人力资产配置也会影响企业融资,企业各层级代理问题的程度影响融资的可获得性,但更深刻的问题在于人力资产控制权的转移将导致权益融资的作用发生转变,而传统的融资治理条款也需要相应改变。

(3) 如果投资采取 M 型结构,该结构所内生的内部资本市场将影响企业融资。多个事业部的联合可能由于联合保险效应而导致整体公司获得更多的融资,但内部资本市场的资本配置可能存在"平均主义",从而导致单个事业部融资不足或融资过度。

从上述结论可以看出,在我们所提出的公司投资的四个维度(即管理结构、非人力资产、人力资产、管理控制制度)中,国外学者已经触及了前三个维度,但还较少从管理控制制度的角度来研究投资对融资的作用机制。与之相反,在融资对投资的作用方面,学者们已经考虑了公司治理层面的控制制度对公司投资的影响(这被称为资本结构的控制权理论)。这提示我们:如果我们能揭示公司高层管理者、中层管理者乃至基层工人之间的管理控制权的安排如何影响融资决策,那么投资对融资的作用机制将能够得到更完整的揭示。

投资对融资的这种影响也向我们提出了挑战。如果公司资产(包括人力资产和非人力资产)的特性对融资方式选择具有足够大的影响,那么最优的融资顺序将取决于资产特性的最优组合;而资产特性的最优组合又取决于企业资产的最优结构;因此,最优的融资顺序和融资结构将取决于最优的资产结构。问题是:最优的资产结构存在吗?根据管理学基本原理,最优的资产结构首先取决于最优的管理结构,而后者又取决于价值链的分解与分工(如工作范围、管理幅度),但这些变量则随着公司投资变动、技术进步、经济发展、社会变迁甚至人口增长等而变化。既然如此,要寻找静态乃至动态最优资本结构看来是不太可能的,更有意义的问题似乎是考察资本结构如何较好地适应并支持公司的投资行为。这令我们想起了1998年3月2日于美国Vanderbilt大学的的一次圆桌会议上,Joel Stern和Myers的对话。Myers于1983年写了一篇题为《寻找最优资本结构》的论文,于1993年又写了一篇题为《仍然寻找最优资本结构》的论文。Stern问:"您下一篇文章想起什么题目?"Myers说:"下一篇文章的题目将是《停止寻找最优资本结构》。"(沈艺峰和沈洪涛,2004)

第二节 交叉上市研究脉络

交叉上市属于一种权益融资行为,因此交叉上市与公司各方面行为的关系,可以套用投资与融资的互动机制理论,不应超越投融资理论的基本框架。但在梳理了交叉上市文献之后,本书发现在投融资行为方面,现有研究所揭示的机制远没有第一节所述的投融资互动机制那么复杂。毕竟,公司投融资的基本理论自费雪(1930)与凯恩斯(1936)以来,已经经过了近90年的发展。而根据Karolyi(2012)的说明,在他1998年的第一篇综述中,他觉得70多篇文献已经很可观了。因此,如果对交叉上市的揭示尚未足够深入或全面,不应该觉得奇怪。

基于对交叉上市文献的掌握和理解,本书将当前交叉上市的文献概括为如下两个问题。第一,交叉上市的动机是什么?第二,交叉上市是否影响以及通过何种途径影响公司价值?正如上文所说,公司投融资理论框架应该囊括这两个问题,因此这两个问题也可以转化为:第一,公司在另一个市场权益融资的动机是什么?第二,这种融资行为是否影响以及通过何种途径影响公司的价值?

下面首先综述第一个问题。

一、交叉上市的动机

为什么已经在某个市场上市的公司,会选择在另一个市场二次权益融资并交叉上市?按照Karolyi(2012)的回答,当前有两个解释:市场分割假说与绑定假说,并且二者在时间上有先后顺序:在1999年之前,市场分割假说占优;在1999年之后,绑定假说占优。下面将表明,绑定假说在逻辑上更加完善。

(一) 市场分割假说

市场分割假说的背景是有效市场假说(EMH)。有效市场假说认为一股一价,否则将存在套利机会。但现实中存在同股不同价的现象,由此一些学者提出了市场分割假说。市场分割假说的首要提出者是Stapleton and Subrahmanyam(1977),他们提出了两种类型的市场分割及其对公司财务决策的意义。第一种市场分割源于特定个人对特定证券的投资的限制,明显的例子是国际资本市场分割。这种分割促使企业存在合并的动机,同时这种分割也影响资本成本。第二种市场分割源于差别个人所得税和特定因素的交易成本的同时存在。这产生了股利政策的税收效应问题。许多情况下,资本市场分割会抑制股票价格,并且会促使公司增加投资者所能获得的分散化投资的机会。这三种公司财务政策如下:① 公司进行外国资产组合或直接投资;② 与外国公司合并;③ 在外国资本市场进行交叉上市。Errunza and Losq(1985)提出了三种市场分割情景:完全统一(即没有投资障碍);温和分割(仅有一个市场存在障碍);完全分割(两个市场均存在障碍)。Alenxander et al. (1987)指出国际资本流动通常被交易成本、信息成本、法律限制所阻碍。这些阻碍足以产生国界间的资本市场分割,企业由此将会试图采取各种政策来消除这种不利影响。Stapleton and Subrahmanyam(1977)认为企业证券在外国资本市场交叉上市便是这样一种政策。然而,这种政策将带来资产定价的调整问题。该文对此提供了一种封闭解,并进行了比较静态分析。该文假设国内证券可以在外国资本市场双重上市,但外国证券却不能在本国资本市场双重上市。在双重上市之前,根据CAPM,股票预期收益率仅取决于该股票与国内市场组合的协方差;但在"先内后外"双重上市之后,股票预期收益率同时取决于该股票与国内和国外市场组合的协方差。由于股票与国内市场的相关性更大,从而与国内市场组合的协方差更大;在交叉上市后,股票与国内外市场组合的协方差将降低,股票的预期收益率将下降。Yagil and Forshner(1991)通过一个均值-方差模型证明,对于由最大分布所给定的收益产生的过程,相对于在国内单重上市证券(single listed security),双重上市证券的期望收益率较高但方差较低。该结果与资本资产定价模型(CAPM)的预测不一致,正常的话,方差即风险降低的同时期望收益应该也下降,否则将存在套利机会。

与市场分割假说接近但又不完全相同的一个假说是投资者认知假说,该假说认为交叉上市可以通过直接进入外国资本市场来增加投资者对公司股票的认知程度。Merton(1987)正式发展了该假说。该文认为投资者没有相同的信息,因此他们仅投资于他们熟悉的股票;在其他条件相等的条件下,熟悉公司的投资者数量的增加,将会通过降低对证券不知情的影子成本来降低投资者的预期收益,从而增加了企业股票的市场价值。而交叉上市是降低这种影子成本的一种有效途径。

总体而言,市场分割假说的逻辑是两个市场之间存在投资障碍,使得两市场之间存在价格差异。对于这种价格差异的解释,市场分割理论主要基于股票定价模型尤其是Gordon模型进行解释。根据Gordon模型,股票的价格由下式确定:

$$P = \frac{\text{Div}_1}{[E(r)-g]}$$

其中，P 为股票的价格，Div_1 是第 1 时期的股利，$E(r)$ 是股票的期望回报率，可以通过 CAPM 或者 ICAPM 来估计。g 是股利的固定增长率。

对这三个影响因素的讨论构成了市场分割假说的主要内容。第一，股利水平。这是 Stapleton and Subrahmanyam(1977) 所指出的第二种市场分割，即由于两市场存在不同的个人所得税率和交易成本所导致的分割，这属于与股利水平相关的分割。第二，预期收益率 $E(r)$。根据 CAPM，$E(r)$ 的影响因素主要是代表风险的 β 系数，因此不少理论模型证明两个市场的 β 存在差异，认为外国投资者由于可以有更多的选择，其投资组合风险得到分散，因此所要求的回报率更低，因此愿意支付更高的价格，产生境外股票溢价现象。除了风险，流动性也会直接影响 $E(r)$，这首先由 Amihud and Mendelson(1986) 提出。境外股票市场流动性高，所要求的回报率较低，因此愿意支付更高的价格，产生境外股票溢价现象。第三，增长率 g。如果某个国家的投资者对公司的增长预期过于乐观，他们将愿意支付更高的价格。

(二) 绑定假说

绑定假说可以追溯到 LLSV(1999) 的法与金融学。他们认为，不同法律体系导致不同的投资者尤其是中小股东的保护水平，不同的投资者的保护水平会导致不同的公司估值。法与金融学的关系激起了法学和金融学领域的学者的交锋。由此，哥伦比亚法学院教授 Coffee(1999) 认为来自较落后国家和地区的公司通过在发达国家尤其是美国证券市场进行的跨境上市或者交叉上市，可以租赁(renting)或绑定(bonding)发达国家的严格的法律和监管制度来提高公司对投资者的保护水平，进而提高公司的估值。这被称为绑定假说(bonding hypothesis)。

Coffee(1999) 试图考察全球化是否在公司治理方面会产生显著的趋同效应，认为可以通过如下方法来检验：将外国发行人转移到美国证券市场，然后对证券的监管和信息披露准则进行国际协调。该文注意到，在经验上，外国发行人转移到美国市场在 1990—1999 年这十年中已经提速，该文检验了关于这种趋势的若干假设，包括：① 在美国上市是发行人保证中小股东不被掠夺的一种绑定机制(bonding mechanism)的可能性；② 与证券交易所相关的网络外部性的存在性，这种外部性吸引了发行人即便面临高的监管成本也来美国上市；③ 在 Berle and Means 的公司结构中处于强势地位的管理者使中小股东免除被控股股东榨取价值的可能性,尽管随后大宗控制权的形成允许新的控股股东从中小股东身上榨取价值。最后,该文认为公司治理的趋同不会发生在公司法层面上,而是会发生在证券监管的层面上。尤其是,它强调了证券监管在降低代理成本方面的关键的但常被忽略的角色。在这方面,美国的发展可能预示着未来国际公司治理的趋同。该文提到,发行人在美国上市似乎受到如下因素驱动:选择较高的监管或信息披露标准从而实现一种绑定(bonding),在该绑定下,企业承诺实行比本国更加严格的公司治理准则。在美国上市代表了一种"绑定"机制:外国发行人通过同意遵循美国的更高披露标准而获得股票的增值。

Coffee(2002)正式提出了绑定假说(bonding hypothesis)。外国发行人在美国交易所交叉上市在 20 世纪 90 年代期间加速进行,这导致了世界市场中心对上市展开竞争并使得一些地区的市场流动性下降。尽管交叉上市传统上被解释为打破市场分割和增加投资者认知,但金融市场的全球化和电子信息的瞬间传递使得这些解释日益衰落。一个更加合理的解释是绑定:发行人转移到美国交易所上市,通过自愿接受美国更高的信息披露标准以及公共部门和私人部门的更高的执法效率,对在本国司法体制下仅得到较弱保护的中小投资者进行部分补偿,从而获得更高的市场估值,即交叉上市溢价(cross-listing premium)。但 Coffee 意识到,这种解释仍然是不完全的,因为许多有资格交叉上市的公司并没有交叉上市。日益增加的证据表明,交叉上市公司与同一司法体系下的没有交叉上市的公司相比,存在显著的不同,最明显的差别在于,前者具有更高的增长预期,并且愿意牺牲部分控制权私利来获得权益融资。Coffee(2002)指出,全球化降低了跨境资本流动的障碍,而技术进步使得信息的瞬间流动变得可行,各国证券市场将在一个全球基础上展开竞争,发行人尤其是新兴经济体的发行人由此可以选择在哪里筹集资本与上市。在美国上市可以传递出公司会计水平提高、信息披露政策完全、增长机会更高、投资者保护水平更高、信息不对称降低等信号。

Stulz(1999)持有类似的观点。该文检验了金融全球化对权益资本成本的影响,认为由于两个重要的原因,全球化将导致权益资本成本的降低。第一,投资者出于补偿所承担的风险而要求的预期收益率通常会下降。第二,使得企业难以融资的代理成本将变得不再那么重要。经验证据支持了全球化可以降低资本成本这一理论预测,但实际效果要比理论预测的要小。本文讨论了监督管理者的主要机制,包括董事会、资本市场、法律体系、积极股东、控制权市场、信息披露等不同的原因。

Coffee(1999,2002)和 Stulz(1999)的论文奠定了交叉上市绑定假设的理论基础。应该说,Coffee 对于绑定假说的贡献更大。但 Karolyi(2012)在其综述中则首推 Stultz(1999)对于绑定假说的贡献,并写道:"与 Stultz 的论述相独立但几乎在同一时间明确表述的是,Coffee(1999, 2002)也将在美国交叉上市的决策解释为一种绑定。"但通观 Stultz(1999)的论文,全文并未提到绑定,虽然他讨论的全球化与 Coffee(1999)的外国公司在美国上市具有相似的背景。而 Coffee(1999)则明确地阐述与提出了绑定假说与交叉上市溢价,这些思想正是后来 Doidge、Karolyi 和 Stultz 在 2004 年所验证的。因此 Coffee 对绑定假说的贡献似乎更大。

根据上述解释,将绑定假说的研究逻辑总结如下:交叉上市──→公司治理──→资本成本──→公司价值。

对比第一节的融投资互动机制,我们获得什么发现呢? 融投资互动机制的逻辑为:融资政策──→治理结构──→投资政策──→管理结构──→公司价值。

由于交叉上市本身属于一种融资政策,因此可以看到绑定假说的逻辑与投融资互动机制的逻辑是非常相似的,即起点是融资,第一中间环节是公司治理,最后的落脚点是公司价值。但不同的是中间的其他逻辑中介,绑定假说强调的是资本成本,而投融资互动机制强调的是投资政策与管理结构。二者之间存在着某种联系。事实上,公司价值可简单地表示为自由现金流的折现:$V = FCF/r$,其中,V 代表公司价值,FCF 为自由现金流,r 为资本成本。绑定假说强调的是 r,而融投资互动强调的 FCF,因此二者事实上是统一的,统一于公司价值。从下文可知,随着绑定假说的发展,中间环节变量得到不断扩展与完善,投资政策与管理结构也开始得到考察。在这个意义上,绑定假说的逻辑与投融资互动机制的逻辑是一致的。也正因如此,尽管 Karolyi(2012)在其综述中指出绑定假说面临各种挑战,但本书认为该假说在分析逻辑上仍然成立。

二、市场分割假说的检验

根据上文所阐述的交叉上市动机,市场分割假说试图解释两个时间之间的价格差异,包括风险、流动性、增长预期等方面的差异。

(一) 风险机制

这类文献的理论依据是传统的资本资产定价模型(CAPM),该模型表明风险决定证券期望收益率。在早期研究中,国外学者注意到,各国资本市场由于政府政策或法律限制、投资壁垒、交易成本等存在市场分割(market segmentation),导致一国投资者不能根据投资多样化原则进行国际分散化投资以便降低风险,此时投资者由于承担更高的风险而要求更高的收益率。但在交叉上市之后,投资者由于投资分散化,公司股票风险将降低,导致预期收益率将降低,进而公司权益资本成本降低而公司价值增加。Leal et al. (1998) 用 1990—1996 年在美国股票交易所以 ADRs 方式上市或在美国 OTC 市场有 ADRs 交易的巴西公司为样本,检验 ADRs 双重上市对公司股票风险和收益的影响。结果表明,在 ADRs 交易开始后,公司股票的波动性降低。Karolyi(1998)在综述交叉上市文献时发现,交叉上市后国内市场风险得到显著降低,但同时,全球市场风险和外国交易所风险只有少量上升,这会导致权益资本成本净下降大约 126 个基本点。

(二) 流动性机制

在资本资产定价模型的框架下,决定权益资本成本的因素只有市场风险,而流动性因素尚未得到考虑。Foerster and Karolyi(1999)以 1981—1990 年间在美国上市的 52 家加拿大公司为样本,发现在美国交叉上市提高了样本公司的流动性。Foerster and Karolyi(2000)发现,外国公司在美国市场招股后的市场表现与该公司 ADRs 市场的换手率正相关,这表明美国市场较高的流动性将能增加公司价值。Brockman and Chung(1999)试图探讨仅仅在香港交易所上市的公司和同时在香港和伦敦交易所交叉上市的公司在流动性方面存在的差异。该文利用 16 个月期的 981 183 个日内数据,比较了交叉上市公司和非交叉上市公司的买卖价差和深度的水平。结果发现,在控制了价格、交易量、收益率的方差、分时模式(inter-temporal patterns)的不同之后,交叉上市样本公司的相对买卖价差明显较低,而深度则明显较高。这表明交叉上市将增加公司的流动性。Hargins(2000)表明,跨国交叉上市可以将一个具有低流动性和低市场资本化的分割的本地权益市场转换为一个具有高流动性和高市场资本化的一体化市场。跨国交叉上市的价格影响取决于交叉上市前的本国市场的流动性环境。

(三) 投资者认知机制

Baker et al. (2002)表明,在伦敦股票交易所和纽约股票交易所交叉上市的公司股份在曝光度方面取得了显著增长,进而降低了权益资本成本,这印证了 Merton(1987)的观点。King and Segal(2009)指出,外国公司的美国投资者人数的增加和信息环境的改善是在美国交易所交叉上市所带来的明显效应。

尽管市场分割假说获得了一定的支持,但该假说在 Coffee(1999)、Stultz(1999)提出绑定假说之后逐渐式微。

三、绑定假说的检验

交叉上市是一种融资政策,因此要想考察交叉上市对公司价值的影响,我们可以借鉴"融资政策——→治理结构——→投资政策——→管理结构——→公司价值"这样的逻辑链条。事实上,在阐述绑定假说时,本书已经指出绑定假说的逻辑链条符合投融资互动机制的逻辑链条,因此将按照这样的逻辑链条来组织相关的实证文献,这样可以与 Karolyi(2012)的综述逻辑相区别。

(一) 交叉上市、公司治理与公司价值

绑定假说的检验重点在于公司治理,而公司治理的核心被认为是保护投资者的利益,阻止管理者掠夺投资者的资本。如果公司治理得到改善,那么投资者尤其是股东的利益将得到保障,MM 传统的公司价值将得到提高,相应的,股票价格、股票收益率也都会提高,这被称为公司治理溢价。绑定假说可以视为对公司治理溢价的特定检验,为此,它首先检验交叉上市是否改善了公司治理,其次,进一步检验交叉上市所带来的公司治理的改善是否提高了公司价值(或股票价格、股东财富以及股票收益率)。

1. 公司治理是否提高了公司价值

在这个标题下的文献其实与交叉上市没有直接关系,但作为绑定假说的首要逻辑环节与理论基础,有必要对此做一个简介。对公司治理溢价的检验难点在于公司治理的度量。在 Claessens(1997)通过所有权结构来度量公司治理并得出公司治理水平与股票价格正相关的结论之后,以局部指标来度量公司治理成为一种研究思路。而 Gompers et al. (2003)基于美国投资者责任研究中心(Investor Responsibility Research Center,IRRC)提出的 24 项治理准则来构建全面反映公司治理水平的 G 指数的做法则开创了另一种思路,即公司治理的全局度量,并引发了不少学者的跟进。例如,Bauer et al. (2003)所采用的 Deminor 公司的治理评级从股东权益与义务、反接管范围、治理披露、董事会结构与功能四个方面对公司治理质量进行评级;Drobetz et al. (2004)从治理承诺、股东权利、透明度、管理与监事董事事项、审计五个方面构建公司治理评级;Bebchuk et al. (2009)基于 IRRC 的 24 项治理准则,从董事会错位、股东次级法修正限制、毒丸政策、金降落伞、对并购和章程修改的绝对多数要求等六个方面构造了反映管理层沟壑效应的 E 指数(entrenchment index)。尽管全局度量引起了众多学者的兴趣,但这种方法存在诸多缺陷。首先,公司的治理机制并没有绝对的优劣之分,试图通过治理指数来评价各个公司的治理水平,忽视了治理机制与各个公司具体情况的匹配关系,或者说忽略了公司治理机制的内生决定性;其次,治理指数的分指标之间可能存在替代和互补关系,但治理指数忽视了具体机制之间的相互作用;最后,全局度量无法区分治理指数中各个分指标的贡献,从而无法有针对性地对具体的治理机制进行改进。

对于公司治理与公司价值的关系,多数文献获得了正相关的结论,例如,基于股票价格的 Claessens(1997),基于股票超额收益的 Gompers et al. (2003),基于 Tobin's q 的麦肯锡公司若干调查研究(Coombesand Watson, 2000; Newell and Wilson, 2002; Campos et al. , 2002),基于 ROA 的 Core et al. (2006)等。

2. 交叉上市是否改善了公司治理

基于法与金融学的研究视角,绑定假说认为交叉上市通过法律绑定(legal bonding)与声誉绑定(reputational bonding)可以改善公司治理。

由于全局度量的上述缺陷,公司治理的局部度量似乎是更加可取的研究方法,至少,交叉上市领域的研究主要采取了这种局部法。

(1) 董事会独立性。董事会无疑是公司治理结构的重要组成部分,董事会的独立性关系到投融资决策的客观性。Charitou et al. (2007)发现,相对于非交叉上市公司以及相对于上市前而言,交叉上市公司在上市后具有更多的独立董事和审计委员会成员。

(2) 高管变更-业绩敏感性。高管变更其实与董事会的有效性有关。一个良好运转的董事会,应该能够迫使业绩表现低下的 CEO 辞职而不是任其浪费公司的资产。如果交叉上市能够带来更好的公司治理,那么在交叉上市后,公司对 CEO 的惩罚力度将会加大。Lel and Miller(2008)发现交叉上市公司的高管变更与业绩之间的敏感性更高。

(3) 控制权结构与控制权私人收益。Doidge(2005)发现,在美国 IPO 的公司的控股股东显著降低了他们的持股,26%的公司的控制权会变化。Doidge et al. (2007)表明,当私人收益高时,控股股东不太愿意在美国交叉上市,因为交叉上市会对私人收益的消费产生直接的约束(例如较高的披露要求)和间接的约束(例如,分析师的监管)。利用一些变量来度量私人收益,该文提供了来自 31 个国家的 4 000 多家公司的证据来证实上述理论。Doidge et al.(2009)发现交叉上市公司具有更低的控制权私利,在美国交易所交叉上市的非美国公司具有比没有交叉上市的非美国公司平均低 43%的投票权溢价(voting premiums),这表明在美国交叉上市提高了对少数股东的保护,从而降低了私人控制利益。

(4) 信息披露。Lang et al. (2003)发现在美国交易所交叉上市的公司相对于没有交叉上市的公司,具有更广的分析师覆盖面(Analyst Coverage)和更高的预测准确度。Wojcik et al. (2004)发现,与不在美国交叉上市的公司相比,在美国交叉上市尤其是在美国股票交易所上市的公司不仅在信息披露方面,而且在董事会结构和功能方面都具有更高的公司治理评级。但对于在欧洲内部交叉上市的公司而言,公司治理与交叉上市之间不存在显著的关系。Crawford(2007)表明在交叉上市后分析师覆盖范围将得到提高。

(5) 投资者保护。借鉴 LLSV(2000)的方法,O'Connor(2006)发现在美国交叉上市后的非美国公司的投资者保护水平(通过股利水平的变化来度量)得到了提高并表现出 LLSV(2000)关于股利的替代模型。

(6) 信号传递。Coffee(2002)已经指出,在美国上市可以传递公司的会计水平提高、信息披露政策完全、增长机会更高、投资者保护水平更高、信息不对称度降低等信号。一些学者据此试图构建模型来证明这一点。严格说来,这类文献不是经验检验,而是理论模型的推导。但本书将它们视为对绑定假说的模型检验,因此放到这个地方综述。Barzuza(2006)提出了一个关于私人控制收益的信号传递模型并用来分析交叉上市决策。该模型表明,交叉上市传递如下信息:管理者或控股股东(controlling shareholder)不能榨取太多的私人控制收益。Vaaler and Schrage(2006)认为新兴市场公司在发达国家的交叉上市可视为实行更严格公司治理体制的承诺。Konigsgruber(2007)表明,即使不存在直接的上市成本,交叉上市决策也可以用来传递高质量项目的信息。这些信息将会使投资者相信:公司现金流将会增加,进而公司股票价格和公司价值将增加。

尽管众多证据支持绑定假说的关于交叉上市公司可以使治理水平得以提高的推断,但持反对意见的研究同样存在。Litch(2003,2004)认为绑定假说并不成立,法律移植(legal transplantation)从历史的角度来看很少有成功的;交叉上市的主要目的是获得外部资本,而接受更高的公司治理准则是交叉上市的一种成本;美国交易所对外国上市公司有很多豁免条款,导致在美国双重上市并不必然会导致公司的治理水平的提高,逃避假说(avoiding hypothesis)更能解释公司的交叉上市行为。Siegel(2005)发现美国证监会(SEC)和中小股东并未有效执行针对交叉上市的外国公司的法律,来自墨西哥的证据进一步表明,一些内部人仍然可以从弱的法律执行中获取私利而免遭处罚。Abdallah(2005)提供的证据表明,交叉上市公司在交叉上市后的短期和长期内并未提高它们的信息披露标准,交叉上市公司可能仅仅在交叉上市的前一年提高了它们对市场的自愿信息披露,以便获得进入国际市场的途径。Eng et al. (2008)发现交叉上市与分析师覆盖面呈负相关,预测准确度在交叉上市后的提高也仅有些微证据。Burns and Francis(2007)发现,尽管交叉上市降低了投资壁垒,但其所包含的法律环境和金融中介监管重要性的能力仍然有限,在美国交叉上市并没有提供完全的法律约束。Ferris et al. (2009)则指出,目前的多数研究中的交叉上市公司都先在有着较低投资者保护水平的母国上市,然后到有着更高投资者保护水平的美国双重上市,绑定假说对这样的上市顺序有着较好的解释,但难以解释为什么美国或其他同样有着较高投资者保护水平的国家(例如英国和日本)的上市公司也会到其他的国家去双重上市。

3. 交叉上市是否通过公司治理提高了公司价值

如果交叉上市确实能够提高公司的治理水平,那么根据公司治理与公司业绩的正相关关系,交叉上市也应该能提高公司业绩,表现出 Coffee(1999,2002)的交叉上市溢价。现有研究大致从五个方面来考察这种溢价。

由于公司治理的不易度量,一些学者跳过这一环节,直接考察交叉上市与公司价值之间的关系。这种分析的逻辑在于:绑定假说认为交叉上市旨在提高公司治理进而带来公司价值的提高,虽然交叉上市与公司治理的正相关性不易检验,但只要能够证明交叉上市没有为公司价值带来提高,那么绑定假说就被否定掉了。

这些研究分为两类。一类是基于事件分析法来考察交叉上市前后的累计异常收益率。例如,Bailey et al.(2006)发现在美国交叉上市的股票的绝对收益率和交易量通常随着盈余宣告而显著地增加,原因在于信息披露环境的改善。Foester and Karolyi(1999)发现非美国公司通过ADRs 在美国交易所双重上市前一年中能获得 19% 的累计异常收益率,而在上市周中能够获得额外的 1.2% 的累计异常收益,但在上市后一年中存在 14% 的损失。Salva(2003)发现来自弱投资者保护和法律体系的国家的公司在英国伦敦交易所双重上市会带来更大的异常收益。显然,事件研究法考察的是短期的估值反应。

另一类是试图对事件研究法的短期性进行弥补,考察公司交叉上市前后若干年度的价值或者业绩的变化。按照估值方法来划分,可以分为以下四类。① 托宾 q 或市账率(market-to-book ratio)。Doidge et al.(2004)、Charitou et al.(2007)发现交叉上市公司具有更高的托宾 q 和市账率。King and Segal(2005)以托宾 q 来度量价值,发现在美国交易所交叉上市的加拿大公司仅仅经历了短暂的价值增长,在交叉上市的两年内价值增长便消失。② 以股东财富来度量公司价值,Lee(1992)提供了英国和日本企业在伦敦和东京股票交易所交叉上市的财富效应的经验证据。结果表明,海外上市(overseas listing)没有导致股东财富的严重且永久的变化。③ 以股票价格来度量公司价值,King and Segal(2004)认为交叉上市可能并没有为所有的公司提供利益,即使当这些公司满足信息披露和信息管理方面的最高监管要求。Connor(2005)发现,对于新兴市场公司,对于以一级 ADRs 在 OTC 市场和以二级或三级 ADRs 在交易所交叉上市的公司来讲,交叉上市对公司价值具有正面影响;但对于以私募形式交叉上市的公司来讲,交叉上市仅能够提供短期的收益。④ 超额现金流溢价。Fresard and Salva(2010)研究了美国交叉上市是否以及如何能够减少内部控制人将现金持有转化为私人利益的风险,发现相对于母国公司而言,在美国交易所及场外交叉上市交易的公司的超额现金储备的价值显著更高。该文认为这种超额现金流溢价不仅仅来源于美国的法律环境和披露要求,也来源于对交叉上市公司的非正式监管的压力,在美国交叉上市有效地约束了内部控制人对超额现金储备的无效配置。

尽管大部分研究都支持交叉上市溢价,但也有反面的证据。Litvak(2007)发现在《萨班斯-奥克斯利法案》法案(SOX 法案)颁布之后,受 SOX 法案约束的(在 Level 2 或 Level 3 双重上市的)外国公司相对于配对公司而言,其托宾 q 和市账率均显著下降,这表明并非监管越严公司的估值就会越高。这也验证了 Litch(2003)的观点:公司治理是一种成本。Sarkissian and Schill(2009)利用来自 25 个国家的 1 676 个上市公司的数据,发现大部分在海外上市的公司其估值优势并不长久,即使是在流动性更高、能够提供更好的法律保护或具有更广的投资者基数的市场上市,也不存在长久的估值优势。O'Connor(2009)利用 1990—2003 年来自新兴市场的面板数据,考察了在美国交叉上市的估值效应,发现只有那些来自高信息披露地区的公司能够获得在美国 Level 2 或 Level 3 上市所带来的好处,但这种好处不是立即获得的,而是要在美国上市至少五年后才能获得。You et al. (2012)直接提供了在国外市场交叉上市但随后退市的样本,发现交叉上市对股票价格的正效应以及退市的负效应都会随着时间的推移而消失,但市场风险不会随着交叉上市和退市而有显著变化,企业之所以退市是因为东道国市场的低回报率和低交易量,该文认为绑定假说无法解释交叉上市的溢价和退市损失。

(二) 交叉上市与资本成本

绑定假说认为公司价值的提升来自资本成本的下降。Hail and Leuz (2009) 对此进行了检验,发现了在美国交叉上市确实导致资本成本的降低,这种效应对于来自具有较弱的制度结构的国家的公司来说会更大。但回忆一下,对资本成本的检验其实在市场分割假说下已经得到过检验,并且两种假说都认为资本成本下降,因此对资本成本的检验其实并不利于对两种假说的区别。

(三) 交叉上市与投资政策

根据第一节的投融资理论,公司价值来源于公司的投资及其所产生的经营现金流或自由现金流,公司的价值等于当前的资产价值与未来增长机会的价值之和。但是关于交叉上市与公司投资之间的关系长期未得到探讨。直至 2008 年,Foucault and Gehrig (2008) 通过理论模型证明,交叉上市可以使企业从股票市场获得更为精确的关于它们增长机会的信息。因此,交叉上市公司可以做出更好的投资决策并且以溢价进行股票交易。交叉上市的这一理论意味着,交叉上市公司的投资对股票价格的敏感性更强。而且,交叉上市溢价与增长机会的规模呈正相关,与管理信息的质量呈负相关。如果某些因素能够加强交叉上市对股价信息的影响,那么交叉上市溢价对增长机会规模的敏感性将会随着这些因素而增长。

该文认为,在若干交易所进行多重上市 (multiple listings) 是一个持久的现象。即使国际资本市场变得更加一体化,交叉上市仍然热火朝天。事实上,在过去的十年,在美国市场交叉上市的公司数量已经翻倍,一些美国公司甚至在 NASDAQ 和 NYSE 上双重上市 (dual-listing)。然而,交叉上市决策的决定因素和效果尚未得到充分的理解。该文试图对这个实际问题提出一个新的解释。

该文在 Chowdry and Nanda(1991) 的多市场交易模型中将信息渠道模型化。在该文的模型中,管理者对投资机会拥有不完全的信息,并从股价中学习其他的信息。如 Fernandes and Ferreira(2005) 所指出的,交叉上市增强了股价中关于未来现金流的信息含量 (由于股价等于未来自由现金流的折现,如果交叉上市能够更加准确地预测未来现金流,那么这种预测将会体现到股价上),因为交叉上市扩大了价格信号的数量,提高了交易者获取信息的激励。因此,其他条件相同的条件下,交叉上市公司的管理者对公司的增长机会价值拥有更准确的信息。因此,他们可以更有效地为增长机会投资合适的资本。然而,交叉上市加剧了知情交易。因此,交叉上市导致了从流动交易者向知情交易者的更大的财富转移。相应地,股东也就要求更大的回报。

因此,交叉上市包含了如下权衡:更高的预期现金流与更高的资本成本。其中,有两个因素影响了一个企业的决策:一是增长机会的大小,二是管理者关于增长机会的信息质量。增长机会大的公司从交易上市中的获利更大,从而更可能交叉上市。拥有信息灵通的管理者的企业交叉上市的概率更低,因为这些管理者对股价信息的依赖性较小。在其模型中,交叉上市公司的平均价值高于非交叉上市,只有当公司具有显著更大的增长机会时才会选择交叉上市。因此,模型预示着交叉上市溢价的存在。这个意义很重要,因为有不少研究表明在美国交叉上市的公司确实存在溢价。在控制了增长机会的大小之后,仍然发现存在交叉上市溢价。原因在于,由于管理者可以从股价信息中学习到更多,交叉上市公司可以更加有效地利用其增长机会。

该文与 Doidge et al. (2004)的结论类似,两篇论文都认为交叉上市公司在交叉上市前就存在更大的增长机会,但在控制了增长机会后,交叉上市公司仍然存在溢价。不同的是,Doidge et al. (2004)认为交叉上市溢价反映了美国更加严格的治理监管,而 Foucault and Gehrig (2008)的模型则表明这个溢价也可以来自股价信息含量(informativeness)的提高:交叉上市使得企业可以从股票市场中获得关于他们的增长机会的更加精确的信息,这个信息帮助管理者做出更好的投资决策,进而提高公司价值。

这篇论文的结论直到2012年才获得实证检验。Foucault and Fresard(2012)发现交叉上市公司的投资-股票价格敏感性显著高于非交叉上市公司。但他们认为这并非源于在美国交叉上市所带来的公司治理改善、信息披露和资本通道,而是因为交叉上市加强了公司管理者对股票价格的依赖性。

(四)交叉上市与融资政策

上述内容(一)和(二)检验了绑定假说的如下链条:"交叉上市──公

司治理──→资本成本──→公司价值",内容(三)则检验了绑定假说的如下链条:"交叉上市──→公司治理──→投资政策"。但这些内容尚未涉及对融资政策的考察。按照Coffee(1999)、Stultz(1999)的逻辑,交叉上市由于提高了公司治理,其后续融资成本将降低。对后续融资成本的检验可以认为与上面的内容(二)相一致。但融资政策的内容不仅仅体现为融资成本,还包括融资水平、融资结构等,遗憾的是这方面的研究甚少。

一些学者试图检验交叉上市是否能够降低对公司的融资约束,检验方法是通过交叉上市是否能够降低投资对公司经营现金流的依赖性(即投资-现金流敏感度)来衡量。如果融资约束得到降低,表明公司外部融资的资本成本得到降低,公司价值将增加。Pagano et al.(2002)发现,在美国或欧洲交叉上市的公司大多属于R&D支出较高的公司,这类公司的融资约束比较严重,而交叉上市看来可以降低它们的这种困境。Lins et al.(2005)的研究发现交叉上市确实降低了投资-现金流敏感度,表明公司融资约束得到缓解。但Kumar et al.(2003)的研究则是另一种结果:交叉上市并未降低融资约束。

本书认为,这种检验与解释的意义并不大,因为公司外部融资是在内部现金流无法满足公司投资所需时才进行的,外部融资本身便是为了获得外部资本以及降低对内部现金流的依赖性。因此在外部融资后,投资对现金流的敏感性降低是融资行为的一个毋庸赘述的逻辑延伸。更有意义的问题是:在交叉上市后,公司的融资水平、融资结构、融资成本等发生了何种变化?

例如,Durand et al.(2006)通过考察81家澳大利亚公司,发现在交叉上市之前,交叉上市公司具有更高的负债水平并且获利性更小,在交叉上市之后的三年,这些公司获得了显著的、负的异常收益率。Ball et al.(2013)检验了外国公司在美国交叉上市后是否更频繁以及是否能够以更低的成本来筹集负债资本,同时考察了这些债务市场的收益。通过采用来自超过40个国家的全球性大样本,该文发现公司在美国交易所交叉上市后,在债券市场筹集负债资本的频率更高,但发行的辛迪加贷款更少。债券的发行收益率在交叉上市后显著下降,但辛迪加贷款的价差却没有变化。该文还发现交叉上市的公司可能以更低的利率进行公开的债券发行,而不是私募。此外,来自监管与报告环境较弱的国家的交叉上市公司,更频繁地在非美国的市场发行债券,而来自债权人保护较好的国家的公司,以更低的成本发行扬基债券。这些结果支持如下理念:在美国交叉上市所带来的在注入绑定、信息披露、流动性等方面的优势可以延伸到企业的债券持有人。

第三节 绑定假说检验模型中的技术问题

本节考察绑定假说模型中的实证技术问题。单独抽出这一部分,一方面源于其重要性,因为这为本书后面的第四到六章的实证分析部分提供了指导,另一方面则在于这部分内容有点技术化,与第二节的定性内容在风格上略有不同。

一、LLSV(2002)与 Doidge et al. (2004)的模型

Karolyi (2012)认为"Doidge et al. (2004)为交叉上市的绑定假说提供了第一个正式的理论发展"。因此本书将重点讨论 Doidge et al. (2004)这篇论文。但正如本书在介绍绑定假说时所指出的,Coffee (1999,2002)在提出绑定假说时其实是受到了 LLSV 的法与金融学的影响,甚至可以说绑定假说是法与金融学的应用举例,因此 Doidge et al. (2004)也承认他们的实证技术借鉴了 LLSV(2002)的实证技术。为了更清楚地解释模型,本书首先介绍 LLSV(2002)。

(一) LLSV(2002)

LLSV(2002)通过建模考察了对中小股东的法律保护以及控股股东的现金流权这两者对公司估值的影响,也就是公司估值与投资者保护、所有权之间的关系。利用来自 27 个富裕经济体的 539 家大企业的数据来检验这个模型,该文发现,来自具有更好的中小股东保护的国家具有更高的估值,控股股东现金流权越高的公司,其估值也越高。该文提出了四个假设:假设 1:来自具有更好的法律保护地区的企业具有更高的托宾 q;假设 2:控股企业家的现金流权越高的企业,具有更高的托宾 q;假设 3:

具有更好投资机会(以销售增长率来度量)的企业,具有更高的托宾 q;假设 4:对于二次方的偷盗成本(cost-of-theft)函数,在具有良好投资者保护的国家,企业家的现金流权对估值的影响更低。

该文的基本回归模型如表 2-3-1 所示。表 2-3-1 的数据为原始数据,样本量为 539 家企业。因变量为托宾 q,自变量包括:① 销售增长率(Growth in sales),等于销售年增长率的三年几何平均;② 普通法系(Common law),虚拟变量,如果企业所在国的公司法或商业法典的法律渊源是普通法系,则为 1,否则为 0;③ 抗董事权(Anti-director),企业注册所在国的抗董事权的指数;④ 现金流权(CF rights),企业控股股东所持有的现金流权比例。交互项分别为:CF rights * common law;CF rights * anti-director rights。

回归时采用了随机效应模型。对此,该文解释到,模型的一个自然选择是固定效应,但给定的法律变量(即 Common law)在一国的内部不会变化(即时不变,time-invariant),固定效应不可行。如果明白固定效应是如何估计的话,这个道理很容易理解。固定效应的估计需要先用变量减去其均值,然后再进行普通最小二乘估计;如果一个变量是不随时间变化的,那么其均值等于自身,离差后所有的变量值都为零,这使得变量的影响将被剔除。在 Stata 软件的输出结果中,这样的时不变变量将被剔除。

在固定效应不可取的情况下,还有随机效应和混合 OLS 可以选择。该文根据 Breusch and Pagan 的拉格朗日乘数检验,结果拒绝原假设,即误差在一国内部是独立的,从而支持随机效应。随机效应同时利用现金流所有权在国家内部和国家之间的变化来估计它的估值效应,但没有将一个给定国家中的各个企业视为独立的个体。该文中的标准误差被调整以便反映由于相同的国家因素所导致的观测值之间的交叉关联,这应该是通过 cluster 功能来实现的。

表 2-3-1　原始数据的随机效应模型

	(1)	(2)	(3)	(4)
Constant	1.2986*	1.2192*	1.1559*	0.9480*
	(0.0836)	(0.0900)	(0.1649)	(0.1635)
Growth in sales	0.8275*	0.8191*	0.8314*	0.8258*
	(0.1403)	(0.1408)	(0.1403)	(0.1411)
Common law	0.2441***	0.2848**		
	(0.1400)	(0.1472)		
Anti-director rights			0.0735	0.1083**
			(0.0490)	(0.0478)
CF rights		0.2552***		0.5228**
		(0.1334)		(0.2680)
CF rights * common law		−0.0946		
		(0.2367)		
CF rights * anti-director rights				−0.1023
				(0.0828)
Overall R^2	0.0735	0.0771	0.0654	0.0759

注：***、**、* 分别代表在1%、5%、10%水平上显著。

让我们来看一下 LLSV(2002)对结果的解读。在前两个模型中,该文仅采用普通法系的虚拟变量来作为股东保护的度量。后两个模型则采用抗董事权指数来度量股东保护。对于每一种度量方法,都提供两种回归模型。第一,仅以股东保护为唯一的自变量,再加上销售增长率。第二,增加控股股东的现金流权以及现金流权与投资者保护变量的交互项。在表 2-3-1 中,销售增长率在所有的模型中均显著为正。当单独加入普通法系虚拟变量时,增长率在10%的显著性水平上显著。当加入现金流权及其交互项时,Common law 变量在5%的水平上显著,这意味着从大陆法系转到普通法系,托宾 q 将上升 0.28。现金流权的系数为 0.26,并在10%的水平上显著,但交互项不显著。这些估计表明,当现金流权从20%上升到30%时,大陆法系国家的托宾 q 上升 0.026,而普通法系国家的托宾 q 上升 0.016。

当单独加入抗董事权得分时,该得分的系数不显著。但当加入现金流权及其交互项时,抗董事权的系数变得在5%的水平上显著,表明从大陆法系到普通法系,该得分上升 2 个百分点将带来托宾 q 大约 0.2 的上升。Cash-flow rights 变量的系数为 0.52 且在 5% 的水平上显著。但交互项不显著,尽管其符号符合预期。这些结果表明,当控股股东的现金流权比例从 20% 上升到 30% 时,且抗董事权得分为 2 时,托宾 q 上升大约 0.05;当抗董事权为 4 时,托宾 q 上升大约 0.03。

虽然该文发表在 *Journal of Finance* 上,但从今天来看,该文的实证模型其实是很简单的,甚至是有问题的。例如,对于交互项,一般来说,应该区分主效应回归(即不包含交互项的回归)与交互效应回归;交互项的成分变量不能都是连续变量。但表 2-3-1 所示的模型没有满足这些基本要求。而且交互项都不显著,因此交互意义不大。

(二) Doidge et al. (2004)

Doidge et al. (2004) 的这篇论文几乎是对 LLSV(2002) 的风格的模仿:先构造一个理论模型,推导出研究假设,然后进行实证检验。该文注意到,1997 年年底,与仅在母国上市的公司相比,既在母国上市又在美国交叉上市的公司,其托宾 q 要高 16.5%。在美国主要交易所(纽约交易所)交叉上市的外国公司的估值差异更为显著,已达到 37%。该文给出了一个交叉上市决策模型,其对交叉上市溢价的解释是:只有那些拥有更高的增长机会,并且在母国市场难以通过筹集充分的资本来实现增长机会的公司,才会选择在美国交叉上市;由于在美国交叉上市意味着控股股东承诺降低对中小股东的利益侵占和改善代理问题,因此外部投资者将降低他们对公司的要求回报率,公司得以以更低的权益资本成本来筹集外部资本,并更好地利用其增长机会。这些原因导致交叉上市公司具有更高的市场价值。

该文提出如下假设:假设 1:给定上市后的投资者保护水平,来自投资者保护弱的上市企业,比起来自投资者保护更强的国家的企业,其增长机会更高。假设 2:在美国上市的公司比不在美国上市的公司,托宾 q 更高。假设 3:交叉上市溢价与公司在母国的投资者保护质量成反比。假设 4:与不在美国上市的公司相比,在美国上市的公司其公司价值随着增长机会而增加的幅度会更大;对于来自投资者保护更差的国家的公司来讲,这种公司价值的差异更大。假设 5:通过在美国上市所带来的投资者保护的增加幅度越大,交叉上市溢价越大;相比利用 144a 规则私募或者场外上市的公司,在美国交易所上市或发行权益的公司具有更高的交叉上市溢价。然后,该文利用来自 Worldscope 数据库截至 1997 年的数据加以检验。该数据库覆盖了来自 50 多个发达或新兴市场的超过 24 000 家公共公司,代表了全球公开交易公司的市值的 96% 以上。但在表 2-3-2 的回归中,样本来自 40 个不同的国家,710 家公司在美国交叉上市,4 078 家公司没有在美国交叉上市。

该文基本回归采用了随机效应模型,该文指出这是遵循 LLSV(2002)的做法。因变量为托宾 q=(总资产-权益账面值+权益市值)/总资产。解释变量为 cross-list,如果一个企业在美国交叉上市,则取值 1,否则取值 0。销售增长率 Sales growth 为企业两年销售增长率的均值。全球行业 q,Global industry q,是全球行业 q 的中位数。sales growth 和 Global industry q 是增长机会的两个代理变量,加入增长机会的原因在于:公司可能因为有良好的增长机会而上市,如果这样,那么加入增长机会作为自变量之后,交叉上市溢价将不再存在。除了这些代表企业特征的自变量外,还包括下面国家层面的特征变量:法国法(French law)、德国法(German law)、斯堪的纳维亚法(Scandinavian law)、抗董事权(Anti-director)、会计准则(Accounting standards)、司法效率(Judical efficiency)、流动比率(Liquidity ratio)、获取资本的途径(Capital access)。这些变量与数据来自 LLSV(1998),后者将法律体系划分为四类:普通法(Common law)、法国法(French law)、德国法(German law)、斯堪的纳维亚法(Scandinavian law)。据此,以普通法为基准,可以生成表 2-3-2 中的三个法系虚拟变量。抗董事权和司法效率这两个指数也来自 LLSV(1998)。其他的国家变量则来自其他来源。

基本回归结果如表 2-3-2 所示。关键看交叉上市变量(Cross-list)。虽然结果没有标出显著性水平,但 Cross-list 的回归系数均为正,括号中报告的 t 值表明所有的模型的 Cross-list 变量均显著。这就验证了交叉上市溢价:交叉上市公司相对于没有交叉上市的公司而言,其公司价值(托宾 q)更高。

为了缓解样本选择问题,该文采用了如下两种方法:一是两阶段最小二乘法即 2SLS,二是 Heckman 模型。结果如表 2-3-3 所示。前两列为 probit 模型,代表 2SLS 和 Heckman 模型的选择模型,用来考察外国公司

表 2-3-2 交叉上市与非交叉上市公司的估值的回归分析

	(1)	(2)	(3)	(4)	(5)	(6)	(7)	(8)	(9)	(10)	(11)	(12)
Constant	1.33	−0.14	−0.15	−0.09	−0.44	−0.24	−0.40	−0.48	−0.62	−0.76	−0.63	−0.51
	(22.73)	(1.33)	(1.11)	(0.55)	(1.21)	(0.98)	(3.18)	(0.90)	(1.41)	(1.02)	(1.83)	(0.88)
Cross-list	0.20	0.16	0.16	0.16	0.16	0.16	0.16	0.16	0.16	0.16	0.16	0.16
	(5.91)	(4.87)	(4.88)	(4.88)	(4.89)	(4.88)	(4.95)	(4.89)	(4.91)	(4.91)	(4.97)	(4.91)
French law			0.00						0.01	0.07		
			(0.00)						(0.08)	(0.36)		
German law			−0.07						−0.54	−0.05		
			(0.37)						(3.12)	(0.23)		
Scandinavian Law			0.22						0.07	0.26		
			(1.03)						(0.43)	(1.05)		
Anti-director				−0.02							−0.00	−0.03
				(0.36)							(0.05)	(0.64)
Accounting standards					0.00				0.00	0.00	0.00	0.01
					(0.85)				(0.49)	(0.24)	(0.33)	(0.68)
Judicial efficiency						0.01			0.04	−0.02	0.01	0.00
						(0.44)			(1.51)	(0.39)	(0.44)	(0.10)
Liquidity ratio							0.41		0.68		0.42	
							(3.56)		(5.23)		(3.33)	
Capital access								0.08		0.13		0.04
								(0.65)		(0.63)		(0.21)
Sales growth	0.19	0.19	0.19	0.19	0.19	0.19	0.19	0.19	0.19	0.19	0.19	0.19
	(6.95)	(6.94)	(6.95)	(6.95)	(6.95)	(6.95)	(6.95)	(6.92)	(6.93)	(6.94)	(6.94)
Global industry q	1.35	1.35	1.35	1.35	1.35	1.35	1.35	1.35	1.35	1.35	1.35	1.35
	(16.29)	(16.28)	(16.29)	(16.27)	(16.28)	(16.29)	(16.27)	(16.26)	(16.26)	(16.27)	(16.27)
Overall R^2	0.01	0.08	0.09	0.08	0.09	0.08	0.09	0.09	0.14	0.11	0.10	0.09

表 2-3-3 对交叉上市溢价的样本选择偏差的检验

	Probit 模型		基本情境（3）			完全情境（4）		
	(1)	(2)	随机效应	2SLS	Heckman	随机效应	2SLS	Heckman
Constant	−3.54	−4.42	−0.14	−0.39	−0.35	−0.62	−1.61	−1.55
	−(9.81)	−(13.27)	−(1.33)	−(4.09)	−(3.61)	−(1.83)	−(11.49)	−(11.04)
Cross-list			0.16	0.44	0.30	0.16	0.50	0.34
			(4.87)	(5.52)	(3.95)	(4.97)	(6.20)	(4.50)
Lambda					−0.06			−0.08
					−(1.28)			−(1.77)
French law	−0.72							
	−(7.59)							
German law	−1.04							
	−(10.39)							
Scandiavian law	−0.70							
	−(5.37)							
Anti-director		0.23				−0.00	0.01	0.02
		(8.66)				−(0.05)	(1.01)	(1.48)
Accounting standards	−0.03	−0.01				0.00	0.01	0.01
	−(7.06)	−(3.50)				(0.33)	(8.08)	(8.01)

(续表)

	Probit 模型		基本情境(3)			完全情境(4)		
	(1)	(2)	随机效应	2SLS	Heckman	随机效应	2SLS	Heckman
Judicial efficiency	0.02	−0.04				0.01	0.00	0.00
	(0.86)	(1.87)				(0.44)	(0.29)	(0.08)
Liquidity ratio	0.15	0.05				0.42	0.34	0.34
	(1.98)	(0.77)				(3.33)	(10.97)	(10.93)
Log GNP	−0.15	−0.31						
	(5.15)	(14.87)						
Log(Sales)	0.43	0.43						
	(20.31)	(20.31)						
Sales growth			0.19	0.23	0.24	0.19	0.21	0.21
			(6.95)	(8.01)	(8.03)	(6.94)	(7.16)	(7.19)
Global Industry q			1.35	1.50	1.48	1.35	1.44	1.42
			(16.29)	(17.11)	(16.82)	(16.27)	(16.65)	(16.38)
Log L	−1609	−1635						
Pseudo R^2	0.20	0.19						
R^2			0.08	0.08	0.08	0.10	0.12	0.12

在美国上市的概率。中间三列为基本情境,与表 2-3-2 中的模型(2)相对应,基本表明模型仅控制最基本的变量如 Sales growth 和 Global industry q。这三列分别代表三种估计模型:随机效应、2SLS 和 Heckman 模型。最后三列与表 2-3-2 中的模型(11)相对应,也分别采用三种模型进行估计。从 Cross-list 的回归系数看,全部模型均为正。从括号中的 t 值看,Cross-list 的回归系数全部显著。这再次验证了表 2-3-2 中的结果:交叉上市公司获得更高的估值。

上面两张表表明交叉上市公司确实具有更高的估值,即存在交叉上市溢价。但这种溢价来自何方?真的来自绑定吗?要想检验这点,需要加入 Cross-list 与其他能够代表公司治理水平的国家变量。下面以 Judicial efficiency * Cross-list 为例进行说明。结果如表 2-3-4 所示,前两列尚未考察该交互项。后面四列都考察了该交互项,其系数均为正,如果 t 值表明该系数显著的话,那么就表明来自司法效率高的国家,交叉上市后所获得的估值溢价也高,这就表明:公司通过绑定了美国的司法制度,使得原有的司法效率的作用更强。不过从表 2-3-4 可以代表公司治理水平的国家变量的交互项结果来看,其符号和显著性都不是那么好。反而是代表公司特征的变量如 Sales growth、Global industry q 的交互项很显著。

表 2-3-4 对交叉上市与非交叉上市公司的估值溢价的分解

	情境(1)		情境(2)		情境(3)	
	随机效应	Heckman	随机效应	Heckman	随机效应	Heckman
Constant	−0.40	−1.34	−0.42	−1.34	−0.36	1.33
	−(1.09)	−(9.01)	−(1.15)	−(8.45)	−(1.00)	−(8.45)
Cross-list	−0.72	−0.42	−0.76	−0.42	−0.78	−0.43
	−(3.38)	−(1.81)	−(2.29)	−(1.25)	−(2.36)	−(1.25)
Lambda		−0.11		−0.10		−0.09
		−(2.35)		−(2.20)		−(1.98)
Anti-director	−0.01	0.01	0.01	0.03	0.01	0.03
	−(0.13)	(1.23)	(0.28)	(2.19)	(0.13)	(2.23)
Accounting standards	0.00	0.01	0.00	0.01	0.00	0.01
	(0.37)	(8.10)	(0.34)	(7.13)	(0.25)	(7.14)

(续表)

	情境(1)		情境(2)		情境(3)	
	随机效应	Heckman	随机效应	Heckman	随机效应	Heckman
Judicial efficiency	0.01	0.00	0.01	−0.01	0.01	−0.01
	(0.36)	(0.03)	(0.20)	−(0.67)	(0.23)	−(0.70)
Liquidity ratio	0.41	0.34	0.43	0.36	0.43	0.36
	(3.14)	(10.84)	(3.35)	(10.55)	(3.30)	(10.58)
Anti-director * Cross-list			−0.09	−0.07	−0.04	−0.03
			−(3.00)	−(2.52)	−(1.26)	−(1.06)
Accounting standards * Cross-list			0.00	0.00	0.00	0.00
			(0.21)	(0.26)	(0.17)	(0.13)
Judicial efficiency * Cross-list			0.05	0.05	0.04	0.04
			(1.90)	(2.02)	(1.63)	(1.77)
Liquidity ratio * Cross-list			−0.17	−0.12	−0.20	−0.16
			−(1.90)	−(1.38)	−(2.30)	−(1.82)
Sales growth	0.16	0.18	0.16	0.18	0.16	0.18
	(5.85)	(6.00)	(5.81)	(5.99)	(5.83)	(6.00)
Global industry q	1.15	1.22	1.15	1.23	1.15	1.23
	(12.10)	(12.38)	(12.18)	(12.42)	(12.22)	(12.46)
Sales growth * Cross-list	0.67	0.72	0.70	0.75	3.08	2.93
	(4.75)	(4.91)	(4.93)	(5.05)	(6.05)	(5.63)
Global industry q * Cross-list	0.72	0.63	0.72	0.63	0.63	0.56
	(3.70)	(3.12)	(3.66)	(3.10)	(3.24)	(2.72)
Capital * Exchange	0.16	0.22	0.16	0.21	0.18	0.23
	(2.12)	(2.74)	(2.03)	(2.64)	(2.26)	(2.92)
Sales growth * Anti-director * Cross-list					−0.57	−0.52
					−(4.87)	−(4.37)
R^2	0.11	0.13	0.11	0.13	0.11	0.13

二、模型设置

根据上面的具体例子,综合各种有关文献,本书将绑定假说的模型一般化。首先,构建如下回归模型:

$$\text{Performance}_{it} = \alpha_i + \alpha_1 \text{CL}_{it} + \alpha_1 \text{CG}_{it} + \alpha_1 \text{CL}_{it} \times \text{CG}_{it} + \sum_j \alpha_j X_{it} + \varepsilon_{it}$$

其中,Performance 为公司业绩指标。指标可分两类:一类是股票业绩,度量指标包括托宾 q(Bauer et al.,2003;Drobetz et al.,2004;Klapper and Love,2004;Durnev and Kim,2005;Bhagat and Bolton,2008;Ammann et al.,2011)、股票收益率(包括累计异常收益率)(Core et al.,1999;Chen et al.,2009)、股价(Claessens,1997)来度量;另一类是经营业绩,度量指标主要有 ROA、ROE 和销售增长率(Giroud and Mueller,2011)。但也有同时以股票业绩与经营业绩为因变量的,例如 Core et al.(1999)、Ammann et al.(2011)。

这些指标在基本回归中可以采取原始水平,在稳健性检验中,可以分别以行业调整托宾 q(LLSV,2002;GIM,2003;Bebchuk,Cohen and Ferrell,2009;Giroud and Mueller,2011)、市场调整股票收益率、行业调整 ROA 和行业调整 ROE(Core et al.,2006;Brown and Caylor,2009)作为因变量。但 Gormley and Matsa(2014)指出,在金融学的经验研究中,对未观测异质性的控制是一个根本性挑战,因为资产定价与许多公司的政策取决于那些不可观测的因素。他们批评了当前公司金融文献中控制未观测到的异质性(或"共同误差"(common errors))的两种常用方法:一是将被解释变量减去组内均值(例如,industry-adjusting,即 yi-im(yi),其中 im 表示行业均值。典型的做法是 LLSV(2000,2002),里面用到经过行业均值调整的各个 y)。另一种方法用被解释变量的组内均值作为控制变量。他们认为这两种方法都会产生非一致性估计,并且会扭曲结论。但不论怎样,这种行业均值或中位数调整的方法仍然是一种流行做法。

CL 为解释变量,如果公司交叉上市,则取值 1,否则取值 0。

X 为控制变量,借鉴以往研究的做法(LLSV,2002;Gompers et al.,2003;Drobetz,Schillhofer and Zimmermann,2004;Bhagat and Bolton,

2008；Chen et al.，2009)，可以选择如下指标：

(1) 规模 logAsset 和成立年限 logAge,前者等于公司资产账面值的对数,后者等于公司成立年限的对数。Shin and Stulz(2000)在检验托宾 q 与权益风险的关系时,以 q 为因变量,以权益系统风险、非系统风险、总风险为解释变量,以资产账面值对数、企业年龄对数、行业为控制变量,发现托宾 q 随着企业权益系统风险的增加而增加,随着企业权益非系统风险的增加而降低,随着企业总权益风险的增加而降低。此外,该文还发现财务杠杆会影响 q 与风险的关系,但认为由于财务杠杆依赖于风险水平,因此 OLS 方法不适合处理存在财务杠杆条件下的 q 与风险的关系,因此他们的实证模型中没有财务杠杆。该文的样本期间虽然为 1965—1992 年,但他们的回归方法为 OLS。在那之后,关于以 q 为因变量的多数实证模型都借鉴了 Shin and Stulz(2000)的做法。例如,Gompers et al. (2003)、Bauer et al. (2003)、Drobetz et al. (2004)、Bebchuk et al. (2009)均控制了 logAsset 和 logAge 变量。但至今的回归结果表明二者的作用尚未明确,回归符号有正有负,但以负号居多。Durnev and Kim (2005) 以 logSale 来控制规模,发现显著为负。Ammann et al. (2011)显著为负。

(2) 财务杠杆 Leverage,等于负债比上资产;Drobetz et al. (2004)显著为负；Bebchuk, Cohen and Ferrell (2009)显著为负;Ammann et al. (2011)显著为负。

(3) 前五大股东持股比例 Top5 以及对应的赫芬达指数 HHI5。

(4) 行业 Indus 与年度 Year。

对于上述变量选择,本书说明如下。

第一,Core et al. (1999,2006)、Brown and Caylor (2009)的控制变量包括用公司在外流通股票的市场价值的对数 logMVE 和市账率。但这两个变量比较适合于对股票收益率进行回归。因为权益市值其实反映的也是规模,如果已经用 Asset 来控制,再控制权益市值就是重复控制;市账率与托宾 q 其实是相似的,如果 q 作为因变量,控制变量则不应加入市账率。

第二,LLSV(2002)、Doidge et al. (2004)、O'Connor (2009)的控制变量包括销售增长率。类似地,Drobetz et al. (2004)、Klapper and Love

(2004)、Durnev and Kim(2005)、Bhagat and Bolton(2008)、Ammann et al.(2011)等文献控制了的 R&D/资产、R&D/销售收入、固定资产/销售收入等变量。但根据 Smith and Watts(1992)、Gaver and Gaver(1993)、Gul(1999)、Goyal et al.(2002)等的研究,在增长机会意义上,销售增长率、R&D/资产等变量与托宾 q 可能是同义反复,都是对公司增长机会的度量。因此当采用托宾 q 来度量作为因变量的增长机会时,控制变量中不应再加入销售增长率及 R&D/资产等变量。

第三,LLSV(2002)和 Doidge et al.(2004)的模型中,自变量中之所以加入销售增长率,是因为他们区分了公司价值与增长机会。其中,公司价值用托宾 q 度量,而增长机会则用销售增长率来度量。这种处理避开了托宾 q 的双重身份难题:既作为公司价值的度量,也作为增长机会的度量。

第四,对于中国的情况,还可以加入另一些有中国特色的变量。例如,流通股比例 Liquit,等于流通股数量比上总股数;公司注册所在地市场化指数 Market,数据来自樊纲和王小鲁编制的历年中国市场化指数;①最终控制人类别,若为国有控股,则为 1,否则为 0。

三、回归方法

如果是面板数据,则有三种模型可用于回归:混合 OLS、随机效应、固定效应、广义OLS。一般而言,混合模型或随机效应模型(Doidge et al.,2004;King and Segal,2009)是常用的。原因正如 LLSV(2002)所指出的,在这类模型中很多变量是时不变变量(time-invariant variable),例如行业、国家虚拟变量,交叉上市虚拟变量也有可能保持不变。此时固定效应回归会将这些时不变虚拟变量剔除掉。避免虚拟变量被剔除的另一种方法是采用广义最小二乘法(GLS)。Vaaler and Schrage(2006)就采用了这种方法。

---

① 对注册所在地的控制类似于 LLSV(2002)对国家和地区的控制。

四、内生性问题

(一) Heckman 两步法与干预效应模型

为了解决样本自选择(self-selection)问题,可以采用 Heckman 两步估计法,例如,Doidge et al. (2004)。但根据郭申阳等(2012),Heckman 两步法适于解决样本的自我选择问题,尤其是在因变量存在缺失的情况下。与 Heckman 模型相似的是干预效应模型(treatment effect model),两个模型的区别在于:对于干预效应模型,干预变量直接进入回归模型,而且因变量对于干预组和控制组都是可观察得到的。

(二) GMM 估计法

为了控制内生性,Brown and Caylor (2009) 和 Ammann et al. (2011)在回归方程的右边加入被解释变量的滞后项构建动态面板模型,如下式所示,并采用广义距方法(GMM)进行估计:

$$\text{Performance}_{it} = \alpha_i + \alpha_1 \text{CL}_{it} + \alpha_2 \text{Performance}_{it-1} + \sum_j \alpha_j X_{it} + \varepsilon_{it}$$

例如,Ammann (2011)指出,内生性对于考察公司治理对企业价值的关系来讲至关重要。一些研究认为这种内生性可能是动态的(例如,Wintoki et al., 2008)。Hermalin and Weisbach (2004) 和 Wintoki et al. (2008) 认为,企业当前的行动会影响未来的公司治理以及业绩,这反过来会影响企业未来的行动。为了控制这种动态内生性、不可观测的异质性(heterogeneity)和同步性(simultaneity),该文遵循 Wintoki et al. (2008)的做法,采用 Arellano and Bover (1995) 和 Blundell and Bond (1998) 提出的 GMM 估计。这包括如下三个步骤。第一,加入业绩的滞后项作为解释变量,重写回归方程。第二,对所有变量进行差分。这控制了不可观测的异质性,消除了潜在的遗漏变量误差。第三,通过 GMM 方法进行模型估计,利用治理指标和业绩的滞后值作为工具变量。利用滞后变量作为工具变量可以控制潜在的同步性和反向因果关系。而且这个估计程序允许所有的解释变量(即治理指标和所有的控制变量)被当做内生变量来看待。

第四节 关于中国交叉上市的研究

相对于欧美国家而言,中国资本市场和交叉上市的历史都较短,因此这方面的研究较少。与第二节和第三节的内容相似,本部分也不考虑关于中国交叉上市股票之间的价格差异,而是聚焦于两个问题:第一,中国交叉上市的动机;第二,中国交叉上市的经济后果。

一、中国交叉上市的动机

中国的交叉上市主体是 H+A 公司。如果公司仅仅到 H 股市场上市,不能称为交叉上市;只有当 H 股公司回到 A 股市场二次上市时,才能称为 H+A 交叉上市。因此要考察 H+A 交叉上市的动机,必须回答为什么 H 股公司会回归 A 股。例如,史晋川等(2002)、汪炜等(2003)认为中国 H 股公司回归 A 股是在国际股市持续低迷、企业业绩滑坡和境内外股市再融资机制差异显著等背景下,中国境外上市企业为谋求新的融资渠道所作出的选择。沈艺峰等(2006)从双重代理理论出发,认为中国 H 股公司回归 A 股交叉上市是控股股东在获得对更多中小股东的剥削与受到国家更多的剥削之间的权衡。潘越(2007)利用中国 31 家 A+H 交叉上市公司的数据检验了交叉上市动机的投资者认知假说、流动性假说、融资约束假说、信号传递假说,认为流动性假说不成立,而其他三个假说均得到实证支持。丁览和董秀良(2010)认为 A 股较低的权益融资成本、境内外融资惯例差异、政府制度推动是境外上市企业回归 A 股市场的表面动因,而境外上市企业控股股东追求控制权隐性收益则是回归 A 股市场的深层动因。需要强调的是,对于中国而言,境外上市动机与交叉上市动机是不一样的。由于 H+A 交叉上市采取了相反的上市顺序,先在 H 股上市后在 A 股上市,因此对交叉上市动机的考察需要回答为什么 H 股公司会回归 A 股,但对境外上市动机的考察只需回答公司为什么会在 H 股上市。因此,像王一萱等(2005)所提到的境外上市动机(例如,内地资本市场规模小,不足以容纳大型公司;海外市场较内地市场存在发审便利;海外存在多层次资本市场;海外市场存在融资程序便利;海外市场存在全流通便利等)并没有回答为什么 H 股公司要回归 A 股。

最新的研究是覃家琦和邵新建(2015)的研究,他们提供了一个与绑定假说相竞争的理论:政府干预假说。该文注意到中国逆向交叉上市的独特性,逐家收集了截至 2011 年中国 72 家 AH 公司(包括 13 家 A+H 公司、3 家 A×H 公司、56 家 H+A 公司)的详细公开资料,据此梳理了 H+A 交叉上市的制度背景与历史进程,发现中国 H+A 交叉上市源于政府主导的经济改革与国有企业改革,源于政府干预下的强制性制度变迁。基于这些历史事实,该文推断出 H+A 公司比纯 A 公司会受到更多的政府干预,由此带来的投资扭曲与经营扭曲将会导致 H+A 公司具有更低的资本配置效率与公司价值。为了检验上述推断,该文以 2007—2011 年的 2 070 个平衡面板数据,以基于参数化生产函数方法的全要素生产率和技术效率来度量投资的静态效率,以全要素生产率增长及其在随机边界生产函数下的次级分解指标来度量投资的动态效率,采用干预效应模型进行回归分析。研究发现,H+A 公司确实具有更低的投资效率与公司价值。在进一步研究中,该文发现 H+A 公司具有更大的过度投资概率、更低的投资-股价敏感性、更低的高管薪酬-业绩敏感性;H+A 公司虽然在一些公司治理指标上有更高的水平,但这些指标与投资效率缺乏相关性。这些结果表明 H+A 公司通过绑定香港更为严格的法律与制度也许可获得一些表面上的公司治理优势,但其受到的更多的政府干预使得公司治理没有实质性的改善,反而带来一系列投资扭曲与经营扭曲,最终导致投资效率和公司价值的下降。覃家琦和邵新建(2016)基于非参数化(DEA)的研究进一步验证了政府干预假说。

二、市场分割假说的检验

虽然试图考察中国交叉上市动机的文献较少,但基于市场分割理论考察交叉上市公司在两个市场的价差的文献数量倒不少,而且都集中于 A 股和 B 股的价差。例如,Fung and Leung(2000)在对中国股市的分割现象进行研究后指出,在流动性方面 B 股相对于 A 股存在劣势。他们以成交量为代理变量实证分析了 B 股市场的流动性折价效应,认为流动性差异可以部分解释中国 B 股的折价现象。Chen et al. (2001) 也考察了中国不同市场间的流动性差异,发现 B 股折价主要是由于 B 股流动性差和交易成本高(B 股的佣金成本高)造成的,B 股定价较低使得投资者能获得较高的回报率。进而他们认为 B 股定价较为合理,价格基本上反映了公司基本面的情况,造成双重上市公司 A、B 股价格差异的原因在于 A 股的定价畸高。Gao and Tse(2004)则指出,B 股投资者对于双重会计收益报告都比较重视,并且 B 股市场的回报率与报告披露的收益好坏呈正相关,A 股投资者往往只注重按国内会计准则编制的收益报告来定价。虽然 A 股市场价格对报告的消息好坏没有明显的反应,但交易量却显示其异常变动,表明 A 股市场投资者事先获得了信息。Zhang et al. (2004)认为投资机会的差异和风险容忍的差异是造成中国 B 股相对 A 股折价的原因。国内市场缺乏充足的投资渠道,银行存款的低利率水平促使国内投资者可以容忍高风险,追求短期获利。国外投资者由于有较多的投资机会,他们对风险的容忍程度较低,会要求一个更高的投资收益率以弥补他们所承受的风险,从而导致 A 股价格高、B 股价格低的现象。鉴于中国的 B 股市场在 2002 年后早已丧失融资功能,并且鉴于市场分割假说的解释能力不如绑定假说,因此本书对此不再赘述。

三、绑定假说的检验

一些学者直接套用国外绑定假说的逻辑,认为中国的 AH 交叉上市公司由于具有更高的治理水平而带来各种好处。这类文献并不对中国的交叉上市动机进行具体考察,也不区分 A+H、H+A 及 A×H 的类型,而是默认绑定假说的普适性,默认中国内地 AH 公司由于绑定了香港的更加严格的治理环境而具有某种更加可取的后果,并对这种后果加以检验。由于借鉴的是国外的研究逻辑,检验结果也无非是支持或者不支持绑定假设。

例如,沈红波(2008)认为 AH 公司由于面临更好的信息环境而具有更低的权益资本成本以及更高的公司价值。孔宁宁和闫希(2009)发现中国 AH 公司具有更高的外部融资增长率。辛清泉和王兵(2010)认为 AH 公司具有更好的盈余质量。计方和刘星(2011)发现 AH 公司具有更低的非公允关联交易水平。张俊瑞等(2011)发现 AH 公司具有更低的现金持有水平。程子健等(2012)发现 AH 公司具有更稳定的股利政策。王亚星等(2012)发现 AH 公司具有更低的权益资本成本。曹森(2012)发现 AH 公司的超额现金折价程度更低。

当然反面的例子也存在。例如,潘越(2007)以 2004 年前完成交叉上市的 29 家 AH 公司为样本,采用 ROA、ROE 和 EVA 等单个财务指标来度量公司业绩,发现相对行业和规模对照组而言,虽然 AH 公司在交叉上市前的业绩明显好于对照组,但交叉上市后的业绩迅速下滑,交叉上市后的第一年,二者的业绩已经不存在明显差异。覃家琦和刘建明(2010)用单指标(ROA 和托宾 q)和综合指标(采用主成分分析法将 11 个财务指标合成而得)的两种比较方法,对 2007 年以前完成交叉上市的 45 家非金融类 AH 公司在 A 股上市后的业绩变化进行了比较分析,发现 AH 公司并无显著优势。覃家琦等(2012)试图检验中国 H+A 公司是否因为良好的治理而获得了更高的 IPO 估值,结果发现其 IPO 估值显著低于纯 A 公司。Busaha et al. (2015)以 1993—2008 年期间的沪深上市公司(其中包括 47 家双重上市公司)为样本,发现中国交叉上市公司具有更低的经营业绩(资产回报率 ROA 和权益回报率 ROE)和股票业绩(CAR)。

第五节 综合述评与展望

根据上面的资料,结合 Karolyi(2012)的综述,本书强调如下四点。

一、市场分割假说与绑定假说的融合趋势

Karolyi(2012)已经提到市场分割假说和绑定假说的融合,但语焉不详。本书在第二节中指出两类假说的逻辑,其中前者强调期望回报率与资本成本在交叉上市前后的变化。在此,两类假说的检验目的具有一致性,因此我们同样可以宣称:绑定假说导致了资本成本的下降。例如,在期望回报率的标题下,我们可以将信息披露问题纳入进来,事实上这是绑定假说机制的一部分内容,交叉上市由于信息披露的更加充分而降低了

对投资者的期望收益率,这等价于降低了公司的资本成本,最终带来了溢价。但如果是从有效市场假设的角度来考虑信息披露问题,则其研究性质又可以归为市场分割假说。因此,在一些影响机制上,市场分割假说与绑定假说并不存在严格的边界。

这方面的一个例子是 Chung (2006)。该文利用不同国家的美国存托凭证(ADRs)的数据,本书考察投资者保护与企业流动性之间的关系。由于弱的投资者保护导致了更多的管理者掠夺,造成更大的不对称信息成本,流动性提供者将承担相对更高的成本,进而提供更高的买卖价差。实证结果表明,弱投资者保护的流动性成本在亚洲金融危机期间(这时的预期代理成本特别严重)更为显著。

另一个例子是 King and Segal (2009)。该文以加拿大的公司为样本,结果表明投资者认知和绑定是与在美国交叉上市相关的截然不同的效应。以往文献指出上市后的业绩下降,但与此不同,该文发现只有一类股份的交叉上市公司如果能够吸引并维持投资者的认知,那么将能获得长久的溢价。而无法扩大其美国投资者基数的交叉上市公司,业绩将在两年内回到交叉上市前的水平。但具有两类股份的交叉上市公司则不管投资者持有的水平,都表现出长久的溢价,这与公司层面的绑定相一致。

二、交叉上市的动机仍然值得考察

在当前文献中居于主流地位的绑定假说,尽管遭到各种挑战(Karolyi, 2012),但在解释逻辑上,本书仍然认为它是可取的,这也与第一节中所总结出的投融资互动机制相一致。绑定假说难以克服的缺陷,本书认为有三点。

第一,没有直接的证据表明在美国交叉上市后,公司的治理水平获得提高。正如 Ferris et al. (2009)所指出的,至今的所有证据都是间接的。但这不应归罪于绑定假说,而应归罪于公司治理概念在当时的模糊性。时至今日,经过大量的理论与实证的研究,我们应该明白公司治理是一个大而泛的概念,无论是单变量度量法,还是多变量度量法,都无法反映出公司治理的全貌。试图以公司治理来解释问题,必然难以获得具体或直接的答案。这也正是自 Coffee(1999)、Stultz(1999)提出绑定假说以来,该假说始终无法获得直接证据的原因:公司治理不是一个具体的可度量的概念。要避免这样的困境,我们固然可以将公司治理转变为更加具体的机制,例如,董事会、高管变更等,但更需要寻找新的逻辑中介和新的解释。

第二,正如 Karolyi(2012)所指出的,目前的绑定假说过于以美国为中心,仅仅强调外国公司在美国进行交叉上市。这就使得绑定假说无法解释其他的交叉上市顺序:例如,如果来自欠发达国家的公司到美国来上市是为了绑定美国的制度,那么为何美国的公司也会到相对不发达的国家去交叉上市呢?如果来自欠发达国家的公司到相对发达的非美国地区上市,例如,从中国大陆到香港上市,即 A+H 上市,这种交叉上市能否用绑定假说来解释?即便绑定假说依赖于在美上市,但交叉上市普遍存在,对于与美国无关的交叉上市,例如,中国公司在日本东京交易所交叉上市,我们又该如何解释?本书赞成 Karolyi(2012)的提议,应该将绑定假说放宽到非美国地区,用各个地区的交叉上市来作为绑定假说的"实验室"。

第三,如果在美国交叉上市是为了绑定美国更严的制度,为何在 2002 年《萨班斯-奥克斯利法案》通过后,美国加强了对上市公司包括外国上市公司的监管后,不少外国公司反而选择了退市?或者,即便没有 SOX,如果公司都追求更好的治理机制,为什么不是所有的公司都到美国上市?

三、交叉上市公司的投融资行为研究需要深化

由于研究的历史不长,交叉上市的研究仍然集中在对公司治理与公司价值的检验上。但是对于在 MM 传统中对公司价值具有决定作用的投资行为,以及为投资提供资本的融资行为,相关文献却言之甚少。正如 Khurana et al. (2004)所指出的,现有交叉上市的文献事实上一直在假设通过交叉上市获得的资金被分配给具有潜在获利性的项目。但事实并非如此,我们需要详细揭示交叉上市的公司在募集资金之后是否有效地将资金配置给良好的项目。如果交叉上市真的能够提高公司的价值,那么交叉上市必然会改善公司的投资行为。

如果我们采用常规化的思维,那么我们可以将公司的投融资决策描述如下。首先,对增长机会或投资机会的追求是企业融资的基本动因。其次,在仅考虑权益融资的前提下,对于已经在某个交易所上市的公司,可以选择在原交易所增发股票(seasoned equity offering)或配股,也可以选择到境外的另一个交易所上市,这就是交叉上市决策,属于一种融资决策。既然如此,该决策便涉及成本与收益分析。显性的收益自然是融资所得以及投资得以顺利进行所产生的未来现金流,隐性的收益可能包括公司知名度、公司形象、投资者认知、由于遵守上市公司要求而带来的公司治理水平的提高等。其中公司治理正是 Coffee(1999,2002)和 Stulz(1999)的绑定假说所强调的。然而,我们不能仅强调收益而忽略了成本。融资的成本体现为:投资者所要求的期望回报率或资本成本、上市成本(例如,为上市而进行的信息披露)、IPO 抑价等。最后,公司管理层在综合考虑了融资成本和融资收益之后再来决定是否需要交叉上市。在此,本书部分接受 Licht (1998, 2000, 2001, 2003)的观点,认为选择交叉上市目标市场的主导原因是获得了廉价的融资,为了上市而提高的公司治理其实是一种融资成本。只有在这种附加的融资成本被企业预期的增长机会所带来的价值补偿时,企业才会选择交叉上市。当然,公司治理水平的提高在增加了企业融资成本的同时,也增强了投资者的信息并降低了投资者所要求的预期收益率,使得企业的权益资本成本得以降低;同时,公司治理的提高也有助于公司今后的发展。

总之,在投融资互动机制理论中总结出的逻辑链条"融资政策──→治理结构──→投资政策──→管理结构──→公司价值",同样适用于交叉上市公司。但目前的文献对交叉上市公司的投融资行为的研究尚不充分。

四、中国交叉上市的特殊性值得研究

Karolyi(2012)自己也意识到在香港的交叉上市公司值得研究。他之所以关注香港是因为他看到了在香港的境外上市公司的数量仍然在增加,而美国的公司数量则在下降。当然,他和本书的出发点不同。在第一章中,我们可以看到中国的 AH 交叉上市分为 A+H、H+A、A×H 三种类型。然而,关于中国交叉上市的研究中,笔者尚未见到区分这三种类型的文献。历史资料告诉我们,这三类上市的动机明显不同,将它们混在一起不利于揭示真相。而作为主体的H+A交叉上市则采取了与绑定假说所默认的"先境内后境外"的上市顺序相反的顺序。研究导致这种逆向交叉上市的动机,及其对公司的投融资行为的影响,正是本书的写作目的。

第三章　中国 H＋A 交叉上市的制度背景

　　本章采用历史分析法来还原中国的交叉上市制度的背景。笔者试图尽量详细地搜集中国每一家交叉上市公司的历史资料,从中整理出它们各自的交叉上市的动机,然后再从整个历史进程的角度,归纳出其动机的共性。这种历史分析法可以避免对研究对象的主观猜测或不加分析地拿来外国的理论,例如,绑定假说。同时,这种方法也可以为实证研究中的内生性问题提供佐证材料。例如,Benmelech(2009)试图证明:19 世纪的美国铁路公司由于缺乏行业标准,各公司的铁轨规格不一样,导致铁轨重新卖给其他使用者的能力不一样,最终影响公司的资本结构。但他也意识到这样的一个逆因果关系问题:究竟是铁轨规格(track gauge)决定融资进而决定资本结构呢,还是融资决定铁轨规格,即公司可能根据融资的可得性来决定采取何种铁轨规格呢? 为了证明这种逆因果关系的不成立,作者列举了详细的历史事实,最后得出结论:由于在历史上,铁轨规格的最初选择并非取决于融资,因此这种逆因果关系与美国铁路发展的历史演变并不一致。本章所提供的历史资料也希望能缓解第四章到第六章的实证分析中可能的内生性问题。

　　中国的交叉上市集中于 AH 公司。正如第一章所描述的,截至 2014

年年底,中国的 AH 交叉上市公司总数达到 88 家,不包括已经于 2006 年退市的吉林化工。其中 H＋A 公司 61 家,占比 70％;A＋H、A×H 公司分别为 23 家和 4 家。由于统计上的大样本量至少为 30,因此本书重点以 H＋A 公司为对象来进行实证检验。又由于新的 H＋A 公司在 2012 年后不再出现,因此本章的制度梳理截至 2012 年。并且,由于 A＋H、A×H 公司的数量不满足大样本(30 家)的要求,因此本书仅关注 H＋A 公司。

第一节 国企改革、试点策略、境外上市与绑定意愿

自 1978 年改革开放以来,中国政府的改革重点始终落在国有企业改革上。在经历了放权让利、利改税、拨改贷、承包制等改革举措后,中国政府于 1987 年采纳了厉以宁教授所倡导的股份制改革方案。1992 年 10 月召开的中共第十四次全国人民代表大会正式宣布:"我国经济体制改革的目标是建立社会主义市场经济体制",并在 1993 年 11 月党的十四届三中全会通过的《中共中央关于建立社会主义市场经济体制若干问题的决定》中对社会主义市场经济体制做了具体解释,明确要求建立"产权清晰、权责明确、政企分开、管理科学"的现代企业制度。从改革实践来看,中国政府从 1990 年开始正式推动股份制改造,上海证券交易所和深圳证券交易所分别于 1990 年和 1991 年正式营业。通过让国有企业进行股份制改造、发行股票并上市,中国政府试图实现两大目标。第一,为国有企业融资,主要是注入无须还本付息的权益性资本。这源于国有企业当时的普遍亏损和政府的有限财政。第二,转换国有企业的经营机制,建立"产权清晰、权责明确、政企分开、管理科学"的现代企业制度。随着公司治理概念在国内的引入和深化,转换经营机制的改革逐渐转移到公司治理的改革上,体现为公司董事会、监事会、管理层的建设、规范和完善。

然而,在 1990 年及之前,中国在股票市场、上市公司及证券监管方面都存在着严重的经验和知识匮乏,此后的 1992 年的"8·10"事件则公开暴露了这种匮乏。1992 年 10 月,中国证监会成立,刘鸿儒担任首届主席,并开始采用改革开放的总设计师邓小平所确立的"摸着石头过河"的

改革策略来指导股份制改造。刘鸿儒对此解释道:"中国有史以来第一次创建证券监管机构,是一项全新的工作,既没有经验,又缺少人力。一切要从头学起,边学边干,真正是摸着石头过河。"然而,如果我们将国有企业全部上市成功比喻为过河,那么可以"摸"的"石头"又在哪里?本书从国企改革的历史进程中所发现的答案是:境外上市公司。对此的一个有力证明,是 1993 年首批赴港上市的 9 家公司的公开称号——"规范化股份制试点企业"。这意味着,第一,尽管 1990 年到 1992 年的上交所和深交所已经有了上市公司,但这些公司的股份制尚未规范;第二,首批赴港上市的 9 家公司被当做试点,如果试点成功,它们的方案将面向全国推广,这正是"摸着石头过河"的含义,从而境外上市的试点公司成为"过河"中的"石头"。

那么为何境外上市公司可以成为"石头"?答案是:相对于中国刚刚成立的资本市场而言,境外资本市场有着相对悠久的历史、健全的法律、有效的执法、严格的监管、理性的投资者等等。简单地说,境外资本市场相对成熟。由于成熟的资本市场更加有利于公司转换经营机制或者完善公司的治理结构,因此境外上市是实现国有企业改革两大目标的更为有效的途径。这个逻辑从刘鸿儒开始一直贯穿到在 2003—2010 年期间担任国资委主任的李荣融那里,李荣融多年坚持的关于国有企业先境外上市再境内上市的观点的逻辑也在于此:成熟的境外上市有利于国有企业的规范化。

从这个背景中可以推断出:中国政府的境外上市策略存在良好的绑定意愿。Coffee 于 1999、2002 年所提出的绑定假说认为,来自相对落后的国家或地区的公司,通过在美国交叉上市并接受较高的监管或信息披露标准,可以向投资者尤其是中小投资者承诺实行比母国更加严格的公司治理准则,进而获得更高的估值。Ferris et al.(2009)曾质疑这种绑定是否在非美国的国家或地区也成立。但处于经济转型中的中国的改革实践已经于 1993 年用实际行动展示了绑定原理及其普遍适用性:通过绑定境外资本市场的法律与监管环境,让国有企业获得公司治理的改善。不管结果怎样,我们都应该肯定中国政府的这种良好的绑定意愿。

第二节　中国 H 股上市的历史进程

首先,经过多番考察,中国政府最终确定了将香港作为主要的境外上市地。这验证了 Pagano et al. (2002)的观点。他们以 1986—1997 年十年间欧洲和美国境外上市的数据来分析欧美境外上市的地理趋势,结果发现具有相同语言、类似机构、地理和文化接近等因素更容易促成相互境外上市,例如,美国股票交易所是英国公司境外上市的最集中的去处,而伦敦股票交易所也是美国公司境外上市最集中的去处,维也纳和德国之间也是如此。

其次,中国政府决定哪些公司可以赴港上市。前文已经指出,赴港上市起源于中国的国有企业改革和市场经济体制的改革,源于政府干预下的强制性制度变迁。但是从第一家 H 股公司上市年度即 1993 年至 2011 年期间,中国经历了六届政府,每届政府的经济政策会强烈影响到国有企业的改革进程,包括境内外的上市进程。基于公开资料的整理和梳理,本书将赴港上市的历史进程按照政府换届时间划分为如下三个阶段。其中,1993—1998 年期间为股份制改造阶段;1998—2003 年期间为国企脱困阶段;2003—2011 年期间为做大做强阶段。

一、1993—1998 年:股份制改造阶段的分批预选

中国经济改革的目标是建立社会主义市场经济体制,为此需要建立市场经济的运作主体,即现代化的企业。但是中国政府面临着在上市公司和证券市场发展方面的经验与知识匮乏的难题,因此通过推动内地国有企业到香港交易所上市来弥补自身的不足就成为一个客观的需求。除了筹集资本,H 股上市可以让内地公司与政府部门学习到香港资本市场先进的制度;此外,通过令 H 股公司回归 A 股市场,可以为 A 股上市公司树立榜样。香港方面也希望内地公司可以赴港上市以优势互补。在此背景下,朱镕基于 1992 年 4 月 29 日在北京接见了香港联合交易所主席李业广,并表示要选择 10 家左右的国有企业到香港上市。在"摸着石头

过河"的思想的指导下,赴港上市也采取了"分批预选"的试点办法,由国务院证券管理部门选择部分大型国有企业赴港上市。

1992年10月,首批获准赴港上市的公司为9家,分别是:青岛啤酒、广船国际、上海石化、交大科技、马钢股份、北人股份、仪征化纤、创业环保、东方电机。这些公司被当时的国家体改委确认为全国首批9家"规范化股份制试点企业"。1993年7月15日,青岛啤酒在香港联交所上市,成为首家H股公司。当年,首批试点企业中有6家实现了H股上市,另外3家也于2004年完成H股上市。

对于这批国企改革的试点企业,中央及地方政府给予了极大的重视。例如,首家H股公司青岛啤酒得到了青岛市政府(时任市委书记为俞正声)的积极支持。上海石化则得到国家体改委等12个部委的联合指导,相关成员由刘鸿儒(1992年10月中国证监会成立时任首届主席)带队,两次开赴上海石化的现场办公。对于马钢股份,安徽省委、省政府甚至要求全省上下将马钢作为打开安徽经济发展的突破口。时任国务院副总理的朱镕基对此专门作出批示:马钢作为全国首批规范化股份制试点,我们是支持的。因此,这些公司可谓肩负着中央和地方政府的政治和经济使命:作为试点,为本行业、本省乃至全国企业的股份制改造树立了榜样,并带动了本行业及所在省份的经济发展。但为何是这9家企业?从公开的资料上来看,当时尚未形成统一的选拔标准。或许这正是试点的本质,即试点本身意味着标准尚未形成。

从刘鸿儒(2008,第23章)的回忆可以看到,首批9家公司的预选存在强烈的政府主导性。1992年5月7日,国家体改委向国务院提出要确定在香港上市的预选企业的名单,条件是有技术改造任务,但资金不足,且可以利用外资的大中型企业。经国务院同意后,国家体改委与国务院生产办公室共同协商,提出选择了18家企业名单,再根据各项指标,例如,资产净值、1992年销售额、三年内的利润、技术改造项目、主导产品、资金缺口等方面对这些企业进行调查,在此基础上进行反复研究,并征询国家计委、国有资产管理局等部门的意见,从中选出生产性企业、规模较大的企业、盈利状况较好的9家企业。这9家企业都满足如下条件:第一,达到大中型企业的规模;第二,建设任务已经列入计划,但缺少资金,并且可利用外资;第三,经营管理状况较好,有连续的盈利记录;第四,有一定的体制基础,企业和主管部门有改组为股份公司的意愿。1992年7月21日,刘鸿儒向朱镕基汇报情况,提请派出专家入驻企业设计股份制改制方案。朱镕基指示这9家企业要逐个征得主管省、市及部门领导的同意。为此,国家体改委逐一与省、市、部门联系,得到同意这9家企业赴港上市的回复。而后刘鸿儒和王忠禹(时任国务院生产办公室主任)联名向国务院提出正式书面报告,由于这些企业能否成功上市未可知,报告建议将这9家企业公开称为"股份制规范化试点企业",并明确不对外公布。基于这种预选程序,我们可以看到首批H股上市完全是中央政府的主导。

1994年7月,国务院公布第二批境外上市的22家预选公司名单,但受当年国企业绩和全球经济形势的影响,当年只有6家完成H股上市。根据刘鸿儒(2008,第23章)的会议,这22家公司是在各有关主管部委和省、市的推荐下,经国务院证券委、国家体改委、国家经贸委和国家计委的综合平衡、认真筛选后确定,并报国务院同意。选择企业的条件非常严格,既要符合国家产业政策的要求,重点向能源、交通、运输、原材料和重点技改项目倾斜,同时又要求企业具有相当的规模,经济效益好,具有出口创汇的能力。此外,这批企业大部分被规定在香港上市,只有少数企业到纽约上市,具体是哪些企业由中国证监会通知。

根据张志华(1995)对海兴公司的采访,本书推断这22家公司的入选(应该是1993年底前确定入选名单)仍然缺乏公开的选拔标准。直到1994年,《经济改革与发展》杂志该年第7期才显示,国家体改委、经贸委、计委和国务院证券委联合制定了《选择境外上市企业参考标准》,对我国选择赴境外上市的企业提出了四项标准。第一,企业是否符合国家的产业政策。第二,企业急需建设资金,尤其是已经进入国家立项的企业。同时,该行业或者企业如果是允许外商投资的,有经批准的引进项目,予以优先考虑。第三,企业的规模需符合如下要求:赴境外上市的企业募集后的股本应在4亿元人民币以上,公有股要占到50%以上,其中到香港发行并上市的企业,募集前的企业股本面值应在2亿元人民币以上;募集的外资股票(H股)面值应在1亿元人民币以上;到欧美发行并上市的企业,募集前的总股本面值应在10亿元人民币以上,募集的外资股票面值应在8亿元人民币以上。第四,赴境外上市的企业的股票,在按33%的所得税率、12倍市盈率计算的市值和发行后股本额这三方面的内容均摊后,其价格至少应高于每股净资产。

1995年11月,恒生H股指数跌至最低点即684.85点,当年国务院没有推出赴港上市的预选名单。1996年6月17日,国务院证券委员会发出《关于推荐境外上市预选企业的条件、程序及所需文件的通知》的规定,对1994年的《选择境外上市企业参考标准》进行了完善。其中提出的推荐境外上市预选企业的条件是:第一,符合国家产业政策。重点支持符合国家产业政策的大中型企业,向能源、交通、原材料等基础设施、基础产业和高新技术产业及国家支持的重点技改项目倾斜,适当考虑其他行业。企业应属于国家允许外商投资的行业。第二,企业有发展潜力,急需资金。企业发行股票所募集的资金应有明确的用途,主要用于企业的生产发展,应符合向上集约化经营转变的要求,部分资金也可用于调整资产负债结构、补充流动资金等。原则上企业应具备基本落实的资金使用计划。属于基建、技改项目建设的,应符合国家关于固定资产投资、技术改造立项的规定。经国务院批准急需外汇的重大技术引进项目的企业,可优先考虑。第三,企业具有一定规模和良好的经济效益。申请企业应有连续三年的盈利业绩,同时考虑到企业筹资成本、上市后的表现和运作的合理性,预选需要达到一定规模:企业改组后投入上市公司部分的净资产规模一般不少于4亿元人民币,经评估或估算后的净资产税后利润率达到10%以上,税后净利润规模需达到6000万元以上。募股后的国有股一般应占控股地位,对于国家政策要求绝对控股的行业或企业,企业发行股票后的国有股的比例应超过51%。对国家支持发展的基础设施建设项目,境外交易所对业绩有豁免的,可以不需要连续3年有盈利业绩。第四,对国务院确定的现代企业制度的试点企业,试点取得明显进展的,同等条件下适当优先考虑。第五,企业发行境外上市外资股筹资额预计可达4亿元人民币(折合约5000万美元)以上。第六,企业有一定的创汇能力。创汇水平一般需达到税后净利润额的10%,属于基础设施等行业的可适当放宽,但应征得有关外汇管理部门的同意。第七,企业有一定的知名度和经营管理水平。

1997年1月,国务院推出第三批赴港上市名单,但只有7家(刘鸿儒,1997)。由于当年香港回归中国,境外投资者对境内公司的投资热情高涨,当年H股发展速度最快,已获批赴港上市的公司(包括第三批)中有16家于当年发行H股并上市,H股公司总数则达到36家。至2008年年底,38家预选公司全部实现了H股上市。从1999年7月14日开始,赴港上市实行"成熟一家,批准一家"制度,分批预选制度至此终止。①

二、1999—2003年:国企脱困阶段的赴港上市

1998年3月起,朱镕基担任国务院总理。但因为上市过程难以在1998年3月到1998年年底短短9个月内完成,因此本书从1999年开始来分析这个阶段。经过了1990—1998年的股份制改造阶段,中国政府积累了一定的国企改革经验和知识,客观上已经不再需要通过H股上市来提供榜样作用。但是中国国有企业的改革仍然任务艰巨,几乎2/3的国有企业仍处于亏损状态。为此,朱镕基在担任国务院总理期间,将国有企业改革的策略具体到"要用三年左右的时间,通过改革、改组、改造和加强管理,使大多数国有大中型亏损企业能够摆脱困境(即:使大多数国有企业摆脱困境以及使企业经营状况得到明显改善),力争到本世纪末使大多数国有大中型骨干企业初步建立起现代企业制度"。但是,企业的技术研发、产品质量、经营业绩等并不容易在短短三年内取得突破性的进展以及满足三年脱困的目标,更为便捷的途径是国有企业通过境内外上市募集权益性资本。中国证监会在脱困目标中的作用显得日益重要。为此,1998年4月中国证监会与国务院证券委合并,中国证监会成为正部级事业单位,统一掌管全国的证券、期货市场的监管职权。同时,1999年9月22日党的十五届四中全会通过的《中共中央关于国有企业改革和发展若干重大问题的决定》更是明确将证券市场列为国企改革的主战场,A股市

---

① 1999年3月26日举行的中国证监会"中国境外上市公司规范运作座谈会"指出当时的境外上市公司已经达到43家。这意味着在1997年1月到1999年3月之间,至少还存在第四批预选公司,数量最多为5家(43−38=5),而时间应该是1998年。

场服务于国企改革的角色日益明显。

除了A股市场,H股市场同样被中国政府纳入国企脱困的考虑范围。但是受到1997年东南亚金融危机的影响,H股指数大幅下跌。1998年爆发的"广信""粤海"等事件导致了境外投资者对国有企业的信任危机,拖累H股市场持续下跌,除科龙电器外,41只H股全部跌破发行价,有的甚至跌破面值。这种低迷一直持续到2000年以后。受此影响,1998—2000年只有9家企业赴港上市,多家企业因招股失败而不得不放弃发行(刘鸿儒,2008,第718页)。认识到这些问题是由于中国境外上市的竞争力薄弱后,中国证券监管部门在1999年频频出台相关政策以治理境外上市的潜在问题。1999年3月26日,中国证监会《关于境外上市公司进一步做好信息披露工作的若干意见》指出:"为了规范境外上市公司信息披露的行为,进一步增加公司的透明度,切实保护投资者的利益及公司的长远利益,树立公司在国际资本市场的良好形象,现就境外上市公司进一步做好信息披露工作的问题提出以下意见。"1999年3月29日,中国证监会颁布了《关于进一步促进境外上市公司规范运作和深化改革的意见》,从11个方面进行了规定。1999年7月14日,中国证监会颁布了《关于企业申请境外上市有关问题的通知》,规定"为支持我国企业进入国际资本市场融资,今后国有企业、集体企业及其他所有制形式的企业经重组改制为股份有限公司,并符合境外上市条件的,均可自愿向中国证券监督管理委员会提出境外上市申请,中国证监会依法按程序审批,成熟一家,批准一家"。但拟H股上市公司仍然由地方政府或国务院有关部门推荐,中国证监会预选及最后审批。

在实行"成熟一家,批准一家"的制度后,国有控股企业的赴港上市掀起了一波新热潮。中石油、中国联通、中石化、中海油、中国电信、中国铝业、宝钢集团等巨型国企纷纷赴境外上市。2000年4月上市的中石油是全国的头号石油、天然气生产企业,总资产为5 070亿元,2000年净利润552.3亿元,占全国国有及国有控股企业利润总额的1/4。2000年6月在纽约、香港两地上市的中国联通融资56.5亿美元,是亚洲(除日本外)最大的IPO。2002年11月,中国电信赴香港、纽约上市,中国网通、中国吉通、中国铁通也都相继上市,促成了中国电信业全部基础电信服务商的境外上市。而中石油、中石化、中海油的境外上市,也促成了中国石油石化全行业的境外上市。

在本轮的国企赴港上市中,政府的主导和推动同样非常明显,政府在金融领域和国企改革中积累了丰富经验甚至直接参与了决策。例如,2003年在H股上市的中国人寿,据时任中国人寿的董事长、党委书记王宪章回忆,公司的上市以及上市方式(是整体上市还是分拆上市)均离不开朱镕基总理的关注和支持。尤其是在关系到国计民生的重要行业,政府直接参与了决策。例如,石油化工行业,早在1998年7月22日,朱镕基总理就在建设银行的一个报告中批示,石油集团要组织力量,研究整体上市的问题,加快上市步伐。吴邦国副总理也曾多次谈到上市问题,"要拿出部分优良资产上市,解决亏损企业的债务问题","从石油、石化两大集团来看,解决发展的问题,首先要考虑到整体改制上市。"1998年7月27日,国务院决定对全国石油化工工业进行战略性改组,在原中国石油天然气总公司、中国石化总公司的基础上,重组成立中国石油天然气集团公司和中国石油化工集团公司。根据原中国石化总公司总经理盛华仁(十届全国人大常委会副委员长)的回忆,2000年10月在H股上市的中国石化股份有限公司,其以主辅分离、一级法人为主的事业部管理体制、公司治理结构等股份制改造方案均是由国务院直接决策。不难推断,2000年4月6日、7日分别在纽约和香港上市的中国石油股份公司的上市决策同样直接来自国务院。

与本轮的国企赴港上市热潮同时进行的,是私营企业的赴港上市热潮。1999年3月15日《〈中华人民共和国宪法〉修正案》颁布生效后,私营经济得到了高速发展,私营企业通过证券市场直接融资的需求和能力大幅增长。然而,朱镕基总理提出的国企"三年脱困"的目标使得国内A股市场主要服务于国企改革,私营企业在国内证券市场的准入方面受到了一定的限制。但1999年7月14日赴港上市的"成熟一家,批准一家"的制度为民营企业在H股上市提供了一个难得的机会,并掀起了私营企业赴港上市的热潮。

三、2004—2011 年:做大做强阶段的赴港上市

2003 年,朱镕基卸任国务院总理,温家宝继任,直至 2012 年。在这一阶段国务院在国有资产的管理体制上进行了改革,设立了国家资产监督管理委员会(简称"国资委")来统一行使国有资产的相关权力,由李荣融担任首任主任,直到 2010 年 8 月卸任,王勇继任。这个时期的国资委执行的是国有企业的做大做强战略。

在 2003 年 5 月 22 日国资委答记者问的招待会上,国资委主任李荣融指出,国资委将继续上届政府制定的国企改革目标,努力建设 30—50 个具有国际竞争能力的企业集团。国资委的目标事实上反映了政府的目标,因此我们可以看到在 2004 年温家宝总理的政府工作报告中,国有企业改革要求"形成一批核心竞争力强、拥有自主知识产权和知名品牌的大公司大企业集团";2005 年至 2009 年的政府工作报告都要求"加快国有大型企业股份制改革",2010 年则提出"加快大型国有企业特别是中央企业母公司的公司制改革"。

为了实现这一目标,国资委在这一阶段始终明确而坚定地推动国有企业的境外上市。2004 年 12 月 16 日,李荣融在接受上海证券报记者的采访时表示,国有大型企业首选上市地为境外市场,因为成熟的境外市场能够促进国有企业的规范化运作。2005 年 4 月 12 日,李荣融在会见伦敦证券交易所的董事长等人时表示,国资委将积极支持有条件的中央企业在境外上市,以完善公司治理结构。2005 年 12 月 22 日,国新办举行了新闻发布会,请李荣融介绍了中央企业的改革发展等情况。李荣融在回答记者关于为什么当年比较大的企业都选择在境外上市而非在境内上市时回答道,中央企业绝大部分和国际资本市场有着密切关系,培育中央企业的目标就是使其具有比较强的国际竞争能力,境外市场比较规范,有利于国有企业完善法人治理结构,并为回归 A 股市场留下余地。针对人大校长纪宝成 2006 年在人大会议上对大型国企纷赴境外上市的指责,李荣融于 2006 年 3 月 17 日接受《证券日报》采访时仍然坚持认为境外上市有利于国有企业的规范化和国际化。2007 年 12 月 18 日,李荣融在中央企业 2007 年总结的会议上称,2008 年将鼓励支持中央企业在境内外上

市。2008年8月22日,李荣融在国资委记者会上表示,将继续鼓励中央企业在境外上市。

在实践中,首先遭遇的就是2003年年底中国银行业的改革上市。根据WTO的有关协议,我国将逐步取消对外资银行的限制。自2002年年底,中国政府开始探索新一轮的国有银行改革。同样,上市由于在融资与转换经营机制两方面的功效而成为首选策略。但是,四大国有商业银行的几千亿元人民币的资产难以为国内A股市场所容纳,因此,国有银行几乎都选择了境外上市之路。2003年年底,国务院经反复论证,最终决定将中国银行和中国建设银行作为股份制改造试点,并动用美元国家外汇储备和部分黄金储备,分别向两家试点银行注资225亿美元,并进行资产的二次剥离。2004年8月和9月,中、建两行先后成立股份公司,设立董事会,并分别于2006年和2005年在H股实现上市。温家宝总理在2004年"两会"记者会上,将这场改革形容为是"背水一战,只能成功,不能失败","是一场输不起的实践"。在那之后,中国银行、工商银行、招商银行、中信银行、交通银行、建设银行、民生银行、农业银行相继实现了在H股上市。

尤其是在2004—2009年,中国股票市场遭遇了频繁的IPO暂停阶段,例如,2004年9月9日至2005年2月3日、2005年6月7日至2006年6月19日、2008年9月25日至2008年12月5日、2008年12月5日至2009年6月。这显然不利于国资委目标的实现。A股市场的上市障碍无疑加速了国资委在境外上市的构想的实施。从2004年到2010年期间,在H股上市的数量从2004年年初的69家激增到2010年年底的134家。

2010年8月,李荣融卸任国资委主任,王勇继任。秉承李荣融的改革思路,王勇继续提出"大国资、一盘棋"的理念,并在上任后的第一次年终央企负责人会议上提出了"十二五"期间央企的核心目标是做优做强,培育具有国际竞争力的世界一流企业,并表示根据中央企业改革发展的实际,"十二五"时期要重点实施转型升级、科技创新、国际化经营、人才强企、和谐发展的"五大战略"。围绕这些目标尤其是国际化的经营目标,境外上市继续成为重要措施。从实际结果来看,2011年其有6家国有企业实现了H股上市。

第三节　H股公司回归A股市场的历史进程

以上分析了中国H股公司的历史进程。但此时的H股公司尚未回归A股市场，还不能称为H+A交叉上市公司。因此，我们不能根据H股公司的各方面表现（例如公司治理）来判断H+A公司的表现，尽管从H股公司变成H+A公司并不意味着公司有何不同，但从H股上市到H+A交叉上市之间的时间差可能会使得公司的前后表现存在较大的不同。正如上文所指出的，国有企业在H股上市的行为受到了政府的极大干预，因此笔者推断H股公司回归A股市场上市的行为也受到了政府的干预。由于每届政府的经济政策都会有所不同，因此笔者采取与上文一致的方法，根据政府的换届时间和国家领导人的变更情况来分阶段考察H股公司的A股回归进程。

一、1993—1998年：股份制改造阶段的回归

在1993—1998年期间，通过分批预选制分三批，共选择了38家公司赴港上市，这些公司全部于1998年年底实现了在H股上市。同时，这些公司在H股上市后不久又都回归到A股上市，形成了中国的H+A交叉上市公司。至1998年年底，一共有18家公司实现了交叉上市，名单如下。

表3-3-1　1993—1998年期间回归A股市场的H股公司

序号	A股名称	行业代码	A股上市日	H股上市日	上市时间差（天）
1	青岛啤酒	C05	1993-08-27	1993-07-15	43
2	广船国际	C75	1993-10-28	1993-08-06	83
3	上海石化	C41	1993-11-08	1993-07-26	105
4	昆明机床	C73	1994-01-03	1993-12-07	27
5	马钢股份	C65	1994-01-06	1993-11-03	64
6	北人股份	C73	1994-05-06	1993-08-06	273
7	仪征化纤	C47	1995-04-11	1994-03-29	378
8	创业环保	K95	1995-06-30	1994-05-17	409

(续表)

9	东方电气	C76	1995-10-10	1994-06-06	491
10	洛阳玻璃	C6	1995-10-31	1994-07-08	480
11	东北电气	C76	1995-12-13	1995-07-06	160
12	吉林化工	C41	1996-10-15	1995-05-23	511
13	南京熊猫	G01	1996-11-18	1995-05-02	566
14	经纬纺机	C73	1996-12-10	1996-02-02	312
15	东方航空	F09	1997-11-05	1997-02-05	273
16	新华制药	C81	1997-08-06	1996-12-31	218
17	鞍钢股份	C365	1997-12-25	1997-07-24	154
18	兖州煤业	B01	1998-07-01	1998-04-01	91

如果说在H股上市是为了融资和转换经营机制（改善公司治理），那么1993—1998年期间的H股公司回归A股上市已经不再针对这两个目标了。首先，就融资而言，根据H股和A股之间的上市时间差，只有6家公司的时间差超过了1年，最多的也只有566天即1年半，剩下的12家则在1年之内即回归A股，时间差最小的则仅有27天。假设这些公司的融资满足了基本的财务原理，即融资行为旨在满足项目投资所需，则由于公司的项目投资期限均在1年以上，因此这些公司在H股市场的融资所得应该足够支持1年以上的资本支出。由此推论，它们在A股上市并非旨在融资。此外，有证据表明在H股公司募集的资本未能充分利用。例如，第一家H+A公司，即青岛啤酒公司1993年在香港上市后，所募集的大量资金都被存于银行以获取利息收入，1994年更是发生了资金投向、委托贷款的负面事件。根据里昂证券1996年8月的一项统计，H股上市公司将募集的资金投入生产、改造或建设的，其数量不到全部在H股上市的公司总数的1/3，部分企业如哈尔滨动力设备、东北电气几乎将招股说明书中所列的投资项目全部推迟，将募集的资本存于银行；另一些企业如北人股份，则将募集的资本挪作他用，将相当一部分资本投入房地产和股票市场（见上证联合研究计划）。因此，我们推断在此期间在H股上市的公司并不缺少现金，回归A股上市并非源于融资的需求。其次，由于A股市场的运行时间尚短，在上市要求、法律健全程度、执法效率、监管制

度、投资者理性程度等方面均不如H股市场,因此回归A股上市并非旨在改善公司的治理水平,即并非为了绑定。

那么,为何这些公司要回归A股市场呢?事实上,三批预选企业的公开称谓"规范化股份制试点企业"已经对此作出了回答,即为国内正在进行的股份制改造的国有企业提供规范,起到示范和榜样作用。对于首批9家公司而言,这种作用尤其明显,以致第一家在H股上市的公司青岛啤酒在时隔43天之后旋即回归A股,昆明机床更是仅隔了27天便回归A股,其余的6家也在1995年6月30日前悉数回归。在当时的中国,由于缺乏股份制改造和证券市场发展的经验和知识,经过香港资本市场洗礼过的H股公司的回归确实能够为中国政府带来制度上的改进,使得中国政府能够"摸着"H股公司和H+A股公司所铺垫的"石头",率领国有企业渡过股份制改造之"河"。因此,首批9家公司的回归几乎是强制性的。

但在有了首批9家公司提供的示范和榜样作用后,此后的第二、三批预选企业的示范和榜样作用就要弱得多了。中国政府已经没有必要强制这些公司回归A股来提供示范和榜样。因此刘鸿儒在1994年1月26日召开的武钢国内企业境外上市经验交流会上,建议第二批预选企业暂不发行A股(刘鸿儒,2008,第708—716页)。但从表3-3-1中可以看到,实际上第二批预选企业仍然发行了A股,因为在首批9家公司全部回归后,我们仍然可以看到一些H股公司回归了A股交叉上市。虽然数量在减少,但大部分的回归时间差仍然在1年以内,因此可以排除旨在融资的回归动机。比较合理的动机解释仍然是为国内各行各业的国有企业提供示范与榜样的作用。

根据上述分析,我们可以认为在1993—1998年期间的H+A交叉上市以及回归A股的行为主要是基于政府的主导,目的是为国内公司提供示范和榜样作用。同时,中国政府在1993年颁布的《公司法》的第137条规定,公司发行新股,必须具备下列条件:前一次发行的股份已募足,并间隔一年以上。但1993—1998期间的三批预选企业频频打破了这种法律约束,除了特殊时期政府"特赦",没有其他更合理的理由。对此,本书赞同丁益(2001)的观点,他指出,境外上市的国企在遵循国际资本市场的监管规则过程中建立起了规范运作机制,在适应市场环境的生存中树立起了股东利益的观念,不仅使自身向着国际型大企业的标准靠近,也为其他中国企业在资本市场中的规范化运作提供了经验,起到了示范作用;其中一些企业在国内上市后更是成为国内证券市场规范化运作的基础力量,对稳定和发展国内市场起到了积极的作用。

二、1999—2003 年:国企脱困阶段的回归

朱镕基在 1998 年 3 月出任国务院总理的记者招待会上,宣布了"国企三年脱困"的改革目标,时间期限为 1998 年年初(当然,更具体的应该为 1998 年 3 月)到 2000 年年底。彼时受到 1997 年东南亚金融危机及 1998 年"广信"等事件的影响,H 股公司表现低迷。中国证监会为了规范境外上市行为,同时为了给国内的股份制改造创造有利条件,于 1998 年 3 月 17 日发布了《关于股票发行工作若干问题的补充通知》,原则上规定发行 B 股或 H 股的企业不再发行 A 股,发行 A 股的企业不再发行 B 股或 H 股,即"一企一股"政策。

这显然限制了 H 股公司的回归。从 1998 年到 2000 年 12 月 11 日国家经贸委主任盛华仁宣布了国企改革与三年脱困目标的基本实现,期间只有三家 H 股公司回归 A 股。其中于 1998 年 4 月、7 月分别发行 H 股和 A 股的兖州煤业被视为是 1993—1998 年的决策,因此真正在 1998—2000 年的三年脱困期内实现 H+A 交叉上市的只有科龙电器。而 1998 年 7 月回归 A 股的科龙电器之所以能够不受 1998 年 3 月"一企一股"政策的限制,则很可能归功于它在 1998 年低迷的 H 股市场中的不俗表现:除科龙电器外,41 只 H 股全部跌破发行价,有的甚至跌破面值。为此,1999 年 3 月 26 日,中国证监会召开了境外上市公司规范运作座谈会,主题是《学习"科龙经验",为重振我国企业在国际资本市场上的雄风而奋斗》。证监会副主席范福春在会上做了重要讲话,科龙电器受到表扬。1999 年 5 月 12 日,中国证监会将《范福春同志在中国境外上市公司规范运作座谈会上的讲话》印发给各境外上市公司及其控股单位(证监会[1999]21 号文件),号召其他公司学习科龙电器。在这些"光环"下,科龙电器在 1999 年 7 月 13 日众望所归地回归了 A 股市场。在这点上,科龙电器被当做示范和榜样的意图比较明显。

但在1999年前后,受到东南亚金融危机、中国宏观经济因素及"广信"等事件的负面影响,H股公司的处境同样艰难。1998年3月的"一企一股"政策限制了它们的回归,但要想在H股市场进行再融资同样不容易。根据刘鸿儒(2008,第720页)的统计,1993—1997年,H股在一、二级市场的融资额分别为555.7亿港元和54.7亿港元,比例为10:1。江燕红(2009)对中国赴港上市的再融资行为做过统计,认为效果很不理想。从表3-3-2中可以看到,1999—2003年的H股再融资效果确实不甚理想,1999、2000、2002年的再融资额均为零。从图3-3-1的恒生中国企业指数季线图中也可以看到,从1997年开始,指数开始下跌。直至2003年,中国的H股公司才迎来新的一轮高涨期。境内外再融资的困境不仅有悖于国企脱困的战略,而且,被政府精挑细选出来的、作为内地公司榜样的H股公司,几乎代表了中国企业在国际资本市场上的形象,乃至中国的形象。在此背景下,中国证监会于2000年4月30日颁布了《上市公司向社会公开募集股份暂行办法》(以下简称《办法》),自发布日起施行。《办法》规定,申请公募增发的上市公司包括"既发行境内上市内资股,又发行境内或境外上市外资股的公司"。这意味着1998年3月的"一企一股"政策不再生效,H股公司回归A股不再有政策上的障碍。但由于《办法》颁布时间不算早,而回归A股上市所需的准备时间较长,因此,2000年的回归数量为0。

表3-3-2 1993—2003年境外上市主板再融资额

年份	H股再融资额(百万港元)	红筹股再融资额(百万港元)
1993	0	14 128.71
1994	0	11 685.18
1995	980.00	5 103.86
1996	1 037.50	12 027.67
1997	1 046.70	41 589.99
1998	1 480.16	17 232.47
1999	0	53 191.82
2000	0	249 562.21
2001	497.25	7 021.19
2002	0	31 771.68
2003	592.04	1 930.15

资料来源:江燕红(2009)。

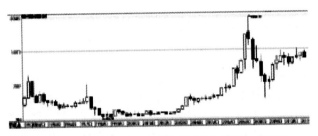

图 3-3-1　恒生中国企业指数季线图(1993—2011)

经过了1998、1999年的压抑以及2000年的准备后,部分H股公司回到了A股市场交叉上市。从表3-3-3可以看到,2001—2003年,共有10家H股公司实现了H+A交叉上市。从上市时间间隔来看,本轮的回归具有与1993—1998年明显不同的特点:除了中国石化,其他的9家H股公司都是经过了3年之后才回归。这意味着:这批公司已经不再被当做示范和榜样而被紧急召回A股市场;相反,基于上文的背景分析,它们可能确实是由于自身的业绩下滑、难以进行境外再融资等困境而要求回归A股。在这个意义上,笔者赞同汪炜、李兴建和封丽萍(2003)的观点,认为这个阶段的H股回归A股是在国际股市持续低迷、企业业绩滑坡和境内外股市再融资机制差异显著等背景下,我国境外上市企业为谋求新的融资渠道所作出的选择。

表 3-3-3　1999—2003年回归A股的H股公司

序号	A股名称	行业代码	A股上市日	H股上市日	上市时间差(天)
1	科龙电器	C76	1999-07-13	1996-07-23	1 085
2	宁沪高速	F15	2001-01-16	1997-06-27	1 299
3	广州药业	C81	2001-02-06	1997-10-30	1 195
4	中国石化	B03	2001-08-08	2000-10-19	293
5	华能国际	D0101	2001-12-06	1998-01-21	1 415
6	深圳高速	F15	2001-12-25	1997-03-12	1 749
7	江西铜业	C67	2002-01-11	1997-06-12	1 674
8	中海发展	F07	2002-05-23	1994-11-11	2 750
9	海螺水泥	C6101	2002-02-07	1997-10-21	1 570
10	南方航空	F09	2003-07-25	1997-07-31	2 185
11	皖通高速	F	2003-01-07	1996-11-13	2 246

但是,上述观点不能扩大到其他时期,因为1993—1998年的H股回归的原因并非如此。而且,这个阶段的中国石化之回归也应该与融资困境无关。从表3-3-3可知,中国石化的A、H股发行的时间间隔仍然低于1年,与《公司法》的规定不符。这可能源于中国石化股份制改革的历史性意义。在20世纪90年代中期,面对国际大型石油石化公司兼并重组后强大的竞争优势,党中央和国务院在组建中国东联石化集团公司取得经验的基础上,于1998年3月决定对我国石油石化工业管理体制实施战略性改组。中国石化是第一家H+A+N+L公司,即在H股市场、A股市场、纽约交易所、伦敦交易所上市的公司,其上市被认为在中国石油化工工业发展史上具有里程碑的意义。正如首批9家H股公司以及科龙电器的回归一样,中国石化也被当做示范和榜样而回归A股市场。

三、2004—2011年:做大做强阶段的回归

2004—2005年A股市场的频繁暂停IPO迫使国资委将上市地首选香港,期间一共19家大型国有企业赴港上市,同时H股回归A股的企业数量明显减少,2004和2005年的H股回归分别为0家和1家,其中,华电国际的回归时间刚好为2005年2月3日的首日IPO开闸时间。

但2004—2005年的大量国有企业赴港上市却引起了社会的争议。时任国务院发展研究中心金融研究所副所长的巴曙松(2005)指出,大量企业海外上市后,中国投资银行以及整个证券业会失去很多业务发展的机会,中国很难产生国际领先的投资银行和基金管理公司;中国交易所会丧失优质上市资源;从投资者的角度,当市场存在对外投资管制时,社保资金、企业年金、保险资金等可能缺乏合格的投资对象。结果造成了国内市场的边缘化,即本土市场对上市企业的上市、交易、定价等丧失了主导权,转而由海外市场来主导。在2006年3月的十届全国人大四次会议上,中国人民大学的校长纪宝成教授从国家经济安全和培养我国境内资本市场的战略角度对我国大型和特大型企业(包括金融企业)纷纷到海外上市进行了批判。此后纪宝成和刘元春(2006)正式撰文阐述了大规模企业境外上市的缺失,其观点主要包括如下四点。第一,垄断型国企海外上市,对中国国家利益和未来战略带来了冲击;第二,国企境外低价上市,造

成了国有资产的流失;第三,优质资产都跑到国外,导致国内资本市场空心化;第四,大型和特大型企业把握了中国经济的命脉,垄断了许多稀缺资源,让国内投资者承担了改革成本,却把这些由稀缺资源所创造的资源性垄断利润让境外投资者享有,这不公平也不正常。上交所在其刊物《上证研究》上刊登了傅浩(2005)的研究,深交所在其刊物《证券市场导报》上刊登了解学成(2007)的研究,两篇研究均以巴西为研究对象并得出如下结论:巴西存在着本国资本市场的边缘化与公司境外上市的恶性循环;本国资本市场越落后,本国公司越倾向于境外上市;本国公司越在境外上市,本国的资本市场越落后,最终被边缘化。吴晓求(2007,第3页)为此呼吁,中国政府应该采取如下措施:第一,已经在海外上市的大型国有企业必须有步骤地回归A股,这是发展和壮大中国资本市场的战略举措。第二,鼓励未在海外上市的符合上市条件的大型国企,特别是资源型大型国企在A股市场上市,不鼓励甚至从政策上限制这类企业到海外上市。2008年,时任中国证监会主席尚福林在多个场合如此表态:"中华人民共和国成立马上60周年了,我们积累的国民财富都让人家去定价,所以从这个意义上讲,我们必须要有一个强大的资本市场,不管这个市场起伏如何,但这一条不会变。"

国内的这些不同声音显然影响了国资委的决策。虽然针对纪宝成2006年3月在人大会议上对大型国企纷赴境外上市的指责,李荣融于2006年3月17日接受证券日报采访时予以了反驳,仍然坚持认为境外上市有利于国有企业的规范化和国际化,但他实际上接受了部分观点,尤其是应该避免国内资本市场空心化的观点,因此我们可以看到,在2006年6月20日A股IPO重新启动后,大量的大型蓝筹H股公司回到A股交叉上市,2006年便回归了5家,2007年则达到创历史纪录的12家,如表3-3-4所示。对此,李荣融在2006年12月20日明确表示:境外上市的一些公司将加快回到A股市场的步伐,因为大部分中央企业的目标都是成为具有国际竞争力的大企业大集团,中央企业要为中国资本市场的健康发展做出贡献,这点毫不动摇。

但A股市场的承受能力毕竟有限。上证指数虽然在2007年10月16日达到前所未有的6 124.04点,但在中国石油2007年11月5日回归之后终于不堪重负,开始掉头向下。2008年只有三家H股回归(中煤能源、紫金矿业、上海电气),2009 年只有四川成渝回归,2010 年国有 H 股只有大连港回归,同时一家私营 H 股山东墨龙也回归中小板。

从表 3-3-4 可以看到,除了中国银行,在此期间回归 A 股的公司均在 H 股上市后至少 1 年才回归 A 股。中国银行之所以特殊,仅间隔 34 天便回归 A 股,本书认为这仍然与中国银行的示范和榜样作用有关。在 2003 年,中国政府选择中国银行与建设银行作为国有独资商业银行股份制改革的两家试点银行。虽然建设银行早于中国银行赴港上市,但相对于当时的五家 A 股上市银行,中国银行无论在资产规模、营业网点、客户资源、风险承受能力还是品牌价值等方面都具有巨大的比较优势,因此选择中国银行快速回归 A 股具有示范和榜样作用。但有媒体指出,中国银行的短间隔回归其实是为中国不久后推出的 A×H 同步上市和先 A 后 H(A+H)交叉上市做演练。首先,因 H 股上市时间较短,其股价涨幅并不大。因此,中行 A 股发行的"询价",可以 H 股的发行价以及累计涨幅并不很大的 H 股目前价格作为参照标准,这样内地投资者就能够以不太高的成本,获得中国银行的和 H 股拥有同等权利的 A 股。其次,由于发行间隔时间较短,中国银行发行 H 股时准备的财务资料和招股文件,大部分可被其 A 股发行重新利用,A 股发行成本将会明显降低。最后,如果内地投资者在如此短的时间间隔内接受了中国银行的两种股票价格的差别,未来其他内地企业同步发行 A 股和 H 股,或者先 A 股后 H 股发行,也将会被接受内地投资的投资者所接受,因此,中国银行的短间隔 H+A 上市将成为未来内地企业 A+H 上市的开端。

表 3-3-4 2004—2011 年期间回归 A 股的 H 股公司

序号	A 股名称	行业代码	A 股上市日	H 股上市日	上市时间差(天)
1	华电国际	D01	2005-02-03	1997-06-30	2 775
2	中国国航	F09	2006-08-18	2004-12-15	611
3	大唐发电	D01	2006-12-20	1997-03-21	3 561
4	广深铁路	F01	2006-12-22	1996-05-14	3 874
5	中国银行	I01	2006-07-05	2006-06-01	34
6	北辰实业	J01	2006-10-16	1997-05-14	3 442
7	中海油服	B03	2007-09-28	2002-11-20	1 773
8	中国人寿	I11	2007-01-09	2003-12-18	1 118

(续表)

序号	A股名称	行业代码	A股上市日	H股上市日	上市时间差(天)
9	中国铝业	C67	2007-04-30	2001-12-12	1 965
10	中国石油	B03	2007-11-05	2000-04-07	2 768
11	交通银行	I01	2007-05-15	2005-06-23	691
12	中国远洋	F07	2007-06-26	2005-06-30	726
13	建设银行	I01	2007-09-25	2005-10-27	698
14	中海集运	F07	2007-12-12	2004-06-16	1 274
15	重庆钢铁	C65	2007-02-28	1997-10-17	3 421
16	中国平安	I11	2007-03-01	2004-06-24	980
17	潍柴动力	C75	2007-04-30	2004-03-11	1 145
18	中国神华	B01	2007-10-09	2005-06-15	846
19	中煤能源	B	2008-02-01	2006-12-19	409
20	紫金矿业	B	2008-04-25	2003-12-23	1 585
21	上海电气	C76	2008-12-05	2005-04-28	1 317
22	四川成渝	F1101	2009-07-27	1997-10-07	4 311
23	山东墨龙	C73	2010-10-21	2004-04-15	2 380
24	大连港	F1105	2010-12-06	2006-04-28	1 683
25	金隅股份	C6101	2011-03-01	2009-07-29	580
26	比亚迪	C99	2011-06-30	2002-07-31	3 256
27	长城汽车	C75	2011-09-28	2003-12-15	2 844

但2007年后的H股回归过程再次引起了社会争论,在中国经济转型过程中为"摸着石头过河"改革策略提供"石头"的境外上市,注定不会一帆风顺。面对国内资本市场边缘化的社会争议,国资委在2006—2007年急令17家大型国有企业回归A股市场。由于A股市场估值普遍高于H股市场,这种价格差异使得国人又产生了一个疑问:国有资产当初赴港上市时是否被贱卖了?这个问题早在2005年中资银行在境外上市时已经被提出,但在2007年建设银行回归A股时终于爆发了大规模的社会争论。争论的背景如下:2005年10月27日,建设银行在H股上市。此前的9月份,美国银行和新加坡淡马锡控股(私人)有限公司的全资子公司亚洲金融控股私人有限公司作为战略投资者,分别斥资25亿美元和14.66亿美元,持有建设银行9.0%和5.1%的股份,每股定价约0.94元

港币,H 股发行价格为 2.35 元港币。2007 年 9 月 25 日,建设银行自 H 股回归 A 股。按照建行与战略投资者之间的协议,第一个入股的美国银行除了直接以 1.15 元购股以外,还被授予了一大笔认股期权。建设银行的 A 股发行价格最终确定为 6.45 元。这对最初入股建行的境外战略投资者(如美国银行)来说,意味着至少可以得到 6 倍以上的账面收益。对此,世界银行 2007 年 5 月 30 日公布的《中国经济季报》指出:新股发行定价严重偏低意味着国家损失。该报告毫不客气地说,原始股投资者是受益者,但大多数原始股都被机构投资者和其他大投资者持有,上市公司管理层也能够从中获益。世行报告还指出,中国银行股被贱卖,问题并不在 IPO 环节,而是出在此前引入的战略投资者的定价上。此后,中央民族大学的张宏良教授于 2007 年 6 月 25 日发表了研究报告《证券监管与经济安全》,以详实的公开数据列举了中国工商银行、中国银行、兴业银行、深圳发展银行等上市银行在上市过程中其战略投资者是如何将中国银行当做"超级提款机"。此后建设银行相关人士,如 CFO 庞秀生、一些著名经济学家如吴敬琏、左大培、原全国人大副委员长成思危、清华大学教授宋逢明等都参与了争论,一直持续到 2009 年。该年 3 月份,中国财政部令第 54 号文件《金融企业国有资产转让管理办法》明确规定"金融企业国有资产转让以通过产权交易机构、证券交易系统交易为主要方式",收紧了境外战略投资者在 IPO 前以极低价格入股中资银行的闸门。中国银监会主席刘明康在此前的记者会上也表示,农业银行在改革中是否引进战略投资者,什么时候引进,引进谁,"都要由它们自主做出商业决定"。而在 2005 年 12 月 31 日中国商务部、证监会等五部委联合制定的《外国投资者对上市公司战略投资管理办法》中,境外战略投资者被寄托了"维护证券市场秩序,引进境外先进管理经验、技术和资金,改善上市公司治理结构"等美好愿望。

　　这种社会争论或许也可以解释为何 2008—2010 年只有 5 家国有 H 股公司回归 A 股公司,而不应仅仅通过 A 股的下跌来解释。事实上,本书认为社会舆论的影响要比 A 股下跌的影响大得多,中国政府显然不愿意在这个问题上遭到太多的社会批评。但早些年在 H 股上市,再于近些年回归 A 股实现交叉上市的公司,都难以回避这个问题。而如果不实现境内外上市,显然也不利于国资委所制定的"努力建设 30—50 个具有国际竞争能力的企业集团"的目标。这是一个两难困境。

中国政府对此的破解之道是 A×H 同步上市和 A＋H 交叉上市。前者的例子包括：工商银行(2006 年 10 月 27 日)和中信银行(2007 年 4 月 27 日)，后者的例子包括：中国中铁(2007 年 12 月 3 日、7 日)、中国铁建(2008 年 3 月 10 日、13 日)、中国南车(2008 年 8 月 18 日、21 日)、中国中冶(2009 年 9 月 21 日、24 日)、中国农业银行(2010 年 7 月 15 日、16 日)。其中农业银行上市时仅仅引入了社保基金作为唯一的战略投资者，成为中国四大国有银行股份制改革的收官之作，并再次刷新了全球 IPO 融资规模纪录。

农业银行收官之作后，似乎大规模国有企业的交叉上市已经告一段落，轮到私营企业登场。2011 年通过 H 股回归 A 股实现交叉上市的有金隅股份、比亚迪、长城汽车，全部是私营企业，当年回归 A 股的国有 H 股公司数量为 0。2012 年 A＋H 公司增加 4 家，同时 H＋A 公司新增 5 家(其中 3 家为民营公司)。2013 至 2014 年年底，H＋A 公司在数量上没有增加，但 A＋H 公司在数量上却增加了 7 家。

因此，讨论 H＋A 交叉上市的较为合理的期间为 1993—2010 年。

第四节　绑定假说是否适用

一、基于历史进程的基本结论

至此，本书回顾了中国 H＋A 交叉上市的历史进程，并从中获得如下结论。

第一，中国的 H 股上市主要源于中国政府主导的国有企业改革所采取的"摸着石头过河"的策略。中国 1990 年开始启动的国企改革主要有两大目标：权益融资与转换经营机制。但中国刚刚起步的资本市场无力承担这样的历史重任，中国政府通过预选企业到更加成熟的香港资本市场进行上市来为"过河"铺垫"石头"，1993—1998 年分三批共 38 家公司在 H 股上市，成为中国国企改革的规划化股份制试点企业。直至 2011 年，H 股市场都是为大型国有企业提供权益融资和转换经营机制的首选市场,但是在各个阶段,国有企业的 H 股上市均由中国政府进行决策。

第二,1993—1998 年,H 股公司回归 A 股实现 H＋A 交叉上市的动机主要是中国政府试图为国内正在进行股份制改造的国有企业提供规范,让交叉上市公司起到示范和榜样作用。对于首批 9 家试点公司而言,这种动机尤其明显,首批 9 家公司的回归几乎是强制性的。此后的第二、三批预选企业的示范和榜样作用虽然被减弱,但其回归的动机仍然是为国内各行各业的国有企业提供示范与榜样作用。这一期间的 H＋A 交叉上市主要是政府主导的,目的则是借鉴这批的试点经验,为国内公司提供示范和榜样作用。

第三,1999—2003 年,科龙电器、中国石化仍然被当做示范和榜样而回归 A 股,但其他的公司则不再被当做示范和榜样而回归,而主要是由于自身业绩下滑、难以境外再融资等困境而要求回归 A 股。

第四,2004—2005 年,受到国内资本市场暂停 IPO 的影响,只有华电国际从 H 股市场回归 A 股市场。但 2005—2006 年所爆发的关于大型国企境外上市而导致国内资本市场边缘化的社会争论,促使了大量的大型蓝筹 H 股公司在 2006—2007 年回到 A 股交叉上市。但 2007—2009 年爆发的关于国有资产被贱卖的社会争论,以及 2007 年后 A 股市场的下跌,又抑制了 2008—2011 年的国有 H 股公司的回归。

中国的 H＋A 交叉上市,就是在上述制度背景下形成的。我们该如何对中国这类特殊的样本进行分析呢?

二、绑定假说的香港版本

我们曾提到 Coffee(1999,2002)的绑定假说:来自相对落后的国家或地区的公司,通过在美国交叉上市并接受较高的监管或信息披露标准,可以向投资者尤其是中小投资者承诺实行比母国更加严格的公司治理准则,公司的权益资本成本可以由此得到降低并获得更高的市场估值。如果我们将美国市场扩展到具有较高治理水平的任何市场,那么在 H 股上市时,我们确实可以认为中国政府存在美好的绑定意愿,香港的法律与监管环境也确实能够提供绑定的可能,表现为如下方面。第一,发行对象。H 股公司面向境外投资者。相对于境内投资者,境外投资者的投资经验更为丰富,投资理念更为先进,其参与公司事务的积极性也更高(沈红波,2008,第32—34页)。第二,中介机构。H股上市吸引了国际著名投资银行、会计师事务所、管理咨询公司等中介机构的合作。通过与这些机构的合作,借助这些机构的声誉和知名度,H股公司在国际形象上得到很大加强,分析师覆盖面更广,使得H股公司受到更为有效的舆论监管。第三,双重财务报告。根据国务院证券委员会、国家经济体制改革委员会1994年的相关规定,境外上市公司的年度、中期财务报表、财务资料除了应当按中国会计准则及法规编制外,还应当按国际或者境外上市地的会计准则编制。如按两种会计准则编制的财务报表有重要出入,应当在财务报表附注中加以注明。第四,双重审计。由于实行双重财务报告,H股公司也实行双重审计,且按国际或香港会计准则编制的财务报告只能由中外合作或境外会计师事务所审计。第五,双重监管。在申请过程中,H股发行人首先要按照中国证监会的要求编写全套发行H股的申报文件,由中国证监会对其资质进行审核;在得到中国证监会许可后,发行人才可按香港联交所的要求编制申请材料报给香港联交所审查和聆讯。在H股上市后,H股公司一方面要受到香港联交所的监管,另一方面要受到中国证监会的监管,且H股公司由于在中国内地注册和经营,受到内地一般性和特殊性法律规范等的约束。第六,独立董事。香港联交所强制上市公司到1994年年底至少有2名独立非执行董事,要求他们既要监督公司对法律法规和董事会政策的遵循,也要确保公司管理层对外信息披露的准确性。而中国证监会到2001年才有类似要求。

根据这些比较,我们可以认为,中国上市公司在治理水平(经营机制)上的高低排序应该是:H股公司＞A股公司。国内的多数学者正是根据这个逻辑来解释中国的交叉上市行为,例如,沈红波(2008)认为AH公司(同时在A股市场和H股市场交叉上市的公司,简称AH公司)由于面临更好的信息环境而具有更低的权益资本成本、更高的公司价值;孔宁宁和闫希(2009)默认绑定假说对于中国同样成立,并发现AH公司具有更高的外部融资增长率;程子健等(2012)认为交叉上市能够带来法律与监管方面的绑定,使得AH公司具有更高的治理水平进而采取更稳定的股利政策。

三、中国的特殊性

然而,如果仅仅因为 H 股公司较高的治理水平就下结论,认为 H+A 交叉上市公司在各方面都要优于纯 A 股公司,那么这个结论就下得有点早了。国外学者检验绑定假说的样本的上市顺序往往是:先在相对落后的母国交易所上市,然后到法律与监管更严的美国交易所上市。由于在美国交易所的上市要求和监管要求都要高于母国的水平,因此能够赴美交叉上市的公司在各方面可能都要优于当时仅在母国上市的公司。但中国的 H+A 交叉上市则采取了完全相反的上市顺序,先在 H 股上市再在 A 股上市,即先在法律与监管制度较严的地区上市,再回到相对落后的地区上市,此时的交叉上市并不存在绑定意义。

中国的交叉上市之所以给人一种绑定的印象,完全是因为混淆了境外上市与交叉上市的概念。境外上市能够带来绑定效应,这是从 1993 年至今中国国企改革的决策者所深信不疑的假设。我们难以否定这一点,毕竟香港的资本市场比内地的资本市场成熟。既然如此,H+A 交叉上市意味着与纯 A 股公司相比,H+A 公司多了一份来自香港的监管,难道不也意味着 H+A 公司的治理水平比纯 A 股公司更高吗?由于公司治理难以精确地度量,因此我们也难以否定这一点。但综观 H 股上市的历史进程,本书发现如下四个方面将对 H 股上市的绑定效应构成较大的冲击。其中,关于豁免与法律移植的观点曾被 Litch(2003,2004)提到过,他认为美国交易所对外国上市公司有很多豁免条款,导致在美国交叉上市并不必然会导致公司治理水平的提高;同时,他认为绑定是一种法律移植,但这在历史上很少有成功的例子。

(一)香港的豁免

前文已经指出,20 世纪 90 年代初期的香港为了保持其国际金融中心的地位,客观上需要石化、通信、高速公路、航空等行业的大型重化工企业,这正是内地国有企业所具有的优势。但国有企业面临着较多的上市障碍,例如,内地当时没有公司法,国有企业的现行会计制度与国际也不接轨。如何让相对理性的外国投资者判断内地企业的股票是否该购买?财务数据是否真实?投资者利益是否获得了法律保护?这些问题对于当时的内地企业而言还是一张白纸。为此,香港交易所、证监会以及中国人民银行、国务院港澳办、国家体改委的相关专家成立了"内地香港证券事务联合工作小组"和法律专家小组,其中还涉及财政部、国有资产管理局、外汇管理局等部门,共同讨论上述问题的解决。

首先,是法律问题。当时内地没有企业法,更遑论公司法,所有的企业都叫国有企业,企业的资本均来自国家财政,企业的资本没有折成任何股份。当时国内股份公司设立的法律依据是国家体改委1992年颁布的《股份有限企业规范意见》。由于国家的整体概念,"出资人缺位"问题严重,因为到底谁是股东说不清楚。没有股东自然也就无从谈起股东权利的行使以及公司架构的构成,例如,"新三会",即董事会、股东会、监事会。当时的国有企业只有党委会、职代会以及工厂委员会,由企业厂长决定行政事务,党委会决定党政政策,职代会执行职工的利益。当时的解决办法是:将"新三会"加进企业,保留"老三会"。但"新三会"该如何规定则由涉及的财政部门、地方管理部门等通过联合工作小组来进行具体讨论。

其次,是会计制度。没有基于国际通行的会计准则编制成的会计财务信息,境外投资者将无法基于企业基本面分析企业的好坏从而进行投资决策。但当时国有企业仍然沿袭苏联体制,其会计制度与国际会计准则相差甚远。为此,内地公司在香港相关中介机构的协助下,抽调了大量人员进行公司资产的价值评估,耗费了大量时间才完成公司估值。

最后,例如,外汇的进出问题:由于企业位于内地,境外投资者以外汇购买上市公司的股票,但当投资者出售股份后其资金如何自由流出?为此内地和香港双方都需要在政策上设计特殊的方式。

上述各种问题都通过联合工作小组谈判之后,由国务院的各个部门形成专门的文件,把国有企业走向资本市场所需要的政策限制进行了制度化和文件化,形成了国有企业海外上市所需要的特别规定,例如,《到香港上市公司章程必备条款》。1993年6月17日,香港联交所颁布了为适应中国企业赴港上市而对上市规则作出的修订条例,才使得内地国有企业变成能够适应国际资本市场要求、能够满足国际投资者要求的股份公司。在此过程中,香港交易所对内地公司可能也实行了特事特办,并进行了相关豁免。例如,香港主板要求拟上市公司须具备三年的业务记录,且在三年业务记录期间须由基本相同的管理层进行管理。但 1992 年公布的首批 9 家试点企业都是当年进行资产剥离式的股份制改造,将要上市的股份公司都仅有 1 年左右的历史,且股份公司的管理者都是新近任命,这与香港主板的要求是有差距的。其他,如法律、会计方面的要求,根据刘鸿儒(2008,第 23 章)的回忆,香港交易所确实给予了一定豁免。

(二) 股份制改造的不彻底性

为了能够快速地符合 H 股市场的要求,早期公司所进行的股份制改造更多是在对香港交易所要求的更加严格的监管和法律制度的形式上的绑定与迎合,而非实质性的改善。尽管随着改革的持续,早期的境内外上市公司可以为后期上市的公司提供榜样和经验,从而公司治理状况应该能够逐渐得到改善,但正如 Lin et al. (1998)、Lin and Tan (1999)所指出的,由计划经济向市场经济转变的中国的国有企业的问题根源,在于其所有权与控制权的分离,以及由政策性负担所引起的预算软约束。而这两个根本性的问题在公司制改革中并未得到实质性的改善。

首先,为了在短期内让上市公司在上市前后有相对良好的账面财务业绩,中国政府普遍采用了剥离上市的方式对国有企业进行改革,将具有市场竞争力的核心资产从原企业中剥离出来并重组成上市公司,而对于非核心资产、不良债权、冗余人员则保留在原有企业中,但原有企业以"国家授权投资机构"的身份,作为控股股东来控制上市公司。由于原有企业具有各种政策性负担,例如,国家发展战略、就业、职工福利等,因此失去了核心资产的原有企业必须凭借控股股东身份,通过高额派发股利、关联交易、现金占用等隧道挖掘行为从上市公司中获得生存资源。

其次,两权分离不彻底。中国的公司法虽然规定"公司享有由股东投资形成的全部法人财产权,依法享有民事权利,承担民事责任",但同时规定"公司中的国有资产所有权属于国家",这使得公司法人的财产权独立性受到制约。而根据 Grossman and Hart (1986)、Hart and Moore (1990)的观点,资产所有权决定了特定控制权与待定控制权,因此,原有企业可以凭借对公司中的国有资产的所有权,干预公司对这些资产的转移、使用、收益等行为。

最后,人力资本管理未放开。中国实行"党管干部"政策。作为政府行政部门的延伸,原有企业和上市公司的高层管理者(尤其是董事长和总经理)被纳入中国政府部门的管辖范围,其变更和任命均需得到政府的批准,这使得高管变更与企业业绩之间的敏感性降低(Shen and Lin,2009),预算软约束行为得到强化。同时,由于国有资产的产权主体不明晰,政府作为股东对上司公司的监督缺乏激励与效率,导致上市公司容易形成内部人控制(insider control)。

以上三方面是 Lin et al. (1998)和 Lin and Tan (1999)所指出的两个根本性问题的突出体现,时至今日,这些问题在国有控股的上市公司中仍然普遍存在,并成为继续困扰中国国有企业改革的难点。这两个问题也导致了 Stulz(2005)所提出的"孪生代理问题"(twin agency problems),即政府与公司内部人都会以牺牲外部投资者的利益为代价来追求他们各自的利益,这种行为限制了一国的经济增长、金融发展与利用金融全球化的能力。

作为中国 H 股上市构想的创始人之一,刘鸿儒深知国有企业股份制改造的不彻底性。在1998年 H 股遭遇东南亚金融危机而股价大跌、当年多家拟 H 股上市公司发行失败后,中国证监会于2000年7月在深圳举行"在境外上市公司高级管理人员座谈会"。刘鸿儒在会上谈及 H 股的表现不佳时指出,"从表面上看,主要是 H 股公司集中于传统行业,未形成合力的经济规模,没有明显的行业竞争优势;公司治理结构存在缺陷,所有者与经营者之间的制衡关系有待完善;管理制度落后,产品和技术升级缓慢,研发能力落后,相关法律、法规及规则的部分已落后于实际情况,可操作性差,限制了 H 股公司运作的灵活性。"(刘鸿儒,2008,第720—722页)

(三)法律移植的不系统性

根据 La Porta et al.(LLSV,1997,1998)的研究,法律体系作为治理的外部环境,对于公司治理尤其是投资者保护的实质性改善也至关重要,普通法系在投资者保护方面往往强于大陆法系。香港实行的是普通法系,但内地实行的是大陆法系,内地公司通过绑定香港的普通法系能够在一定程度上提高投资者保护水平。但如 Litch(2004)所指出的,绑定是一种法律移植。而移植能否生效,则取决于所移植的制度能否与移植主体的原生制度体系相容。H股公司的上市地在香港,但注册地和主要经营范围仍然在内地。虽然H股公司自身的制度会因为绑定而得到某种程度的改善,但正如青木昌彦(Aoki,2001)所指出的,一项法律的变更除非同时能够系统地改变所有参与人关于策略互动模式的认知,并且相应地引起他们关于实际策略决策的变化超出临界规模,否则它无法引致制度变迁,因此整体性制度的安排往往是稳固的和耐久的。中国的实践也表明,内地的法律体系并没有因为H股的公司而发生改变,中国A股市场从设立之初所形成的偏重为国有企业融资而忽视投资者的利益保护的状况也没有太大变化,在这种环境中,单个H股公司对香港法律和监管制度的绑定将失去内地整体制度的支持,以致难以发挥作用。

(四)公司治理的趋同

中国国有企业改革的一大目标就是转换经营机制,或者改善公司治理。以境外上市作为试点,境内的国有企业先后经历了香港、美国、英国、新加坡等地区和国家的资本市场的洗礼,公司和政府逐渐熟悉了国际资本市场的游戏规则,积累了丰富的公司治理实施方案,并努力向国际接轨。例如,在信息披露方面,内地的会计准则经过多年的修改,其与国际财务报告准则(IFRS)以及香港会计准则(HK GAAP)之间的差距已经越来越小(Liu and Liu,2007)。2002年1月7日,中国证监会在多年实践的基础之上发布了《上市公司治理准则》,使得A股上市公司的治理水平有了良好的规范。由于内地的公司治理准则从一开始就受到了来自世界各主要资本市场尤其是香港地区和美国的影响,因此其与香港地区和美国的治理准则存在一定的趋同。正是这种趋同使得纪宝成和刘元春(2006)认为境外上市的制度效应随着新世纪(2000年)的来临出现了拐点。而Sun et al.(2013)的实证结果则表明,在2002年之后,由于内地纯A股公司的治理水平普遍提高,AHCL公司相对于纯A公司的治理溢价在下降。

(五)政府干预与强制性制度变迁

根据林毅夫(Lin,1989)的观点,制度安排是公共品,如果新的制度安排仅仅源于诱致性创新,则制度的供给将低于最优水平。弥补的方法则是国家或政府干预,以此带来强制性的制度变迁。中国从计划经济向市场经济的转型过程,以及在这个过程中实行的经济改革与国有企业改革,属于一种政府干预下的强制性制度变迁。上文关于 H 股上市以及 H+A 交叉上市的历史进程的分析清楚地表明了这点。在强制性制度变迁中,政府作为制度的提供方,对接受制度的一方进行多方面的干预,使得接受方的行为不再符合利益最大化的理性要求。但 Coffee(1999, 2002)提出的绑定假说的前提则是行为主体的利益最大化。因此,当我们观察到国有企业在 H 股上市时,我们可以肯定这是政府的意志,却不知道这是否能同时满足企业的利益最大化,也不知道即使企业获得了绑定的好处,这种好处是否会因政府干预所带来的其他弊端被抵消。这使得绑定假说并不适用于对中国 H 股上市的行为进行分析。对于这一点,Sun et al. (2013)曾经给予过正确的区分。他们指出,绑定假说中的公司是自我选择或自愿地前往具有更高法律与监管质量的市场交叉上市的,但中国内地公司的赴港上市则是政府政策目标所强加的。

综合上述四个方面,绑定假说对于 H 股上市的解释力是十分有限的。我们无法判断在政府的干预下,H 股上市是否真的能够改善公司治理,尽管在表面上能够起到改善作用。但不管如何,由于中国 H 股公司回归 A 股的动机具有历史复杂性,更由于这种先 H 后 A 的上市方式不具有绑定意义,因此绑定假说不足以解释中国 H+A 交叉上市的动机,直接套用绑定假说来预测中国 H+A 交叉上市公司将相对于纯 A 股公司具有更优的业绩表现,在客观上缺乏历史事实的支持。而且,在实证上,绑定假说的检验可分为两个内容。首先,检验 H 股上市是否能够带来更高的公司治理水平,这一点可通过 H 股上市公司(不包括 H+A 公司或 H+A 公司)与纯 A 股上市公司之间的公司治理比较来完成;其次,检验交叉上市的溢价效应,这一点可通过 A+H 公司(例如,中兴通讯)与纯 A 股公司的市场价值进行比较来完成。但无论哪种检验,都不涉及 H+A 公司。换句话说,对 H+A 公司与纯 A 股公司之间的任何比较均与绑定假说无关。

然而,放弃了在交叉上市文献中占主流地位的绑定假说,我们又该如何解释中国 H+A 公司的行为呢?

第五节 一个替代性解释:政府干预假说

一、政府干预的表现

从历史进程中可以看到,中国的 H 股上市与 H＋A 交叉上市均源于政府主导的经济改革与国有企业改革,源于政府干预下的强制性制度变迁。由于公司治理的难以度量,我们无法确认 H＋A 公司的治理水平是否优于纯 A 股公司,也无法确认如果存在公司治理上的好处,这种好处是否能够超过政府干预所带来的弊端。但根据历史进程可知,H＋A 公司比纯 A 公司受到更多的政府干预,并由此承担了更沉重的政策性负担,具体表现如下。

第一,在上市资格上,拟 H 股上市的国有企业全部是在各有关主管部委和省、市推荐下,经国务院各部委的综合平衡、认真筛选后确定,并报由国务院同意。从早期披露的资料看,地方政府积极参与了上市企业的筛选,例如,青岛啤酒、马钢股份等。即便在 1998 年实行"成熟一家、批准一家"的制度后,这种竞争性筛选仍然会导致地方政府的积极干预。被选上的企业甚至不知道自己被选上,例如,海兴公司。知道自己入选后也无法选择不上市,上市地点和时间均由政府决定。在 A 股回归问题上,H 股公司同样没有选择权。

第二,多数国有 H 股公司具有试点性质,而几乎所有的 H＋A 公司都具有试点中的试点的性质。并非所有的 H 股公司都可以回归,能够回归 A 股的公司再次承担了对于 A 股市场的政治或经济使命。将截至 2010 年的所有 AH 公司的试点意义进行了整理和汇总,结果见表 3-5-1。可以看到,几乎所有的 H＋A 公司都成为国家经济改革战略中的一项试验,这再次验证了本书关于"境外上市公司是'摸着石头过河'策略中的'石头'"的观点。这种国家试验往往具有"只许成功,不许失败"的特征,哪怕承担再大的成本,也必须保证试点成功。例如,1996 年 H 股上市的皖通高速,国家体改委、国家证券委、交通部曾给公司下达命令:"只许搞好,以成功的经验为后继的公路项目上市铺平通路"。又如,中国建设银行和中国银行的试点,温家宝总理在2004年"两会"记者会上,将这场改革形容为"背水一战,只能成功,不能失败","是一场输不起的实践"。当H股公司和H+A公司被上升到国家战略层次上时,这些公司的行为显然受到了政府的极大干预。

表 3-5-1 AH 公司的行业地位与试点意义

名称	AH 年份	行业地位与试点意义
青岛啤酒	1993	始建于 1903 年,获奖无数 首只 H 股公司,首只从 H 回归 A 股的公司
广船国际	1993	经成立于 1954 年的广州造船厂改制设立;中国船舶工业集团公司属下华南地区重要的现代化造船核心企业;公司曾经成为中国最大的灵便型液货船制造商 中国首家造船上市公司
上海石化	1993	在上市当时是一家国内外颇具影响的特大型现代化联合企业;已建成投产 20 年 当时一直被认为是国企改制的样板,甚至也是首批 9 家试点企业的改制样板;首家 A+H+N 公司
昆明机床	1994	前身是筹建于 1936 年的中央机器厂,1953 年更名为昆明机床厂,1993 年 10 月 19 日正式注册成立昆明机床股份有限公司。昆机自 1954 年成功制造出我国第一台卧式铣镗床以来,相继研制开发了 200 多种产品,创造了中国机械工业史上的众多个"第一" 云南省和国内装备行业唯一在境内、外上市的 A+H 股上市公司
马钢股份	1994	1949 年中国人民解放军代表组接管马鞍山铁矿资源,成立了马鞍山矿务局恢复了矿山生产。1953 年,马鞍山矿务局改称马鞍山铁厂。1958 年 8 月,在马鞍山铁厂的基础上成立隶属冶金部的正厅级马鞍山钢铁公司。1979 年 5 月,国务院宣布首都钢铁等 8 家企业进行扩大企业自主权改革试点 冶金系统唯一一家进入规范化股份制试点的大型国有企业,安徽省最大的企业
北人股份	1994	1956 年"北人"全面转产印刷设备 印刷业第一家 H 股公司和 HtoA 公司

(续表)

名称	AH 年份	行业地位与试点意义
仪征化纤	1995	始建于 1981 年,1984 年建成投产。作为国内聚酯产品最主要的供应商,仪征化纤股份有限公司是这个行业当仁不让的旗舰企业。是中国最大的现代化化纤和化纤原料生产基地,以 2008 年底聚酯聚合装置产能计,本集团是世界第六大聚酯生产商
创业环保	1995	我国目前唯一一家以污水处理为主业的上市公司,是天津市污水处理市场独家垄断者,天津市唯一一家 H 股公司
东方电气	1995	1958 年:东方电气的前身东方电机厂成立
洛阳玻璃	1995	河南省首家发行 H 股上市的公司,国内第一家玻璃企业在境外上市公司,建材行业第一家在境内外上市的公司
东北电气	1995	辽宁省首家境内外上市公司
吉林化工	1996	创办于 1970 年
南京熊猫	1996	熊猫电子集团成立于 1936 年,被称为中国电子工业的摇篮,是中国最大的综合性电子骨干企业,中国 120 家试点企业集团、520 家重点企业、电子行业六大集团之一,注册商标'熊猫 PANDA' 是中国电子行业第一个'中国驰名商标',也是中国电子产品第一个进入国际市场的注册商标
经纬纺机	1996	公司前身为经纬纺织机械厂(经纬厂),为中纺机总公司 20 余家全资子企业中最大的全资子企业。经纬厂 1951 年动工兴建,1954 年建成投产,是国家"一五"期间 156 项重点工程之一
新华制药	1997	1943 年 11 月由许世友将军亲自组建谋划,从胶东军区卫生部从所属单位抽调了 18 名医务人员及干部在位于牙前县后垂柳村的储存点成立了一个制药小组进行药品的研制和生产,这个制药小组成为新华制药厂的前身。80 年代首批进入国家二级企业、国家一级企业
东方航空	1997	前身是成立于 1988 年 6 月的中国东方航空公司,是中国三大国有大型骨干航空企业之一 1997 年在香港、纽约、上海三地证券市场挂牌上市,是中国民航业内第一家上市公司
中兴通讯	2004	第一家 A+H 公司
鞍钢股份	1997	中国第一大综合钢铁生产企业,始建于 1916 年,1948 年 12 月正式成立新中国第一个钢铁联合企业

(续表)

名称	AH 年份	行业地位与试点意义
兖州煤业	1998	前身实体兖州煤炭生产建设指挥部始建于1972年,1977年分离为兖州矿务局和兖煤炭基本建设公司,1987年6月基本建设公司并入兖州矿务局。兖州矿务局作为煤炭工业部的国家百户现代制度试点单位,于1996年3月,经国家经贸委、煤炭部批准改制为国有独资公司;1997年4月被国务院批准为国家第二批企业集团试点单位,是国家确定的优先扶持发展的三百家重点企业之一
科龙电器	1999	科龙在1984年起生产电冰箱,是中国最早生产电冰箱的企业之一 1999年3月26日,中国证监会召开境外上市公司规范运作座谈会,主题是《学习"科龙经验",为重振我国企业在国际资本市场上的雄风而奋斗》
晨鸣纸业	2008	第一家A+H+B公司
民生银行	2009	中国首家主要由非公有制企业入股的全国性股份制商业银行,同时又是严格按照《公司法》和《商业银行法》建立的规范的股份制金融企业
宁沪高速	2001	1992年8月1日在江苏省注册成立 江苏交通基建行业唯一的一家上市公司
广州药业	2001	国内最大的中成药制造商,在中成药制造行业有着悠久的历史,并拥有众多的老字号品牌和丰富的产品资源;国内最大的医药贸易商之一,公司拥有华南地区最大的医药零售网络和医药物流配送中心
中国石化	2001	1983年,国家决定成立中国石化总公司,对全国原来分属石油部、化工部、纺织部等部门管理的炼油、化工和化纤企业,实行资源优化配置,对产供销、人财物、内外贸统一管理 第一家A+H+N+L公司
华能国际	2001	成立于1994年6月30日。截至2010年3月,是中国目前最大的上市发电公司之一
深圳高速	2001	深圳市第一家同时拥有境内外融资平台的国有控股企业
江西铜业	2002	江西铜业集团公司成立于1979年7月1日。至2009年,江铜阴极铜产能已进入世界铜行业前三强;资产总额、销售收入、净利润等方面均位于国内铜行业中的第一位,中国铜工业领头羊的地位已确立;在中国企业500强中,江铜的排名已前移到第87位 是我国第四批境外上市公司,也是中国境外上市的第一家矿业公司

(续表)

名称	AH 年份	行业地位与试点意义
海螺水泥	2002	1997年9月1日,安徽海螺集团有限责任公司以其所属的宁国水泥厂和白马山水泥厂与水泥生产经营的相关资产出资,独家发起成立安徽海螺水泥股份有限公司,主要从事水泥及商品熟料的生产和销售。公司产销量已连续11年位居全国第一,是目前亚洲最大的水泥、熟料供应商
招商银行	2006	中国境内第一家完全由企业法人持股的股份制商业银行,也是国家从体制外推动银行业改革的第一家试点银行
中海发展	2002	前身是上海海兴轮船股份有限公司,至上市时已经运行了几十年 1994年确定的第二批境外上市试点企业,当时成为全国交通企业的唯一上市代表
皖通高速	2003	安徽省内唯一的公路类上市公司
南方航空	2003	1993年10月10日以中国南方航空公司为核心企业成立南方航空(集团)公司,为中国首批55家试点企业集团之一。中国南方航空股份有限公司是中国运输飞机最多、航线网络最发达、年客运量最大的航空公司。2009年,南航旅客运输量6 628万人次,位列亚洲第一、全球第三,已连续31年居国内各航空公司之首,是亚洲唯一进入世界航空客运前五强,国内唯一连续5年进入世界民航客运前十强的航空公司
华电国际	2005	本公司的控股股东华电集团是全国五大发电集团公司之一,是根据中国电力体制改革方案,在原国家电力公司部分发电资产基础上成立的国有大型电力集团,华电国际电力股份有限公司及其附属公司是中国最大型的上市发电公司之一
东风汽车	2005	前身是1969年始建于湖北十堰的"第二汽车制造厂"。东风汽车公司是汽车行业重点骨干企业,是中国规模最大的载货车生产企业和国内最大的汽车零部件生产企业之一,也是国家重点支持的轿车定点生产企业之一
中国银行	2006	成立于1912年2月,是中国历史最为悠久的银行 2003年,国家选择中国银行作为国有独资商业银行股份制改革的两家试点银行之一
中国国航	2006	国航是中国唯一载国旗飞行的民用航空公司以及世界最大的航空联盟——星空联盟成员、2008年北京奥运会航空客运合作伙伴,具有国内航空公司第一的品牌价值(2009年6月,以317.23亿元的品牌价值荣登世界品牌实验室"中国500最具价值品牌排行榜",也是中国民航唯一一家进入"世界品牌500强"的企业),在航空客运、货运及相关服务诸方面,均处于国内领先地位

(续表)

名称	AH 年份	行业地位与试点意义
北辰实业	2006	国内第一家拥有 A＋H 股地产类上市公司
工商银行	2006	中国四大国有银行之一 第一家 AH 同步上市公司,中国第一家引进绿鞋机制的 IPO
大唐发电	2006	是中国一家独立发电企业,也是中国五大国有电力集团之一,第一家 A＋H＋L 公司
广深铁路	2006	清光绪三十三年(公元 1907 年)正月,《广九铁路借款合同》在北京签订,英国借款 150 万英镑给清政府修建广东段铁路(华段)。同年 7 月广九铁路香港段率先开工,而广东段则在 1909 年动工。经中、英双方商定,以罗湖桥中孔第二节为界,分为华、英两段。华段线路即为现今之广深铁路
中国人寿	2007	我国最大的商业保险集团,是国内唯一一家资产过万亿的保险集团,是中国资本市场最大的机构投资者之一
重庆钢铁	2007	有着 120 年历史的大型钢铁联合企业。其前身是 1890 年中国晚清政府创办的汉阳铁厂,1938 年 3 月在抗战的烽火硝烟中,由武汉逆长江而上,西迁内陆重庆
中国平安	2007	成立于 1988 年 3 月 21 日,同年 5 月 27 日正式对外营业,是我国首家股份制保险公司,也是我国唯一一家有外资参股的全国性保险公司
中信银行	2007	1984 年底,随着经济发展的需要,中国国际信托投资公司(简称中信公司)董事长荣毅仁先生向中央专函要求在中信公司系统下成立一个银行,全面经营外汇银行业务。经国务院和中国人民银行同意,先成立银行部,扩大经营外汇银行业务,为成立银行作好准备工作。1987 年初,经国务院和中国人民银行批准,中信银行正式成立。中信银行是我国改革开放中最早成立的新兴商业银行之一 是继工行后又一家 A＋H 同步同价上市的内地银行
潍柴动力	2007	中国最早一批生产柴油机的厂家之一,1984 年被确认为研发及生产斯太尔 WD615 系列柴油机的定点厂之一,重型汽车配套柴油机的定点厂之一
中国铝业	2007	中铝公司于 2001 年成立,是中国最大的有色金属企业,截至 2008 年 6 月底,公司资产总额达到 3 777 亿元。固定资产增值保值率、净资产收益率在全国 100 亿元资产以上的国有企业中一直名列前茅,是全球第二大氧化铝和第三大电解铝生产商

(续表)

名称	AH 年份	行业地位与试点意义
交通银行	2007	为适应中国经济体制改革和发展的要求,1986 年 7 月 24 日,作为金融改革的试点,国务院批准重新组建交通银行。1987 年 4 月 1 日,重新组建后的交通银行正式对外营业,成为中国第一家全国性的国有股份制商业银行,总行设在上海
中国远洋	2007	中国大陆最大的航运企业,全球最大的海洋运输公司之一,中国 53 家由中央直管的特大型国企之一
建设银行	2007	四大国有银行之一 首家实现公开发行上市的中国国有商业银行
中海油服	2007	中国近海最大的综合型油田服务全面解决方案供应商 使其母公司——中海油集团公司,在不到两年时间里,成为成功实现两次海外 IPO 的国企第一
中国神华	2007	神华集团有限责任公司(简称神华集团)是于 1995 年 10 月经国务院批准,按《公司法》组建的国有独资公司,是中央直管的 53 户国有重要骨干企业之一。成立于 2004 年 11 月 8 日的中国神华能源股份有限公司,截至 2007 年 6 月不足三年时间里,以储量计已成为中国第一、世界第二大(仅次于美国皮博迪公司)、煤炭上市公司,是国内乃至全球唯一一家成功实现煤、路、港、电一体化的能源供应商。中国神华旗下拥有 7 个年产量超千万吨的煤矿,是世界上唯一拥有千万吨级矿井群的公司
中国石油	2007	中国油气行业占主导地位的最大的油气生产和销售商,是中国销售收入最大的公司之一,也是世界最大的石油公司之一
中国中铁	2007	中国铁路工程总公司的前身是 1950 年 3 月成立的铁道部工程总局和设计总局,后变更为铁道部基本建设总局。1989 年 7 月,铁道部撤销基本建设总局,组建中国铁路工程总公司。2000 年 9 月,中国铁路工程总公司与铁道部"脱钩",整体移交中央大型企业工作委员会管理。国务院国资委成立后,中国铁路工程总公司自 2003 年 4 月开始归属国务院国资委管理 2006 年 11 月,成为国资委首批国有独资企业董事会试点企业
中海集运	2007	截至 2011 年 6 月,中海集运拥有 150 多艘船舶,整体运载能力超过 56 万标箱,位居世界前 10 大班轮公司之列。我国最大的集装箱航运公司
中国太保	2009	成立于 1991 年 5 月 13 日,是经中国人民银行批准设立的全国性股份制商业保险公司。太保是中国大陆第二大财产保险公司,仅次于中国财险,也是第三大人寿保险公司,仅次于中国人寿和中国平安

(续表)

名称	AH 年份	行业地位与试点意义
中煤能源	2008	1982年7月,经国务院批准,中国煤炭工业从事对外贸易和经济合作的全国性公司——中国煤炭进出口总公司(简称中煤公司)成立
中国铁建	2008	中国铁建股份有限公司前身是中国人民解放军铁道兵(1948年7月成立),由中国铁道建筑总公司独家发起设立,于2007年11月5日在北京成立,为国务院国有资产监督管理委员会管理的特大型建筑企业。中国铁建是中国乃至全球最具实力、最具规模的特大型综合建设集团之一,2009年《财富》"世界500强企业"排名第252位,"全球225家最大承包商"排名第4位,"中国企业500强"排名第14位,是中国最大的工程承包商,也是中国最大的海外工程承包商
紫金矿业	2008	紫金矿业是一家以黄金及有色金属矿产资源勘查和开发为主的大型矿业集团,其控股公司分布在全国二十多个省区和海外八个国家,是中国控制金属矿产资源最多的企业、中国最大的黄金生产企业、中国第三大矿产铜生产企业、中国六大锌生产企业之一。紫金矿业集团已成为中国控制金属矿产资源最多的企业之一 A股每股面值为0.1元,这在A股历史上尚属首次
中国南车	2008	中国南车集团,我国最大的轨道交通装备制造企业,被国家列入重大装备制造业。中国南车有6家企业具有长达百年的历史。在铁路机车、客车、货车、动车组、城轨地铁车辆等所有业务领域的市场占有率均超过或接近50%,在国内与北车集团形成寡头垄断格局
上海电气	2008	上海电气(集团)总公司是中国最大的综合性装备制造集团之一,其历史可追溯到中国最早的机器电气工业。上海电气集团前身是上海市机电工业管理局,1949年后,上海主要机器工业划归上海市重工业局(后称上海市机电工业管理局)管理。1985年成立上海电气联合公司(后改名为上海电气(集团)总公司)。1995年改制为上海机电控股(集团)公司,1996年改制为上海电气(集团)总公司。2004年3月上海电气(集团)总公司进行混合所有制改革,组建了上海电气集团有限公司
四川成渝	2009	是中国西部唯一的基建类H股上市公司
中国中冶	2009	是国务院国资委监管的特大型企业集团,中国中冶成功进入世界500强,2009年排名第380位,是全球最大的工程承包公司之一,也是中国经营历史最久、专业设计和建设能力最强的冶金工程承包商,拥有中国最大的有色金属冶金设计院之一即中国有色工程有限公司

(续表)

名称	AH 年份	行业地位与试点意义
农业银行	2010	四大国有银行之一 国有银行股份制改造的收官之作,IPO制度的创新之作
山东墨龙	2010	前身是1987年成立的寿光县石油机械配件厂,是国内主要石油钻采专用设备制造商之一 H股回归中小板的第一股
大连港	2010	创下两项新的纪录:第一,成为国内首家同时拥有A+H双融资平台的港口类上市公司;第二,在国内证券市场首次实现回归A股的同时,收购大股东资产、完成整体上市
金风科技	2010	金风科技是中国领先的风力发电机组制造商及中国风电整体解决方案供应商,主营业务为风力发电机组的研发、制造及销售。我国第二大风力发电机生产商

第三,所有H股公司和H+A公司被当做股份制改造的示范和榜样,所有境外上市国企被中国政府视为中国改革开放形象、中国企业在国际资本市场上的形象,甚至是国家形象的直接代表。例如,中国证监会在1999年3月26日召开的境外上市公司规范运作座谈会上指出,境外上市公司大都是或曾是中国企业的"明星",是各行业的大型骨干企业,是进入国际资本市场的"先头部队",都有其自身的优势,必须增强重振中国企业在国际资本市场上雄风的紧迫感、责任感和使命感。当天,中国证监发还发布了《关于境外上市公司进一步做好信息披露工作的若干意见》,而目的则是"树立公司在国际资本市场的良好形象"。1999年3月29日国家经贸委、中国证监会联合颁布了《关于进一步促进境外上市规范运作和深化改革的意见》,其目的之一是要"树立公司在境内外资本市场的良好形象"。

第四,几乎所有的H+A公司均为国有企业(除少数企业,如2011年回归A股的金隅股份等之外),甚至中央政府直接控制的企业。而在2003年国资委成立后,央企乃至国有企业都被赋予了"执政基础""共和国长子"的地位。2009年8月4日,李荣融在广州作题为《遵循企业发展规律推动国有企业科学发展》的专题报告会时就将央企称为"共和国长子",并反复强调要坚持国有经济的主体地位和主导作用,要把央企培养成为NBA球队中类似于乔丹那样的巨星,能够承担责任,在需要的时候一定能扛起来。既然是长子,那么势必听从作为父母的共和国的号召。事实上,央企也往往以"共和国的长子"自居,例如,中煤能源称,"中央企业作为共和国的长子,必须主动服务大局、服务社会,既要承担企业发展的经济责任,还要履行政治责任和社会责任。"因此,央企不仅要承担作为企业应该承担的经济责任,成为政府调控经济运行的工具,而且要承担国家赋予的社会责任和政治责任,成为解决社会问题、保证政治稳定和执政能力的工具。

以上四点,注定了H+A公司比纯A公司会受到政府更多的干预。从国有企业的改革历史来看,政府对国有企业的干预大致通过三条途径:一是保持政府作为控股股东的地位与治理控制权;二是保持政府对国企高管的任命权与管理控制权;三是保持政府对国企资产的直接所有权。基于对公司治理、管理与企业资产的三重控制,政府的经济、政治、社会等多元化目标可以通过国有企业加以贯彻与执行,这正是 Lin et al. (1998)、Lin and Tan (1999) 曾指出的中国国有企业的问题根源:所有权与控制权的分离不彻底性与政府干预所带来的政策性负担。鉴于企业会计准则将企业活动划分为融资、投资与经营,政府对国有企业的干预也将体现在这三方面。权益融资是国企改革的两大目标之一,交叉上市本身属于国企融资的政府干预。但在融资之后,政府干预仍将继续,并体现在融资之后的投资与经营活动上,由此带来投资扭曲和经营扭曲。

二、政府干预的经济后果

投资扭曲是指对最优投资决策的偏离。政府基于控股股东地位与治理控制权,在现代公司的董事会与股东大会中拥有关于公司重大投资的决策权,保证公司投资在方向、行业、规模等方面符合政府的多元化目标。当公司投资的净现值最大化准则遭到破坏时,就意味着投资扭曲的发生。典型的形式是对最优投资水平的偏离,并往往产生投资过度。一方面,与代理理论相一致,国企高管作为代理人也具有帝国建造倾向,政府干预所导致的预算软约束则加剧了这种倾向。另一方面,政府干预下的投资决策也许并非基于充分的市场信息,而是基于自身的利益,例如GDP增速、政治晋升或国家战略,这将降低投资质量,刺激过度投资,更严重的结果则是投资方向上的战略性失误(Chen et al.,2011;潘红波等,2008;唐雪松等,2010)。

作为投资决策的继续,经营是在企业完成资本投资之后而对物质资本与人力资本进行综合运用以产生收益的过程。由政府干预所导致的经营扭曲有下列主要形式。第一,在政府对国企高管拥有任命权的情况下,国企人力资本的配置可能不符合工作能力与工作岗位的最优匹配,尤其是高管人员的配置失当,使得高管不能给公司带来足够的业绩但仍可获得丰厚的薪酬,甚至在公司业绩不佳时仍然可以保住当前的职位。第二,企业的亏损无法区分政策性负担。后者的一种常见形式是社会就业,政府通过国有企业来解决社会就业可能导致国企的闲置职工比例(或冗员率)过高。根据林毅夫等(如Lin et al.,1998;Lin and Tan,1999;林毅夫和李志赟,2004)的系列研究,政府对其干预所导致的企业的政策性负担所造成的亏损负有责无旁贷的责任,但由于信息不对称,企业管理者会将各种亏损归咎于政策性负担,而政府则被迫承担这类公司的所有亏损并给予事后补偿,形成恶性循环:事后补偿可能性的存在,将加剧企业管理者事前的道德风险。第三,企业盈利无法区分政策性保护。企业可能因政府干预而承担政策性负担,但也同样可能获得政策性优惠,尤其是对于受管制的行业。与政策性负担的分析逻辑类似,由于信息的不对称,政府可能并不认为企业盈利来自国企高管的能力并给予相应的奖励,这将弱化高管激励。第四,政府甚至可能凭借其对国有企业资产的所有权,直接干预公司的内部经营决策,导致要素投入的配置更加失当。

在这种情况下,相关的推论可能会跟套用绑定假说所获得的推论完全相反。例如,根据林毅夫的结论,政策性负担较重的公司将具有更低的经营效率和公司业绩。由此可以预期,与纯A股公司相比,H+A公司具有更低的经营效率与公司业绩。潘越(2007)、覃家琦和刘建明(2010)为此提供了初步证据,他们发现H+A公司的经营业绩并无显著优势。又如,H+A公司的高管变更-业绩敏感性更低?投资-股价敏感性更低?超额现金价值更低?权益资本成本更高?这种与绑定假说相反的结论是完全有可能的,以高管变更-业绩敏感性为例,中国的国企干部聘任制度表明,越是这类大型国有公司,其董事长、总经理越由中央政府任命,而非市场驱动,因此高管变更-业绩敏感性很可能降低;又如权益资本成本,数据表明,中国 H 股 IPO 大都遭遇严重的价值低估,甚至连中石油、中国建设银行这样的公司都遭遇 IPO 折价,这表明其权益资本成本提高了而不是降低了;覃家琦等(2012)还发现当 H 股公司回归 A 股市场时,其 A 股发行估值也显著低于纯 A 公司,这再次表明 H+A 公司的权益资本成本提高了。H+A 公司的这些经济后果是绑定假说所无法解释的,但政府干预理论则可以很好地对其做出解释。当然,这些结论有待于更多的检验。

H+A 公司的这些经济后果也与其动机相一致。动机决定经济后果。既然本书将 H+A 交叉上市的动机归结为政府干预下的强制性制度变迁,那么强制性制度变迁的成本-收益分析是适用的。根据林毅夫(Lin, 1989)的研究,政府可以通过干预带来强制性的制度变迁,政府的这种行为仍然可以通过成本-收益关系来分析,当强制性制度变迁的收益高于成本时,政府将选择干预。对于 H+A 交叉上市,其中的强制性制度变迁成本和收益表现何在呢?收益是相对明显的:国企改革的两大目标即融资和转换经营机制基本实现了,中国初步建立起了市场经济体制;政府的其他目标也实现了,例如,国企脱困、稳定国内资本市场等。然而成本呢?本书在制度背景中提出 H 股公司是"摸着石头过河"中的"石头",从而意味着其必然做出某种牺牲。就上面的推论而言,H+A 公司比纯 A 公司可能具有更糟糕的表现,这可以视为中国强制性制度变迁的一种成本。

第四章 中国 H＋A 公司的投资行为

本章以 H＋A 公司为研究样本，考察逆向交叉上市对公司投资行为的影响。其中，投资行为包括如下四个内容：投资水平（又包括投资-增长机会敏感性、投资过度/投资不足）、投资效率（参数法与非参数法）、投资回报率（ROE、ROA）、投资的融资约束。本章基于第三章提出的政府干预假说，分别考察投资行为的这四个方面。

第一节 投资水平

在公司财务学的 Fisher-MM 传统中，公司价值与投资政策的关系是如此紧密，以致 Brennan（2003）在为《经济学与金融学手册》撰写"公司投资政策"时，通篇讲的全是公司价值的估算问题。在他看来，公司投资政策其实就是公司的资本配置，而在理性假设下，这又等价于选择市场价值超过资本成本的项目，因此问题便转变为如何对不确定的未来现金流进行估值。显然，这些论述与 MM（1956）的逻辑是一致的，MM（1956）的一个写作背景是：Modigliani 致力于为凯恩斯理论提供微观基础，在提出储蓄生命周期假设从而奠定了消费和储蓄的行为基础之后,他接着考虑如下问题:什么决定投资? 在确定性条件下,凯恩斯认为投资取决于利率;在不确定性的条件下,包含利率和风险溢价在内的资本成本将是关键。但 MM(1956) 最后证明了投资决策与资本成本(融资方式)无关,仅与投资收益率有关。这个结论显然无法令我们满意,究竟"什么决定投资"仍然需要细究。

事实上,MM 和 Myers 关于公司价值与投资政策的关系式已经提供了某种线索:未来投资机会或增长机会。如果未来有良好的增长机会,那么理性的公司不应错过这种机会。但是,我们如何能够知道公司具有良好的增长机会呢? 或者说良好的增长机会应如何度量呢? 这应该归功于 Tobin(1969),他在一个 IS-LM 模型中提出了投资 q 理论,q=资本价值/重置成本,如果 $q>1$,则表明股票市场估值大于资本的重置成本,公司应该发行股票以增加资本支出;如果 $q<1$,则表明公司应该出售资本;$q=1$ 则表明公司的投资以及宏观经济达到了均衡状态。这便为投资水平的决定提供了一个均衡理论框架,即 $I_t = f(q_{t-1})$。

除了托宾 q 之外,还有哪些因素会影响投资? Fazzari et al. (1988)(简称 FHP)在信息不对称和融资约束的背景下增加了现金流因素。这点其实应该归功于 Myers and Majluf(1984),他们在信息不对称的条件下表明了资本成本的高低排序为:权益>负债>内部现金。FHP 同时注意到了 MM 定理和投资 q 理论,认为在信息不对称条件下的市场不完全将会使得一些公司受到外部融资约束,从而优先采用内部现金来支持公司投资,投资与内部现金之间的关系将存在差异。为表明这一点,他们在投资的 q 理论中加入了现金流因素,即 $I_t = f(q_{t-1}, CF_{t-1})$,其中 CF 代表公司内部现金流,并以股利水平来区分受融资约束的公司和不受融资约束的公司,发现受融资约束公司的投资-现金流敏感性更高,反过来也意味着:投资-敏感性越高的公司其融资约束程度越高。尽管此后 Kaplan and Zingales(1997)对 FHP 的观点发表了不同的意见并引发了不少的争论,但投资水平的回归方程中的关键变量还是基本确定并被广泛接受了,即 $I_t = f(q_{t-1}, CF_{t-1})$,剩下的就是如何选择解释变量和控制变量,回归方程将具有如下形式:$I_t = f(q_{t-1}, CF_{t-1}, X, \varepsilon)$,其中 X 为控制变量,ε 为残差项。

投资水平的估计方法确定了之后,我们能否判断公司是否达到了最优水平呢?或者说,我们能否判断公司的投资是否过度抑或不足?Richardson(2006)提供了一种方法:先运行基于 FHP 的回归方程 $I_t = f(q_{t-1}, CF_{t-1}, X, \varepsilon)$,再以残差符号来判断是否投资过度:残差项大于 0,可认为投资过度;残差项小于 0,则认为投资不足。当然,对残差的处理有不同方法,例如,Biddle,Hilary and Verdi(2009)对残差按大到小排序然后进行四等分,小于 1/4 的样本为投资不足,大于 3/4 的样本为投资过度,余下的部分为正常。可以说,残差的方法提供了一种判断变量是否偏离最优水平的思路。

本节分析投资水平。这包括两方面内容,第一是投资-增长机会敏感性分析,第二是投资过度与投资不足分析。由于政府干预的作用,本书预期:H+A 公司具有更低的投资-增长机会敏感性,而投资过度的概率则更大。

一、投资-增长机会敏感性分析

(一)研究设计

1. 模型与变量

在政府干预下,国企的投资行为对增长机会的反应可能不再灵敏,政府干预越严重,敏感性越低。借鉴 Foucault and Fresard(2012)的方法,设计如下回归方程来考察交叉上市与投资-增长机会敏感性的关系:

$$INV_{it} = \beta_0 + \beta_1 G_{it-1} + \beta_2 CL_{it-1} + \beta_3 CL_{it-1} \times G_{it-1} + \beta_4 X_{it-1} + \varepsilon_{it}$$

(4-1-1[①])

其中,INV 等于现金流量表中"购建固定资产、无形资产和其他长期资产支付的现金"除以当年总资产。增长机会 G 采用销售增长率(= $(SALE_t - SALE_{t-1})/SALE_{t-1}$)来度量,SALE 为销售收入。X 包括:LNASSET,资产的对数;OCF,等于经营现金流除以总资产。

但本书样本的筛选过程可能导致选择偏差,而关键变量 CL(即公司是否交叉上市)可能会受到公司若干特征(例如,公司资产规模、公司经营

[①] 对公式的命名方法为"章-节-公式",例如,"公式(4-1-1)",这里的"4"是指第四章,第一个"1"是指第一节,第二个"1"是指第一个公式。

业绩等)的内生决定。为了缓解可能的内生性问题,本部分采用干预效应模型(treatment effect model)来处理因变量为连续变量的回归。模型的一般形式如下:

回归方程:
$$y_{it} = x_{it}\alpha + CL_{it}\delta + \varepsilon_{it} \quad (4\text{-}1\text{-}2)$$

选择方程: $CL_{it}^* = z_{it}\beta + u_{it}$, 如果 $CL_{it}^* > 0$ 则 $CL_{it} = 1$; 否则 $CL_{it} = 0$
$$CL_{it} = 0 \quad (4\text{-}1\text{-}3)$$

$$Prob(CL_{it} = 1 \mid z_{it}) = \Phi(z_{it}\beta)$$

并且
$$Prob(CL_{it} = 0 \mid z_{it}) = 1 - \Phi(z_{it}\beta)$$

其中,y_{it} 为结果变量(outcome variable),这里是指 INV。x_{it} 为 y_{it} 的决定向量,对应于式(4-1-1)中的控制变量 X。CL_{it} 为干预变量,当公司 i 在时期 t 为 H+A 公司时,$CL_{it}=1$,否则等于 0。CL_{it}^* 是隐性内生变量(latent endogenous variable),当 CL_{it}^* 大于某个临界值(例如,为 0)时,所观测到的 CL_{it} 等于 1,否则就为 0。z_{it} 是影响 CL_{it}^* 的外生变量向量。$\Phi(\cdot)$ 为标准正态分布的累积分布函数,ε_{it} 和 u_{it} 为相互关联的随机干扰项,服从二元正态分布。

对于选择模型中的向量 z_i,借鉴 Sun et al. (2013)、Huang et al. (2012)、覃家琦和邵新建(2015)的做法,选择如下指标:① 资产规模(LNA),等于资产账面值的对数。基于制度背景,可得资产规模越大的企业,越可能获得政府的青睐从而进入交叉上市候选人名单。② 财务杠杆(LEVER)。当公司财务杠杆过高时,可能会考虑通过上市获得权益性资本。③ 成立年限(LNAGE2)。公司的成立年限越长,上市的概率越高。④ 资产回报率(ROA)。交易所对上市存在盈利方面的要求,同时公司本身也会根据自身的盈利状况来决定是否上市。⑤ 是否为国有控股企业(SOE),若 SOE 属于国有控股,则 SOE=1;否则 SOE=0。能够在 H+A 交叉上市的公司,绝大多数为国有控股公司,公司的国有属性对交叉上市存在重要影响。⑥ 第一大股东持股比例(TOP1),代表股权集中度。股权越集中的公司越有动力并有能力追求股权分散化进而影响上市决策。⑦ 各省市失业率(UNEMPL),该变量度量地区的经济发展水平,失业率越低,表明该地区的经济发展水平越高,越可能产生能够在境外上市且交叉上市的企业。数据来自国家统计局网站。⑧ 各省市银行营业网点数量的对数(LNBRAN),该变量可代表地区企业的融资需求水平,地区银行网点越多,表明该地区的企业的潜在融资需求越大,越可能在境外上市进而交叉上市。数据来自银监会网站。⑨ 年度虚拟变量。从 H+A 交叉上市历史来看,各年度的上市数量不一。年度变量可捕捉给定年度中影响交叉上市的各种宏微观的综合信息。

2. 数据及其处理

根据数据统计,中国 H+A 公司的数量到 2005 年达到了 30 家,刚好满足统计上的大样本(30)要求,但吉林化工在 2006 年 1 月退市。2006 年的 H+A 公司数量为 35 家,在样本数量上更加符合统计要求,因此本文从 2006 年开始截取数据,截至最近的 2014 年。本书以 CSMAR 提供的 2006—2014 年间的资产负债表为基础,合并相关数据,获得 19 501 个企业-年观测值。然后顺序剔除如下数据。① 剔除创业板公司,共 1 693 个。原因:创业板在上市要求以及监管政策上有异于主板,且 2009 年才开板。② 剔除纯 B 股公司,共 968 个。原因:B 股的监管制度不同于 A 股和 H 股。③ 剔除金融业公司,共计 252 个。④ 剔除 A+H、A×H、AB 交叉上市观测值,共计 900 个。原因:H+A 公司是在中国交叉上市的主体,只有这类公司与本文的制度背景相符并成为本文的研究对象。⑤ 剔除相关变量数据缺失或异常的观测值,并平衡化,共剔除 5 842 个。最后,获得 2006—2014 年每年 1 094 个共 9 846 个的平衡面板数据,其中 H+A 公司每年 33 个,共 297 个观测值。为了降低异常值的影响,本书对连续变量进行了首尾调整(winsorize)。

(二) 描述性统计

表 4-1-1 为描述性统计。INV 最小值为 0.0001,接近于零,最大值为 0.4177,但均值仅为 0.0624,表明 INV 的分布两端差异较大。GSALE 的最小值为 -0.6976 表明其销售额不但没有增长,反而下跌超过一半,最大值则为 2.8227,表明销售额的收入接近三倍。尽管直觉上认为这样的增速太高了,但我们缺乏合理的参照值来证明这种异常,因此仍然保留这一数值。OCF 的最小值为 -0.2304,表明经营现金流为负,也意味着企业净利润为负。财务杠杆 LEVER 的最小值为 0.0498,均值为 0.5285,但最大值为 1.8931。尽管负债比例大于 1 意味着资不抵债,从此不该再考虑这类公司,但直接剔除 LEVER>1 的样本则会增加样本选择问题;

而且,由于样本为上市公司,且均未退市,因此 LEVER 大一些并不意味着这类公司的行为过于异常。因此还是保留了 LEVER>1 的样本。ROA 的最小值为 -0.6907,表明公司的净利润为负,与经营现金流的结果类似。SOE 的中位数为 1,但 1/4 分位数那为零,表明超过 25% 的样本为非国有企业。其他变量无甚异常,这里略过。

表 4-1-1 描述性统计

变量	N	Mean	S.D.	Min	Q1/4	Mdn	Q3/4	Max
INV	7 651	0.0624	0.0684	0.0001	0.0158	0.041	0.0837	0.4177
GSALE	7 651	0.179	0.3959	−0.6976	−0.0196	0.1213	0.2841	2.8227
OCF	7 651	0.0484	0.0799	−0.2304	0.0048	0.047	0.0944	0.3074
LNASSET	7 651	22.0432	1.259	18.6744	21.1573	21.9228	22.793	26.3297
LNAGE2	7 651	2.7611	0.2726	1.6094	2.5649	2.7726	2.9444	3.434
LEVER	7 651	0.5285	0.2138	0.0498	0.3823	0.5335	0.6714	1.8931
ROA	7 651	0.0316	0.0662	−0.6907	0.0096	0.0287	0.057	0.3677
SOE	7 651	0.6438	0.4789	0	0	1	1	1
TOP1	7 651	0.3484	0.1528	0.022	0.2271	0.3276	0.458	0.8523
UNEMPL	7 651	3.379	0.7595	0	3.1	3.5	3.9	4.6
LNBRAN	7 651	8.7554	0.6246	6.3919	8.3015	8.7817	9.2789	9.6897

(三) 实证结果与分析

基于干预效应模型的回归结果如表 4-1-2 所示。回归分为主效应回归与交互效应回归。不管是哪种回归,Wald χ^2 的检验均显著,表明回归方程满足线性关系假设。ρ 为回归模型误差项与选择模型误差项的相关系数,所有模型的 Wald 检验均显著拒绝 $\rho=0$,表明处理效应模型的设计是合理的。

可以看到,主效应回归显示增长机会 GSALE 的回归系数显著为正,表明增长机会越多的公司,其投资水平也越高,符合理论预期。CL 的回归系数也显著为正,表明交叉上市公司具有更高的投资水平。交互效应回归中,交互项 CL*GSALE 的系数显著为负,表明对于 H+A 公司,投资对增长机会的敏感性更低。这样的结果符合政府干预假说的预期,政府干预越严重,企业对增长机会的反应越迟钝。

表 4-1-2 干预效应模型结果

被解释变量	主效应回归		交互效应回归	
	(1)	(2)	(3)	(4)
	选择模型	回归模型	选择模型	回归模型
	CL	INV	CL	INV
CONSTANT	−10.6813***	0.0225	−10.7808***	0.0222
	(2.1055)	(0.0278)	(2.0907)	(0.0277)
CL		0.0977***		0.1002***
		(0.0086)		(0.0085)
$GSALE_{t-1}$		0.0077***		0.0084***
		(0.0019)		(0.0019)
$CL*GSALE_{t-1}$				−0.0162**
				(0.0076)
OCF_{t-1}		0.1246***		0.1246***
		(0.0117)		(0.0116)
$LNASSET_{t-1}$		0.0006		0.0006
		(0.0012)		(0.0012)
LNASSET	0.3160***		0.3202***	
	(0.0672)		(0.0666)	
LNAGE2	0.6852***		0.6907***	
	(0.2299)		(0.2288)	
LEVER	−0.2203		−0.2355	
	(0.2590)		(0.2539)	
ROA	−0.9497*		−0.9483**	
	(0.4846)		(0.4799)	
SOE	0.3507*		0.3592*	
	(0.2131)		(0.2111)	
TOP1	−0.2357		−0.2442	
	(0.2649)		(0.2656)	
UNEMPL	−0.0965		−0.0993*	
	(0.0597)		(0.0594)	

(续表)

	主效应回归		交互效应回归	
	(1)	(2)	(3)	(4)
	选择模型	回归模型	选择模型	回归模型
被解释变量	CL	INV	CL	INV
LNBRAN	0.0183		0.0182	
	(0.0760)		(0.0764)	
Wald χ^2		693.98***		707.62***
Wald test: $\rho=0$	81.26***		83.88***	
YEAR FE	YES	YES	YES	YES
INDUSTRY FE	NO	YES	NO	YES
Observations	7 651	7 651	7 651	7 651

模型(1)和(3)为选择模型,两模型的结果类似并表明:资产规模 LNASSET、成立年限 LNAGE2、国有企业 SOE 这三个变量会增加交叉上市的概率,但 ROA 则会降低交叉上市的概率。

二、投资过度/投资不足分析

(一)研究设计

1. 模型与变量

政府干预越多的公司,投资过度/投资不足问题越严重。如果 H+A 公司受到更多的政府干预,那么相较于其他公司,H+A 公司的投资过度/投资不足问题越严重。为了计算投资过度/投资不足,本书引入 Richardson(2006)模型:

$$INV_{it} = \alpha_0 + \alpha_1 G_{it-1} + \alpha_4 OCF_{it-1} + \alpha_5 LEVER_{it-1} \\ + \alpha_6 LNASSET_{it-1} + \alpha_7 RE_{it-1} + \alpha_8 LNAGE_{it-1} \\ + \alpha_9 INV_{it-1} + \alpha_{10} YEAR_{it} + \varepsilon_{it} \quad (4\text{-}1\text{-}4)$$

其中,INV 为投资水平,利用两个指标来刻画:INV1,等于现金流量表中"购建固定资产、无形资产和其他长期资产支付的现金"除以当年的总资产;INV2,等于$(NCA_t - NCA_{t-1})/ASSET_t$,其中 NCA 为非流动资产。G 为增长机会,以托宾 q 度量。OCF 等于经营现金流除以总资产;

LEVER 为财务杠杆,等于总负债除以总资产;LNASSET 等于总资产对数,代表公司规模;RE 为考虑现金红利再投资的年个股回报率;LNAGE1 为上市年限加上 1 之后的对数值。

回归时采用固定效应模型以降低同时性偏差(Simultaneity Bias),并进行 Driscoll/Kraay 的标准差调整及控制高阶自相关。估计出回归方程的残差项 ε_{it} 之后,借鉴 Biddle et al.(2009)的做法,定义 1/4 分位数以下的样本为投资不足,记为 UNDER;定义 3/4 分位数以上的样本为投资过度,记为 OVER。然后,分别以 OVER 和 UNDER 为被解释变量,CL 为解释变量,控制变量包括 LNASSET、LNAGE2、LEVER、BETA,采用如下 Logit 模型进行回归。

$$\text{Logit}(\text{OVER}_{it} = 1) = \alpha_0 + \alpha_1 \text{CL}_{it} + \alpha_6 \text{LNASSET}_{it} + \alpha_8 \text{LNAGE2}_{it} + \alpha_5 \text{LEVER}_{it} + \alpha_9 \text{BETA}_{it} + \varepsilon_{it} \quad (4\text{-}1\text{-}5)$$

与投资-增长机会敏感性的研究类似,由于本文样本筛选过程可能导致选择偏差,而关键变量 CL(即公司是否交叉上市)可能会受到公司若干特征(例如,公司资产规模、公司经营业绩等)的内生性决定。可用于缓解内生性问题的干预效应模型(Treatment Effect Model)来处理因变量为连续变量的回归,但在这里,投资过度(OVER)与投资不足(UNDER)是 0—1 变量,而干预变量 CL 也是 0—1 变量,要想同时对这两个 0—1 变量进行决策,适合的模型为递归双元 Probit 模型(Recursive Bivariate Probit Model),其数学表达式与干预效应模型有点类似,如下:

$$y_1^* = x_1\beta_1 + y_2\gamma + u_1, \text{ if } y_1^* > 0, \text{ then } y_1 = 1; \text{ otherwise}, y_1 = 0 \quad (4\text{-}1\text{-}6)$$

$$y_2^* = x_2\beta_2 + u_2, \text{ if } y_2^* > 0, \text{ then } y_2 = 1; \text{ otherwise}, y_2 = 0 \quad (4\text{-}1\text{-}7)$$

其中,y_1 为式(4-1-6)中的 0—1 因变量,y_2 是式(4-1-7)的 0—1 因变量并作为内生变量包含在式(4-1-6)中。x_1 和 x_2 分别为 y_1 和 y_2 的回归方程中的自变量向量。u_1 和 u_2 为相互关联的随机干扰项,服从二元正态分布。选择模型的设计与式(4-1-3)相同。

2. 数据及其处理

数据及其处理与第二节第一部分相同。

(二) 描述性统计

表 4-1-3 为投资过度/投资不足的样本分布。Panel A 基于 INV1 来计算投资过度与投资不足,有 297 个 H+A 公司观测值中的 218 个属于投资过度,占比 73.4%。而在纯 A 公司中,这个比例为 3 890/9 549=40.73%。但只有 77 个 H+A 公司的观测值属于投资不足。因此 H+A 公司更容易导致投资过度。

表 4-1-3　投资过度/投资不足的样本分布

Panel A:基于 INV1 计算的投资过度/投资不足

		OVER1		UNDER1		合计
		0	1	0	1	
CL	0	5 659	3 890	5 520	4 029	9 549
	1	79	218	220	77	297
合计		5 738	4 108	5 740	4 106	9 846

Panel B:基于 INV2 计算的投资过度/投资不足

		OVER2		UNDER2		合计
		0	1	0	1	
CL	0	5 663	3 886	5 523	4 026	9 549
	1	77	220	217	80	297
合计		5 740	4 106	5 740	4 106	9 846

(三) 实证结果与分析

接着,本书以 OVER 和 UNDER 对 CL 进行 Logit 回归。由于 OVER 和 CL 均为 0—1 变量,并且 CL 可能受到其他变量的影响,因此本书采取了双元 Probit 模型(Bivariate Probit Model)进行回归,结果见表 4-1-4。结果表明,所有模型的 CL 系数均显著为正,即 H+A 公司具有显著更大的概率投资过度或者投资不足。由于投资过度与投资不足都属于投资扭曲,因此可以下判断说交叉上市导致投资扭曲的概率更大,这与政府干预假说的推论相一致。

表 4-1-4 投资过度/投资不足的双元 Probit 模型

被解释变量	(1) CROSS	(2) OVER1	(3) CROSS	(4) OVER2	(5) CROSS	(6) UNDER1	(7) CROSS	(8) UNDER2
CONSTANT	−18.5297***	−1.9944***	−18.7167***	−4.0453***	−15.8656***	20.6578***	−15.9090***	22.0556***
	(0.8834)	(0.2633)	(0.8688)	(0.2712)	(0.7999)	(0.3886)	(0.7142)	(0.3975)
CROSS		2.0549***		1.9751***		2.7524***		2.9159***
		(0.0830)		(0.0790)		(0.0892)		(0.0593)
LNASSET	0.5497***	0.2548***	0.5636***	0.3512***	0.5137***	−0.7646***	0.5051***	−0.8224***
	(0.0283)	(0.0124)	(0.0281)	(0.0130)	(0.0254)	(0.0161)	(0.0211)	(0.0160)
LNAGE2	1.7911***	−1.4300***	1.8785***	−1.4135***	1.2947***	−1.3704***	1.2745***	−1.4454***
	(0.1372)	(0.0456)	(0.1431)	(0.0462)	(0.1286)	(0.0503)	(0.0898)	(0.0510)
LEVER	−0.8741***	0.6248***	−0.9811***	0.5520***	−0.3713***	−0.5591***	−0.3031***	−0.2455***
	(0.1763)	(0.0657)	(0.1763)	(0.0664)	(0.1678)	(0.0703)	(0.1031)	(0.0704)
BETA		−0.3350***		−0.3969***		−0.2923***		−0.3907***
		(0.0496)		(0.0501)		(0.0560)		(0.0453)
ROA	−2.8633***		−3.0409***		−1.5207***		−1.4654***	
	(0.5187)		(0.4955)		(0.5138)		(0.4066)	
SOE	0.6904***		0.6022***		0.3500***		0.3374***	
	(0.1089)		(0.1041)		(0.0836)		(0.0382)	
TOP1	0.1330		0.2575		0.3801*		0.4822***	
	(0.2084)		(0.2113)		(0.1998)		(0.1847)	
UNEMPL	−0.1213***		−0.1554***		−0.1416***		−0.1232***	
	(0.0341)		(0.0335)		(0.0338)		(0.0292)	
LNBRAN	0.1491***		0.1354***		0.1384***		0.1611***	
	(0.0503)		(0.0509)		(0.0498)		(0.0461)	
Year FE	YES		YES		YES		YES	
Observations	9846	9846	9846	9846	9846	9846	9846	9846

第二节 投资效率Ⅰ:参数化方法

正如 Harris and Raviv (1996)、Brennan(2003)和 Stein (2003)指出,我们不仅需要知道资本如何在企业之间进行配置,而且需要知道资本是如何在企业内部进行配置的。后一个问题本书称之为投资效率,或者资本配置效率。但学术界关于投资效率的分歧较大。一些学者的度量指标是上文所讨论的投资过度/投资不足问题,例如,Biddle et al. (2009)。一些学者则采用投资收益率或全要素生产率(TFP)增长率来度量,例如,Toh and Ng (2002)。还有学者在多事业部公司的背景下将投资效率理解为资本在企业内部各事业部之间的配置效率(Hovakimian, 2011)。这些理解各有道理,但本书更愿意遵从公司财务学的 Fisher-MM 传统来理解这个议题。正如,刘志远等(2007)、覃家琦等(2009)、覃家琦(2010)所指出的,在公司财务学的 Fisher-MM 传统中,投资函数与生产函数没有本质差异,企业投资也就意味着生产,因此投资效率的含义更加接近于生产效率,而后者通常通过生产率来度量,这为引入经济学中的生产率理论提供了可能。注意,生产决策与生产率有区别的,前者是生产之前对产量、要素投入量的决定,后者则是要素投入生产之后的配置效率。投资水平的决策类似于生产决策,但投资之后,资本在企业内部的使用效率如何则是投资水平不能反映的,而投资效率更适合反映这点,或者,投资效率的更佳解读应该是投资决策之后企业内部的资本配置效率。借用西蒙(2004,第1—3页)的决策过程观点,投资水平反映的是投资决策,而投资效率反映的是投资决策的执行。本书将投资效率理解为投资决策的执行效果,更确切地说应该是资本配置效率,并将借用生产率方法来加以度量。这种做法借鉴了内部资本市场理论中资本配置效率的提法及其度量。这一观点既与 Harris and Raviv (1996)的观点一致(他们指出,为了理解企业的投资行为,我们必须考虑企业获得外部资本的过程以及企业如何在内部将这些资本配置于投资项目的过程),也与 Brennan(2003)的将投资决策视为资本配置的观点一致。

但当以生产率来度量投资效率时,其分析方法将存在参数化与非参数化之分。本节首先采用参数化方法进行分析。

一、参数化方法

在古典经济学的传统中,价值的创造有赖于生产活动,因此也可以说资本配置的目的在于生产,生产的目的则在于创造价值。于是,一个 Marshall 式的代表性企业所强调的投入便表现为生产所必需的实物资本(K)和劳动(L),公司募集的资本是否有效地配置于这些投入,可以通过生产活动的最终产出来度量。给定相同的投入,产出越大的公司,其生产效率越高,进而可认为其资本配置的效率越高,即生产效率是资本配置效率的一个合理度量。由于企业在内部将资本配置给各个要素投入,因此投入与产出之间的比值可以作为资本配置效率的度量,这便是经济学中的生产率(Productivity)概念。但根据昆伯卡等(2007,第 12 页),生产效率也可定义为在给定投入水平条件下的最大化产出与实际产出的比值,或者在给定产出水平条件下的最小化投入与实际投入的比值。这种意义上的生产效率便是 Farrell(1957)所定义的技术效率(Technical Efficiency)。科埃利等(2008,第 2—5 页)对生产率与技术效率的关系进行了解释,这点可通过下面的图 4-2-1 来说明。

图 4-2-1 所示的是一种单投入单产出的情形,其中投入为 X,产出为 Y,生产边界为曲线 OCBF。企业现在处于生产边界下方的点 $A(X_A, Y_A)$,相同投入下的边界上的点为 $B(X_A, Y_B)$。由于生产率等于产出/投入,故 A 点的生产率 $= Y_A/X_A$,即射线 OA 的斜率。技术效率有两类:产出导向型和投入导向型。前者意味着相同投入下的产出最大化,此时 A 处的技术效率为实际产出/最优产出,故 A 点的技术效率 $= Y_A/Y_B$;后者意味着相同产出下的投入最小化,此时 A 处的技术效率为最优投入/实际投入 $= X_D/X_A$。比较图中的 A、B、C 三点,可知点 B 在生产边界上,从而点 B 具有技术效率。但 B 点的生产率不是最高的,C 点才具有最高的生产率,因为射线 OC 与生产边界相切,此时的斜率达到最大;同时 C 点也是技术有效的。比较 B 点和 C 点可知,虽然两点均为技术有效,但 C 点的生产率高于 B 点,这是通过改变企业的投入规模达到的,因此这种效应被称为规模经济(scale economies)。由于企业的生产规模在短期内

难以改变,因此技术效率与生产率可被视为对资本配置效率的短期与长期解释。

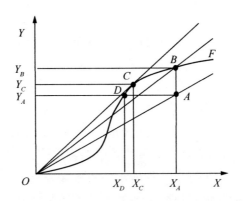

图 4-2-1　生产率与技术效率

这里的关键之处在于对生产边界的估算。这方面的研究被称为边界分析法。按是否对生产函数进行先验假设,该方法划分为参数法(parametric approach)和非参数法(non-parametric approach)。参数法又分确定边界参数法和随机边界分析法(stochastic frontier approach, SFA),非参数边界法一般被称为数据包络分析(data envelopment analysis, DEA)。相对于非参数法而言,参数法通常需要引入确定形式的生产函数,例如,Cobb-Douglas 生产函数或者超越对数生产函数,基于这些函数所获得的效率解释具有较强的逻辑一致性。而且,在充满不确定性的现实世界中,我们有必要考虑随机因素对生产效率的影响,但如昆伯卡等(2007,第 213 页)所指出的,要想在随机环境下考察生产率的变化及其原因,只有参数方法才能胜任。因此本部分选择参数方法来度量投资效率。进一步,根据效率指标是否涉及前后两期数据的比较,本书将资本配置效率分为静态效率和动态效率。

(一)静态效率

静态效率只涉及当期数据,这包括生产率和技术效率。按照参数化方法的要求,我们从简单情形开始,假设确定边界生产函数的一般形式如下:

$$Y = Af(X) \quad (4\text{-}2\text{-}1)$$

其中,Y 为产出向量,X 为要素投入向量,A 即为全要生产率(TFP)。

我们重点考察 Y 为单产出、X 为多投入的情形,此时单要素生产率可能会对总体的生产率度量产生误导,因此合适的生产率指标是全要素生产率(科埃利等,2008,第2—5页)。通过对数化可将式(4-2-1)线性化,由此可获得 TFP 的计算式:$\ln \mathrm{TFP} = \ln A = \ln Y - \ln f(X)$。当采取 Cobb-Douglas 生产函数形式时,对 $\ln \mathrm{TFP}$ 的估计等价于对式(4-2-2)中截距项与残差项之和的估计,即:

$$\ln Y = \alpha_0 + \sum_{n=1}^{N} \alpha_n \ln X_n + e \qquad (4\text{-}2\text{-}2)$$

但基于式(4-2-1)的 TFP 计算隐含了一个重要假设:企业要素已经被充分利用,给定技术条件下的企业产出达到了最优水平,即在图 4-2-1 中,企业的产出总是在生产边界曲线 $OCBF$ 上。但在充满不确定性的现实世界中,存在各种随机因素使得企业的最优产出遭到干扰,此时的生产函数称为随机边界生产函数(stochastic frontier production function),其一般形式为(此处忽略全要素生产率 A):

$$Y = f(X)\exp(v) \qquad (4\text{-}2\text{-}3)$$

其中,v 可正可负,$\exp(v)$ 表示在给定企业的要素投入和生产技术不变的条件下,各种随机因素所导致的企业偏离最大产出即生产边界的程度。当 $v=0$,从而 $\exp(v)=1$ 时,表示没有确定性,企业可以达到生产边界 $Y = f(X)$。

除了随机因素,企业可能存在各种自身低效率行为导致企业无法实现最优产出。假设企业实际产出为 Y',则实际产出与最优产出的比值 Y'/Y 便是 Farrell(1957)所定义的技术效率。以 ξ 表示技术效率的度量,则 $\xi \in [0,1]$,当 $\xi=1$ 时表示技术有效,当 $\xi<1$ 时表示技术无效。为了以自然对数来表达 ξ,定义 $u = -\ln(\xi)$,即 $\xi = \exp(-u)$,其中 $u \geq 0$。当 $u=0$ 时,$\xi = \exp(-u) = 1$,这表明技术效率 ξ 等于1,企业不存在技术无效行为;当 $u>0$ 时,$\xi = \exp(-u) < 1$,这表明技术效率 ξ 小于1,企业存在技术无效行为。在考虑了技术效率后的生产函数可以写为:

$$Y = f(X)\xi = f(X)\exp(-u) \qquad (4\text{-}2\text{-}4)$$

如果同时考虑企业的技术低效行为和随机干扰项,此时,企业的生产函数可以写为:

$$Y = f(X)\exp(-u)\exp(v) = f(X)\exp(v-u) \qquad (4\text{-}2\text{-}5)$$

我们可以通过对数化将式(4-2-5)写为线性函数关系：
$$\ln Y = \ln f(X) + v - u \tag{4-2-6}$$

SFA 的关键在于对 u 的估计。与传统的 OLS 模型相比，式(4-2-6)的误差项由两部分组成：v 和 u，因此 SFA 也被称为组合误差模型(composed error model)，其中组合误差为 $\varepsilon = v - u$，并且呈非对称分布(因为 u 非对称)，因此适用的检验方法不是 OLS 估计，而是极大似然估计 MLE，且依赖于 v、u 的分布假设。通常的一个假设是正态-半正态模型，即：$v \sim iid. N(0, \sigma_v^2)$，$u \sim iid. N^+(0, \sigma_u^2)$，$v$ 和 u 独立分布，且独立于自变量。在这种假设下，我们可以首先对组合误差 ε 进行估计，然后将 u 提取出来，办法是求出在已知 ε 时，u 的条件分布 $f(u/\varepsilon)$，根据该分布的特征可知该分布的均值或众数可以作为 u 的一个点估计 $\hat{u}$。最后，根据技术效率 ξ 与 u 的关系，各样本的技术效率可以通过式(4-2-7)来估计。

$$TE = \xi = \exp(-\hat{u}) \tag{4-2-7}$$

（二）动态效率

全要素生产率与技术效率仅涉及当期的数据，但全要素生产率的增长(TFP growth, TFPG)以及技术效率的变动(change of technical efficiency, CTE)则涉及前后两期的效率比较，即：$TFPG = (TFP_t - TFP_{t-1}) / TFP_{t-1}$，$CTE = (TE_t - TE_{t-1}) / TE_{t-1}$。根据昆伯卡等(2007)的观点，TFPG 的分解项中包含了 CTE，因此本文的资本配置动态效率指标主要是指 TFPG，而 CTE(以及其他的分解项)则被视为 TFPG 的次级效率指标。

在参数化方法下，令 $\dot{y} = d\ln Y / dt$，$\dot{x}_n = d\ln X_n / dt$，则样本 i 的 TFPG 被定义为：$TFPG = \dot{y}_i - \sum_{n=1}^{N} s_{in} \dot{x}_{in}$，即产出增长率超过要素增长率的部分，其中 s_{in} 为样本 i 的要素投入 X_{in} 在要素总成本中所占的份额。对 TFPG 的估计仍然需要从式(4-2-1)开始。由于涉及时间概念，因此我们首先将时间 t 加入式(4-2-1)，此时 $Y = Af(X)$ 变为 $Y = Af(X, t)$。在 Cobb-Douglas 生产函数假设下，可以获得：$TFPG = \dfrac{d\ln A}{dt} = \dfrac{d\ln Y}{dt} - \dfrac{d\ln f(X, t)}{dt} = \dot{y} - \sum \alpha_n \dot{x}_n$。因此，与 TFP 类似，在计量上，TFPG 通过估计下面式(4-2-8)中的截距项和误差项之和来获得。

$$\dot{y} = \alpha_0 + \sum_{n=1}^{N} \alpha_n \dot{x}_n + e \qquad (4\text{-}2\text{-}8)$$

为了获得 TFPG 的来源,将时间 t 加入式(4-2-4)的函数 $f(\cdot)$ 中,然后两边取对数,得到:

$$\ln Y = \ln f(X, t) + (-u) \qquad (4\text{-}2\text{-}9)$$

记要素 X_n 的产出弹性为 $\varepsilon_n = \frac{\partial Y}{\partial X_n}\frac{X_n}{Y} = \frac{\partial \ln Y}{\partial \ln X_n}$,总的产出弹性为 $\varepsilon = \sum_{n=1}^{N} \varepsilon_n = \sum_{n=1}^{N} \frac{\partial \ln Y}{\partial \ln X_n}$,则根据昆伯卡等(2007),我们可将 TFPG 分解为如下四项次级效率指标:

$$\text{TFPG} = \underbrace{\frac{\partial \ln Y}{\partial t}}_{(1)\text{CTP}} + \underbrace{(\varepsilon - 1)\sum_{n=1}^{N} \frac{\varepsilon_n}{\varepsilon}\frac{d\ln X_n}{dt}}_{(2)\text{CRTS}} + \underbrace{\sum_{n=1}^{N}\left(\frac{\varepsilon_n}{\varepsilon} - s_n\right)\frac{d\ln X_n}{dt}}_{(3)\text{CAE}} + \underbrace{\frac{d(-u)}{dt}}_{(4)\text{CTE}}$$

$$(4\text{-}2\text{-}10)$$

其中,第一项 CTP 指企业从 t 时期发展到 $t+1$ 时期时的技术进步变动,即技术进步率;第二项 CRTS 指全部要素的变动所导致的规模报酬的变动;第三项 CAE 指由要素投入的增长所带来的外部市场配置效率的变动;第四项 CTE 指技术效率的变动。鉴于昆伯卡等(2007)对这些分解项进行了详细的说明,这里不再赘述。尽管式(4-2-10)包含四项分解,但由于第三项 CAE 需要用到要素的价格来计算要素份额 s_n,而这往往无法获得,因此昆伯卡等(2007)建议此时应该明确假设 $s_n = \varepsilon_n/\varepsilon$(这意味着外部市场的资本配置是有效的),从而式(4-2-10)的第三项为零,TFPG 的分解只有三项:CTP、CRTS、CTE。

为了获得各分解项的估计,昆伯卡等(2007)建议采用如下带有时间趋势的超越对数生产函数:

$$\ln Y_{it} = \beta_0 + \sum_n \beta_n \ln X_{nit} + \beta_t t + \frac{1}{2}\sum_n \sum_k \beta_{nk} \ln X_{nit} \ln X_{kit}$$
$$+ \frac{1}{2}\beta_{tt} t^2 + \sum_n \beta_{nt} \ln X_{nit} t + v_{it} - u_{it} \qquad (4\text{-}2\text{-}11)$$

其中,下标 i 表示第 i 个生产者;n 表示第 n 个要素;k 表示第 k 个要素,n 可以等于 k;t 为时间趋势,$t = 1, 2, \cdots, T$,T 为样本期间数量,t 可反映技术进步率。v_{it} 为随机干扰项,$v_{it} \sim iid. N(0, \sigma_v^2)$,并且 $u_{it} = u_i \exp\{-\eta$

$(t-T)\}$, $u_i \sim iid. N^+(\mu, \sigma_u^2)$。在上述假设下,我们可以首先对式(4-2-11)进行估计,然后通过下面的式子估计CTP、CRTS、CTE。

$$\text{CTP} = \hat{\beta}_t + \hat{\beta}_{tt}t + \sum_n \hat{\beta}_{nt} \ln X_{nit} \quad (4\text{-}2\text{-}12)$$

$$\text{CTE} = \hat{u}_i \cdot \hat{\eta} \cdot \exp\{-\hat{\eta}(t-T)\} \quad (4\text{-}2\text{-}13)$$

$$\hat{\varepsilon}_n = \hat{\beta}_n + \sum_k \hat{\beta}_{nk} \ln X_{kit} + \hat{\beta}_{nt}t, \ n = 1, 2, \cdots, N \quad (4\text{-}2\text{-}14)$$

$$\hat{\varepsilon} = \sum_n \hat{\varepsilon}_n \quad (4\text{-}2\text{-}15)$$

二、研究设计

回到本书关注的话题即H+A公司的投资效率上,根据第三章第五节关于政府干预的经济后果的推断,这里先提出如下两个假设:

H1:相对于纯A公司,H+A公司具有更低的投资效率。

H2:相对于纯A公司,H+A公司具有更低的市场价值。

(一)模型与变量

为了计算上述投资效率指标,需要确定模型的投入和产出变量。借鉴覃家琦(2010)的做法,以营业的总收入为单一产出变量,与式(4-2-1)中的产出相对应,将其记为Y。投入变量首先划分为劳动和资本两大部分,同时为了与企业的投资与经营活动相对应,再将资本投入划分为长期性投入和经营性(短期性)投入。其中,劳动投入等于公司员工人数,记为L。与之相对应的劳动成本则等于资产负债表中的"应付职工薪酬"加上现金流量表中的"支付给职工以及为职工支付的现金",代表当期尚未支付的劳动成本和已经支付的劳动成本。根据科埃利等(2008)的观点,由于各个企业的工资水平不同,劳动人数比劳动成本更适合作为效率计算中的劳动投入。长期性投入等于资产负债表中的非流动性资产账面值,记为K。经营性投入记为M,在计算上等于营业总成本+销售费用+管理费用-劳动成本-"固定资产折旧、油气资产折耗、生产性生物资产折旧",之所以扣除劳动成本和折旧项目,是因为根据会计准则,劳动成本和折旧发生时将首先计入制造费用、管理费用等项目,这些项目最终被纳入经营性投入,但这些项目其实与劳动投入和长期性投入相对应,因此这两项应该被分离出经营性投入。上述L、K、M代表了式(4-2-1)中的投

入 X。

计算出资本配置效率指标后,构建如式(4-2-16)所示的回归模型用于检验 H1:

$$\mathrm{ECA}_{it} = \alpha_0 + \alpha_1 \mathrm{CL}_{it} + \alpha_2 \mathrm{Control}_{it} + \varepsilon_{it} \qquad (4\text{-}2\text{-}16)$$

其中,ECA(efficiency of capital allocation)代表资本配置效率变量;CL 代表所研究的样本是否交叉上市,如果在 A 股和 H 股交叉上市,则 CL=1,否则 CL=0;Control 代表控制变量,包括如下三类。第一类为公司自身特征,包括:① 销售规模(LNSALE),等于营业收入的对数。和 Doidge et al. (2004)一样,通过 LNSALE 来控制企业规模。Amornkit-vikai and Harvie (2011)基于泰国制造业 2000—2008 年的 178 家公司的非平衡面板数据,发现企业规模对 SFA 技术效率有显著为正的影响,因此我们也预期其系数显著为正。② 增长机会(GSALE),等于公司本年营业收入减上年营业收入的差,除以上年的营业收入。具有较高增长机会的公司,对资本的配置可能也更为科学,因此预期该变量系数为正。③ 上市时间(LISTP),等于公司上市的年限。赵世勇和陈其广(2007)曾发现企业越年轻其技术效率越高,因此预测 LISTP 回归系数为负。第二类是投资者变量,包括:① 财务杠杆(DEBT),等于负债除以总资产。Nanka-Bruce (2011)发现 DEA 的技术效率与负债显著负相关,Pushner (1995)发现负债与生产率(TFP)负相关,因此预期 LEVER 的回归系数为负。② 第一大股东持股比例(TOP1)。Destefanis and Sena (2007)发现第一大股东持股比例与 DEA 技术效率正相关,因此预期该变量系数为正。第三类为行业(INDUS)和年度(YEAR)虚拟变量。

H2 的检验与当前交叉上市文献中的绑定假说有关,因此与 Doidge et al. (2004)、Sun et al. (2013)一样,采取托宾 q 来度量公司的市场价值。基于中国的股权分置事实以及 H、A 股的价格差异,我们根据式(4-2-17)来计算托宾 q:

$$\begin{aligned}q = (& \text{负债} + \text{A 股流通股数量} \times \text{A 股流通股市场价格} \\ & + \text{H 股数量} \times \text{H 股价格} \times \text{港元汇率} \\ & + \text{非流通股数量} \times \text{每股净资产})/\text{资产账面值} \qquad (4\text{-}2\text{-}17)\end{aligned}$$

对于 H2,不仅要检验 H+A 公司是否具有更低的公司价值,而且要检验 H+A 公司是否因为更低的资本配置效率而获得了更低的价值,为此需要用到 CL 变量与资本配置效率变量的交互项 CL * ECA。基本模型如式(4-2-18)所示,其中的 Control 与式(4-2-16)相同。

$$q_{it} = \alpha_0 + \alpha_1 CL_{it} + \alpha_2 ECA_{it} + \alpha_3 CL_{it} \times ECA_{it} + \alpha_4 Control_{it} + \varepsilon_{it}$$
(4-2-18)

式(4-2-16)和(4-2-18)代表了本文回归模型的基本思想。但就本文而言,样本的筛选过程可能会导致选择偏差,而干预变量 CL(即公司是否交叉上市)可能会受到公司若干特征(例如,公司资产规模、公司经营业绩等)的内生决定,因此在具体回归时,适合的模型应为干预效应模型(treatment effect model)。借鉴 Sun et al. (2013)以及 Huang et al. (2012)的思想,选择模型中的自变量包含如下指标:① 资产规模(LNA),等于资产账面值的对数;② 资产回报率(ROA),等于利润总额除以总资产;③ 财务杠杆(LEVER),等于负债比上资产;④ 投资水平(INV),等于现金流量表中"购建固定资产、无形资产和其他长期资产支付的现金"除以该年度的总资产;⑤ 行业 Herfindahl 指数(HERFIN),等于同行业个体营业总收入占行业总收入比例的平方之和;⑥ 地区市场化指数(MKINDEX),数据来自樊纲等(2011);⑦ 行业虚拟变量(INDUS)。这里我们想强调三点。第一,尽管都用到干预效应模型,但 H1 涉及的是标准的干预效应模型;而 H2 需要加入交互项,此时适合的模型是 Brown and Mergoupis(2011)所发展的具有交互项的干预效应模型。第二,本文绝大部分干预效应模型都采用极大似然法进行估计,以便对残差项进行稳健性调整并在个体水平上进行 Cluster(但交互干预效应模型尚未允许这样做)。当极大似然法出现循环迭代时,采用两步法进行估计。第三,尽管本文数据为平衡面板数据,但关键变量 CL 为时不变变量,这使得固定效应模型不再适用;尽管可以采用随机效应模型,但该模型无法控制样本选择和内生性问题,因此本文也不考虑。

(二) 数据及其处理

本章数据来自 CSMAR 和 CCER 数据库 2006—2011 年的上市公司。之所以选择 2006 年为起始年份,是因为截至 2006 年年底,本章的 H+A 公司数量为 32 家,刚好满足统计中大样本(30)的数量要求。同时,为了满足年度之间的可比性并降低年度样本差异所带来的干扰,采用平衡面板数据,这也是计算 TFPG 及其分解项所必需。此外,为了获得五年的数据以考察长期效果,数据期间为 2006—2011 年,其中 2006 年的数据仅仅是为了计算 TFPG 而准备,在完成该计算之后的所有分析其实都是从 2007 年开始。尽管有些 H+A 公司上市较早,但由于其特殊地位,本书认为其受到的政府干预仍然比纯 A 公司多,因此采用 2006—2011 年间的数据进行检验仍然具有合理性。

2006—2011 年的全部上市公司观测值为 11 369 个。以此为基础,采取如下样本剔除程序。① 剔除创业板。创业板 2009 年才开板,其上市条件相较于主板和中小板要宽松得多。② 剔除 B 股。B 股的监管制度不同于 A 股。③ 剔除控制人类别数据缺失的样本。④ 剔除 2006 年后上市的样本。⑤ 剔除非国有控股公司。H+A 公司绝大部分为国有控股公司。⑥ 剔除 A、B 股同时上市的样本。避免 B 股市场的干扰。⑦ 剔除金融业。金融业的资本结构与其他行业不同(Sun et al. 2013)。⑧ 剔除 2011 年《关于印发中小企业划型标准规定的通知》所规定的中小微型企业。最后保留的样本均为大型企业,不仅资产在规定水平之上,而且员工人数至少在 100 人以上。H+A 公司均为大型企业,剔除中小微企业可以增加公司在资产规模和员工人数上的可比性。⑨ 剔除不存在交叉上市公司的行业。增强行业上的可比性。⑩ 剔除数据缺失。⑪ 平衡化,剔除非平衡观测值。最终获得 2006—2011 年每年 414 个共 2 484 个观测值,其中 H+A 公司每年 32 个。为了降低异常值的影响,在 0.5% 和 99.5% 的分位数水平上对连续变量进行首尾调整。

三、实证结果与分析

(一)描述性统计与单变量分析

如表 4-2-1 所示,根据连续性变量的描述性统计结果,TFP 的均值为 3.0721,最小值为 1.5380>1,表明全要素生产率对产出水平具有较大的影响。但基于时变超越对数生产函数估算的 TE 的均值只有 0.2868,最大值也只有 0.4934,表明实际产出水平仍然远小于最优的产出水平。全要素生产率增长 TFPG 均值为正,表明产出的增长率要高于要素增长率。从其分解项来看,CTP 和 CRTS 的均值均为负,表明样本的技术进步和规模经济都在下滑。只有 CTE 的均值为正,表明样本的技术效率在逐年得到改善。在假设 CAE=0(即外部市场的资本配置是有效的)的条件下,技术效率变动 CTE 成为 TFPG 为正的唯一原因。q 的均值为 1.8398>1,表明样本整体上显示出一定的增长机会。其他变量无甚异常,因此略过分析。

表 4-2-1 描述性统计

变量	观测值	均值	标准差	最小值	最大值
TFP	2 070	3.0721	0.8815	1.5380	7.6030
TE	2 070	0.2868	0.0462	0.1857	0.4934
TFPG	2 070	0.0145	0.1243	−0.6160	0.5591
CTP	2 070	−0.0393	0.0140	−0.0824	−0.0070
CRTS	2 070	−0.5628	0.9843	−8.0464	0.8925
CTE	2 070	0.0257	0.0030	0.0144	0.0344
q	2 070	1.8398	1.0062	0.8300	7.6943
LNSALE	2 070	21.9543	1.3044	19.0649	26.0229
GSALE	2 070	0.2238	0.3903	−0.4471	3.1335
DEBT	2 070	0.5369	0.1850	0.0771	1.1364
TOP1	2 070	0.4141	0.1429	0.1021	0.7702
LISTP	2 070	10.5700	3.5816	1.3699	18.4384
LNA	2 070	22.3743	1.2323	20.0506	26.2620
ROA	2 070	0.0503	0.0698	−0.2330	0.3253
INV	2 070	0.0588	0.1122	−0.4414	0.5365

表 4-2-2 为相关系数矩阵。两变量之间的相关系数最高为 0.8776,为资产 LNA 与销售收入 LNSALE 之间的相关系数。由于相关性高,这两个变量不能同时进入方程,事实上,这两个变量都是为了控制规模效应,只需一个变量进入方程即可。次高的相关系数为 ROA 与 DEBT 之间的系数,为−0.4923。这种负相关性代表了对资本结构的啄食顺序理论的预测,即如果公司的盈利性较好(表现为 ROA 较高),则由于内部资本具有最低的资本成本,因此,公司将优先采用内部资本来支持公司的投资,负债水平也就相应的降低。总之,这些相关系数矩阵表明,拟进入回归方程的变量之间不存在多重共线性。

表 4-2-2 相关系数矩阵

	q	LNSALE	GSALE	DEBT	TOP1	LISTP	LNA	ROA
q	1							
LNSALE	−0.2317***	1						
GSALE	0.0367*	0.1953***	1					
DEBT	−0.2588***	0.2523***	0.0662***	1				
TOP1	−0.0463**	0.2904***	0.0914***	−0.0822***	1			
LISTP	−0.016	0.0619***	−0.0379*	0.0911***	−0.1442***	1		
LNA	−0.3227***	0.8776***	0.1526***	0.2396***	0.3076***	0.0183	1	
ROA	0.3551***	0.1387***	0.2256***	−0.4923***	0.1547***	−0.0908***	0.1253***	1
INV	−0.0781***	0.181***	0.3064***	0.0307	0.0914***	−0.1276***	0.2733***	0.1748***

注:***、**、*分别代表在1%、5%、10%水平上显著。

表 4-2-3 为单变量分析。可以看到,就资本配置效率而言,H+A 公司具有更高的 TE、更低的 CTP 和 CTE,其他的效率则没有显著差异。TFP、TFPG 的均值之差均为负,虽然不显著,但也提示我们 H+A 公司可能具有更低的 TFP 和 TFPG。从 q 来看,H+A 公司具有显著更低的 q,表明 H+A 公司不但没有获得溢价,反而获得折价。控制变量的分析表明,H+A 公司具有更高的销售收入水平、更大的第一大股东持股比例和更大的资产规模,其他的变量则不存在显著差异。

表 4-2-3 单变量分析

变量	均值		中位数		均值之差	中位数之差
	CL=1	CL=0	CL=1	CL=0		
TFP	3.0488	3.0740	2.9440	2.9477	−0.0252	−0.0038
TE	0.2935	0.2862	0.2843	0.2782	0.0073**	0.0062***
TFPG	0.0129	0.0146	0.0193	0.0137	−0.0017	0.0057
CTP	−0.0440	−0.0389	−0.0432	−0.0381	−0.0051***	−0.0051***
CRTS	−0.5410	−0.5646	−0.3865	−0.3829	0.0236	−0.0035
CTE	0.0252	0.0258	0.0257	0.0261	−0.0006***	−0.0004***
q	1.2948	1.8854	1.1353	1.5841	−0.5906	−0.4488***
LNSALE	23.3341	21.8387	23.5249	21.6548	1.4954***	1.8701***
GSALE	0.2007	0.2257	0.1597	0.1727	−0.0250	−0.0129
DEBT	0.5545	0.5355	0.5286	0.5492	0.0190	−0.0206
TOP1	0.4533	0.4108	0.4636	0.4133	0.0426***	0.0503***
LISTP	10.5689	10.5701	10.9329	10.7575	−0.0013	0.1754
LNA	23.8203	22.2532	23.9870	22.0877	1.5670***	1.8993
ROA	0.0502	0.0503	0.0468	0.0429	−0.0001	0.0039
INV	0.0606	0.0586	0.0499	0.0388	0.0020	0.0111

注:TFP 根据回归残差获得,无单位;TE、q、DEBT、TOP1、ROA、INV 均为比值,单位为 100%;TFPG、CTP、CRTS、CTE、GSALE 均为增长率,单位为 100%;LNSALE、LNA 分别为销售额和资产的对数,无单位;LISTP 为上市年份,单位为年。***、**、* 分别代表在 1%、5%、10%水平上显著。下同。

(二)回归结果及分析

借鉴相关文献(如,Chemmanur et al.,2011;Giroud,2013)的做法,对 TFP 和 TFPG 进行逐年计算。表 4-2-4 为基于式(4-2-2)的估计方程,用于逐年计算 TFP。对每一年模型的误差项进行稳健性调整并在个体水平上进行 Cluster。可以看到,所选择的投入变量对产出变量具有非常高的解释能力,每一分年度模型的 R^2 均达到 90% 以上。表 4-2-4 还提供了基于固定效应模型所计算的 TFP。在运行固定效应时,采用 Driscoll-Kraay 标准差调整进行推断,该标准差考虑了组间异方差、序列相关和截面相关。所报告的 R^2 为 Within R^2,也超过 90%。这些都表明本节所选的投入产出变量具有较好的合理性。

表 4-2-4 TFP 的估算方程

	2007	2008	2009	2010	2011	固定效应
Intercept	0.7945***	1.0677***	1.1109***	1.1235***	1.3340***	1.7575***
	(4.11)	(5.46)	(6.43)	(6.41)	(7.45)	(6.5)
LNK	0.1931***	0.1604***	0.1559***	0.1537***	0.1386***	0.0813***
	(9.28)	(9.12)	(10.52)	(10.73)	(10.65)	(21.72)
LNM	0.7690***	0.7771***	0.7806***	0.7746***	0.7720***	0.8331***
	(33.42)	(40.52)	(43.41)	(44.8)	(44.17)	(63.18)
LNL	0.0402***	0.0679***	0.0649***	0.0885***	0.1100***	0.0468***
	(2.71)	(4.29)	(4.62)	(6.28)	(7.16)	(5.71)
R^2	0.9652	0.9702	0.9746	0.9793	0.9772	0.9185
F	5 330.77***	4 931.11***	6 965.04***	7 365.37***	6 978.86***	7 474.78***
N	414	414	414	414	414	2 070

注:括号内为 t 值。K、M、L 分别为资本、中间投入、劳动。

如表 4-2-5 所示,为基于式(4-2-7)的估计方程,用于估算 TFPG,也是逐年计算,每一年的模型均对误差项进行稳健性调整并在个体水平上进行 Cluster。采用混合 OLS 模型(相关检验表明混合 OLS 是合适的)并进行 Newey-West 标准差调整。由于该方法采用的是广义最小二乘估计,此时 R^2 意义不大,因此 Stata 命令没有输出 R^2。可以看到,年度回归的 R^2 均超过 75%,最高达到 91.95%,这表明变量的选择具有较好的合理性。

表 4-2-5 TFPG 的估算方程

	2007	2008	2009	2010	2011	POLS
Intercept	0.0548***	−0.0098	0.0050	0.0237***	−0.0015	0.0186***
	(7.06)	(−0.87)	(0.52)	(2.68)	(−0.12)	(4.11)
DK	0.0371**	0.1692***	0.0830*	0.0937***	0.0804*	0.0635***
	(1.96)	(3.52)	(1.84)	(3.07)	(1.87)	(4.56)

(续表)

	2007	2008	2009	2010	2011	POLS
DM	0.7547***	0.6269***	0.7989***	0.8811***	0.8510***	0.7860***
	(20.88)	(7.53)	(9.56)	(31.12)	(14.23)	(24.26)
DL	0.0651**	0.0458*	0.0359	0.0023	0.0208	0.0268***
	(2.32)	(1.9)	(0.63)	(0.26)	(0.55)	(2.73)
R^2	0.9195	0.7574	0.8851	0.8634	0.8746	
F	497.58***	100.60***	51.20***	372.66***	100.84***	614.07***
N	414	414	414	414	414	2070

注:括号内为 t 值。DK、DM、DL 分别为资本、中间投入、劳动的年度变动百分比。

表 4-2-6 为基于式(4-2-10)的估计方程,用于计算面板技术效率 TE 和 TFPG 的分解指标。关键参数中,γ 等于 0.7457。根据 Battese and Cora(1977)的假设,$\gamma = \sigma_u^2/\sigma^2$,其中 $\sigma^2 = \sigma_v^2 + \sigma_u^2$,因此 γ 的取值范围为 [0,1]。如果 $\gamma = 0$,则表明对产出边界的所有偏离均来自随机干扰项 v;如果 $\gamma = 1$,表明对产出边界的所有偏离来自企业的无效率行为。此处 $\gamma = 0.7457$,表明样本受到较大的无效率行为影响,因此采用随机边界分析方法是合适的。η 显著为正,根据式(4-2-13):$CTE = \hat{u}_i \cdot \hat{\eta} \cdot \exp\{-\hat{\eta}(t-T)\}$,这意味着 CTE 为正但具有逐年下降的趋势,换句话说,技术效率 TE 在逐年增加,但 TE 的增长幅度在逐年下降。我们还发现所有的样本的总产出弹性(e)均小于 1,表明样本呈现规模经济递减。这点与涂正革和肖耿(2005)的研究一致,他们以 22 000 家大中型企业为研究对象,发现除了烟草和饮料业外,37 个行业的规模报酬都小于 1。

表 4-2-6 TE 及 TFPG 分解项的估算方程

INTERCEPT	8.4613***	LNK*LNM	−0.0846***
	(4.37)		(−13.89)
LNK	0.4968***	LNK*LNL	0.0145**
	(4.39)		(2.5)
LNM	−0.2512**	LNM*LNL	−0.0510***
	(−2.06)		(−8.01)

(续表)

LNL	0.4113***	$t*LNK$	−0.0090***
	(3.48)		(−5.68)
t	0.1043**	$t*LNM$	−0.0036**
	(2.42)		(−1.96)
LNK^2	0.0310***	$t*LNL$	0.0134***
	(8.2)		(6.56)
LNM^2	0.0767***	μ	1.2093
	(19.42)	η	0.0204**
LNL^2	0.0254***	γ	0.7457
	(5.11)	Wald χ^2	38 501.18***
t^2	0.0062***	N	2 070
	(5.04)		

注:括号内为 z 值。

1. H1 的检验

H1 的检验结果如表 4-2-7 所示。为了控制样本选择偏差和内生性问题,采取干预效应模型进行极大似然估计。由于该方法下各模型第一步的选择模型的估计结果不尽相同,这里没有报告选择模型,而是直接给出第二步回归模型的结果。可以看到所有模型的 Wald 检验均显著拒绝 $\rho=0$(ρ 为回归模型误差项与选择模型误差项的相关系数),表明干预效应模型的设计是合理的。Wald χ^2 检验也都显著,表明模型的变量符合线性关系。

从两个静态效率指标的回归结果看,CL 的系数均显著为负,表明 H+A 公司获得显著更低的资本配置效率,H1 得到良好的支持。控制变量中,LNSALE、GSALE、TOP1 的系数显著为正,DEBT 和 LISTP 的系数均为负,也与预期相符。从动态效率指标 TFPG 的回归结果看,H+A 公司具有更低的 TFPG,H1 也得到支持。对 TFPG 的分解项的回归则发现,H+A 公司具有更低的 CTP、更高的 CTE 和 CRTS。另外,表 4-2-7 表明 H+A 公司具有更大的 CTE,这点与表 4-2-3 的单变量分析不一致。由于回归分析是在控制了其他变量的影响之后所获得的变量关系,因此我们认为表 4-2-7 的结果更为可信。这就表明,H+A 之所以具有更低的 TFPG,源于其更低的技术进步率 CTP。

表 4-2-7　H1 的检验

被解释变量	静态效率			动态效率		
	TFP	TE	TFPG	CTP	CRTS	CTE
INTERCEPT	0.2314	0.1490***	−0.1217*	−0.0010	1.2097***	0.0366***
	(0.41)	(3.84)	(−1.69)	(−0.09)	(4.2)	(14.67)
CL	−0.6104***	−0.0339**	−0.1155***	−0.0125***	0.2554**	0.0028***
	(−3.35)	(−2.36)	(−4.06)	(−3.7)	(2.09)	(3.15)
LNSALE	0.1242***	0.0085***	0.0063**	−0.0015***	−0.0654***	−0.0006***
	(4.92)	(4.91)	(2.02)	(−2.86)	(−4.99)	(−5.89)
GSALE	0.1546***	0.0002	0.1145***	0.0000	−2.0325***	0.0000
	(3.93)	(0.08)	(7.12)	(0.04)	(−29.77)	(0.01)
DEBT	−1.2976***	−0.0826***	−0.0472**	−0.0026	−0.0560	0.0054***
	(−7.91)	(−8.32)	(−2.57)	(−0.92)	(−0.83)	(8.51)
TOP1	0.4483**	0.0383***	−0.0076	−0.0066**	−0.0052	−0.0026***
	(2.25)	(2.85)	(−0.47)	(−2.12)	(−0.06)	(−2.99)
LISTP	−0.0061	−0.0009*	0.0005	0.0000	0.0086**	0.0001**
	(−0.77)	(−1.66)	(0.7)	(−0.08)	(2.46)	(2.02)
INDUS	YES	YES	YES	YES	YES	YES
YEAR	YES	YES	YES	YES	YES	YES
Wald χ^2	4553.6***	2180.62***	197.42***	4154.96***	1478.58***	2176.08***
Waldtest:$\rho=0$	8.01***	4.80**	13.22***	11.04***	3.22*	8.64***
N	2070	2070	2070	2070	2070	2070

注：括号内为 z 值。下同。

2. H2 的检验

从 H1 的检验结果来看,我们发现 H＋A 公司确实如预期的那样,具有显著更低的静态和动态效率。那么这种关系是否会影响公司价值呢? 尽管对 H2 的检验表面上只需要以公司价值对 CL 变量进行回归即可,但要想检验 H＋A 公司是否因为资本配置效率的差异才导致公司价值的差异,则需加入 CL 与资本配置效率的交互项,即 CL * EAC。

表 4-2-8 考察了资本配置静态效率对公司价值的影响。模型区分了主效应(main effect)回归和交互效应(interaction effect)回归。对主效应模型(标准干预效应模型)和交互效应模型(具有不交互项的干预效应模型)的设计是否合理进行检验的方法分别是 Wald 检验和似然(LR)检验,可以看到所有模型均拒绝 $\rho=0$,表明模型是有效的。模型(1)是对 H2 的直接检验,控制变量中没有考虑资本配置效率指标,可以看到 CL 的系数显著为负。模型(2)和(3)在模型(1)的基础上依次加入静态投资效率指标,结果显示 CL 的系数仍然显著为负。这些主效应回归结果表明: H＋A 公司没有获得市场溢价,反而获得显著的折价,H2 得到良好的支持。

为了检验这种折价是否与 H＋A 公司的资本配置效率有关,模型(4)和(5)在模型(2)和(3)的基础上加入各自的交互项,我们只需考察交互项的系数即可。可以发现,交互项 CL * TFP 的系数显著为负,表明 H＋A 交叉上市降低了 TFP 与公司价值(托宾 q)的正相关关系,原因在于:根据 H1 的检验结果,H＋A 公司具有更低的 TFP;而根据公司财务学的原理,资本配置效率有助于提高公司价值,模型(2)和(3)中效率指标显著为正的回归系数也表明了这点;因此,CL 变量通过降低 TFP 来降低公司价值,导致交互项系数显著为负。交互项 CL * TE 的系数也显著为负,对此的解读与 TFP 的类似。虽然模型(4)和(5)中 CL 的系数不再显著为负,但这不影响我们关于交互项的结论,因为加入交互项后,主效应可能会被交互项所干扰,对 CL 的系数的判断需要根据主效应回归(即模型(1)—(3))来判断,在那里,所有模型的 CL 系数均显著为负。这些结果表明,H＋A 公司获得显著折价,并且这种折价在某种程度上源于 H＋A 公司的更低的资本配置效率。

表 4-2-8　H2 的检验:静态效率

	主效应回归			交互效应回归	
	(1)	(2)	(3)	(4)	(5)
INTERCEPT	5.4427***	5.4819***	4.6712***	4.5688***	4.7020***
	(7.44)	(7.88)	(5.83)	(12.36)	(11.08)
CL	−0.7419***	−0.4691**	−0.5511***	0.2610	1.6198***
	(−3.88)	(−2.18)	(−2.78)	(0.93)	(3.37)
TFP		0.3302***		0.3506***	
		(3.68)		(11.47)	
TE			5.3649***		5.8214***
			(3.62)		(11.49)
CL * TFP				−0.2751***	
				(−3.37)	
CL * TE					−7.3744***
					(−4.77)
LNSALE	−0.1102***	−0.1567***	−0.1572***	−0.1292***	−0.1619***
	(−3.21)	(−4.84)	(−4.91)	(−7.05)	(−8.24)
GSALE	0.1415**	0.0942*	0.1415***	0.0831*	0.1439***
	(2.53)	(1.77)	(2.69)	(1.71)	(3)
DEBT	−1.0350***	−0.6034***	−0.5911***	−0.6309***	−0.5976***
	(−4.43)	(−2.83)	(−2.71)	(−5.53)	(−5.24)
TOP1	−0.0235	−0.1751	−0.2304	−0.1625	−0.3071**
	(−0.09)	(−0.74)	(−1.01)	(−1.18)	(−2.23)
LISTP	−0.0045	−0.0018	0.0005	−0.0059	0.0001
	(−0.44)	(−0.18)	(0.05)	(−1.05)	(0.02)
INDUS	YES	YES	YES	YES	YES
YEAR	YES	YES	YES	YES	YES
Wald χ^2	845.24***	821.00***	845.50***	1 154.21***	1 200.69***
Waldtest: $\rho=0$	14.30***	3.95**	6.74***		
LR test: $\rho=0$			6.29**	2.81*	
N	2 070	2 070	2 070	2 070	2 070

采用动态效率来检验 H2 的结果见表 4-2-9。在主效应回归即模型 (1)—(4)中,我们看到 CL 的回归系数均显著为负,表明 H+A 公司具有

表 4-2-9 H2 的检验：动态效率

	主效应回归					交互效应回归			
	(1)	(2)	(3)	(4)	(5)	(6)	(7)	(8)	(9)
INTERCEPT	5.4402***	5.3167***	5.3806***	8.3121***	5.4232***	5.3826***	5.3773***	8.6203***	8.5485***
	(7.47)	(7.26)	(7.39)	(9.92)	(13.1)	(12.99)	(12.94)	(16.85)	(16.92)
CL	−0.7350***	−0.7238***	−0.7469***	−0.5605***	−0.7354***	−1.3333***	−0.7938***	−3.2323***	−3.6432***
	(−3.86)	(−3.72)	(−3.94)	(−2.82)	(−6.23)	(−5.62)	(−6.41)	(−5.23)	(−5.61)
TFPG	0.3224**				0.4243**				
	(2.13)				(2.56)				
CTP		7.5662**				8.4853***			9.1795***
		(2.47)				(4.33)			(4.8)
CRTS			0.0662*				0.0756**		0.0637**
			(1.83)				(2.26)		(1.97)
CTE				−79.2513***				−85.4925***	−87.4534***
				(−3.74)				(−11.18)	
CL * TFPG					−1.3057**				
					(−2.41)				
CL * CTP						−13.3235***			−12.7444***
						(−2.92)			(−2.81)
CL * CRTS							−0.0824		−0.0542
							(−1.25)		(−0.82)
CL * CTE								106.4204***	99.0767***
								(4.4)	(4.09)

(续表)

	主效应回归					交互效应回归			
	(1)	(2)	(3)	(4)	(5)	(6)	(7)	(8)	(9)
LNSALE	−0.1103***	−0.0923***	−0.1067***	−0.1595***	−0.1095***	−0.0948***	−0.1065***	−0.1636***	−0.1442***
	(−3.23)	(−2.64)	(−3.11)	(−4.96)	(−5.81)	(−4.9)	(−5.62)	(−8.24)	(−7.22)
GSALE	0.1050*	0.1406**	0.2763***	0.1393***	0.1022*	0.1430***	0.2838***	0.1419***	0.2654***
	(1.87)	(2.53)	(2.78)	(2.65)	(1.94)	(2.9)	(3.42)	(2.95)	(3.31)
DEBT	−1.0211***	−1.0208***	−1.0307***	−0.6041***	−1.0170***	−1.0231***	−1.0320***	−0.6144***	−0.5848***
	(−4.41)	(−4.47)	(−4.44)	(−2.8)	(−9.21)	(−9.31)	(−9.36)	(−5.36)	(−5.13)
TOP1	−0.0198	0.0226	−0.0237	−0.2286	−0.0191	0.0352	−0.0192	−0.3028**	−0.2394*
	(−0.08)	(0.09)	(−0.09)	(−0.99)	(−0.14)	(0.25)	(−0.14)	(−2.18)	(−1.73)
LISTP	−0.0047	−0.0046	−0.0050	0.0011	−0.0044	−0.0024	−0.0047	0.0008	0.0026
	(−0.47)	(−0.46)	(−0.49)	(0.12)	(−0.76)	(−0.41)	(−0.8)	(0.13)	(0.46)
INDUS	YES	YES	YES	YES	YES	YES	YES	YES	YES
YEAR	YES	YES	YES	YES	YES	YES	YES	YES	YES
Wald χ^2	824.96***	843.63***	833.19***	845.31***	1009.31***	1030.35***	1004.47***	1178.45***	1231.01***
Wald test: $\rho=0$	13.94***	12.34***	14.82***	6.85***					
LR test: $\rho=0$					11.64***	11.92***	11.53***	2.56*	3.17*
N	2070	2070	2070	2070	2070	2070	2070	2070	2070

更低的市场价值，H2得到良好支持。对于动态效率指标的回归系数，TFPG、CTP、CRTS均显著为正，这点与公司财务学的基本原理相符：资本配置效率越高，公司创造的自由现金流越多，公司价值也就越大。但模型(4)表明CTE的回归系数显著为负，这似乎意味着技术效率增长越快的公司反而能获得更低的价值。但事实上并非如此。这一结果源于技术效率变动(CTE)的假设：$CTE = \hat{u}_i \cdot \hat{\eta} \cdot \exp\{-\hat{\eta}(t-T)\}$。由于时变超越对数生产函数的估计结果显示$\eta$的估计值显著为正，这使得CTE逐年下降，表明TE随着时间的推移，可以改进的空间越来越小，这种趋势对于所有的公司而言都是相同的（昆伯卡等，2007，第217—218页）。但在这个假设下，对于同一个公司而言，除非q也随时间下降，否则CTE与q的趋势将会是相反的，即负相关。这一假设并没有否定技术效率TE与q的正相关关系。

交互效应回归的结果如模型(5)—(9)所示，其中模型(5)—(8)分别在模型(1)—(4)的基础上加入各自的交互项，模型(9)则加入所有的TFPG分解项及其交互项。可以看到，五个模型中CL的系数均显著为负。不过我们更关心的是交互项。模型(5)中，CL * TFPG的系数显著为负，表明CL变量将会降低TFPG与q之间的正相关性。原因在于，H1的检验结果表明H+A公司具有更低的TFPG，而TFPG与q呈正相关，因此CL变量通过降低TFPG来降低公司价值。模型(6)中，CL * CTP系数显著为负，表明CL变量降低了CTP与公司价值的正相关性。模型(7)中CL * CRTS的回归系数不显著。模型(8)中，CL * CTE的系数显著为正，表明虽然CTE与q负相关，但H+A公司仍然可以凭借较高的CTE获得更高的市场价值。模型(9)同时加入了TFPG的三个分解项及其交互项，结果进一步验证了模型(6)和(8)的结论。这些结果表明，H+A公司具有更低的市场价值，这种折价可以由其更低的TFPG来解释。而从TFPG的分解项来看，尽管H+A公司具有更高的CTE进而获得更高的价值，但H+A公司的更低的技术进步率则严重抵消了CTE的价值提升功能，最终导致了TFPG交互项的系数为负。

3. 干预效应模型的选择模型

上述干预效应模型采用极大似然估计法，以便进行稳健性误差调整和在个体水平上加以聚类(Cluster)。由于极大似然估计法中的选择模型因不同回归模型而不同,因此本书没有列示极大似然法下的选择模型。

作为参考,表4-2-9给出了两步法下的选择模型的估计结果。模型因变量为AH,即是否交叉上市虚拟变量,当H+A交叉上市时取1,否则为0。其他协变量分别为:资产对数LNA、资产利润率ROA、财务杠杆DEBT、投资率INV、所在省市的市场化指数MKINDEX、行业Herfindahl指数HERFIN、行业虚拟变量INDUS。这些协变量参考了Hung(2012)的做法。可以看到,资产规模LNA、市场化指数与H+A交叉上市正相关,而盈利性ROA、负债水平DEBT、投资水平INV则与H+A交叉上市负相关。

表4-2-10 干预效应模型的选择模型

	系数	z
INTERCEPT	−14.1072***	(−7.57)
LNA	0.5301***	(12.09)
ROA	−2.4133***	(−2.62)
DEBT	−0.8626***	(−2.76)
INV	−1.3677***	(−2.79)
MKINDEX	0.0998***	(3.35)
HERFIN	0.8829	(0.21)
INDUS	YES	
LR	273.51***	
Pseudo R^2	0.2428	
N	2 070	

四、稳健性检验

为了检验上述结论的稳定性,采取了如下方法。第一,采用固定效应模型来估计TFP。在面板数据中,企业可能在观察到前一期的生产率水平后改变本期的投入水平,这意味着式(4-2-2)中的自变量与误差项可能是相关的。这个问题被称为同时性偏差(simultaneity bias)。固定效应模型可以在某种程度上降低同时性问题,因此我们也采用固定效应模型并进行Driscoll/Kraay标准差调整来重新计算TFP。第二,采用Newey

West 方法来估计 TFPG。第三，采用偏差修正的匹配估计量（bias-corrected matching estimators）来计算效率指标和托宾 q 的总体平均干预效应和样本平均干预效应。第四，采用 A 股市场价格来计算非流通股市值，据此重新计算托宾 q 再进行相关检验。第五，为降低自变量与因变量之间的逆因果关系，对式(4-2-16)和式(4-2-18)中的自变量均采取滞后一期，然后重新进行相关检验。第六，鉴于式(4-2-16)表明 ECA 与 CL 有关系，为降低式(4-2-18)中二者关系所带来的可能偏差，我们通过对式(4-2-16)运行混合 OLS 回归，由此生成残差项 e，然后以 e 代替式(4-2-18)中的 ECA 进行相关检验。上述检验的结果显示本文的结论在大部分情况下仍然成立，H1 和 H2 均获得良好的支持。

（一）采用固定效应计算 TFP

采用具有 Driscoll-Kraay 标准差调整的固定效应模型计算出 TFP 后，对 H1 和 H2 进行检验。H1 检验的因变量为 TFP，H2 检验的因变量为托宾 q。结果如表 4-2-11 所示，H+A 公司具有更低的 TFP，并因此而降低了公司价值。

表 4-2-11 固定效应 TFP 的检验

	H1 的检验	H2 的检验	
		主效应回归	交互效应回归
INTERCEPT	0.1207	5.4837***	5.4772***
	(0.09)	(7.86)	(13.19)
CL	−0.7734*	−0.6138***	0.4030
	(−1.8)	(−3.35)	(1.18)
TFP		0.1170**	0.1238***
		(2.55)	(8.71)
CL * TFP			−0.1598***
			(−3.25)
LNSALE	0.3459***	−0.1533***	−0.1523***
	(5.95)	(−4.61)	(−7.75)
GSALE	0.1864**	0.1222**	0.1246***
	(2.42)	(2.23)	(2.56)

(续表)

	H1 的检验	H2 的检验	
		主效应回归	交互效应回归
DEBT	−2.6965***	−0.7185***	−0.7293***
	(−7.3)	(−3.17)	(−6.37)
TOP1	1.2950***	−0.1775	−0.2258*
	(2.95)	(−0.74)	(−1.62)
LISTP	−0.0145	−0.0024	−0.0033
	(−0.86)	(−0.25)	(−0.58)
INDUS	YES	YES	YES
YEAR	YES	YES	YES
Wald χ^2	365.48***	822.09***	1 113.95***
Wald test: $\rho=0$	1.71	11.23***	
LR test: $\rho=0$			5.33**
N	2 070	2 070	2 070

(二) 采用 Newey-West 方法计算 TFPG

采用 Newey-West 方法计算出 TFPG 后进行相关回归。H1 检验的因变量为 TFPG，H2 检验的因变量为托宾 q。结果如表 4-2-12 所示，H+A 公司具有更低的 TFPG，并由此而降低了公司价值。

表 4-2-12　Newey-West 方法估算 TFPG 后的检验

	H1 的检验	H2 的检验	
		主效应回归	交互效应回归
INTERCEPT	−0.1802***	5.4668***	5.4610***
	(−2.61)	(7.52)	(13.2)
CL	−0.1089***	−0.7318***	−0.7247***
	(−3.81)	(−3.84)	(−6.14)
TFPG		0.3190**	0.4563***
		(1.96)	(2.62)
CL * TFPG			−1.4558***
			(−2.86)

(续表)

	H1 的检验	H2 的检验	
		主效应回归	交互效应回归
LNSALE	0.0085***	−0.1113***	−0.1110***
	(2.81)	(−3.27)	(−5.89)
GSALE	0.1233***	0.1022*	0.0962*
	(10.79)	(1.77)	(1.79)
DEBT	−0.0493***	−1.0202***	−1.0141***
	(−2.86)	(−4.41)	(−9.19)
TOP1	−0.0080	−0.0198	−0.0205
	(−0.54)	(−0.08)	(−0.15)
LISTP	0.0004	−0.0047	−0.0044
	(0.69)	(−0.46)	(−0.76)
INDUS	YES	YES	YES
YEAR	YES	YES	YES
Wald χ^2	278.73***	822.24***	1 012.08***
Wald test: $\rho=0$	12.36***	13.70***	
LR test: $\rho=0$			11.61***
N	2 070	2 070	2 070

(三) 偏差修正匹配估计量

表 4-2-13 为偏差修正匹配估计量。偏差修正匹配基于向量模(vector norm)来寻找最短马氏距离并据此进行匹配,最后计算出 SATT(即样本 ATT, sample average treatment effect for the treated)和 PATT(即总体 PATT, population average treatment effect for the treated)。SATT 和 PATT 的值是一样的,但 z 值以及相应的显著性可能存在差异。如果 SATT 显著且 PATT 也显著,则表明根据样本获得的 ATT 可以推广到总体。但如果 SATT 显著而 PATT 不显著,则根据样本获得的 ATT 结论仅限于所研究之样本。更详细的介绍参见郭申阳等(2012)。结果如表 4-2-13 所示, H+A 公司具有显著更低的托宾 q、TFP、TE, 显著更高的 CTE 和 CRTS, 这些结果与正文一致。但 TFPG 和 CTP 则不显著。

表 4-2-13　偏差修正匹配估计量

	Tobin's q	TFP	TE	TFPG	CTP	CRTS	CTE
SATT	−0.2875***	−0.2331***	−0.0094***	0.0103	−0.0008	0.1051	0.0006***
	(−6.19)	(−3.35)	(−2.72)	(0.93)	(−0.87)	(1.53)	(2.64)
PATT	−0.2875***	−0.2331***	−0.0094***	0.0103	−0.0008	0.1051*	0.0006***
	(−4.99)	(−3.93)	(−2.79)	(1.01)	(−0.99)	(1.7)	(2.7)

(四) 采用 A 股市价计算非流通股市值和托宾 q

2007 年，A 股大部分公司已经完成股权分置改革，尽管根据"锁一爬二"的规定，非流通股在 2011 年之前仍未完全转成流通股，但非流通股对公司估值的影响将降低。为此，尝试采用 A 股市价来计算非流通股市值进而计算托宾 q，如下式所示：

$$q = (\text{负债} + \text{A 股流通股数量} \times \text{A 股流通股市场价格}$$
$$+ \text{H 股数量} \times \text{H 股价格} \times \text{港元汇率}$$
$$+ \text{非流通股数量} \times \text{A 股流通股市场价格}) / \text{资产账面值}$$

计算出 q 后，对 H2 进行相关检验。结果如表 4-2-14 和表 4-2-15 所示。这些结果和上文完全一致。

表 4-2-14　H2 的检验：静态效率

	主效应回归			交互效应回归	
	(1)	(2)	(3)	(4)	(5)
INTERCEPT	6.8718***	6.9480***	5.7393***	6.9721***	5.7584***
	(6.55)	(7.08)	(5.29)	(12.67)	(10.37)
CL	−1.0356***	−0.6494**	−0.7118***	0.5129	2.1295***
	(−4.04)	(−2.5)	(−2.77)	(1.36)	(3.4)
TFP		0.4548***		0.4798***	
		(4.1)		(11.75)	
TE			8.2152***		8.8207***
			(4.09)		(13.06)
CL*TFP				−0.3826***	
				(−3.54)	

(续表)

	主效应回归			交互效应回归	
	(1)	(2)	(3)	(4)	(5)
CL * TE					−9.6994***
					(−4.77)
LNSALE	−0.1119**	−0.1772***	−0.1864***	−0.1803***	−0.1916
	(−2.19)	(−3.64)	(−3.78)	(−6.99)	(−7.44)
GSALE	0.2012***	0.1381*	0.2040***	0.1357**	0.2066***
	(2.65)	(1.92)	(2.91)	(2.1)	(3.24)
DEBT	−1.6322***	−1.0375***	−0.9515***	−1.0457***	−0.9604***
	(−5.2)	(−3.59)	(−3.17)	(−6.86)	(−6.31)
TOP1	0.5623*	0.3571	0.2483	0.3108*	0.1461
	(1.64)	(1.11)	(0.8)	(1.7)	(0.8)
LISTP	−0.0058	−0.0019	0.0020	−0.0013	0.0014
	(−0.42)	(−0.15)	(0.16)	(−0.18)	(0.19)
INDUS	YES	YES	YES	YES	YES
YEAR	YES	YES	YES	YES	YES
Wald χ^2	957.45***	913.85***	961.61***	1 418.29***	1 473.20***
Wald test: $\rho=0$	24.75***	10.75***	12.77***		
LR test: $\rho=0$				6.32**	6.68***
N	2 070	2 070	2 070	2 070	2 070

(五) 自变量滞后一期

因变量和自变量之间可能存在逆向因果关系,为此对自变量滞后一期,对下面两个式子进行检验:

$$\text{ECA}_{it} = \alpha_0 + \alpha_1 \text{CL}_{i,t-1} + \alpha_2 \text{Control}_{i,t-1} + \varepsilon_{it} \quad (4\text{-}2\text{-}19)$$

$$q_{i,t} = \alpha_0 + \alpha_1 \text{CL}_{i,t-1} + \alpha_2 \text{ECA}_{i,t-1} + \alpha_3 \text{CL}_{i,t-1} \times \text{ECA}_{i,t-1}$$
$$+ \alpha_4 \text{Control}_{i,t-1} + \varepsilon_{it} \quad (4\text{-}2\text{-}20)$$

结果如表 4-2-16、表 4-2-17、表 4-2-18 所示。可以看到,大部分结果与上文一致。

表 4-2-15　H2 的检验：动态效率

	主效应回归				交互效应回归				
	(1)	(2)	(3)	(4)	(5)	(6)	(7)	(8)	(9)
INTERCEPT	6.8657***	6.7407***	6.8236***	11.4143***	6.8448***	6.8343***	6.8225***	11.7997***	11.7632***
	(6.56)	(6.43)	(6.5)	(8.92)	(12.36)	(12.31)	(12.26)	(17.56)	(17.61)
CL	−1.0284***	−1.0228***	−1.0398***	−0.7256***	−1.0294***	−1.7548***	−1.0730***	−4.2357***	−4.7219***
	(−4.02)	(−3.94)	(−4.06)	(−2.82)	(−6.92)	(−5.72)	(−6.85)	(−5.21)	(−5.52)
TFPG	0.4476**				0.5665**				
	(2.02)				(2.54)				
CTP		7.6110*				8.7858***			10.1627***
		(1.78)				(3.33)			(3.99)
CRTS			0.0511				0.0583		0.0454
			(1.07)				(1.3)		(1.05)
CTE				−124.3694***				−132.6126***	−134.8107***
				(−4.24)				(−12.65)	(−12.9)
CL*TFPG					−1.4669**				
					(−2.06)				
CL*CTP						−16.2346***			−15.9025***
						(−2.69)			(−2.66)
CL*CRTS							−0.0603		−0.0210
							(−0.69)		(−0.24)
CL*CTE								139.2424***	130.2907***
								(4.38)	(4.08)

(续表)

	主效应回归					交互效应回归			
	(1)	(2)	(3)	(4)	(5)	(6)	(7)	(8)	(9)
LNSALE	−0.1119**	−0.0938*	−0.1092**	−0.1914***	−0.1109***	−0.0973***	−0.1091***	−0.1958***	−0.1766***
	(−2.2)	(−1.82)	(−2.14)	(−3.85)	(−4.39)	(−3.75)	(−4.29)	(−7.54)	(−6.7)
GSALE	0.1508**	0.2000***	0.3054**	0.2003***	0.1475**	0.2034***	0.3111***	0.2032***	0.2946***
	(1.97)	(2.63)	(2.36)	(2.86)	(2.09)	(3.06)	(2.79)	(3.18)	(2.76)
DEBT	−1.6130***	−1.6179***	−1.6290***	−0.9552***	−1.6083***	−1.6203***	−1.6298***	−0.9691***	−0.9366***
	(−5.17)	(−5.23)	(−5.2)	(−3.21)	(−10.77)	(−10.88)	(−10.92)	(−6.33)	(−6.14)
TOP1	0.5677*	0.6104*	0.5622*	0.2434	0.5680***	0.6250***	0.5654***	0.1453	0.2152
	(1.66)	(1.77)	(1.65)	(0.78)	(3.02)	(3.32)	(3)	(0.79)	(1.17)
LISTP	−0.0061	−0.0059	−0.0062	0.0031	−0.0058	−0.0031	−0.0059	0.0026	0.0051
	(−0.45)	(−0.44)	(−0.45)	(0.24)	(−0.74)	(−0.39)	(−0.76)	(0.34)	(0.67)
INDUES	YES	YES	YES	YES	YES	YES	YES	YES	YES
YEAR	YES	YES	YES	YES	YES	YES	YES	YES	YES
Wald χ²	941.25***	971.99***	965.38***	967.32***	1199.01***	1213.23***	1191.06***	1455.26***	1493.05***
Waldtest: ρ=0	24.28***	22.73***	25.04***	13.15					
LR test: ρ=0					21.02***	21.85***	20.67***	6.33**	7.03***
N	2 070	2 070	2 070	2 070	2 070	2 070	2 070	2 070	2 070

表 4-2-16 H1 的检验

被解释变量	静态效率			动态效率		
	TFP	TE	TFPG	CTP	CRTS	CTE
INTERCEPT	1.2503**	0.1527***	0.2908***	0.0019	0.2548	0.0363**
	(2.11)	(3.82)	(4.26)	(0.16)	(0.45)	(14.25)
CL	−0.6040***	−0.0351**	0.1054***	−0.0130***	0.2063	0.0029***
	(−3.34)	(−2.41)	(3.93)	(−4.17)	(1.22)	(3.28)
LNSALE	0.1083***	0.0088***	−0.0158***	−0.0015***	−0.0552**	−0.0007***
	(3.99)	(4.87)	(−5.19)	(−2.66)	(−2.14)	(−5.84)
GSALE	0.0692*	−0.0013	0.0038	0.0001	−0.1249*	0.0001
	(1.74)	(−0.59)	(0.57)	(0.17)	(−1.76)	(0.68)
DEBT	−1.1880***	−0.0835***	0.0526***	−0.0026	−0.0015	0.0054***
	(−6.58)	(−7.96)	(2.91)	(−0.86)	(−0.01)	(7.98)
TOP1	0.5608***	0.0380***	0.0222	−0.0061*	−0.0858	−0.0025***
	(2.69)	(2.82)	(1.15)	(−1.88)	(−0.47)	(−2.94)
LISTP	−0.0043	−0.0009*	0.0015**	0.0000	0.0075	0.0001**
	(−0.51)	(−1.68)	(2)	(−0.14)	(1.06)	(2.03)
INDUS	YES	YES	YES	YES	YES	YES
YEAR	YES	YES	YES	YES	YES	YES
Wald χ^2	1 428.29***	1 791.13***	95.39***	3 982.90***	3 982.90***	1 821.29***
Wald test: $\rho=0$	6.65***	5.14**	15.26***	13.82***	13.82***	9.53**
N	1656	1656	1656	1656	1656	1656

表 4-2-17　H2 的检验:静态效率

	主效应回归			交互效应回归	
	(1)	(2)	(3)	(4)	(5)
INTERCEPT	5.2613***	7.0448***	4.5863***	7.0772***	6.4959***
	(7.12)	(10.96)	(5.4)	(16.87)	(15.2)
CL	−0.5217***	1.1552***	−0.3388	2.0504***	3.3164***
	(−2.62)	(9.99)	(−1.33)	(11.35)	(10.77)
TFP		0.2066**		0.2406***	
		(2.44)		(8.2)	
TE			4.8623***		4.0296***
			(3.41)		(8.38)
CL * TFP				−0.3175***	
				(−5.34)	
CL * TE					−7.6310***
					(−7.36)
LNSALE	−0.1503***	−0.2539***	−0.1944***	−0.2591***	−0.2581***
	(−4.27)	(−8.46)	(−5.44)	(−13.55)	(−13.51)
GSALE	0.0791*	0.0680*	0.0855*	0.0740*	0.1021**
	(1.66)	(1.75)	(1.87)	(1.68)	(2.33)
DEBT	−0.8547***	−0.5858**	−0.4468*	−0.5824***	−0.5509***
	(−3.52)	(−2.53)	(−1.93)	(−4.51)	(−4.22)
TOP1	0.1240	−0.1615	−0.0601	−0.2212*	−0.3269**
	(0.46)	(−0.79)	(−0.25)	(−1.65)	(−2.43)
LISTP	−0.0071	−0.0056	−0.0025	−0.0056	−0.0055
	(−0.66)	(−0.69)	(−0.25)	(−1.01)	(−0.99)
INDUS	YES	YES	YES	YES	YES
YEAR	YES	YES	YES	YES	YES
Wald χ^2	657.03***	383.51***	646.08***	1 095.11***	1 121.84***
Wald test: $\rho=0$	6.68***	64.10***	1.34		
LR test: $\rho=0$				431.28***	458.96***
N	1 656	1 656	1 656	1 656	1 656

表 4-2-18 H2 的检验:动态效率

	主效应回归				交互效应回归				
	(1)	(2)	(3)	(4)	(5)	(6)	(7)	(8)	(9)
INTERCEPT	5.2381***	5.1143***	5.1824***	7.8433***	5.2387***	5.1833***	5.1637***	9.3063***	8.0474***
	(7.1)	(6.86)	(7.06)	(9)	(11.3)	(11.29)	(11.14)	(18.76)	(14.24)
CL	-0.5192**	-0.4998**	-0.5303***	-0.3487	-0.5195***	-1.3855***	-0.5916***	-2.0218***	-4.0516***
	(-2.61)	(-2.39)	(-2.72)	(-1.38)	(-3.75)	(-4.87)	(-4.18)	(-4.82)	(-5.49)
TFPG	0.3140*				0.3093*				
	(2.07)				(1.72)				
CTP		8.5216***				9.8264***			10.3697***
		(2.78)				(4.59)			(4.96)
CRTS			0.0647**				0.0770**		0.0632*
			(2.09)				(2.17)		(1.84)
CTE				-70.4950***				-62.4602***	-78.7821***
				(-3.51)				(-8.19)	(-9.39)
CL*TFPG					0.0617				
					(0.11)				
CL*CTP						-18.0248***			-18.4415***
						(-3.47)			(-3.57)
CL*CRTS							-0.0966		-0.0635
							(-1.44)		(-0.96)
CL*CTE								122.4862***	109.1210***
								(7.46)	(4.11)

(续表)

	主效应回归				交互效应回归				
	(1)	(2)	(3)	(4)	(5)	(6)	(7)	(8)	(9)
LNSALE	−0.1494***	−0.1301***	−0.1459***	−0.1960***	−0.1494***	−0.1321***	−0.1449***	−0.2601***	−0.1768***
	(−4.25)	(−3.59)	(−4.16)	(−5.48)	(−7.03)	(−6.13)	(−6.81)	(−13.56)	(−7.79)
GSALE	0.0423	0.0808*	0.2110***	0.0836*	0.0424	0.0863	0.2206**	0.1008**	0.2139**
	(0.84)	(1.69)	(2.65)	(1.83)	(0.74)	(1.63)	(2.49)	(2.31)	(2.5)
DEBT	−0.8514***	−0.8441***	−0.8551***	−0.4642**	−0.8515***	−0.8464***	−0.8579***	−0.5504***	−0.4617***
	(−3.52)	(−3.57)	(−3.54)	(−2.03)	(−7.06)	(−7.06)	(−7.12)	(−4.19)	(−3.7)
TOP1	0.1287	0.1750	0.1247	−0.0574	0.1286	0.1885	0.1300	−0.3434**	−0.0687
	(0.48)	(0.65)	(0.47)	(−0.24)	(0.84)	(1.24)	(0.85)	(−2.55)	(−0.46)
LJSTP	−0.0075	−0.0073	−0.0077	−0.0020	−0.0075	−0.0044	−0.0073	−0.0052	0.0001
	(−0.7)	(−0.7)	(−0.72)	(−0.19)	(−1.18)	(−0.7)	(−1.15)	(−0.94)	(0.02)
INDUS	YES	YES	YES	YES	YES	YES	YES	YES	YES
YEAR	YES	YES	YES	YES	YES	YES	YES	YES	YES
Wald χ^2	664.44***	664.39***	654.41***	644.41***	879.16***	915.45***	882.42***	1119.61***	1071.15***
Wald test	6.48**	4.96**	7.28***	1.44					
LR test					8.90***	12.39***	10.38***	476.22***	3.48*
N	1656	1656	1656	1656	1656	1656	1656	1656	1656

(六) 以残差度量 ECA

在基本回归模型中,式(4-2-16)的因变量为 ECA,解释变量为 CL;而在式(4-2-18)中,因变量为 q,解释变量则包括 ECA 和 CL,而根据式(4-2-11),这两个变量存在因果关系。缓解这个问题的一种方法是残差法,即先根据式(4-2-16)计算出残差,以此作为去除 CL 影响后的资本配置效率,再将其作为 ECA 的数据代入式(4-2-18)进行回归。为此,首先根据式(4-2-16)运行混合 OLS 回归,进行稳健性标准差调整并在个体水平上加以聚类,据此生成残差项,记为 ECA_e,其中 ECA 代表 TFP、TE、TFPG 及其分解项。然后,以 ECA_e 代替式(4-2-18)中的 ECA,运行交互干预效应模型来检验 H2。结果显示,静态效率的检验与上文完全一致,如表 4-2-19 所示。动态效率检验的结果如表 4-2-20 所示,其中,模型(5)和(6)的交互项不显著,但符号符合预期。其他的模型均与上文一致。对式(4-2-16)分别采用 Driscoll-Kraay 和 Newey-West 方法进行估计再进行相关检验,结果与上述一致。

表 4-2-19 H2 的检验:静态效率

	主效应分析		交互效应分析	
	(1)	(2)	(3)	(4)
INTERCEPT	5.7090***	5.6356***	5.7347***	5.7723***
	(8.34)	(8.2)	(14.09)	(14.16)
CL	−0.5660***	−0.6113***	−0.6510***	−0.6757***
	(−2.64)	(−3.06)	(−5.25)	(−5.62)
TFP_e	0.3302***		0.3732***	
	(3.68)		(11.96)	
TE_e		5.3649***		6.0294***
		(3.62)		(11.62)
CL * TFP_e			−0.4968***	
			(−4.76)	
CL * TE_e				−8.4101***
				(−4.57)
LNSALE	−0.1227***	−0.1192***	−0.1237***	−0.1250***
	(−3.81)	(−3.67)	(−6.66)	(−6.73)

(续表)

	主效应分析		交互效应分析	
	(1)	(2)	(3)	(4)
GSALE	0.1494***	0.1477***	0.1496***	0.1511***
	(2.85)	(2.8)	(3.12)	(3.15)
DEBT	−1.0278***	−1.0300***	−1.0175***	−1.0107***
	(−4.76)	(−4.72)	(−9.56)	(−9.46)
TOP1	−0.0323	−0.0298	−0.0527	−0.0679
	(−0.13)	(−0.13)	(−0.39)	(−0.5)
LISTP	−0.0035	−0.0037	−0.0014	−0.0023
	(−0.36)	(−0.39)	(−0.25)	(−0.41)
INDUS	YES	YES	YES	YES
YEAR	YES	YES	YES	YES
Wald χ^2	821.00***	845.50***	1 207.06***	1 196.38***
Wald test for rou	3.94**	6.74***		
LR test			6.70***	8.29***
N	2 070	2 070	2 070	2 070

五、研究结论

尽管学者们对交叉上市的绑定假说进行了大量检验,但绑定假说是否适用于非美国的国家或地区尚未得到考察,关于交叉上市与公司投资行为尤其是资本配置效率的关系也未得到充分讨论。本节讨论了中国H+A交叉上市公司的投资效率与公司价值。以截至2006年年底完成上市的A股公司为样本进行实证检验,最终获得2007—2011年每年414个,共计2 070个观测值,其中H+A公司每年有32家,共160个观测值。基于参数化生产函数方法,以全要素生产率(TFP)和技术效率来度量投资的静态效率,以全要素生产率增长(TFPG)及其在随机边界生产函数下的次级分解指标——技术进步率、规模经济变动、技术效率变动——来度量投资的动态效率,采用干预效应模型进行回归分析。研究发现,H+A公司具有更低的全要素生产率、技术效率和全要素生产率增长。在全要素生产率增长的分解项中,H+A公司虽然具有更高的技术效率变

表 4-2-20 H2 的检验：动态效率

	主效应模型					交互效应模型			
	(1)	(2)	(3)	(4)	(5)	(6)	(7)	(8)	(9)
INTERCEPT	5.4589***	5.4794***	5.4437***	5.6274***	5.4516***	5.4792***	5.4292***	5.7433***	5.7751***
	(7.51)	(7.57)	(7.5)	(8.06)	(13.13)	(13.19)	(13.09)	(14.04)	(14.12)
CL	−0.7315***	−0.7205***	−0.7415***	−0.6171***	−0.7354***	−0.7205***	−0.7416***	−0.6747***	−0.6427***
	(−3.85)	(−3.71)	(−3.92)	(−3.09)	(−6.14)	(−5.92)	(−6.24)	(−5.56)	(−5.1)
TFPG_e	0.3224**				0.3755**				
	(2.13)				(2.25)				
CTP_e		7.5662**				7.5728***			8.5571***
		(2.47)				(3.77)			(4.38)
CRTS_e			0.0662*				0.0775**		0.0641*
			(1.83)				(2.25)		(1.92)
CTE_e				−79.2513***					
				(−3.74)					
CL*TFPG_e					−0.6790			−88.5814***	−90.2445***
					(−1.13)			(−10.99)	(−11.25)
CL*CTP_e						−0.0975			−2.3109**
						(−0.01)			(−2.3109)
CL*CRTS_e							−0.1081		−0.1428
							(−1.01)		(−1.31)
CL*CTE_e								122.2214***	122.9924***
								(4.2)	(3.95)

(续表)

	主效应模型				交互效应模型				
	(1)	(2)	(3)	(4)	(5)	(6)	(7)	(8)	(9)
LNSALE	-0.1109***	-0.1119***	-0.1102***	-0.1189***	-0.1106***	-0.1119***	-0.1095	-0.1238***	-0.1253***
	(-3.26)	(-3.3)	(-3.23)	(-3.61)	(-5.84)	(-5.91)	(-5.79)	(-6.64)	(-6.72)
GSALE	0.1422**	0.1422**	0.1414***	0.1475***	0.1416***	0.1422***	0.1396	0.1509***	0.1502***
	(2.56)	(2.55)	(2.56)	(2.8)	(2.86)	(2.88)	(2.82)	(3.13)	(3.13)
DEBT	-1.0346***	-1.0337***	-1.0349***	-1.0302***	-1.0298***	-1.0336***	-1.0353	-1.0133***	-1.0098***
	(-4.45)	(-4.53)	(-4.45)	(-4.69)	(-9.34)	(-9.4)	(-9.39)	(-9.46)	(-9.48)
TOP1	-0.0241	-0.0234	-0.0235	-0.0293	-0.0256	-0.0235	-0.0223	-0.0686	-0.0704
	(-0.09)	(-0.09)	(-0.09)	(-0.12)	(-0.18)	(-0.17)	(-0.16)	(-0.5)	(-0.52)
LISTP	-0.0044	-0.0043	-0.0045	-0.0037	-0.0044	-0.0043	-0.0044	-0.0025	-0.0022
	(-0.44)	(-0.43)	(-0.44)	(-0.39)	(-0.76)	(-0.74)	(-0.76)	(-0.44)	(-0.39)
INDUS	yes	yes	yes	yes	yes	yes	yes	yes	yes
YEAR	yes	yes	yes	yes	yes	yes	yes	yes	yes
Wald χ^2	824.96***	843.63***	833.19***	845.31***	1003.46***	1017.96***	1003.36***	1174.68***	1214.03***
Wald test	13.94***	12.34***	14.82***	6.85***					
LR test					10.51***	9.00***	11.09***	7.82***	5.60**
N	2070	2070	2070	2070	2070	2070	2070	2070	2070

动,但具有更低的技术进步率。交互效应回归发现,这些更低的效率指标降低了 H+A 公司的价值。整体上,相对于纯 A 公司而言,H+A 公司具有更低的资本配置效率与公司价值。这些结果都支持了第三章的政府干预假说。

第三节 投资效率Ⅱ:非参数化方法

一、非参数化方法

在第三节中,投资效率采用参数化的随机边界分析方法进行度量。这种方法的指标推导具有较强的逻辑一致性,而且可以纳入随机因素对效率的影响,但需要事先假设某种形式的生产函数。与之相提并论的是非参数化的数据包络分析方法。这种方法不需要事先假设生产函数形式,而是根据最佳实践(best practice)来计算效率值,其核心概念为技术效率(technical efficiency),这是指最优投入相对于实际投入的比率,或实际产出相对于最优产出的比率。给定投入(产出)水平,如果企业产出(投入)达到了最优水平,则此时的技术效率为 1,此时企业的活动是有效率的,否则是低效率的(inefficiency)。

在这方面,覃家琦等(2009)曾利用我国上市公司自 1993 年到 2007 年的 9 813 个样本的数据,采用数据包络分析方法探讨跨境交叉上市能否提高公司的投资效率。结果发现,在 AH 公司所涉及的九个行业中,制造业、电煤水业、信息技术业、银行保险业、房地产业、社会服务业的 AH 公司的投资效率优于行业平均水平,占 2007 年年底 51 家 AH 公司的 68.6%;但采掘业、建筑业、交通运输业的 AH 公司的投资效率低于行业的平均水平,占 2007 年年底 51 家 AH 公司的 31.4%。大部分 AH 公司的规模效率小于 1,但规模报酬递增,DEA 表明这些公司应该继续扩大规模。覃家琦和邵新建(2016)发现 AH 公司的基于 DEA 的投资效率显著低于纯 A 公司。

为了与第三节的参数化方法相区别、相比较及相补充,本节也采用非参数化的数据包络分析方法来度量投资效率。下面以单要素单产出的简单情形来解释本节的度量方法。如图 4-3-1 所示,假设在 t 时期,企业的投资(生产)函数为 $Y=f(x)$, Y 为产出, x 为要素投入即投资, 生产技术为固定规模报酬(constant return to scale, CRS), 产出边界为射线 OH, 代表理想条件下企业的最优产出水平。企业的投资现状为点 $S(x^t, y^t)$, 实际投入为 $x^t=OD=BS$, 实际产出为 $y^t=OB$。与实际产出 OB 对应的最优投入为 BV。在投入导向型(input-oriented)的条件下, 此时技术效率等于最优投入与实际投入的比率, 记为 $TE_{CRS}=BV/BS$。如果效率值为 1, 则表明企业投资是有效的; 如果效率值小于 1, 则表明企业投资是低效的, 在产出相同条件下浪费了过多的要素投入。

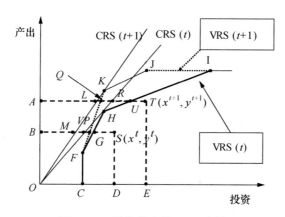

图 4-3-1 投资效率的 DEA 度量

上述 CRS 技术也可以扩展到可变规模报酬报酬(variable returns to scale, 即 VRS), 此时最优产出边界如图 4-3-1 中的 $CFHI$ 所示。$CFHI$ 之所以是折线而不像教科书上通常所画的光滑曲线, 是因为 DEA 的 VRS 边界通常是根据实践中的样本企业的实际投入产出水平来描绘的, 折线上的每一个折点都代表一个实践中最优的投入产出组合, 因此 $CFHI$ 所代表的 VRS 技术也被称为最优实践(best practice)技术。从原点 O 引一射线与最优实践相切, 如 OH, 该射线代表一种理想的 CRS 技术。在 VRS 技术下, 此时点 S 所面对的最优投入水平为 BG, 因此其技术效率可记为: $TE_{VRS}=BG/BS$。TE_{CRS} 除以 TE_{VRS} 的商被称为规模效率(scale efficiency, SE), 即: $SE=TE_{CRS}/TE_{VRS}=(BV/BS)/(BG/BS)=BV/BG$。从图 4-3-1 看, SE 越大, 表明点 S 越在纵向上接近切点 H, 当到达 H 点时, $SE=1$。

这里的关键是如何获得最优产出边界,DEA 解决这一问题的两个常用模型分别为基于 CRS 技术的 C^2R 模型和基于 VRS 技术的 BC^2 模型。但根据这两模型计算出的效率值有一个共同的缺陷:可能存在两个或两个以上的样本均处于生产边界上,其效率值均为 1 从而难以对这些决策单元的效率进行排序。超效率方法可解决这一问题,其做法是:在评估效率值等于 1 的决策单元的效率值时,将其排除出边界。但对于非效率点,其面对的生产边界保持不变从而其效率值保持不变。超效率模型避免了多个效率值为 1 的情况,使得效率值更加连贯,更加适于采用普通最小二乘法(OLS)进行回归(科埃利等,2008,第 202 页)。

上述方法成为经济学中生产率的常用计算方法,但所能获得的效率指标是静态的,即只涉及一期数据。为了能够获得投资效率的变动信息,我们可以在 DEA 基础上引入 Malmquist 指数。该指数采用距离函数(distance function)和几何平均来表达,也被称为基于 DEA 的全要素生产率变动(记为 TFPCH)。该指数的投入导向型公式为:

$$M_{i|c}^{t,t+1} = \left[\frac{D_{i|c}^{t}(x^t, y^t)}{D_{i|c}^{t}(x^{t+1}, y^{t+1})} \times \frac{D_{i|c}^{t+1}(x^t, y^t)}{D_{i|c}^{t+1}(x^{t+1}, y^{t+1})} \right]^{1/2} \quad (4\text{-}3\text{-}1)$$

其中,x 为投入;y 为产出;下标"$i|c$"中的"i"表示投入导向型;"c"表示技术为 CRS 技术;$D_i^t(x^t, y^t) = \sup_\theta \{\theta > 0 : (x^t/\theta, y^t) \in S^t\}$ 为投入的距离函数,其中 S^t 为 t 时期企业 i 的生产技术;$S^t = \{(x^t, y^t): x^t$ 可以生产 $y^t\}$;D_i^t 的下标 i 表示投入(input),上标 t 表示以 t 期技术作为参考。由于 θ 是最大化的,因此 x/θ 是最小化的。如果令 $\hat{x} = x/\theta$,则 $\hat{x}$ 为给定 y 条件下的最小投入水平,从而 $\theta = x/\hat{x}$ 便度量了现有(实际)投入水平与最小投入水平的比值,该距离函数的含义可解读为:给定产出水平 y,投入可在现有(实际)产出水平基础上能够缩减的最小比例(即 $\hat{x}/x$)的倒数。

进一步的,式(4-3-1)可以分解为如下次级效率指标的乘积:

$$M_{i|c}^{t,t+1} = \text{TFPCH} = \underbrace{\frac{D_{i|c}^{t}(x^t, y^t)}{D_{i|c}^{t}(x^{t+1}, y^{t+1})}}_{\text{EFFCH}} \underbrace{\left[\frac{D_{i|c}^{t+1}(x^{t+1}, y^{t+1})}{D_{i|c}^{t}(x^{t+1}, y^{t+1})} \times \frac{D_{i|c}^{t+1}(x^t, y^t)}{D_{i|c}^{t}(x^t, y^t)} \right]^{1/2}}_{\text{TECHCH}}$$

$$= \underbrace{\frac{D_{i|v}^{t}(x^t, y^t)}{D_{i|v}^{t+1}(x^{t+1}, y^{t+1})}}_{\text{PECH}} \underbrace{\left[\frac{D_{i|v}^{t+1}(x^{t+1}, y^{t+1})}{D_{i|c}^{t+1}(x^{t+1}, y^{t+1})} \bigg/ \frac{D_{i|v}^{t}(x^t, y^t)}{D_{i|c}^{t}(x^t, y^t)} \right]}_{\text{SECH}}$$

$$\cdot \underbrace{\left[\frac{D_{i|c}^{t+1}(x^{t+1}, y^{t+1})}{D_{i|c}^{t}(x^{t+1}, y^{t+1})} \times \frac{D_{i|c}^{t+1}(x^t, y^t)}{D_{i|c}^{t}(x^t, y^t)} \right]^{1/2}}_{\text{TECHCH}} \quad (4\text{-}3\text{-}2)$$

上述各个指标可以通过图 4-3-1 来表示。在 t 时期,企业处于点 $S(x^t, y^t)$,实际投入为 $x^t = OD$,实际产出为 $y^t = OB$。企业面临的 CRS 技术产出边界为射线 OH,面临的 VRS 技术产出边界为曲线 $CFHI$。在 $t+1$ 时期,企业处于点 $T(x^{t+1}, y^{t+1})$,实际投入为 $x^{t+1} = OE$,实际产出为 $y^{t+1} = OA$。企业面临的 CRS 技术产出边界为射线 OK,面临的 VRS 技术产出边界为曲线 $CFKJI$。在固定产出水平 y^t 条件下,VRS(t)、VRS$(t+1)$、CRS(t)、CRS$(t+1)$ 技术所需要的最优投入分别为 BG、BP、BV、BM;在固定产出水平 y^{t+1} 条件下,VRS(t)、VRS$(t+1)$、CRS(t)、CRS$(t+1)$ 技术所需要的最优投入分别为 AU、AQ、AR、AL。

根据投入的距离函数与投入导向型的 DEA 效率的倒数关系,Malmquist 指数可重新表达为:$M_{i|c}^{t,t+1} = \left[\frac{AR/AT}{BV/BS} \times \frac{AL/AT}{BM/BS}\right]^{1/2}$。其中,$AR/AT$、$BV/BS$ 分别是以 CRS(t) 技术来度量的 T 点与 S 点的投入导向型的效率,AL/AT、BM/BS 分别是以 CRS$(t+1)$ 技术来度量的 T 点与 S 点的投入导向型的效率,从而 Malmquist 指数表示以 CRS(t) 度量的效率变动和以 CRS$(t+1)$ 技术度量的效率变动的几何平均,也被称为基于 DEA 的全要素生产率变动(TFPCH)。若该指标大于 1,则表明公司投资效率获得增长。根据式(4-3-2),Malmquist 指数可分解为技术效率变动(technical efficiency change, EFFCH)和技术变动(technological change, TECHCH),EFFCH 又可分解为纯技术效率变动(pure technical efficiency change, PECH)和规模效率变动(scale efficiency change, SECH)。

技术效率变动可表示为:EFFCH $= \frac{AL/AT}{BV/BS}$,其中,AL/AT 是 $t+1$ 时期 T 点的技术效率(即 TE$_{CRS}$),BV/BS 是 t 时期 S 点的技术效率,因此该指标代表的是 $t+1$ 时期的技术效率与 t 时期的技术效率的比率。根据式(4-3-2),EFFCH 可分解为 PECH 和 SECH。前者可表达为 PECH $= \frac{AQ/AT}{BG/BS}$,其中,AQ/AT 是 $t+1$ 时期 T 点的纯技术效率(即 TE$_{VRS}$),BG/BS 是 t 时期 S 点的纯技术效率,因此该指标代表的是:$t+1$ 时期的纯技术效率与 t 时期的纯技术效率的比率。后者可表达为 SECH $=$

$\dfrac{AL/AT}{AQ/AT} \Big/ \dfrac{BV/BS}{BG/BS} = \dfrac{AL/AQ}{BV/BG}$，其中，$AL/AQ$ 是 $t+1$ 时期的规模效率（即 SE），BV/BG 是 t 时期的规模效率，因此该指标代表的是 $t+1$ 时期的规模效率与 t 时期的规模效率的比率。

技术变动可表示为：$TECHCH = \left[\dfrac{AR/AT}{AL/AT} \times \dfrac{BV/BS}{BM/BS}\right]^{1/2} = \left[\dfrac{AR}{AL} \times \dfrac{BV}{BM}\right]^{1/2}$。其中，$AR/AL$ 是当技术从 $CRS(t)$ 发展到 $CRS(t+1)$ 时 T 点的最优投入的变化，BO/BM 是当技术从 $CRS(t)$ 发展到 $CRS(t+1)$ 时 S 点的最优投入的变化，因此该指标度量的是：当技术从 $CRS(t)$ 发展到 $CRS(t+1)$ 时，S 点、T 点的最优投入变化的几何平均。这种变化是由于生产技术的变动而导致的，因此该指标被称为技术变动。若该指标大于 1，则表明公司存在技术进步（technological progress）。

以上方法为我们提供了较为丰富的投资效率度量指标。我们将这些指标划分为静态和动态两类。静态指标包括：① CRS 和 VRS 技术下的超效率，分别记为 STECRS 和 STEVRS。② 规模效率 SE。③ 规模报酬递增虚拟变量 IRS，其定义为：若公司属于递增规模报酬或处于最优规模，则 IRS=1，否则为 0。动态指标包括 TFPCH 及其次级指标 EFFCH、TECHCH、PECH、SECH。

二、研究设计

（一）模型与变量

为了计算超效率 DEA 值与 Malmquist 指数，我们需要确定模型的投入和产出变量。借鉴袁堂军（2009）、覃家琦和邵新建（2015）的做法，我们以营业总收入为单一产出变量，投入变量则划分为劳动投入、资本投入、中间投入三大部分，其中劳动投入等于资产负债表中的"应付职工薪酬"加上现金流量表中"支付给职工以及为职工支付的现金"，代表尚未支付的劳动投入和已经支付的劳动投入，记为 L；资本投入等于资产负债表中的非流动资产账面值，记为 K；中间投入等于营业总成本减去劳动投入，记为 M。计算出静态和动态投资效率后，我们构建如式（4-3-3）所示的回归模型用于检验投资效率：

$$IE_{it} = \alpha_0 + \alpha_1 CL_{it} + \alpha_2 X_{it} + \varepsilon_{it} \quad (4\text{-}3\text{-}3)$$

其中，IE 代表投资效率变量；CL 代表所研究的样本是否交叉上市，如果为 H+A 交叉上市公司，则 CL=1，否则为 0。X 代表控制变量，包括如下：① 销售规模(LNSALE)，等于营业收入的对数。和 Doidge et al. (2004)一样，我们通过 LNSALE 来控制企业规模。② 成立年限(LNAGE2)，等于公司自成立以来的年限加上 1 之后的对数。赵世勇和陈其广(2007)曾发现，企业越年轻，其技术效率越高。③ 财务杠杆(LEVER)，等于负债除以总资产。Nanka-Bruce(2011)曾发现 DEA 技术效率与负债显著负相关，Pushner(1995)也发现负债与生产率(TFP)负相关。④ 环境不确定性(BETA)。邵军和徐康宁(2011)曾基于省级数据发现，中国外部环境变动尤其是经济波动会影响 DEA 生产率及其分解指标。本文则基于企业层面的微观数据，以公司股票价格的年度 β 系数来度量环境不确定性。⑤ 行业(INDUS)虚拟变量。根据中国证监会 1998 年制定的 13 类 CSRC 行业代码，其中制造业按照二级代码分类，共涉及 21 个行业，以 A(农林牧渔)行业为基准，共设 20 个行业虚拟变量。⑥ 年度(YEAR)虚拟变量。我们没有对这些变量的影响方向进行预期，因为 IE 所代表的投资效率指标比较多，我们难以采用单一的关系来预测所有的效率指标。

市场价值的检验与绑定假说直接有关，因此与 Doidge et al. (2004)、Sun et al. (2013)、覃家琦和邵新建(2015)一样，我们也采取托宾 q 来度量公司的市场价值。基于中国的股权分置事实以及 H 股、A 股的价格差异，我们根据式(4-3-4)来计算托宾 q：[①]

$q=$(负债＋A 股流通股数量×A 股流通股市场价格
　　＋H 股数量×H 股价格×港元汇率
　　＋非流通股数量×每股净资产)/资产账面值　(4-3-4)

我们不仅要检验 H+A 公司是否具有更高/低的公司价值，而且要检验 H+A 公司是否因为更高/低的投资效率而获得更高/低的价值，

---

① 虽然中国的股权分置改革在 2006 年年底已经基本完成，但根据相关限售规定，非流通股在 2006 年后仍会在若干年内存在。在稳健性检验中，我们以市场价格来计算 q 再进行相关检验，结果无实质性差异。

为此需要用到 CL 变量与投资效率变量的交互项 CL * IE。基本模型如式(4-3-5)所示。

$$q_{it} = \alpha_0 + \alpha_1 CL_{it} + \alpha_2 IE_{it} + \alpha_3 CL_{it} \times IE_{it} + \alpha_4 X_{it} + \varepsilon_{it} \quad (4\text{-}3\text{-}5)$$

其中 X 为控制变量,包括:① 流通股股数的对数(LNSHARE),代表公司股票规模。② 上市年限(LNAGE2),等于公司自上市以来的年限加上 1 之后的对数。③ 财务杠杆(LEVER),等于负债除以总资产。④ 资产回报率(ROA),等于净利润除以资产。⑤ 环境不确定性(BETA),等于公司股票价格的年度 β 系数。⑥ 行业(INDUS)和年度(YEAR)虚拟变量。

(二) 数据来源及其处理

根据数据统计,中国 H+A 公司的数量到 2005 年已达到 30 家,刚好满足统计上的大样本(30)要求,但吉林化工在 2006 年 1 月退市。2006 年的 H+A 公司数量为 35 家,在样本数量上更加符合统计要求,因此本节从 2006 年开始截取数据,截至最近的 2014 年。以 CSMAR 提供的 2006—2014 年间的资产负债表为基础,合并相关数据,共获得 19 501 个企业-年观测值。然后顺序剔除如下数据。① 剔除创业板公司,共计 1 693 个。创业板在上市要求以及监管政策上有异于主板,且 2009 年才开板。② 剔除纯 B 股公司,共计 968 个。B 股的监管制度不同于 A 股和 H 股。③ 剔除金融业公司,共计 252 个。④ 剔除 A+H、A×H、AB 交叉上市的观测值,共计 900 个。H+A 公司是中国交叉上市的主体,只有这类公司与本书的制度背景相符并成为本书的研究对象。⑤ 剔除相关变量数据缺失或异常的观测值,并平衡化,共剔除 5 842 个。最后获得 2006—2014 年,每年 1 094 个,共计 9 846 个平衡面板的数据,其中 H+A 公司每年 33 个,共计 297 个观测值。

本节之所以采用平衡面板,有两个原因。第一,Malmquist 指数及其分解项要求样本必须具有连续两期以上的数据才能进行计算,这在客观上要求数据为平衡面板数据。第二,平衡面板有利于保持相同的样本不变从而固定参照系,由于 DEA 效率和 Malmquist 指数属于一种相对效率,因此保持样本不变将使得 DEA 效率和 Malmquist 指数的变动更能反映个体的变化,降低由参照系的改变所带来的干扰。由于静态效率的计算仅需当年数据,因此静态效率的数据期间为 2006—2014 年。但动态效率 Malmquist 指数的计算需要以上一年作为基期,因此其数据期间为 2007—2014 年。为了降低变量的离群值问题,对连续性变量分别在 0.5% 和 99.5% 分位数水平上分年度进行首尾调整(winsorize)。

三、实证结果与分析

(一) 描述性统计与单变量分析

表 4-3-1 的 Panel A 报告了研究样本的年度与行业分布。在每年的 1 094 个样本中,有 33 个为 H+A 公司,占比 3%。具体而言,截至 2006 年年底,实现 H+A 交叉上市的公司为 35 家,其中吉林化工 2006 年退市;中国银行属于金融业所以被剔除;海信科龙的前身为非国有控股的科龙电器,但是于 2006 年被海信集团收购后转化为国有控股;东北电气原为国有控股,但是于 2005 年被私有化。这意味着 33 家 H+A 公司中只有东北电气 1 家为非国有控股公司。[①] Panel B 了报告行业分布,可以看到 H+A 公司中最为集中的前三个行业分别为:F 交通运输业,72 个观测值意味着有 8 家 H+A 公司;C7 机械设备制造业(7 家);C6 金融与非金融矿物制品业(5 家)。

表 4-3-2 为变量的描述性统计。在静态投资效率中,代表技术效率的 STECRS 和 STEVRS 的均值分别为 0.5676 和 0.6241,表明样本仍然存在较大的效率改进空间。相对于技术效率,规模效率 SE 的均值则要高得多,达到 0.9266。但根据定义,$SE = TE_{CRS}/TE_{VRS}$,只有当 $SE=1$ 时,才表明样本的规模报酬不会再发生变动,此时的样本才达到最优规模。这里 SE 的均值虽然较高,但仍然表明样本普遍偏离最优规模。事实上,在共计 9 846 个样本中,只有 447 个样本的 SE 达到 1,占比 5%。在动态投资效率中,TFPCH 的均值大于 1,表明样本的投资效率在样本期间普遍获得了增长。但在 TFPCH 的两个分解项中,只有 TECHCH 的均值大于 1,表明样本呈现了技术进步;但 EFFCH 的均值小于 1,因此 TFP 的增长主要来自技术进步。代表公司价值的 Tobin's q 大于 1,表明市场估值普遍高于账面价值。其他的变量无甚异常,这里略过分析。

[①] 我们曾尝试将东北电气剔除出样本,结果没有实质性变化。

表 4-3-1 样本的年度分布与行业分布

Panel A: 样本年度分布

年度	CL=0	CL=1	合计
2006	1061	33	1094
2007	1061	33	1094
2008	1061	33	1094
2009	1061	33	1094
2010	1061	33	1094
2011	1061	33	1094
2012	1061	33	1094
2013	1061	33	1094
2014	1061	33	1094
合计	9549	297	9846

Panel B: 样本行业分布

行业	CL=0	CL=1	合计
A 农林牧渔	270	0	270
B 采矿	198	18	216
C0 饮食烟	441	9	450
C1 纺织服装	468	0	468
C2 木材家具	27	0	27
C3 造纸印刷	171	0	171
C4 石油化学	1098	18	1116
C5 生物医药	342	0	342
C6 矿物制品	855	45	900
C7 机械设备	1422	63	1485
C8 交通运输	639	18	657
C9 其他制造	126	0	126
D 电气水	459	27	486
E 建筑	252	0	252
F 交通运输	369	72	441
G 信息技术	549	9	558
H 批发零售	702	0	702
J 房地产	288	9	297
K 社会服务	297	9	306
L 文体娱乐	45	0	45
M 综合类	531	0	531
合计	9549	297	9846

表 4-3-2 描述性统计

变量	均值	标准差	最小值	1/4分位	中位数	3/4分位	最大值
STECRS	0.5676	0.1506	0.1214	0.4670	0.5580	0.6597	1.1495
STEVRS	0.6241	0.2008	0.2281	0.4972	0.5989	0.7147	2.3054
SE	0.9266	0.107	0.177	0.904	0.97	0.993	1
IRS	0.5076	0.5	0	0	1	1	1
TFPCH	1.0006	0.1518	0.375	0.936	0.996	1.048	2.183
EFFCH	0.9988	0.183	0.387	0.894	0.987	1.0875	2.412
TECHCH	1.0123	0.105	0.765	0.935	0.994	1.09	1.411
PECH	1.0003	0.1659	0.488	0.901	0.995	1.082	2.248
SECH	1.0001	0.0937	0.272	0.971	0.999	1.027	2.002
q	1.9681	1.3129	0.7685	1.2118	1.56	2.2288	19.8215
LNSALE	21.3415	1.4195	16.2948	20.4604	21.2653	22.1509	25.8931
LNASSET	21.9135	1.2401	18.6744	21.0356	21.7903	22.6442	26.3297
LNSHARE	19.6446	1.0174	16.4256	18.9688	19.5699	20.2386	23.4796
LNAGE1	2.4056	0.4825	0	2.1972	2.4849	2.7081	3.2189
LNAGE2	2.6856	0.3207	1.0986	2.4849	2.7081	2.9444	3.434
LEVER	0.5264	0.2128	0.0498	0.3828	0.5307	0.6633	1.8931
ROA	0.0327	0.0651	−0.6907	0.0106	0.0299	0.0575	0.3677
BETA	1.0643	0.2764	0	0.9222	1.0977	1.2332	1.9401

注：动态效率指标的观测值为 8 752，其他变量的观测值为 9 846。

如表 4-3-3 所示的相关系数矩阵中，从 CL 与其他变量的相关系数来看，H＋A 公司具有显著更高的 STEVRS、更低的规模效率 SE、更小概率的规模报酬递增 IRS。动态效率中，除 TECHCH 的相关系数趋近于零外，其他指标的相关系数均为负，但不显著。市场价值指标 q 与 CL 显著负相关，表明 H＋A 公司具有显著更低的价值。其他相关系数表明：H＋A 公司具有显著更大的规模（包括销售收入 LNSALE、资产 LNASSET、流通股股数 LNSHARE）、更长的成立历史 LNAGE2、更高的负债水平 LEVER 以及更低的环境不确定性 BETA。上市年限 LNAGE1 和资产回报率 ROA 则没有显著差异。

如表 4-3-4 所示，对这些变量的均值 t 检验和中位数秩和检验也验证了这些关系。可以看到，CL 公司具有显著更高的 STEVRS、LNSALE、LNASSET、LNSHARE、LNAGE2、LEVER，但具有显著更低的 SE、IRS、q、BETA。

表 4-3-3 相关系数矩阵

	CL	STECRS	STEVRS	SE	IRS	TFPCH	EFFCH	TECHCH	PECH	SECH	q	LNSALE	LNASSET	LNSHARE	LNAGE1	LNAGE2	LEVER	ROA
STECRS	-0.003	1.000																
STEVRS	0.111*	0.776**	1.000															
SE	-0.189**	0.217**	-0.270**	1.000														
IRS	-0.103**	-0.245**	-0.243**	0.187**	1.000													
TFPCH	-0.009	0.236**	0.208**	0.033	0.012	1.000												
EFFCH	-0.007	0.278**	0.211**	0.068	0.025**	0.832**	1.000											
TECHCH	0.000	-0.175**	-0.084*	-0.097**	-0.027**	0.004	-0.535**	1.000										
PECH	-0.005	0.241**	0.237**	-0.063*	-0.031	0.718**	0.834**	-0.416**	1.000									
SECH	-0.001	0.099**	-0.015	0.228**	0.094**	0.280**	0.403**	-0.307**	-0.132**	1.000								
q	-0.076**	-0.010	0.065*	0.112**	0.253**	0.109**	0.139**	-0.099**	0.112**	0.045	1.000							
LNSALE	0.231**	0.367**	0.337**	-0.057	-0.588**	-0.005	0.049**	-0.110**	0.058*	0.004	-0.349**	1.000						
LNASSET	0.267**	0.143**	0.210**	-0.175**	-0.505**	-0.069**	0.006	-0.126**	-0.032	-0.026**	-0.398**	0.853**	1.000					
LNSHARE	0.291**	-0.031	0.088*	-0.220**	-0.310**	-0.060*	0.058*	-0.205**	0.066**	-0.008	-0.103**	0.630**	0.784**	1.000				
LNAGE1	-0.011	-0.129**	-0.092**	-0.020	0.026*	0.007	0.141**	-0.259**	0.135**	-0.038	0.057*	-0.097**	0.163**	0.365**	1.000			
LNAGE2	-0.038**	-0.108**	-0.087*	-0.014	0.060*	0.004	0.143**	-0.268**	0.139**	-0.037	0.056*	-0.050	0.124**	0.318**	0.790**	1.000		
LEVER	0.024	-0.037	0.015	-0.110**	-0.175**	-0.023**	0.032**	-0.022**	-0.045*	-0.013	-0.173**	0.207**	0.209**	0.037	0.124**	0.117**	1.000	
ROA	0.000	0.399**	0.305**	0.095**	-0.094**	0.229**	0.169**	-0.027**	0.159**	-0.053*	0.101**	0.171**	0.112**	-0.029	-0.116**	-0.088**	-0.374**	1.000
BETA	-0.044**	-0.049**	-0.104**	0.102**	-0.039**	-0.087**	-0.106**	-0.057**	-0.147**	0.055*	-0.181**	0.131**	0.144**	0.132**	0.102**	0.037	0.080**	-0.015

注：**、*分别代表1%、5%、10%的显著性水平。

表 4-3-4　单变量分析

变量	CL=0		CL=1		均值之差	中位数之差
	均值	中位数	均值	中位数		
STECRS	0.5676	0.5579	0.5651	0.5604	−0.0026	0.0025
STEVRS	0.6201	0.5963	0.7506	0.7334	0.1305***	0.1371***
SE	0.9302	0.9710	0.8122	0.8680	−0.1180***	−0.1030***
IRS	0.5167	1.0000	0.2155	0.0000	−0.3012***	−1.0000***
TFPCH	1.0009	0.9960	0.9932	0.9930	−0.0077	−0.0030
EFFCH	0.9990	0.9880	0.9921	0.9860	−0.0069	−0.0020
TECHCH	1.0123	0.9940	1.0123	0.9910	0.0000	−0.0030
PECH	1.0005	0.9950	0.9959	0.9995	−0.0045	0.0045
SECH	1.0001	0.9990	0.9995	1.0005	−0.0006	0.0015
q	1.9856	1.5768	1.4049	1.1782	−0.5808***	−0.3986***
LNSALE	21.2838	21.2304	23.1988	23.4374	1.9151***	2.2070***
LNASSET	21.8552	21.7608	23.7890	23.9756	1.9338***	2.2147***
LNSHARE	19.5924	19.5427	21.3227	21.3476	1.7302***	1.8049***
LNAGE1	2.4066	2.4849	2.3746	2.4849	−0.0321	0.0000
LNAGE2	2.6834	2.7081	2.7549	2.7726	0.0715***	0.0645***
LEVER	0.5255	0.5306	0.5551	0.5381	0.0296***	0.0075**
ROA	0.0327	0.0298	0.0328	0.0327	0.0001	0.0030
BETA	1.0664	1.0990	0.9954	1.0243	−0.0711***	−0.0748***

注：均值之差采取 t 检验，中位数之差采取 Wilcoxon 秩和检验。***、**、* 分别代表 1%、5%、10% 的显著性水平，下同。

（二）回归结果及分析

尽管本节数据为面板数据，但关键变量 CL 为时不变变量，如果采用个体固定效应模型，则面板数据中的个体观测值将转换成对组内平均数的离差观测值，再进行普通最小二乘估计，CL 将因为离差而被完全剔除掉。因此本节没有采用个体固定效应模型，而是借鉴 Doidge et al.(2004)的做法，首先采用混合 OLS 进行估计，然后在内生性问题的讨论中采用两阶段回归模型。为了降低回归残差独立同分布的影响，本节所有回归均进行稳健标准误调整并在个体水平上加以聚类(cluster)。

1. 投资效率的检验

表 4-3-5 报告了静态与动态投资效率的回归结果。对于静态效率，模型(1)和(3)中的 CL 系数显著为负，表明 H+A 公司具有显著更低的

技术效率 STECRS 以及规模效率 SE。模型(2)和(4)中的 CL 系数分别为正和负,但均不显著。对于动态效率,模型(5)表明,H+A 公司具有显著更低的全要素生产率变动 TFPCH。当将 TFPCH 分解为 EFFCH 和 TECHCH 时,模型(6)表明 H+A 公司之所以具有更低的 TFPCH,源于更低的技术效率变动 EFFCH。当将 EFFCH 分解为 PECH 和 SECH 时,模型(8)表明 H+A 公司之所以具有更低的 EFFCH,源于其更低的纯技术效率变动 PECH。整体而言,我们可以认为 H+A 公司具有显著更低的静态与动态投资效率,这点与第二节的结论相似,从而支持了政府干预假说。

控制变量在不同的模型中有不同的表现。销售规模 LNSALE 对 STECRS、STEVRS、TFPCH、EFFCH、PECH 均有显著为正的影响,但规模大也容易导致规模报酬递减,因此在 IRS 回归中显著为负。模型(7)还表明规模对 TECHCH 有负面影响,这或许可以解释为何技术创新往往产生于小企业。成立年限(LNAGE2)对于技术效率和规模效率倾向于负向关系,这与赵世勇和陈其广(2007)的发现一致:企业越年轻,其技术效率越高。但是对于动态效率,成立年限则倾向于正向关系。财务杠杆(LEVER)的作用普遍为负,这与 Nanka-Bruce(2011)和 Pushner(1995)的发现一致。环境不确定性(BETA)的影响以负向居多,这符合了一般性预期。

2. 市场价值的检验

(1) 基于静态投资效率的交互效应检验

表 4-3-6 考察了 H+A 公司的市场价值及其与静态投资效率的关系。由于交互项的引进可能带来多重共线性问题进而干扰变量的正常效应,表 4-3-6 区分了主效应(main effect)回归和交互效应(interaction effect)回归。模型(1)旨在检验 H+A 公司是否获得了显著不同的市场价值,可以看到 CL 的系数显著为负,表明 H+A 公司没有获得如绑定假说所指出的溢价,反而获得了显著折价。在模型(1)基础上,模型(2)—(5)分别加入了静态投资效率变量 STECRS、STEVRS、SE 和 IRS,结果发现 CL 的系数始终显著为负。STE 和 IRS 的系数均显著为正,表明 STE 和 IRS 有助于提高市场价值。但 SE 的系数显著为负,如图 4-3-1 所示,$SE = TE_{CRS}/TE_{VRS} = BV/BG$,反映的是 CRS 技术和 VRS 技术下技

表 4-3-5 投资效率检验

被解释变量	静态投资效率				动态投资效率				
	(1) STECRS	(2) STEVRS	(3) SE	(4) IRS	(5) TFPCH	(6) EFFCH	(7) TECHCH	(8) PECH	(9) SECH
CONSTANT	-0.2756***	-0.2790**	0.9583***	29.4985***	0.9167***	0.9401***	1.0019***	0.9537***	0.9762***
	(0.0595)	(0.1171)	(0.0881)	(1.0080)	(0.0387)	(0.0396)	(0.0105)	(0.0346)	(0.0254)
CL	-0.0798***	0.0323	-0.1014***	-0.0007	-0.0165***	-0.0178***	0.0044	-0.0174***	-0.0011
	(0.0198)	(0.0402)	(0.0255)	(0.2335)	(0.0053)	(0.0054)	(0.0030)	(0.0056)	(0.0031)
LNSALE	0.0506***	0.0548***	0.0005	-1.5596***	0.0024*	0.0047***	-0.0031***	0.0053***	0.0000
	(0.0026)	(0.0058)	(0.0041)	(0.0544)	(0.0015)	(0.0015)	(0.0004)	(0.0012)	(0.0010)
LNAGE2	-0.0266**	-0.0275	-0.0148	1.4636***	0.0237***	0.0204***	0.0019	0.0187***	0.0031
	(0.0129)	(0.0176)	(0.0106)	(0.1158)	(0.0061)	(0.0048)	(0.0022)	(0.0047)	(0.0022)
LEVER	-0.1122***	-0.0908***	-0.0447***	-0.5593***	0.0045	0.0085	-0.0015	0.0156*	-0.0069*
	(0.0156)	(0.0252)	(0.0155)	(0.1768)	(0.0104)	(0.0104)	(0.0028)	(0.0090)	(0.0038)
BETA	-0.0446***	-0.1009***	0.0396***	0.4019***	-0.0584***	-0.0595***	0.0032	-0.0564***	-0.0041
	(0.0086)	(0.0149)	(0.0071)	(0.1200)	(0.0078)	(0.0077)	(0.0030)	(0.0070)	(0.0038)
YEAR and INDUSTRY	YES	YES	YES	YES	YES	YES	YES	YES	YES
Adj-R^2	0.318	0.221	0.139		0.0305	0.209	0.534	0.196	0.0946
N	9 846	9 846	9 846	9 846	8 752	8 752	8 752	8 752	8 752

注:模型(4)为 Logit 回归,未报告 Adj-R^2。其他模型均为混合 OLS 回归。括号内为稳健标准误。

术效率的差异。SE 越大，表明样本越在纵向上靠近切点 H，从而接近规模报酬不变。但规模报酬不变意味着样本已经接近理想的状态，公司的发展将步入成熟进而缺乏增长机会，这对于公司价值而言不是好事。模型(2)表明 STECRS 的系数为负，只是不显著。但我们可以根据同样的逻辑进行推论：STECRS 越大，表明样本越靠近理想的 CRS 技术，这同样意味着增长机会的下降乃至丧失，因此 STECRS 对于公司价值而言表现出某种负面影响。

表 4-3-6 的交互效应回归结果显示，只有模型(7)和(9)的交互项系数显著。其中，模型(9)的交互项系数显著为负，表明对于 H＋A 公司而言，IRS 对公司价值的提升作用在下降。原因在于，如表 4-3-3 所示，H＋A 公司具有更小概率的规模报酬递增。模型(7)的交互项系数显著为负，表明对于 H＋A 公司而言，STEVRS 对公司价值的提升作用也在下降。但这点没有获得表 4-3-5 的支持，在表 4-3-5 中 H＋A 公司并没有显著不同的 STEVRS。SE 的主效应虽然显著，但其交互效应不显著。

(2) 基于动态投资效率的交互效应检验

表 4-3-7 报告了市场价值与动态投资效率的关系。主效应回归中，模型(1)、(2)、(4)的效率系数值显著为正，表明对应的 TFPCH、EFFCH、PECH 均有助于提升公司价值，但模型(2)和(5)没有发现 TECHCH 和 SECH 的显著作用。交互效应回归中，模型(6)、(7)、(9)的交互项系数显著为负，表明对于 H＋A 公司而言，TFPCH、EFFCH、PECH 的价值提升作用在下降。这点与表 4-3-6 的发现相一致：H＋A 公司具有显著更低的 TFPCH、EFFCH、PECH。模型(8)的交互项系数显著为正，但我们无法据此对 TECHCH 的价值提升作用进行判断，因为在主效应回归中，模型(3)并没有发现 TECHCH 的显著作用。同样，在模型(10)中发现 SECH 的交互项显著为负，但由于主效应回归的模型(5)中没有发现 SECH 的显著作用，因此我们无法对 SECH 的作用进行判断。整体而言，如表 4-3-7 所示，H＋A 公司由于具有更低的动态投资效率(TFPCH、EFFCH、PECH)，其价值也因此遭受显著下降。

表 4-3-6　市场价值与静态投资效率

	主效应回归						交互效应回归		
	(1)	(2)	(3)	(4)	(5)	(6)	(7)	(8)	(9)
CONSTANT	6.0729***	6.1459***	5.9892***	8.9001***	3.2880***	6.1343***	5.9141***	8.9127***	3.3090***
	(0.2502)	(0.5123)	(0.4838)	(0.7832)	(0.4770)	(0.5131)	(0.4815)	(0.7831)	(0.2619)
CL	−0.2029***	−0.2028*	−0.2569**	−0.3318***	−0.2432**	0.2536	0.2001	−0.9820**	−0.1806***
	(0.0487)	(0.1077)	(0.1137)	(0.1101)	(0.1013)	(0.3912)	(0.2962)	(0.4286)	(0.0455)
STECRS		−0.1570	0.6283***			−0.1378	0.6711***		
		(0.2174)	(0.2109)			(0.2210)	(0.2199)		
STEVRS				−2.0515***				−2.1140***	
				(0.3623)				(0.3837)	
SE					0.5476***				0.5519***
					(0.0439)				(0.0280)
IRS						−0.8073	−0.6247*		
						(0.5973)	(0.3439)		
CL * STECRS								0.7844	
								(0.5177)	
CL * STEVRS									
CL * SE									
CL * IRS									−0.2698**
									(0.1279)

(续表)

	主效应回归					交互效应回归			
	(1)	(2)	(3)	(4)	(5)	(6)	(7)	(8)	(9)
LNSHARE	−0.1856***	−0.1846***	−0.2034***	−0.2368***	−0.0638**	−0.1843***	−0.2004***	−0.2342***	−0.0654***
	(0.0138)	(0.0273)	(0.0294)	(0.0307)	(0.0257)	(0.0273)	(0.0291)	(0.0304)	(0.0136)
LNAGE1	0.2183***	0.2139***	0.2350***	0.2153***	0.1738***	0.2153***	0.2333***	0.2096***	0.1770***
	(0.0269)	(0.0516)	(0.0512)	(0.0487)	(0.0495)	(0.0516)	(0.0511)	(0.0487)	(0.0264)
LEVER	−0.9576***	−0.9460***	−1.0201***	−1.0042***	−0.6766***	−0.9499***	−1.0219***	−0.9981***	−0.6779***
	(0.0987)	(0.1839)	(0.1834)	(0.1714)	(0.1781)	(0.1842)	(0.1834)	(0.1712)	(0.0994)
ROA	0.4112	0.5680	−0.2265	0.7445	1.0896	0.5692	−0.2505	0.7568	1.0863
	(0.5914)	(0.8029)	(0.7906)	(0.7285)	(0.7571)	(0.8033)	(0.7907)	(0.7281)	(0.5971)
BETA	−0.9039***	−0.9028***	−0.8700***	−0.7986***	−0.8263***	−0.9058***	−0.8722***	−0.7938***	−0.8249***
	(0.0597)	(0.0956)	(0.0900)	(0.0888)	(0.0935)	(0.0956)	(0.0901)	(0.0889)	(0.0587)
YEAR and INDUSTRY	YES	YES	YES	YES	YES	YES	YES	YES	YES
Adj-R^2	0.225	0.225	0.233	0.248	0.254	0.226	0.233	0.248	0.254
N	9846	9846	9846	9846	9846	9846	9846	9846	9846

第四章 中国 H＋A 公司的投资行为

表 4-3-7 市场价值与动态投资效率

	主效应回归						交互效应回归			
	(1)	(2)	(3)	(4)	(5)	(6)	(7)	(8)	(9)	(10)
CONSTANT	7.0008***	7.1980***	7.5821***	7.3318***	7.5681***	6.9850***	7.1805***	7.6278***	7.3235***	7.5146***
	(0.5581)	(0.5444)	(0.5695)	(0.5571)	(0.5925)	(0.5589)	(0.5447)	(0.5703)	(0.5573)	(0.5975)
CL	−0.2276*	−0.2263*	−0.2213*	−0.2228*	−0.2218*	0.9017**	0.8688***	−1.4097***	0.4014	0.9650**
	(0.1194)	(0.1196)	(0.1190)	(0.1194)	(0.1191)	(0.3516)	(0.2834)	(0.4315)	(0.2711)	(0.3864)
TFPCH	0.5702***					0.5831***				
	(0.2052)					(0.2064)				
EFFCH		0.4568***					0.4733***			
		(0.1707)					(0.1719)			
TECHCH			0.0876					0.0484		
			(0.1196)					(0.1208)		
PECH				0.3561**					0.3665**	
				(0.1526)					(0.1541)	
SECH					0.1076					0.1544
					(0.2575)					(0.2662)
CL*TFPCH						−1.1368***				
						(0.3335)				

（续表）

	主效应回归					交互效应回归				
	(1)	(2)	(3)	(4)	(5)	(6)	(7)	(8)	(9)	(10)
CL*EFFCH							−1.1033***			
							(0.2792)			
CL*TECHCH								1.1744***		
								(0.3883)		
CL*PECH									−0.6264**	
									(0.2727)	
CL*SECH										−1.1876***
										(0.3721)
控制变量①	YES	YES	YES	YES	YES	YES	YES	YES	YES	YES
Adj-R^2	0.218	0.218	0.215	0.216	0.215	0.218	0.218	0.215	0.216	0.215
N	8752	8752	8752	8752	8752	8752	8752	8752	8752	8752

① 鉴于控制变量非分析重点，这里不再报告各模型中具体控制变量的回归结果。

四、内生性问题与稳健性检验

(一) 干预效应模型与双元 Probit 模型

上述基本回归采用了传统的混合 OLS 回归。但本书样本的筛选过程可能导致选择偏差,而关键变量 CL(即公司是否交叉上市)可能会受到公司若干特征(例如,公司资产规模、公司经营业绩等)的内生性决定。为了缓解可能的内生性问题,本部分采用干预效应模型(treatment effect model)来处理因变量为连续变量的回归。模型的一般形式如下:

回归方程:
$$y_{it} = x_{it}\alpha + CL_{it}\delta + \varepsilon_{it} \tag{4-3-6}$$

选择方程: $CL_{it}^* = z_{it}\beta + u_{it}$,如果 $CL_{it}^* > 0$ 则 $CL_{it} = 1$;否则

$$CL_{it} = 0 \tag{4-3-7}$$

并且: $Prob(CL_{it} = 1 \mid z_{it}) = \Phi(z_{it}\beta)$

其中,y_{it} 为结果变量(outcome variable),对于式(4-3-3)为投资效率变量,而对于式(4-3-5)则为 Tobin's q。x_{it} 为 y_{it} 的决定向量,对应于式(4-3-3)和(4-3-5)中的控制变量 X。CL_{it} 为干预变量,当公司 i 在时期 t 为 H+A 公司时,$CL_{it}=1$,否则等于 0。CL_{it}^* 是隐内生变量(latent endogenous variable),当 CL_{it}^* 大于某个临界值(例如,0)时,所观测到的 CL_{it} 等于 1,否则为 0。z_{it} 是影响 CL_{it}^* 的外生变量向量。$\Phi(\cdot)$ 为标准正态分布的累积分布函数,ε_{it} 和 u_{it} 为相互关联的随机干扰项,服从二元正态分布。

对于选择模型中的向量 z_i,借鉴 Sun et al.(2013)、Huang et al.(2012)、覃家琦和邵新建(2015)的做法,选择如下指标:① 资产规模(LNA),等于资产账面值的对数。基于制度背景,我们看到资产规模越大的企业,越可能获得政府的青睐从而进入交叉上市候选人名单。② 财务杠杆(LEVER)。当公司财务杠杆过高时,可能会考虑通过上市获得权益性资本。③ 成立年限(LNAGE2)。公司的成立年限越长,上市的概率越高。④ 资产回报率(ROA)。交易所对上市存在盈利方面的要求,同时公司本身也会根据自身盈利状况来决定是否上市。⑤ 是否为国有控股企业(SOE)。若 SOE 属于国有控股,则 SOE=1;否则 SOE=0。能够 H+A 交叉上市的公司,绝大多数为国有控股公司,公司的国有属性对交

叉上市存在潜在的重要影响。⑥ 第一大股东持股比例(TOP1)，代表股权集中度。股权越集中的公司越有动力并有能力追求股权分散化进而影响上市决策。⑦ 各省市失业率(UNEMPL)，该变量度量地区经济发展水平。失业率越低，表明该地区的经济发展水平越高，越可能产生能够在境外上市进而交叉上市的企业。数据来自国家统计局网站。⑧ 各省市银行营业网点数量的对数(LNBRAN)，该变量可代表地区企业融资需求水平。地区银行网点越多，表明该地区的企业的潜在融资需求越大，越可能在境外上市进而交叉上市。数据来自银监会网站。⑨ 年度虚拟变量。从 H+A 交叉上市历史来看，各年度的上市数量不一。年度变量可捕捉在给定年度中影响交叉上市的各种宏微观综合信息。

　　干预效应模型适用于因变量为连续变量的情形。但规模报酬变量 IRS 是一个 0—1 变量，而干预变量 CL 也是 0—1 变量，要想同时对这两个 0—1 变量进行决策，适合的模型为递归双元 Probit 模型(recursive bivariate probit model)，其数学表达式与干预效应模型有点类似，如下：

$$y_1^* = x_1\beta_1 + y_2\gamma + u_1, \text{ if } y_1^* > 0, \text{ then } y_1 = 1; \text{ otherwise, } y_1 = 0 \tag{4-3-8}$$

$$y_2^* = x_2\beta_2 + u_2, \text{ if } y_2^* > 0, \text{ then } y_2 = 1; \text{ otherwise, } y_2 = 0 \tag{4-3-9}$$

　　其中，y_1 为式(4-3-8)中的 0—1 因变量，y_2 是式(4-3-9)的 0—1 因变量，并作为内生变量包含在式(4-3-8)中。x_1 和 x_2 分别为 y_1 和 y_2 在回归方程中的自变量向量。u_1 和 u_2 为相互关联的随机干扰项，服从二元正态分布。当采用双元 Probit 模型对规模报酬 IRS 进行估计时，x_1 和 x_2 的变量选择与干预效应模型相同。

　　本节所有干预效应模型均采用极大似然估计以对回归标准误进行稳健调整，同时，在个体水平上进行聚类。由于每一个干预效应模型中的选择模型的回归结果都不尽相同，且没有为研究提供更多的增量信息，因此，为节省篇幅，下文仅报告干预效应模型的回归模型结果。双元 Probit 模型也仅报告主要的 Probit 模型结果。

　　1. 投资效率的检验

　　表 4-3-8 是采用干预效应模型和双元 Probit 模型对投资效率进行检验的结果。可以看到 Wald χ^2 的检验全都显著，表明回归模型的变量符

合线性关系。除模型(7)和(9)之外,其他模型的Wald检验(对于干预效应模型而言)和LR检验(对于双元Probit模型而言)均显著拒绝$\rho=0$(ρ为回归模型误差项与选择模型误差项的相关系数),表明相应的干预效应模型及双元Probit模型的设计是合理的。鉴于极大似然估计法下不同的干预效应模型有不同的选择模型结果,我们留到后文再对选择模型进行统一分析。

静态投资效率的检验结果表明,H+A公司具有与显著更低的STECRS、更高的STEVRS、更低的SE和更低的IRS。相比较于表4-3-5的混合OLS回归结果,表4-3-8在考虑了内生性问题后所获得的结果更加显著也更加可信。

动态投资效率的检验结果表明,除了表4-3-5中关于H+A公司具有显著更低的TFPCH、EFFCH、PECH的发现被确认外,模型(7)还表明H+A公司具有显著更高的技术进步。就H+A公司具有更低的TFPCH而言,本节的发现与第三节的相似。但不同的是,在随机边界分析法下,第三节发现H+A公司更低的全要素生产率变动来自于更低的技术进步和更高的技术效率变动,而表4-3-5和表4-3-8则表明,H+A公司的全要素生产率变动源于更低的技术效率变动以及更高的技术进步。考虑到在政府干预之下的企业往往以更高的投入生产相同的产品,H+A公司如果受到更多的政府干预,其技术效率变动将更为低下,因此本节的发现更加符合直觉。

2. 市场价值的检验

(1) 基于静态投资效率的交互效应检验

表4-3-9报告了在考虑内生性后市场价值及其静态投资效率的关系检验结果。模型(1)—(5)的主效应回归结果与表4-3-6的混合OLS回归结果完全一致,CL的系数全部显著为负,表明H+A公司存在折价而非溢价。交互效应回归显示四个变量的交互项系数均为负,但只有IRS的交互项显著,表明H+A公司由于具有更低概率的规模报酬递增而削弱了IRS的价值提升作用。

(2) 基于动态投资效率的交互效应检验

表4-3-10为市场价值与动态投资效率的关系检验结果。主效应回归结果与表4-3-7的混合OLS回归结果保持一致,TFPCH、EFFCH、

表 4-3-8 投资效率的干预效应模型与双元 Probit 模型

	静态投资效率				动态投资效率				
	(1) STECRS	(2) STEVRS	(3) SE	(4) IRS	(5) TFPCH	(6) EFFCH	(7) TECHCH	(8) PECH	(9) SECH
CONSTANT	−0.3463*** (0.0597)	−0.1656 (0.1234)	0.9043*** (0.0863)	16.0081*** (0.3945)	0.8556*** (0.0398)	0.8742*** (0.0409)	1.0147*** (0.0141)	0.9020*** (0.0358)	0.9668*** (0.0343)
CL	−0.1905*** (0.0226)	0.2217*** (0.0531)	−0.2147*** (0.0215)	−1.0664*** (0.1952)	−0.1054*** (0.0099)	−0.1133*** (0.0107)	0.0227* (0.0136)	−0.0922*** (0.0095)	−0.0145 (0.0233)
控制变量	YES	YES	YES	YES	YES	YES	YES	YES	YES
Wald χ^2	5192.44***	2507.83***	1113.19***	3380.17***	388.70***	2623.56***	17393.75***	2190.36***	798.36***
Wald/LR test: $\rho=0$	114.89***	4.84**	112.41***	28.6125***	77.33***	78.70***	2.12	82.34***	0.4
N	9846	9846	9846	9846	8752	8752	8752	8752	8752

注:干预效应模型执行的是 Wald 检验,双元 Probit 模型执行的是 LR 检验。模型(4)为双元 Probit 模型,其他模型为干预效应模型。

表 4-3-9　市场价值及其与静态投资效率的关系检验：干预效应模型

	主效应回归						交互效应回归		
	(1)	(2)	(3)	(4)	(5)	(6)	(7)	(8)	(9)
CONSTANT	5.4346***	5.4960***	5.3115***	8.3961***	2.7511***	5.4915***	5.2929***	8.3919***	2.7583***
	(0.4945)	(0.5117)	(0.4859)	(0.7583)	(0.4858)	(0.5121)	(0.4839)	(0.7653)	(0.4847)
CL	−0.9373***	−0.9351***	−1.0268***	−1.1167***	−0.9346***	−0.6655*	−0.8779***	−1.0201**	−0.8214***
	(0.1266)	(0.1263)	(0.1360)	(0.1313)	(0.1200)	(0.3894)	(0.3298)	(0.4109)	(0.1070)
STECRS		−0.1268				−0.1146			
		(0.2174)				(0.2212)			
STEVRS			0.6878***				0.7016***		
			(0.2103)				(0.2193)		
SE				−2.1791***				−2.1695***	
				(0.3652)				(0.3844)	
IRS					0.5370***				0.5485***
					(0.0432)				(0.0440)
CL * STECRS						−0.4726			
						(0.5801)			
CL * STEVRS							−0.1969		
							(0.4036)		
CL * SE								−0.1191	
								(0.4935)	
CL * IRS									−0.6621***
									(0.2537)
控制变量	YES	YES	YES	YES	YES	YES	YES	YES	YES
Wald χ^2	2336.08***	2328.67***	2347.42***	2212.48***	2180.93***	2333.08***	2349.42***	2216.01***	2169.64***
Wald test: $\rho=0$	93.61***	93.55***	88.20***	88.45***	85.86***	91.06***	85.32***	85.61***	71.13***
N	9846	9846	9846	9846	9846	9846	9846	9846	9846

表 4-3-10 市场价值与动态投资效率的关系检验：干预效应模型

	主效应回归					交互效应回归				
	(1)	(2)	(3)	(4)	(5)	(6)	(7)	(8)	(9)	(10)
CONSTANT	6.2704***	6.3875***	6.8531***	6.5410***	6.8150***	6.2460***	6.3635***	6.9014***	6.5273***	6.7614***
	(0.6011)	(0.5922)	(0.6085)	(0.6026)	(0.6331)	(0.6030)	(0.5938)	(0.6067)	(0.6034)	(0.6107)
CL	−1.0320***	−1.0297***	−1.0222***	−1.0241***	−1.0228***	0.2469	0.1468	−2.2340***	−0.2804	0.1035
	(0.1404)	(0.1404)	(0.1395)	(0.1401)	(0.1395)	(0.3879)	(0.2825)	(0.4193)	(0.2671)	(0.4105)
TFPCH	0.5718***					0.5883***				
	(0.2075)					(0.2090)				
EFFCH		0.4571***					0.4771***			
		(0.1724)					(0.1739)			
TECHCH			0.0868					0.0426		
			(0.1194)					(0.1204)		
PECH				0.3506**					0.3646**	
				(0.1541)					(0.1559)	
SECH					0.1154					0.1639
					(0.2586)					(0.2683)
CL * TFPCH						−1.2895***				
						(0.3815)				
CL * EFFCH							−1.1886***			
							(0.2772)			

(续表)

	主效应回归					交互效应回归				
	(1)	(2)	(3)	(4)	(5)	(6)	(7)	(8)	(9)	(10)
CL*TECHCH								1.1963*** (0.3761)		
CL*PECH									−0.7482*** (0.2696)	
CL*SECH										−1.1269*** (0.3822)
控制变量	YES	YES	YES	YES	YES	YES	YES	YES	YES	YES
Wald χ^2	2295.49***	2330.80***	2315.15***	2318.53***	2324.58***	2318.69***	2357.05***	2327.87***	2335.17***	2330.79***
Wald test:$\rho=0$	90.73***	90.81***	91.31***	90.29***	91.56***	90.07***	90.29***	91.71***	89.78***	91.92***
N	8752	8752	8752	8752	8752	8752	8752	8752	8752	8752

PECF 具有显著的价值提升作用,而 TECHCH、SECH 的作用则不明显。交互效应回归结果再次证实了表 4-3-7 的结果:H+A 公司由于具有更低的 TFPCH、EFFCH、PECF,这些变量的价值提升作用遭受下降。

3. 选择模型的结果

本节主要采用干预效应模型的极大似然估计法进行估计,以便进行稳健标准误调整并在个体水平上进行聚类。但极大似然估计的一个缺陷是选择模型的回归结果各不相同,不利于展示选择模型的结果及其分析结果。相比之下,两步法估计下的选择模型则保持不变。为了展示本节的选择模型的合理性,首先,提供两步法下的选择模型。由于涉及静态效率的模型与涉及动态效率的模型具有不同的观测值,因此选择模型的结果也有所不同。这里同时提供两个。选择模型的被解释变量是 CL(是否交叉上市),可以看到所有自变量的回归系数全都显著,如表 4-3-11 所示。

表 4-3-11 两步法下的选择模型

	与静态效率相关的模型	与动态效率相关的模型
CONSTANT	−18.9626***	−20.1985***
	(0.9248)	(1.0511)
LNASSET	0.5638***	0.5442***
	(0.0290)	(0.0302)
LEVER	−1.2633***	−1.2341***
	(0.1942)	(0.2056)
LNAGE2	1.2871***	1.3374***
	(0.1462)	(0.1610)
ROA	−3.3101***	−3.3764***
	(0.6022)	(0.6253)
SOE	0.8137***	0.8327***
	(0.1186)	(0.1252)
TOP1	0.4004*	0.3881*
	(0.2242)	(0.2353)
UNEMPL	−0.2102***	−0.2222***
	(0.0374)	(0.0397)
LNBRAN	0.2570***	0.2616***
	(0.0572)	(0.0600)
YEAR	YES	YES
N	9 846	8 752

作为对两步法选择模型的补充,这里列举若干在极大似然估计法下的选择模型结果,如表 4-3-12 所示。可以看到结果与两步法大抵相似,只是 TOP1 的系数不再显著。

表 4-3-12　极大似然估计法下的选择模型结果

	(1)	(2)	(3)	(4)	(5)	(6)
CONSTANT	−21.7213***	−21.7485***	−21.7189***	−21.7511***	−21.7309***	−21.7334***
	(2.8159)	(2.8199)	(2.8156)	(2.8169)	(2.8196)	(2.8148)
LNASSET	0.5646***	0.5657***	0.5647***	0.5658***	0.5650***	0.5650***
	(0.0946)	(0.0946)	(0.0946)	(0.0946)	(0.0948)	(0.0947)
LEVER	−1.2279**	−1.2351**	−1.2280**	−1.2345**	−1.2294**	−1.2286**
	(0.6047)	(0.6042)	(0.6049)	(0.6044)	(0.6055)	(0.6054)
LNAGE2	1.4447***	1.4434***	1.4433***	1.4413***	1.4448***	1.4435***
	(0.3334)	(0.3329)	(0.3329)	(0.3323)	(0.3328)	(0.3330)
ROA	−2.9168***	−2.9434***	−2.9154***	−2.9400***	−2.8843***	−2.8874***
	(0.8291)	(0.8280)	(0.8291)	(0.8277)	(0.8328)	(0.8335)
SOE	0.9919**	0.9932**	0.9902**	0.9913**	0.9883**	0.9881**
	(0.4860)	(0.4873)	(0.4853)	(0.4865)	(0.4844)	(0.4843)
TOP1	0.5680	0.5657	0.5679	0.5678	0.5656	0.5688
	(0.5288)	(0.5288)	(0.5287)	(0.5290)	(0.5290)	(0.5289)
UNEMPL	−0.2170**	−0.2164**	−0.2168**	−0.2160**	−0.2162**	−0.2161**
	(0.0992)	(0.0992)	(0.0992)	(0.0992)	(0.0993)	(0.0993)
LNBRAN	0.3141**	0.3149**	0.3139**	0.3148**	0.3142**	0.3140**
	(0.1510)	(0.1512)	(0.1511)	(0.1511)	(0.1512)	(0.1511)
YEAR	YES	YES	YES	YES	YES	YES
N	8 752	8 752	8 752	8 752	8 752	8 752

双元 Probit 模型的选择模型也是 Probit 模型,其结果与两步法下的结果类似,所有变量全都显著,如表 4-3-13 所示。

表 4-3-13　双元 Probit 模型的选择模型

CONSTANT	−18.5915***
	(0.9149)
LNASSET	0.5398***
	(0.0290)
LEVER	−1.1077***
	(0.1912)

(续表)

LNAGE2	1.4214***
	(0.1462)
ROA	−3.1685***
	(0.5643)
SOE	0.7567***
	(0.1166)
TOP1	0.4114*
	(0.2210)
UNEMPL	−0.2001***
	(0.0368)
LNBRAN	0.2195***
	(0.0560)
YEAR	YES
N	9 846

至此，我们可以综合全部的选择模型对选择变量的影响进行分析。尽管各个模型的选择模型结果不尽相同，但各变量的回归系数符号及其显著性则大抵保持稳定和一致。整体而言，各变量的回归系数分别如下：资产规模(LNASSET)显著为正；财务杠杆(LEVER)显著为负；成立年限(LNAGE2)显著为正；资产回报率(ROA)显著为负；是否国有企业(SOE)显著为正；第一大股东持股比例(TOP1)为正，但弱显著；各省市失业率(UNEMPL)显著为负；各省市银行营业网点数量对数值(LNBRAN)显著为正。这些结果与预期保持一致。

(二)倾向得分匹配与偏差修正匹配

为了进一步缓解选择偏差和内生性问题，采取倾向得分匹配(propensity score matching, PSM)与偏差修正匹配(bias-corrected matching)两种方法计算平均干预效应(average treated effect for the treated, ATT)。倾向得分匹配法根据基于 logit 回归获得的干预概率(倾向得分)来进行匹配并计算 ATT。在匹配过程中采取 1∶1 无回置最近邻匹配的方法，并进行平衡性检验。偏差修正匹配则基于向量模来寻找最短马氏距离并据此进行匹配，最后计算出 SATT(即样本 ATT)和 PATT(即总体 PATT)。SATT 和 PATT 的值是一样的,但 z 值以及相应的显著性可能存在差异。如果 SATT 显著且 PATT 也显著,则表明根据样本获得的 ATT 可以推广到总体。但如果 SATT 显著而 PATT 不显著,则根据样本获得的 ATT 结论仅限于所研究之样本。

匹配结果如表 4-3-14 所示。其中,Panel A 为倾向得分匹配结果。Stata 为每一个变量提供了两组样本比较:匹配前的(unmatched)的样本比较;匹配后的样本比较,即 ATT。对于 STECRS,匹配前的均值差异为 0.0025,但不显著,表明在匹配前,H+A 公司(干预组)的 STECRS 与纯 A 公司(控制组)没有区别。但匹配后,ATT 为 -0.0506 且显著,表明在匹配后,H+A 公司的 STECRS 显著低于纯 A 公司。根据相似的道理,我们可以根据 ATT 的结果总结如下:在匹配后,H+A 公司具有显著更低的 STECRS、SE、TFPCH、EFFCH 和 q。Panel B 为偏差修正匹配结果。结果表明,在匹配后,H+A 公司具有显著更低的 STECRS、SE 和 q,其他变量则未发现显著差异。整体上,匹配的结果支持了上文的回归结果。

(三)稳健性检验

本节的稳健性检验采取如下方法。第一,分别在 1% 和 99%、2% 和 98% 的分位数水平上对 DEA 的投入产出数据进行 winsorize,然后重新计算出相关效率指标再进行上述检验。第二,根据表 2 的描述性统计,所有投资效率值介于 0 和 2.5 之间,因此对表 3 的混合 OLS 回归改用 Tobit 模型进行回归。第三,由于 2006 年已经完成股权分置改革,市场对公司价值的影响作用在加强,因此采用 A 股市场价格来计算非流通股价值,进而计算 Tobin's q,然后重新进行相关检验。第四,对 Tobin's q 的两种计算值分别进行行业中位数调整,然后重新进行相关检验。第五,采用随机效应(random effect)模型、广义最小二乘法(GLS)、运用具有 Driscoll-Kraay 标准差调整的混合 OLS 模型替代原来的混合 OLS 模型。第六,在干预效应模型中,采用两步估计法替代极大似然估计法。结果无实质性变化。

表 4-3-14 倾向得分匹配与偏差修正匹配

Panel A: 倾向得分匹配

变量	样本	干预组	控制组	差异	t 值
STECRS	Unmatched	0.5651	0.5626	0.0025	0.28
	ATT	0.5657	0.6163	−0.0506***	−4.77
STEVRS	Unmatched	0.7506	0.6143	0.1363***	(11.89)
	ATT	0.7501	0.7448	0.0053	(0.26)
SE	Unmatched	0.8122	0.9293	−0.1172***	(−18.41)
	ATT	0.8138	0.8488	−0.0350***	(−2.68)
TFPCH	Unmatched	0.9932	1.0008	−0.0076	(−0.79)
	ATT	0.9931	1.0124	−0.0193**	(−2.04)
EFFCH	Unmatched	0.9921	0.9979	−0.0059	(−0.51)
	ATT	0.9928	1.0150	−0.0222*	(−1.78)
TECHCH	Unmatched	1.0123	1.0130	−0.0007	(−0.11)
	ATT	1.0115	1.0041	0.0073	(0.87)
PECH	Unmatched	0.9959	0.9992	−0.0032	(−0.31)
	ATT	0.9951	1.0086	−0.0135	(−1.13)
SECH	Unmatched	0.9995	1.0004	−0.0009	(−0.15)
	ATT	1.0010	1.0097	−0.0087	(−1.01)
q	Unmatched	1.4049	1.9977	−0.5928***	(−7.85)
	ATT	1.4049	1.5288	−0.1240**	(−2.19)

Panel B: 偏差修正匹配

估计量	系数	z 值
SATT	−0.0673***	(−9.11)
PATT	−0.0673***	(−6.6)
SATT	−0.0100	(−0.95)
PATT	−0.0100	(−0.63)
SATT	−0.0475***	(−8.18)
PATT	−0.0475***	(−5.94)
SATT	−0.0058	(−0.75)
PATT	−0.0058	(−0.8)
SATT	−0.0087	(−0.81)
PATT	−0.0087	(−0.92)
SATT	0.0055	(0.79)
PATT	0.0055	(0.92)
SATT	−0.0019	(−0.2)
PATT	−0.0019	(−0.22)
SATT	−0.0056	(−0.77)
PATT	−0.0056	(−0.82)
SATT	−0.1298***	(−3.71)
PATT	−0.1298***	(−3)

注：投资效率指标的匹配协变量与模型(4-3-3)中的控制变量相同。q 的匹配协变量与模型(4-3-5)中的控制变量相同。

五、研究结论

本节选取 2006 年年底完成上市的 A 股公司作为样本,最终获得 2006—2014 年,每年 1 094 家共计 9 846 个平衡面板观测值,其中 H+A 公司每年 33 个,共计 297 个观测值,并以此考察中国 H+A 公司是否因为受到了更多的政府干预而具有更高的投资效率和公司价值托宾 q。通过超效率数据包络分析来计算技术效率、规模效率、规模报酬递增,并以此度量投资的静态效率,通过基于 DEA 的 Malmquist 生产率指数及其次级指数来度量投资的动态效率,本节发现,H+A 公司具有更低的不变规模报酬条件下的技术效率、更低的规模效率以及更小概率的规模报酬递增;同时,H+A 公司具有更低的全要素生产率变动、技术效率变动以及纯粹技术效率变动。H+A 公司具有更低的市场价值,并且其更低的静态与动态投资效率降低了公司价值。

第四节 投资回报率

投资回报率(return on investment,ROI)的度量方法有如下几种。第一,为已投资本回报率(return on invested capital);第二,经营业绩,例如,ROA 和 ROE;第三,综合指数法。按照政府干预假说的逻辑,交叉上市未必导致投资回报率的提高。本节主要以经营业绩来度量投资回报率,并按照常规思维(即交叉上市导致好的业绩)从纵向和横向上提出假设:

H1:公司在交叉上市后其业绩趋向于更好。
H2:交叉上市公司的业绩好于单纯在 A 股上市的公司的业绩。

下面采用配对法对 H1 和 H2 进行检验,然后采用回归法对 H2 进行检验。

一、研究设计 I:配对法

(一)变量说明

在公司业绩的代理变量选择上,一些学者认为公司业绩是对公司运营成果的综合评价,因此要从多个角度设计指标来评价公司业绩。这种评价方法的优点是指标覆盖面广,对公司业绩的评价更为全面。另一些学者采取更为简洁的方法,直接使用公司资产收益率(ROA)或者权益收益率(ROE)来代理公司业绩,因为从财务角度评价公司业绩的指标最终会在资产收益率和权益收益率两个指标中得到体现。本节将分别运用单指标分析和综合指标评价的方法全面度量公司的业绩。在单指标评价上,选择会计指标 ROA 和市场指标托宾 q 作为公司业绩的代理变量。在综合指标评价上,本节从成长性、经营能力、盈利能力、负债能力四个方面来进行度量,共计 11 个财务指标,这些指标及其计算公式如表 4-4-1 所示;由于企业业绩在各个指标中都可能得到体现,为此采用主成分分析法对这 11 个指标进行降维,将 11 个指标压缩成一个综合指标。根据主成分法构造综合指标的计算公式如下:

$$F_i = \sum_{j=1}^{n} w_{ij} f_{ij}$$

其中,F_i 是第 i 个公司的综合业绩指标,f_{ij} 是第 i 个公司的第 j 个因子的得分;w_{ij} 是 f_{ij} 的权重,本节采用方差贡献率来度量。据此,可以计算出上市公司各年的综合业绩指标。

表 4-4-1 公司业绩评价的指标体系

一级指标	二级指标	计算公式
成长性指标	净资产增长率	$\frac{本期净资产}{上期净资产}-1$
	营业利润增长率	$\frac{本期营业利润}{上期营业利润}-1$
	营业收入增长率	$\frac{本期营业收入}{上期营业收入}-1$
经营能力指标	资产周转率	$\frac{主营业务收入净额}{(本期总资产+上期总资产)/2}$
	每股净资产	$\frac{所有者权益}{期末总股本}$

(续表)

一级指标	二级指标	计算公式
盈利能力指标	资产收益率	$\dfrac{\text{净利润}}{(\text{本期总资产}+\text{上期总资产})/2}$
	净资产收益率	$\dfrac{\text{净利润}}{(\text{本期净资产}+\text{上期净资产})/2}$
	每股收益	$\dfrac{\text{净利润}}{\text{普通股股数}}$
负债能力指标	资产负债率	$\dfrac{\text{负债合计}}{\text{资产合计}}$
	流动比率	$\dfrac{\text{流动资产}}{\text{流动负债}}$
	速动比率	$\dfrac{\text{流动资产}-\text{存货}}{\text{流动负债}}$

为了验证假设 H1,首先,搜集了交叉上市后 5 年(包括上市当年)的相关数据,定义上市当年为第 0 年,上市后一年至第四年分别为第 1 年、第 2 年、第 3 年和第 4 年。其次,以交叉上市公司的 ROA、托宾 q 为比较标准,对两个指标第 0 年和第 1 年、第 1 年和第 2 年、第 2 年和第 3 年、第 3 年和第 4 年的分值分别进行配对检验(pairwise testing),以此判断公司交叉上市后的业绩变化趋势。最后,再以主成分分析计算出的综合得分为比较标准,通过对每一家公司的综合业绩进行年度比较,根据业绩上升或者下降的公司数量及比例进行最终判断。

为了验证假设 H2,需要比较交叉上市公司和没有交叉上市公司的业绩。为此,为每一家交叉上市的公司寻找一家单纯 A 股上市公司作为对比样本。对比样本选取的标准如下:① 行业相同;② 只在 A 股上市;③ 上市时间相近;④ 公司规模相近(本节以公司总资产作为公司规模的标准,由于大部分交叉上市公司是其所在行业内的龙头企业,规模庞大,很难找到规模相近的,因此对这一条件的考虑较少)。

(二) 数据来源及其处理

本节数据来自 CCER 数据库。数据期间为 1993—2008 年。在此期间,中国 AH 公司共计 58 家。从上市顺序上看,有 50 家是 H+A 交叉上市,占到总样本的86%;有7家是A+H上市;只有工商银行1家是两地同时上市的。从上市时间上看,交叉上市的时间集中在1997年以前和2006年以后,且在1993年到1997年之间的分布较为均匀;2006年以后,H股上市公司回归A股又掀起了交叉上市高潮,仅2007年就有13家公司完成了交叉上市(其中有12家是回归A股的)。从行业分布上看,这58家公司中,制造业公司为24家(占比41%),交通运输业公司10家(占比17%),金融保险业公司8家(占比14%),采掘业公司7家(占比12%),电力、煤气及水的生产和供应业公司3家,建筑业、信息技术业公司各2家,社会服务业和房地产业公司各1家。由于本节要研究交叉上市前后的业绩变化,并且选择的数据仅截至2008年,因此,剔除2007年以后交叉上市的公司5家,剩余53家;又由于金融业的特殊性,金融类公司有单独的统计口径,数据内容与其他公司有所差异,出于对数据可得性以及可比性的考虑,剔除在2007年及以前上市的8家金融类企业,最后得到可供研究的交叉上市公司样本共计45家。

本节选择对照组样本的过程如下:首先,控制行业,即CSRC行业分类代码的前三位相同,在此基础上比较上市时间,以上市时间前后相差1年为限,寻找规模相差最小的,因此共为32家交叉上市公司找到了对照样本;然后放宽了行业代码,在行业大类中为剩余的13家双重公司寻找上市时间相差不超过1年的单纯A股上市公司,共找到11家;最后剩余的2家公司的对照组为行业代码前三位相同,但是上市时间相差1年以上的公司。

二、研究设计Ⅱ:回归法

(一) 模型与变量

除了配对法,本节也采用回归方法来检验H2,设定的模型如下:

$$PERFORMANCE_{it} = \beta_0 + \beta_1 CL_{it-1} + \beta_2 X_{it-1} + \varepsilon_{it} \quad (4-4-1)$$

其中,PERFORMANCE代表投资回报率,采用ROA和ROE来度量。CL代表H+A交叉上市,X为控制变量,包括:资产规模LNA、上市年限AGE、财务杠杆LEVEREAG、实际控制人性质虚拟变量CTR、行业与年度虚拟变量Industry和Year。

（二）数据来源及其处理

根据数据统计，中国 H+A 公司的数量直到 2005 年才达到 30 家，刚好满足统计上的大样本(30)要求，但吉林化工在 2006 年 1 月退市。2006 年的 H+A 公司数量为 34 家，在样本数量上更加符合统计要求。为了降低上市当年可能造成的异常影响，同时也因为本文分析中一些变量需要用到一阶滞后值，因此我们的变量取值期间虽然为 2006—2014 年，但实际分析中用到的数据期间则为 2007—2014 年。

以 CSMAR 提供的 2006—2014 年间的资产负债表为基础，合并相关数据，获得共计 19 590 个企业-年观测值。然后顺序剔除如下数据：① 剔除 A+H、A×H、A+B 交叉上市观测值，共计 975 个。本书只想考察 H+A 交叉上市公司。② 剔除统计年度早于 H+A 上市年度的观测值，共计 11 个。③ 剔除纯 B 股公司、创业板公司，共计 2 686 个。B 股的监管制度不同于 A 股和 H 股，创业板在上市要求以及监管政策上有异于主板和中小板。④ 剔除非国有公司，共计 7 620 个。H+A 公司多数为国有上市公司。⑤ 剔除金融业公司，共计 120 个。⑥ 剔除数据异常的样本，包括，销售收入的增长率超过 5 倍、ROA、ROE 的绝对值超过 1 倍、每股股利比每股净利润的绝对值超过 1 倍，每股股利比每股销售额超过 1 倍的样本，共计 453 个。⑦ 剔除相关变量数据缺失的观测值，共计 2 113 个。⑧ 剔除同一实际控制人性质下观测值不足 30 个的数据，共计 10 个。最后获得 2007—2014 年，共 5 602 个非平衡面板数据，其中 H+A 公司有 279 个观测值。为了降低变量的离群值问题，我们对连续性变量分别在 1% 和 99% 分位数水平上分年度进行首尾调整(winsorize)。

三、实证结果与分析 I : 配对法

（一）交叉上市后的业绩比较

首先，以单指标来衡量公司业绩，有两个指标：资产收益率(ROA)和托宾 q。先看资产收益率(ROA)，这是投资者最为关注的一个评价企业经营业绩的指标，也是投资者投资的主要依据。交叉上市公司上市后各年 ROA 的配对 t 检验的结果如表 4-4-2 所示。

表 4-4-2　交叉上市公司 A 股上市后 ROA 变化的配对 t 检验结果

	ROA	均值	N	标准差	t 值
PT1	第 0 年的 ROA	0.102	42	0.051	8.541**
	第 1 年的 ROA	0.028	42	0.045	
PT2	第 1 年的 ROA	0.034	37	0.049	0.811
	第 2 年的 ROA	0.029	37	0.072	
PT3	第 2 年的 ROA	0.033	32	0.076	−0.449
	第 3 年的 ROA	0.038	32	0.061	
PT4	第 3 年的 ROA	0.038	32	0.061	−0.037
	第 4 年的 ROA	0.041	32	0.063	

注:(1) 青岛啤酒、广船国际、上海石化在 1993 年上市,CCER 并没有提供该年的数据,故第 0 年的样本数是 42 个;其后样本的减少是因为某些公司上市时间较晚。
(2) PT_i 表示第 i 组配对检验,下同。
(3) *、**、*** 分别代表在 10%、5%、1% 的显著性水平上显著,下同。

不难看出,交叉上市公司在 A 股上市后第 1 年的业绩比上市当年明显下降,资产收益率由 0.102 降低到 0.028,而且这种下降在统计上是显著的,对资产收益率的配对 t 检验结果显示,t 值为 8.541。其后各年的资产收益率虽然有所变动,但是变化不大,而且这种变化在统计上不显著。也就是说,从反映公司业绩的单指标 ROA 的分析结果来看,交叉上市公司的业绩在上市后第一年大幅度下滑,其后各年没有明显的上升或者下降。根据这个结果,可以认为交叉上市并没有提高公司的经营业绩。

其次,以托宾 q 来度量公司的长期业绩。与会计指标 ROA 相比,托宾 q 值可以体现公司的发展潜力,是描述一家公司市场价值的重要指标。表 4-4-3 给出了交叉上市公司 A 股上市后托宾 q 变化的配对 t 检验的结果。根据表 4-4-3 的结果,交叉上市公司在 A 股上市后各年的托宾 q 均值都小于 1,说明市场对这些公司的估价水平低于其重置价格,市场价值水平较低。而且上市后相邻两年的托宾 q 的配对 t 检验的结果显示,随着时间的推移,这些公司的市场价值都没有获得提高。

表 4-4-3　交叉上市公司 A 股上市后托宾 q 变化的配对 t 检验结果

		均值	N	标准差	配对 t 检验的 t 值
PT1	第 0 年的托宾 q	0.783	42	0.343	−0.521
	第 1 年的托宾 q	0.806	42	0.319	
PT2	第 1 年的托宾 q	0.755	37	0.346	0.894
	第 2 年的托宾 q	0.728	37	0.245	
PT3	第 2 年的托宾 q	0.695	32	0.245	−0.293
	第 3 年的托宾 q	0.708	32	0.224	
PT4	第 3 年的托宾 q	0.708	32	0.224	−0.442
	第 4 年的托宾 q	0.720	32	0.234	

最后，单指标分析虽然硬性简便易懂，但可能不够全面。接下来将选择 11 个指标，运用主成分分析方法将这些指标压缩为一个综合指标，以此来度量交叉上市公司的综合业绩并判断这些公司的业绩变化。

为了检验表 4-4-1 所选择的财务指标是否适合做主成分分析，首先，对各年的变量数据进行 KMO(Kaiser-Meyer-Olkin)检验，结果如表 4-4-4 所示。KMO 统计量值一般介于 0 和 1 之间，若该统计指标在 0.5 和 1 之间，则表明可以进行因子分析，若小于 0.5，则表明因子分析的结果可能难以接受。交叉上市公司五年数据的 KMO 值均大于 0.5，Bartlett 检验的近似卡方值都在 290 以上，p 值近似为 0，拒绝原假设，即相关矩阵不是单位阵，从而所选择变量适合做主成分分析。

表 4-4-4　KMO 检验结果

		第 0 年	第 1 年	第 2 年	第 3 年	第 4 年
KMO 统计量		0.515	0.655	0.619	0.584	0.573
Bartlett 检验	近似卡方	347.782	358.482	298.962	299.962	312.171
	df	55	55	55	55	55
	Sig.	0.000	0.000	0.000	0.000	0.000

一般认为，提取的主成分如果解释了原始变量 80% 的信息就是可以接受的。从结果来看，五年数据的前四个主成分的累计方差值都超过了 80%，即四个主成分解释了原始变量的 80% 以上的信息，因此需要提取四个主成分即可。选择用回归的方法计算并保存各个主成分的值，分别记为 F1、F2、F3、F4。根据分析结果，第 0—4 年的主成分方程分别为：

$$F = 0.353 \times F1 + 0.316 \times F2 + 0.196 \times F3 + 0.137 \times F4;$$
$$F = 0.429 \times F1 + 0.272 \times F2 + 0.182 \times F3 + 0.118 \times F4;$$
$$F = 0.484 \times F1 + 0.291 \times F2 + 0.121 \times F3 + 0.104 \times F4;$$
$$F = 0.457 \times F1 + 0.298 \times F2 + 0.136 \times F3 + 0.109 \times F4;$$
$$F = 0.416 \times F1 + 0.343 \times F2 + 0.171 \times F3 + 0.071 \times F4$$

根据这些方程,可以求出交叉上市公司各年的经营业绩综合得分,分别记做 $F0'$、$F1'$、$F2'$、$F3'$、$F4'$。

计算出第 0 年至第 4 年各交叉上市公司的综合业绩之后,比较每家公司每一年的业绩变化及相应的公司数量和比例;具体而言,就是通过统计 $F1'>F0'$、$F2'>F1'$、$F3'>F2'$、$F4'>F3'$ 的家数及比例来比较交叉上市后公司业绩的变化,相关统计见表 4-4-5。如果从数量或比例来看,则交叉上市后第 1 年业绩上升($F1'>F0'$)的有 23 家,占比 54.8%;以 F1 为基础,上市后第 2 年业绩上升($F2'>F1'$)的为 16 家,占比 43.2%;而第 3 年和第 4 年业绩上升的公司比重逐年降低到 40.6% 和 28.1%。整体来看,交叉上市公司的业绩在上市后第一年有所上升,其后逐年下降,并且随着时间的延长,业绩下降公司的比重逐年增加,综合业绩下降的趋势明显。

表 4-4-5　公司交叉上市后综合业绩的变化

年份	样本数	$F1'>F0'$	$F2'>F1'$	$F3'>F2'$	$F4'>F3'$
0	42				
1	45	$23\left(\frac{23}{42}=54.8\%\right)$			
2	37		$16\left(\frac{16}{37}=43.2\%\right)$		
3	32			$13\left(\frac{13}{32}=40.6\%\right)$	
4	32				$9\left(\frac{9}{32}=28.1\%\right)$

注:青岛啤酒、广船国际、上海石化在 1993 年上市,CCER 并没有提供该年的数据,故第 0 年样本数为 42 家;由于第 1 年要和第 0 年比较,故第 1 年 $F1'>F0'$ 的分母为 42;第 1 年后样本数减少是由于一些公司上市时间较晚所导致。

综合上面的分析可以看出,从长期看来,交叉上市公司回归 A 股(研究样本多数是先外后内完成上市的)后的业绩并没有得到提高。因为对资产收益率的分析结果显示,上市后第 1 年业绩明显下降,其后各年保持稳定,而多指标综合评价业绩的结果则显示,除上市后第 1 年外,多数公司各年的业绩逐渐下降,并且随着考察期的延长而更加糟糕。至此,可以认为 H1 未得到支持。

（二）与对比样本的业绩比较

为了验证 H2,从横向上考察交叉上市公司业绩的变化。同样,首先从单指标开始分析。对交叉上市公司和对比公司的每一年的 ROA 进行配对 t 检验,其结果如表 4-4-6 所示。

表 4-4-6 交叉上市公司与单纯 A 股公司 ROA 配对 t 检验结果

		均值	N	标准差	配对 t 检验的 t 值
PT1	D0_ROA	0.099	41	0.049	−1.760*
	A0_ROA	0.117	41	0.060	
PT2	D1_ROA	0.030	44	0.045	−2.382**
	A1_ROA	0.047	44	0.033	
PT3	D2_ROA	0.038	32	0.061	−1.599
	A2_ROA	0.050	32	0.057	
PT4	D3_ROA	0.038	32	0.061	−1.027
	A3_ROA	0.041	32	0.063	
PT5	D4_ROA	0.041	32	0.063	−0.605
	A4_ROA	0.047	32	0.052	

注:(1) 第 0 年交叉上市公司青岛啤酒、广船国际、上海石化三家的数据缺失,北人股份的对比公司鞍山一工数据缺失,故配对样本数为 41 个;第 1 年广船国际的对比公司数据缺失,故配对样本为 44 个;2006 年以前完成交叉上市且在研究范围内的有 32 家公司,故第 2、3、4 年的样本数为 32。

(2) Di_x、Ai_x 分别表示交叉上市公司、纯 A 股上市配对公司在上市后第 i 年的业绩指标 x,下同。

从表 4-4-6 可以看出,在上市后的每一个年度,单纯 A 股公司的 ROA 的均值都高于交叉上市公司,而且上市当年和上市后第 1 年的差距在统计上是显著的。上市当年,单纯 A 股公司的 ROA 均值为 0.117,高于交叉上市公司的 0.099,并且在 10% 的显著性水平下这种差异是显著的。上市后第 1 年,两组公司的 ROA 都有所下降,但是单纯 A 公司的 ROA 均值为 0.047,仍高于交叉上市公司的 0.030,而且配对 t 检验的 t 值为 2.382,这种差异在 5% 的显著性水平下也是显著的。其后三年,单纯 A 股的 ROA 均值都高于交叉上市公司,尽管没能通过显著性检验。

根据单指标 ROA 配对 t 检验的结果，交叉上市公司在 A 股上市当年和上市后第 1 年的业绩都低于对照公司，后三年也没有在业绩上超过单纯 A 股公司。根据这个结果，可以说交叉上市公司的业绩不如单纯 A 股上市公司，至少不比这些公司好。

由于会计指标仅能反映公司过去经营的状况，不能很好地反映公司的增长潜力，首先，我们采用托宾 q 值代理公司业绩，比较两组公司的长期发展潜力或者说是市场价值，结果如表 4-4-7 所示。可以看到，交叉上市公司与单纯 A 股公司上市后各年的托宾 q 的配对 t 检验的结果表明，交叉上市公司的市场价值是远远低于单纯 A 股公司的。42 家交叉上市公司上市当年的托宾 q 均值为 0.783，而 42 家对照组的平均托宾 q 为 1.024，前者明显低于后者，配对 t 检验的 t 值为 -3.217，说明这种差异在 5% 的显著性水平上是显著的；同样，在上市后第 1 年，45 家交叉上市公司的托宾 q 均值为 0.785，显著低于单纯 A 股上市公司的 1.096；尽管对照组公司在上市后第 2 年的托宾 q 均值有所下降，但仍然显著高于交叉上市公司；第 3 年和第 4 年也同样表现出相同的规律。这样看来，在 A 股市场上，交叉上市公司的市场价值在上市后的各个时间段都是远远低于其对照组公司的。

表 4-4-7　交叉上市公司与单纯 A 股公司托宾 q 值配对 t 检验结果

		均值	N	标准差	配对 t 检验的 t 值
PT1	D0_q	0.783	42	0.343	-3.217**
	A0_q	1.024	42	0.444	
PT2	D1_q	0.785	45	0.321	-5.582**
	A1_q	1.096	45	0.375	
PT3	D2_q	0.728	37	0.245	-5.413**
	A2_q	0.983	37	0.214	
PT4	D3_q	0.708	32	0.224	-6.669**
	A3_q	1.037	32	0.274	
PT5	D4_q	0.720	32	0.234	-4.740**
	A4_q	1.258	32	0.599	

其次,利用主成分分析法计算出单纯 A 股上市公司上市当年及其后四年的业绩得分,分别以 $S0$、$S1$、$S2$、$S3$、$S4$ 表示。我们也从 $S1>S0$、$S2>S1$、$S3>S2$、$S4>S3$ 的家数及比例来分析单纯 A 股上市后公司业绩的变化,相关统计见表 4-4-8。在 40 家第 0 年和第 1 年数据齐全的公司中,有 19 家公司第 1 年的业绩得分高于上市当年,占比 47.5%,低于交叉上市公司的 54.8%;第 2 年的业绩上升的公司比重分别为 50%,高于交叉上市的 43.2%;其后各年均是业绩下降者居多,但是比例相对稳定,考察期的最后一年单纯 A 股上市公司业绩上升的为 14 家,占比 43.8%,远远高于交叉上市的 28.1%。因此,单纯 A 股公司综合业绩变化的趋势和交叉上市公司在前两年表现出相反的趋势,其后各年的趋势大体相同,只是没有交叉上市公司业绩的变化那么激烈。

表 4-4-8 单纯 A 股上市公司上市后综合业绩的变化

年份	样本数	$S1>S0$	$S2>S1$	$S3>S2$	$S4>S3$
0	40				
1	44	$19\left(\dfrac{19}{40}=47.5\%\right)$			
2	39		$19\left(\dfrac{19}{38}=50\%\right)$		
3	32			$13\left(\dfrac{13}{32}=40.6\%\right)$	
4	32				$14\left(\dfrac{14}{32}=43.8\%\right)$

注:(1) 鞍山一工、山西汾酒、穗浪奇 A、厦工股份和厦门汽车第 0 年数据缺失,故第 0 年样本数为 40;厦门汽车第 1 年数据缺失,故第 1 年样本数为 44,其后各年样本数的减少是由于一些公司上市时间较晚所导致。

(2) 由于第 1 年要和第 0 年比较,故第 1 年 $S1>S0$ 的分母为 40。

(3) 厦门汽车第 2 年的数据是齐全的,但第 1 年数据缺失,故虽然第 2 年样本数为 39,但由于要与第 1 年作比较,故比较 $S2$ 和 $S1$ 时的样本数是 38 而不是 39。

最后,对交叉上市公司和单纯 A 股上市公司的业绩变化进行比较,检验两组样本各年度之间数据是否存在统计上的显著性差异,为此对不同年度得分进行配对 t 检验,结果如表 4-4-9 所示。

表 4-4-9　交叉上市公司与单纯 A 股公司综合业绩变化的配对 t 检验

		成对差分				t	df	p 值（双侧）
		均值	标准差	差分的 95%置信区间				
				下限	上限			
PT1	D0−A0	−0.035	0.774	−0.283	0.212	−0.289	39	0.774
PT2	D1−A1	−0.012	0.772	−0.246	0.223	−0.099	43	0.922
PT3	D2−A2	−0.005	0.815	−0.270	0.259	−0.042	38	0.966
PT4	D3−A3	−0.026	0.756	−0.299	0.246	−0.197	31	0.845
PT5	D4−A4	−0.021	0.708	−0.276	0.234	−0.168	31	0.868

结果显示,虽然交叉上市公司各年的得分均值都低于单纯 A 股公司,但是五组配对差分的双侧 t 检验的 p 值都很高,分别为 0.774、0.922、0.966、0.845 和 0.868,说明五组数据都没有明显的差异。由此看来,交叉上市公司和对照组公司上市后各年的综合业绩均值都没有明显的差异。由此也可以认为,在业绩的改善上,交叉上市并没有表现出相对于单纯 A 股上市的优势。

通过与单纯 A 股上市公司的对比我们发现,交叉上市公司在单指标的比较上明显不如单纯 A 股公司,即使是综合业绩的对比也没有表现出相对于单纯 A 股上市公司的优势。至此,可以认为 H2 也没有得到支持。

四、实证结果与分析Ⅱ:回归法

(一)样本分布与描述性统计

表 4-4-10 为样本分布和描述性统计。Panel A 为样本的年度分布,由于仅限于国有企业并且根据上述标准进行了剔除,因此样本的年度总数基本保持稳定。H+A 交叉上市的数量呈上升趋势,虽然有些年度的 H+A 公司数量低于前一年度,但这并不意味着退市行为,而是源于样本选择程序。Panel B 为样本的行业分布,可以看到样本总体集中于行业 C,即制造业,占比 55%。首先,H+A 公司也集中于行业 C,占比 46%;其次是行业 F,即交通运输与仓储业,占比 24%;再次是行业 B 即采掘业,占比 15%。这些行业都是传统的资本密集型行业。Panel C 为描述性统计,各变量无甚异常,这里略过分析。

表 4-4-10 样本分布与描述性统计

Panel A: 样本的年度分布

年度	CL=0	CL=1	总数
2007	678	31	709
2008	706	34	740
2009	571	30	601
2010	631	33	664
2011	655	36	691
2012	693	39	732
2013	695	39	734
2014	694	37	731
合计	5 323	279	5 602

Panel B: 样本的行业分布

行业	CL=0	CL=1	总数
A	104	0	104
B	183	43	226
C	2 941	128	3 069
D	328	18	346
E	187	0	187
F	310	66	376
G	281	8	289
H	371	0	371
J	127	8	135
K	206	8	214
L	69	0	69
M	216	0	216
合计	5 323	279	5 602

Panel C: 描述性统计

变量	观测值	均值	标准差	最小值	1/4 分位数	中位数	3/4 分位数	最大值
ROA	5 602	0.0353	0.0491	−0.174	0.0111	0.0307	0.0566	0.2236
ROE	5 602	0.0683	0.1095	−0.5373	0.0269	0.0699	0.1194	0.4325
LNA	5 602	22.2314	1.3024	19.6876	21.3381	22.0297	23.0128	26.4045
AGE	5 602	2.3595	0.5465	0	2.0794	2.4849	2.7726	3.1355
LEVER	5 602	0.5208	0.1895	0.0749	0.3793	0.5363	0.668	0.9161

(二)相关系数矩阵与单变量分析

表 4-4-11 为变量的相关系数矩阵。可以看到 CL 与 ROA、ROE、LNA 的相关系数均显著为正,表明 H+A 公司具有显著更高的 ROA、ROE 和 LNA,但 AGE 则显著为负,表明 H+A 公司反而具有更短的上市年限。其他系数中,除了 ROA 和 ROE 的系数均大于 80% 外,其他系数均低于 40%,表明变量间不存在显著的多重共线性。

表 4-4-11 相关系数矩阵

	CL	ROA	ROE	LNA	AGE	LEVER
ROA	0.0326**	1				
ROE	0.0357***	0.8788***	1			
LNA	0.3544***	0.086***	0.1497***	1		
AGE	−0.0854***	−0.1295***	−0.0784***	0.0434***	1	
LEVER	0.0148	−0.3748***	−0.1251***	0.3383***	0.1646***	1

表 4-4-12 为单变量分析,其结果与相关系数矩阵的结果相似:无论是均值之差还是中位数之差,H+A 公司的 ROA、ROE、LNA 均高于纯 A 公司,但其上市年限反而更低。

表 4-4-12 单变量分析

	CL=0		CL=1		均值之差	中位数之差
	均值	中位数	均值	中位数		
ROA	0.0349	0.0300	0.0422	0.0419	0.0074***	0.0119***
ROE	0.0674	0.0688	0.0854	0.0967	0.0180***	0.0279***
LNA	22.1258	21.9828	24.2472	24.3128	2.1214***	2.3301***
AGE	2.3702	2.4849	2.1556	2.1972	−0.2146***	−0.2877***
LEVER	0.5202	0.5366	0.5331	0.5304	0.0129	−0.0062

(三)回归结果分析

表 4-4-13 为回归结果。模型(1)、(2)、(3)的因变量为 ROA,三个模型分别采用混合 OLS、随机效应模型、广义最小二乘法进行估计。模型(4)、(5)、(6)的因变量为 ROE。可以看到,所有模型的 CL 均显著为负,表明 H+A 公司具有显著更低的投资回报率。这加强了上文配比法的结

论:纯 A 股公司具有更高的业绩均值。

控制变量中,LNA 的系数显著为正,表明规模越大的公司,其业绩也越好。但 AGE 和 LEVER 的系数均显著为负,表明上市年限越长,或者财务杠杆越高,投资回报率越差。

表 4-4-13　回归结果

因变量	ROA			ROE		
	(1)	(2)	(3)	(4)	(5)	(6)
	OLS	RE	GLS	OLS	RE	GLS
CONSTANT	−0.1428***	−0.1450***	−0.0970***	−0.3587***	−0.3819***	−0.3347***
	(0.0229)	(0.0245)	(0.0057)	(0.0484)	(0.0551)	(0.0121)
CL	−0.0148***	−0.0144***	−0.0120***	−0.0253**	−0.0239*	−0.0227***
	(0.0052)	(0.0052)	(0.0011)	(0.0117)	(0.0126)	(0.0027)
LNA	0.0101***	0.0106***	0.0080***	0.0207***	0.0224***	0.0191***
	(0.0011)	(0.0011)	(0.0003)	(0.0023)	(0.0026)	(0.0006)
AGE	−0.0047**	−0.0059***	−0.0044***	−0.0081**	−0.0077**	−0.0089***
	(0.0019)	(0.0019)	(0.0005)	(0.0037)	(0.0037)	(0.0010)
LEVER	−0.1169***	−0.1303***	−0.1055***	−0.1222***	−0.1563***	−0.0955***
	(0.0067)	(0.0070)	(0.0018)	(0.0146)	(0.0168)	(0.0039)
CTR, Year, Industry FE	YES	YES	YES	YES	YES	YES
Observations	5 602	5 602	5 602	5 602	5 602	5 602
R^2	0.2575			0.1299		

五、研究结论

本节首先基于配比法,从纵向和横向两个视角,用单指标和综合指标两种比较方法,对 2007 年以前完成 AH 交叉上市的 45 家非金融类公司在 A 股上市后的业绩变化进行了实证研究。在单指标上,本节分别采用 ROA 和托宾 q 来度量公司业绩,并对交叉上市公司上市后各年间的业绩进行配对 t 检验。在综合指标上,本节采用主成分法将 11 个财务指标压缩为一个综合指标,计算出交叉上市公司各年度的综合业绩并比较每一家公司各年的业绩变化。但单指标和综合指标的纵向比较表明,整体而言,交叉上市并不能提高公司业绩。本节继而又为每一家交叉上市公司按照一定规则选取了单纯 A 股上市公司作为对照,同样采取单指标和综合指标进行横向比较。结果表明,交叉上市后第 1 年的 ROA 明显低于对照组,交叉上市后各年的综合业绩均值也没有表现出显著优势;而从托宾 q 来看,交叉上市公司明显不如对照组。

接着基于回归法,发现相对于纯 A 股公司而言,H+A 公司具有显著更低的投资回报率(ROA 和 ROE)。因此,本部分的两个研究假设均未获得支持。但这些结果支持了第三章所提出的政府干预假说:由于交叉上市公司受到更多的政府干预,其经营业绩将更差。

第五节 投资的融资约束

融资约束问题表面上跟融资行为有关,按理应该放到第五章,但通过观察其研究方法后,发现它们所考察的仍然是投资问题,更具体地说是投资的融资约束问题,都是以投资水平为因变量对其他变量进行回归,因此将其放到第四章的这一部分。正如曾海舰和林灵(2015)所总结的,融资约束的度量大致有如下四种方法:一是估计投资-现金流敏感性系数(Fazzarie et al., 1988),这就是 FHP 方法。二是估计现金-现金流敏感性系数(Almeida et al., 2004)。三是估计 KZ 指数(Kaplan and Zingales, 1997)。四是估计 WW 指数(Whited and Wu, 2006)。本节采用传统的 FHP 方法进行研究。

一、研究设计

(一) 模型与变量

在政府干预下,国有企业的投资行为可能获得各种政策优惠和扶持,从而所受到的融资约束可能会更低。由于 H+A 公司受到更多的政府干预,因此其融资约束会进一步下降。这样,相对于非交叉上市公司,交叉上市公司将具有更低的投资-现金流敏感性系数。借鉴 FHP 的方法,设计如下回归方程来考察交叉上市与投资-增长机会敏感性的关系:

$$INV_{it} = \beta_0 + \beta_1 CASH_{it-1} + \beta_2 CL_{it-1}$$
$$+ \beta_3 CL_{it-1} \times CASH_{it-1} + \beta_4 X_{it-1} + \varepsilon_{it} \quad (4\text{-}5\text{-}1)$$

其中，INV 等于现金流量表中"购建固定资产、无形资产和其他长期资产支付的现金"除以当年总资产。CASH 用来度量企业现金流，等于企业现金资产除以总资产。CL 为交叉上市虚拟变量。X 为控制变量，包括增长机会 G 和资产规模 SIZE。G 采用两种方法度量，一个是销售增长率 GSALE，等于 $(SALE_t - SALE_{t-1})/SALE_{t-1}$，其中 SALE 为销售收入；另一个是 Tobin's q，等于公司市值（其中非流通股按照每股净资产计算）除以资产账面值。资产规模 SIZE 采用资产的自然对数来度量。CL * CASH 为交互项，由于预期交叉上市公司具有更低的投资-现金流敏感性，因此我们预期交互项系数为负。

（二）数据及其处理

本部分数据与本章第二节数据相同。此处不再赘述。

二、描述性统计

表 4-5-1 为描述性统计。Panel A 显示的是相关变量的均值、最小值、最大值等。Panel B 为相关系数矩阵，可以看到最大的相关系数为 SIZE 和 q 之间的系数，-0.3939，远小于多重共线性所要求的 0.8 的水平。从 CL 与各变量的系数来看，交叉上市公司具有更高的投资水平 INV 和资产规模 SIZE，但具有更低的现金水平 CASH、更低的托宾 q。Panel C 的单变量分析强化了基于相关系数矩阵的结论。

表 4-5-1 描述性统计

Panel A:描述性统计								
Variable	n	Mean	S.D.	Min	0.25	Mdn	0.75	Max
INV_t	8 751	0.06	0.07	0	0.02	0.04	0.09	0.48
$CASH_{t-1}$	8 751	0.16	0.11	0	0.08	0.13	0.21	0.58
$GSALE_{t-1}$	7 657	0.18	0.4	-0.7	-0.02	0.12	0.28	2.82
q_{t-1}	8 751	1.92	1.13	0.81	1.2	1.55	2.2	9.58
$SIZE_{t-1}$	8 751	21.85	1.2	19.24	20.99	21.73	22.57	25.84

(续表)

Panel B:相关系数矩阵

	CL	INV_t	$CASH_{t-1}$	$GSALE_{t-1}$	q_{t-1}
INV_t	0.0303***	1			
$CASH_{t-1}$	−0.0718***	−0.0141	1		
$GSALE_{t-1}$	−0.0112	0.0877***	0.0183	1	
q_{t-1}	−0.0825***	0.0187*	0.1917***	0.018	1
$SIZE_{t-1}$	0.2685***	0.0859***	−0.1034***	0.0906***	−0.3939***

Panel C:单变量分析

	CL=0		CL=1		均值之差	中位数之差
	均值	中位数	均值	中位数		
INV_t	0.0640	0.0413	0.0767	0.0613	0.0127***	0.0200***
$CASH_{t-1}$	0.1583	0.1322	0.1120	0.0828	−0.0463***	−0.0494***
$GSALE_{t-1}$	0.1799	0.1220	0.1538	0.1132	−0.0261	−0.0088
q_{t-1}	1.9346	1.5580	1.3895	1.1868	−0.5451***	−0.3712***
$SIZE_{t-1}$	21.7964	21.7048	23.6847	23.9594	1.8883***	2.2546***

三、实证结果与分析

表 4-5-2 报告了基于常规模型(包括混合 OLS、随机效应、广义最小二乘法 GLS)所获得的结果。所有模型的因变量均为投资水平 INV。模型分主效应回归与交互效应回归。在主效应回归中,模型(1)、(2)、(3)的 CL 均不显著,表明相对于纯 A 公司而言,交叉上市公司的投资水平不存在显著的差异。CASH 在模型(2)和(3)中显著为正,表明样本表现出显著的融资约束。代表增长机会的 GSALE 的回归系数均显著为正,表明增长机会越多的公司确实会投资更多。规模 SIZE 则有正有负。总之,根据 CASH 的系数,可以认为样本存在融资约束。模型(4)—(6)为交互效应回归的结果。我们只需重点关注交互项 CL * CASH 即可。可以看到交互项系数全部显著为负,表明交叉上市公司的融资约束下降。

表 4-5-2 投资的融资约束:以 GSALE 来度量增长机会

	主效应回归			交互效应回归		
	(1)	(2)	(3)	(4)	(5)	(6)
	混合 OLS	RE	GLS	混合 OLS	RE	GLS
CONSTANT	−0.0731***	0.0804***	−0.0550***	−0.0724***	0.0814***	−0.0539***
	(0.0257)	(0.0280)	(0.0087)	(0.0258)	(0.0281)	(0.0086)
CL	−0.0095	0.0041	−0.0014	0.0006	0.0175**	0.0088***
	(0.0063)	(0.0071)	(0.0023)	(0.0084)	(0.0089)	(0.0031)
$CASH_{t-1}$	0.0154	0.0671***	0.0147***	0.0180*	0.0697***	0.0178***
	(0.0097)	(0.0101)	(0.0037)	(0.0098)	(0.0102)	(0.0037)
CL * $CASH_{t-1}$				−0.0872**	−0.1169***	−0.0911***
				(0.0378)	(0.0428)	(0.0132)
$GSALE_{t-1}$	0.0112***	0.0067***	0.0053***	0.0113***	0.0067***	0.0052***
	(0.0022)	(0.0018)	(0.0011)	(0.0022)	(0.0018)	(0.0011)
$SIZE_{t-1}$	0.0050***	−0.0024*	0.0041***	0.0049***	−0.0025*	0.0040***
	(0.0012)	(0.0013)	(0.0004)	(0.0012)	(0.0013)	(0.0004)
Year and Industry FE	YES	YES	YES	YES	YES	YES
Observations	7 657	7 657	7 657	7 657	7 657	7 657
Adj_R^2	0.104	.	.	0.105	.	.
F	14.35***	.	.	14.32***	.	.

表 4-5-3 以托宾 q 来度量增长机会,其他方面与表 4-5-2 相同。结果也表明,样本普遍遭遇融资约束,但交叉上市公司的融资约束程度更低。这样的结果与政府干预假说是相一致的:一方面,政府干预使得公司的投资更加偏离基本准则,甚至过度投资;另一方面,政府干预使得投资与现金流之间的关系不是那么紧密,因为即使公司缺乏现金,政府也会从其他方面给予公司各种政策优惠。由于这两方面原因,并且 H+A 交叉上市受到了更多的政府干预,因此其投资-现金流敏感性下降。

表 4-5-3 投资的融资约束:以托宾 q 来度量增长机会

	主效应回归			交互效应回归		
	(1)	(2)	(3)	(4)	(5)	(6)
	Pooled OLS	RE	GLS	Pooled OLS	RE	GLS
CONSTANT	−0.1256***	0.0106	−0.1156***	−0.1241***	0.0120	−0.1137***
	(0.0287)	(0.0306)	(0.0098)	(0.0287)	(0.0306)	(0.0098)
CL	−0.0093	0.0060	−0.0001	0.0024	0.0205**	0.0102***
	(0.0067)	(0.0076)	(0.0023)	(0.0089)	(0.0092)	(0.0031)
$CASH_{t-1}$	0.0199*	0.0748***	0.0173***	0.0230**	0.0776***	0.0203***
	(0.0101)	(0.0103)	(0.0037)	(0.0103)	(0.0105)	(0.0038)
CL * $CASH_{t-1}$				−0.1010***	−0.1247***	−0.0994***
				(0.0379)	(0.0419)	(0.0135)
q_{t-1}	0.0054***	0.0070***	0.0047***	0.0053***	0.0070***	0.0046***
	(0.0011)	(0.0010)	(0.0004)	(0.0011)	(0.0010)	(0.0004)
$SIZE_{t-1}$	0.0078***	0.0000	0.0064***	0.0077***	−0.0001	0.0063***
	(0.0013)	(0.0013)	(0.0004)	(0.0013)	(0.0013)	(0.0004)
Year and Industry FE	YES	YES	YES	YES	YES	YES
Observations	8 751	8 751	8 751	8 751	8 751	8 751
Adj_R^2	0.107	.	.	0.108	.	.
F	14.92***	.	.	14.83***	.	.

第五章　中国 H+A 公司的融资行为

正如第二章的文献综述所指出的,交叉上市的当前文献较少涉及融资政策。按照 Coffee(1999)、Stultz(1999)的逻辑,交叉上市由于提高了公司治理水平,其后续的融资成本将降低,融资行为将更为便利。本章将探讨 H+A 公司的融资行为。根据融资来源,融资行为可划分为外部融资和内部融资,前者包括权益融资和负债融资,后者则涉及股利政策。权益融资又分 IPO(首次公开发行)和 SEO(再融资或增发)。第一节和第二节探讨的都是 A 股 IPO 抑价问题。虽然这些公司在 H 股已经发行过股票,严格意义上说再在 A 股发行时已经不属于 IPO,但对于 A 股而言它确实是首次发行,并且为了区别于 SEO,本书仍将在 A 股的首次发行称为 A 股 IPO。对 IPO 抑价的考察成为 IPO 文献的重点。第一节和第二节分别采用市场估值法和随机边界分析法来考察 A 股 IPO。第三节和第四节分别考察 H+A 公司的 A 股增发行为与负债行为。第五节考察 H+A 公司的股利政策,这与内部融资直接相关。

第一节　A股IPO抑价 Ⅰ：市场估值法

对于先到法律和监管更加严格的境外股票市场上市，再返回母国上市的公司，是否在第二次IPO时可以获得更高的定价？这类公司的IPO抑价程度是否更低？本节利用作为最大的新兴市场国家的中国的上市公司数据来讨论上述问题。虽然本书的重点是H+A公司，但作为一点扩展，将B股公司的回归所构成的交叉上市也考虑进去，这样就可以与H+A公司形成比较。先发行B股后发行A股的，称之为B+A公司；在同一时间既发行B股又发行A股的，称为A×B公司；两类公司合称BA公司(BA-share companies)。同样，H+A公司和A×H公司构成了HA公司(HA-share companies)。BA公司和HA公司构成了本节所指的A股IPO时的交叉上市公司，而仅在A股市场上市的公司则称为纯A股公司(pure-A-share companies)。既然本书关注的是H+A公司，因此尝试了如下处理方法：第一，剔除BA公司，从而交叉上市公司仅为HA公司；第二，剔除A×B公司和A×H公司。结果不受影响。

一、研究假设

现有关于交叉上市溢价的证据主要来自股票二级市场业绩和经营业绩，尚未发现来自股票一级市场的证据。但如果绑定机制普遍存在，且如果交叉上市的顺序是先到法律和监管环境较好的境外市场上市，然后回到母国市场上市，那么我们可以预期交叉上市公司在母国市场的IPO将与仅在母国市场的IPO存在估值上的差异，这正是本节的研究意图。

中国的多数交叉上市公司都是先在投资者保护水平较高的H股市场或B股市场上市，然后再回到投资者保护水平相对较低的A股市场上市。这种特殊的交叉上市顺序与中国的国有企业改革的进程有关。1979年，中国政府确立了改革开放政策之后，国有企业(state-owned enterprises, SOEs)便开始了漫长的改革道路，先后采取了诸如承包制、放权让利、拨改贷等的改革措施，但结果均不甚令人满意。1990年以后，中国政府开始在全国范围内推行现代企业制度改革,改革的目标可以概括为两个。第一,为国有企业注入无须还本付息的权益性资本。在公司制改革之前,国有企业大都背上了沉重的负债包袱,面临还本付息、资本不足等困难,国有企业已不适合负债融资,唯一的出路只有权益融资。但当时中央政府和地方政府都面临财政压力,无力以股东的身份为国有企业提供足够的资本,因此最主要的权益投资者是广大的社会公众,包括境内和境外的投资者。第二,转换经营机制。20 世纪 90 年代初期,中国对现代企业的经营机制的理解可以概括为"产权清晰、权责明确、政企分开、管理科学"。随着公司治理概念在中国的引入,转换经营机制的改革逐渐转移到公司治理的改革上,并主要体现为公司董事会、监事会、管理层的建设、规范和完善上。在这点上,中国所指的转换经营机制与提高公司治理水平是同一意思。

为了实现第一个目标,即融资目标,中国政府从三个方面进行了改革。首先,建立面向境内投资者的证券交易所和 A 股股票市场。上海证券交易所和深圳证券交易所分别于 1990 年 12 月 19 日和 1991 年 7 月 1 日正式营业。国有企业经过公司制改造之后,可以面向中国境内投资者发行股票筹集权益资本,并随后在上海证券交易所和深圳证券交易所上市。这就构成了中国的 A 股股票市场,在该市场上市交易的公司被称为 A 股公司。其次,建立面向境外投资者的 B 股股票市场。与 A 股股票一样,B 股股票也由中国境内的公司发行,在中国境内的上海和深圳证券交易所上市交易。但与 A 股股票不同的是,B 股股票以外币标明面值,且仅限于境外投资者以外币认购和交易。[①] 最后,推动境内公司境外上市,尤其是 H 股上市。由于香港与内地的特殊地理位置、文化背景、历史渊源等关系,更由于香港在当时已经成为国际金融中心,香港交易所和香港股票市场在股票发行和上市交易等方面积累了丰富的经验,中国政府选派内地的部分公司到香港交易所直接上市,这些公司称为 H 股公司。

至于第二个目标,即转换经营机制目标,中国政府事实上是将其与第

---

① 尽管 2001 年后中国政府允许境内投资者投资 B 股,但由于 2000 年后 B 股市场暂停发行新股,而本文仅研究 A 股的 IPO 行为,因此 B 股市场投资者的变化不影响本文的结论。

一个目标相结合来实现的。按照当时国际通行的制度,只有股份制公司才能通过股票市场面向社会公众发行股票以筹集资本,但中国当时的国有企业并不具备股份制公司的形态和制度,为此,中国政府在建立股票市场的同时,对股票市场的主体,即国有企业也进行了改革,包括信息披露、股权结构、资产剥离、母子公司关系、董事会建设等。但是对于A、B、H股上市的公司,中国政府具有不同的上市要求,从而使得A、B、H股公司具有不同的上市资质以及面临不同的法律和监管环境。

对于A股,鉴于当时的股票市场和中国证监会都还在初步运营之中,为了尽快发展市场,中国政府对A股上市公司的要求和监管相对较松。

但对B股的要求则要高得多。① 在公司的选择上,哪些公司能够在B股上市是需要当时的国务院证券委预选的,能够最后入选的公司,大部分属于国家确定重点支持的企业或在行业内居于领先地位、效益较好的企业。② 发行对象。B股针对的是境外投资者。一般认为,由于中国股票市场的发展历史很短,境外投资者相对于境内投资者而言,其投资理念更先进、利益保护意识更强、对公司经营和管理的参与程度更高,这使得B股公司受到了国际投资者的有效监督,有利于公司按照国际惯例经营和管理。③ 中介机构。B股的发行和承销吸引了一些境外著名金融中介的参与,例如,美国摩根斯坦利、美林证券、奥本海默基金公司、法国里昂、香港百富勤、渣打银行、汇丰银行、花旗银行等均参与了B股的包销、经纪和清算业务等,这些金融中介的参与将会对B股公司施加更加严格的约束和规范管理。④ 双重财务报告。根据1995年国务院关于股份有限公司在境内上市外资股的规定,B股公司应该以中文制作信息披露文件,但由于同时需要向境外投资者披露,因此还应以中文文件为基础翻译成英文。而且,公司除了按照中国有关规定进行会计核算和编制财务报告外,还需要向境外投资者披露财务报告,并按照其他国家或地区的会计准则进行相应的调整,并对有关差异作出说明。⑤ 双重审计。根据财政部1992年到2001年期间的相关规定,B股公司必须经由中国的注册会计师事务所审计,是否聘请境外注册会计师事务所由公司自愿选择。但从1992年第一家B股公司上市以来,中国所有的B股公司都实施了双重审计。2001年中国证监会则明确要求B股公司实行双重审计。①

可以说,B股的上市要求和面临的监管环境要严于A股。但B股市场是由地方政府(主要是上海市和深圳市)发起的,而H股上市则是中央政府(主要是中国证监会)发起的,中央政府对H股上市的重视程度与要求水平比B股都要高。① 在公司的选择上,在1999年以前,赴港上市也和B股上市一样实行分批预选制,由国务院证券管理部门选择部分大型国有企业赴港上市。1992年首批赴港上市的9家公司被确认为全国首批9家"规范化股份制试点企业",并具有如下共同特征:成立年限一般较早;资产规模在国内行业中排名较靠前;获得地方政府的极大支持。此后赴港上市的公司也大都符合上述特征,尤其是在政府垄断经营的基础设施、能源、通信、金融等行业,大型垄断国有控股公司在H股上市更是屡见不鲜。正如中国证监会1999年在"中国境外上市公司规范运作座谈会"上所指出的,境外上市公司大都是或曾是中国企业的"明星",是各行业的大型骨干企业,是进入国际资本市场的"先头部队"。从预选条件来看,H股公司的质量要高于B股公司。② 发行对象。与B股一样,H股公司也面向境外投资者。但与B股不同的是,B股的监管位置仍位于中国内地,而H股的监管则位于香港,香港相对完备的法律制度、发达的中介机构等将使得投资者的利益保护更为有效。③ 中介机构。H股上市吸引了国际著名投资银行、会计师事务所、管理咨询公司等中介机构的合作。大部分H股公司的承销商都是诸如摩根斯坦利、美林、所罗门兄弟、高盛等国际著名的投资银行,而会计师事务所也大都是国际知名的大事务所,如安永、普华永道、德勤、毕马威等。通过与这些机构的合作,借助这些机构的声誉和知名度,H股公司的国际形象得到很大提升。④ 双重财务报告。根据国务院证券委员会、国家经济体制改革委员会1994年的相关规定,境外上市公司的年度、中期财务报表、财务资料除应当按中国会计准则及法规编制外,还应当按国际或者境外上市地的会计准则进行编制。如按两种会计准则编制的财务报表有重要出入,应当在财务报表附注中加以注明。⑤ 双重审计。由于实行双重财务报告,H股公司也与

---

① 2007年9月12日,中国证监会发布的《关于发行境内上市外资股的公司审计有关问题的通知》取消了B股的双重审计。但这对本文结论没有影响。

B股公司一样实行双重审计,且按国际或香港会计准则编制的财务报告只能由中外合作或境外会计师事务所审计。① ⑥ 双重监管。在申请过程中,H股发行人首先要按照中国证监会的要求编写全套发行H股的申报文件,由中国证监会对其资质进行审核;在得到中国证监会的许可后,发行人才可按香港联交所要求编制申请材料报香港联交所审查和聆讯。在H股上市后,H股公司一方面要受到香港联交所的监管,同时中国证监会也会根据《监管合作备忘录》进行监管,且H股公司由于在中国内地注册和经营,受到内地一般性和特殊性法律规范等的约束。⑦ 独立董事。香港联交所强制上市公司到1994年年底至少有2名独立非执行董事,要求他们既要监督公司对法律法规和董事会政策的遵循,又要确保公司管理层对外信息披露的准确性。而中国证监会2001年才有类似要求。

根据上述多方面比较,我们可以认为,中国上市公司在上市资质与治理水平(经营机制)上由高到低的排序应该是:H股＞B股＞A股。与Coffee(1999,2002)的观点一致,当时的中国政府自愿地将国有企业绑定在香港地区和美国的更加严格的法律和监管制度下。虽然这样做的首要动机是为了给国有企业注入权益资本,但或许是为了避免境内外投资者对融资"圈钱"的敏感反应,中国政府一直强调国有企业上市最主要的目标是为了转换经营机制(提高公司治理),并在实际上做了大量改革。从这点来看,与Litch(2003)的观点一致,通过绑定机制来提高公司治理(转换经营机制)是中国国有企业境外上市的一种成本。

由于中国政府允许公司在A股、B股、H股等多个市场同时上市,部分已在B股和H股市场上市的公司返回境内A股市场上市时便形成了交叉上市。这种先在监管相对严格的B股和H股市场上市然后回到监管相对落后的A股市场上市或两个市场同步上市的交叉上市顺序,与目前的多数文献所研究的先在监管落后的母国上市后在监管严格的美国上市的交叉上市顺序形成了有趣的对比,并提供了独特的研究视角:如果先在母国上市,后在发达国家和地区上市,我们将无法考察公司是否是由于

---

① 2010年12月10日,中国财政部和证监会联合发布消息称:12家内地大型会计师事务所获准自2010年12月15日或以后完结的会计年度期间,可以采用内地审计准则为内地在港上市公司即H股公司提供审计服务,这意味着H股公司可以不再采用双重审计。但这不影响本文结论。

绑定机制而相对于母国公司获得一级市场 IPO 溢价；但如果先在发达国家和地区上市，后在母国上市，则可以为绑定溢价提供一级市场的证据；中国的交叉上市正好属于这种情况。上文已经推断在上市资质与治理水平上由高到低的排序为：H 股＞B 股＞A 股。如果交叉上市溢价普遍存在的话，那么当选择 A 股的 IPO 行为进行比较研究时，可以以纯 A 股公司为参照物，检验 BA 公司和 HA 公司相对于纯 A 股公司而言，是否由于绑定了 B 股市场和 H 股市场的更加严格的法律和监管环境而具有更高的一级市场定价。有如下假设：

H0：相对于纯 A 股公司，交叉上市公司在 A 股 IPO 时获得了更高的估值。

但绑定溢价也可能不成立。为此提出如下备择假设：

H1：相对于纯 A 股公司，交叉上市公司在 A 股 IPO 时获得了更低的估值。

二、研究设计

（一）模型与变量

要检验上述假设，首先需要度量一级市场的估值。IPO 抑价文献通常使用首日回报率（first-day return, FDR）指标，其计算公式为：FDR＝(CP－OP)/OP，或 $\ln(CP/OP)$，其中 CP 为上市首日收盘价，OP 为发行价格。但 FDR 由于涉及二级市场的首日收盘价从而受到二级市场价格波动的较大影响，较高的 FDR 既可能确实源于较低的 OP，即 IPO 抑价，也可能源于较高的 CP。此外，直接以发行价格 OP 进行比较也存在缺陷，因为 OP 受到股票发行数量的较大影响，在权益价值相同的情况下，股票发行数量少的公司其发行价格自然也较高。为了避免 FDR 和 OP 的缺陷，本书借鉴公司治理溢价文献与交叉上市溢价文献中以托宾 q 或市账率（market-to-book ratio, MTB）为因变量的做法，定义一个类似于市账率或托宾 q 的一级市场指标：基于发行价格的 MTB，其计算公式为：

$$MTB_{CP} = OP/BVEPS \qquad (5\text{-}1\text{-}1)$$

其中，OP 为发行价格，BVEPS（book value of equity per share）为每股权益账面值。该指标避免了二级市场价格波动的影响，同时分子分母均经过了股票发行数量的调整,从而比 FDR 和 OP 更能客观地度量一级市场的估值水平。另外,当分子分母都乘以股票总数后,MTB_{CP} 其实就是权益市值/权益账面值,这与 Tobin's q 和市账率的含义是相似的。

再借鉴以往关于公司治理溢价、交叉上市溢价与 IPO 抑价的研究,构建如下回归模型:

$$MTB_{CP} = \alpha_0 + \alpha_1 CL + \alpha_2 \ln Proc + \alpha_3 Lever + \alpha_4 Liquit + \alpha_5 Top1$$
$$+ \alpha_6 Control + \alpha_7 Rptn + \alpha_8 Hot + \alpha_9 Exch$$
$$+ \sum \alpha_j Indus_j + \sum \alpha_k Year_k + \varepsilon \quad (5\text{-}1\text{-}2)$$

其中,CL 为解释变量,指是否交叉上市,如果公司在 A 股 IPO 时形成了 BA 或 HA 交叉上市,则 CL 取值 1,否则取值 0。由于中国的交叉上市存在 BA 和 HA 两种类型,因此 CL 也分为两类:BACL 和 HACL,有如下关系:CL=BACL+HACL。剩下的为控制变量。对控制变量的选择主要考虑了 IPO 各方参与者的特征,所涉及的参与者包括发行人、政府、承销商、投资者和交易所。

发行人特征涉及如下变量:① lnProc,指融资规模(Proc)的对数。由于在发行之前融资规模尚未最终确定,我们先通过事后的发行价格乘以发行数量来计算 Proc,再取 Proc 的对数。Hunt-McCool et al.(1996)、Chen et al.(2002)、Chan et al.(2007)等认为,融资规模越大的公司,其信息披露更为透明从而股票估值也更为容易,发行价格受到抑制的程度将降低,因此发行价格与融资规模呈正相关。这点也与 Booth and Chua(1996)、Carter et al.(1998)等的研究一致:他们发现融资规模与首日回报率呈负相关;又由于发行价格与首日回报率呈负相关,因此发行价格与融资规模呈正相关,每股权益所对应的发行价格也会更大,即 MTB_{CP} 与 lnProc 呈正相关。② Lever,反映财务杠杆,等于负债比上资产。负债比例越高,公司破产的概率越高,发行人被迫给予更高的抑价,而投资者也只愿意接受更低的发行价格,因此预期 Lever 与 MTB_{CP} 呈负相关(Koop and Li, 2001; Drobetz et al., 2004);但也有可能负债越高,发行人越需要权益资本来降低负债率,从而抬高发行价格,此时 Lever 与 MTB_{CP} 呈正相关。③ Liquit,反映流通股比例,等于流通股数量比上总股数。按照 Chan et al.(2004)的划分,中国上市公司的股票分为流通股和非流通股,其中非流通股由政府部门和政府控股的法人实体所持有,不能在股票市场上自由交易。由于丧失了自由交易权利的股票其价格应该更低,因此流通股比例越高,发行价格也应越高。Chan et al. (2004)曾发现 Liquit 与首日回报率呈负相关,而由于首日回报率与发行价格呈负相关,因此 Liquit 与发行价格呈正相关。相应地,MTB_{CP} 也应与 Liquit 正相关。
④ Top1,反映股权结构,等于第一大股东持股比例。根据 Jensen and Mackeling(1976)的代理理论,Top1 越大,表明股权越集中,第一大股东越有激励监督管理者的代理行为,降低代理成本,这会导致公司价值增加。因此预期 Top1 与 MTB_{CP} 正相关。这点也与 Fan et al. (2007)关于 Top1 与首日回报率呈负相关的结果相一致。

政府特征主要通过最终控制人类别(Control)来反映。中国上市公司的最终控制人分为中央政府控制(Centr)、地方政府控制(Local)、私人控制(Private)、其他控制(Others)四种类型,我们采取两分法,设立 SOE (State-owned Enterprises)虚拟变量,若样本属于 Centr 和 Local 两类控制类别,则 SOE=1,否则为 0。由于中国政府设立股票市场的初衷是为了便于处于困境中的政府控股上市公司融资,这些公司脱胎于计划经济体制,虽然经过公司制改造但仍然存在权益资本不足、一股独大、内部人控制、业绩不佳等弊端。与之相比,非政府控股公司由于没有历史包袱,各方面的状况要好一些。因此,我们预期投资者对 SOE 的 IPO 价格进行更多的折价,从而 SOE 与 MTB_{CP} 呈负相关。

承销商特征主要通过承销商声誉变量 Rptn 来刻画。我们根据主承销商的各年承销额(以各年所承销的全部公司的实际募集资金之和来度量)来排名,取当年机构数量的 30% 作为高声誉机构,此时 Rptn 取值 1;剩下的为低声誉机构,Rptn 取值 0。高声誉的承销商可以传递公司良好质量的信息,投资者将愿意为此支付更高的价格,因此预期 Rptn 与 MTB_{CP} 呈正相关。由于首日回报率与发行价格负相关,因此我们的预期也与 Cater and Manaser (1990)、Carter et al. (1998)关于承销商声誉与首日回报率负相关的结果相一致。

投资者主要通过 Hot 来刻画,该变量反映市场冷热时期。仿照 Alti (2006)的做法,我们先按年度汇总各月的 IPO 数量,然后计算三个月的移动平均值,再计算整个样本期间(即 1993—2009 年)各月 IPO 数量的中位数,最后计算各月对应的三个月移动平均值与中位数的差,如果差大于零,则认为该月份为热市场月,在该月份进行 IPO 的公司,Hot 取值 1;否则取值 0。市场的冷热会直接影响投资者对 IPO 的申购热情。Ritter (1984)曾发现热市期的上市企业有更高的首日回报率。但我们不能由此认为热市期的发行价格更低。相反,由于投资者在热市期对市场前景普遍看好且情绪高涨,因此我们认为他们仍然愿意为在此期间 IPO 的公司支付更高的发行价格,而热市期的首日回报率之所以更高可能源于更高的二级市场首日收盘价。因此预期 Hot 与 MTB_{CP} 正相关。

鉴于不同交易所的估值水平可能存在差异,因此借鉴 Chan et al. (2004)、Fan et al. (2007)的做法,设置交易所特征变量 Exch,如果在上海交易所上市,则 Exch 取值 1,否则取值 0。由于深圳交易所的估值水平往往较高,因此预期 Exch 与 MTB_{CP} 呈负相关。此外,我们控制行业(Indus)和年度(Year)变量。

(二) 数据来源

本文数据主要来自香港大学"中国金融研究中心"与中国深圳市国泰安公司联合开发的中国股票市场与会计研究(CSMAR)数据库中的 A 股 IPO 数据,部分数据参考了中国上海万得信息技术股份有限公司(Wind Information Co. ltd)开发的 Wind 数据库和中国上海恒生聚源数据服务有限公司(Shanghai Gildata Inc.)开发的 Gildata 数据库。B 股上市日期主要来自 Wind,H 股上市日期来自 Gildata。

样本期间为 1993 年到 2009 年,初始样本数量为 1708 家。之所以选择 1993 年作为研究的起点,是因为:首先,虽然上交所 1990 年就开始营业,但头两年股票发行和交易都不太规范,1992 年 10 月中国证监会才成立,中国股市由此得到相对统一和规范的监管;其次,中国政府在 1992 年确定了建立社会主义市场经济体制的改革目标,1993 年明确提出"整体推进、重点突破"的改革战略;最后,中国 H+A 公司于 1993 年才出现。我们剔除了如下样本。① 2009 年刚上市的 36 家创业板公司,因为创业板公司的上市条件和监管要求都相对宽松。② 每股面值不等于 1 元的 83 家样本,因为面值不同将导致发行价格和发行数量产生相应的改变,虽然式(5-1-2)中的自变量不受影响,但因变量(MTB_{CP})的可比性降低;① 此外,本书的稳健性检验中需要用到的首日回报率(FDR)、发行价格(OP)、收盘价格(CP)、每股收益(EPS)等变量也会受到每股面值的影响。③ 数据缺失的197家样本。④ 因变量(MTB_{CP})数据异常的3个样本。② 我们没有剔除金融业,因为在IPO发行问题上,金融业与其他行业没有实质性区别。最终我们得到1 389个样本,其中CL=1的样本76家,BACL=1和HACL=1的样本分别为29家和47家。

三、实证结果与分析

(一)描述性统计

表5-1-1是样本的分布情况。其中Panel A是按年度的样本分布情况。可以看到BA公司在1996年达到历史高峰,共11家。其原因可能在于:中国政府对B股市场的最初定位就是吸引外资,但随着中国对外贸易与外商直接投资的迅速增长,中国外汇储备节节攀升,在1996年首次突破1 000亿美元;同时中国政府对H股的推动也降低了中国公司对外汇的需求;这导致B股市场的融资功能弱化,未来发展存在不确定性。在这种形势下,B股公司可能急着回归A股以便打通未来权益融资的渠道。在2000年之后,B股就完全停止了A股回归。这是因为中国政府从2000年10月份开始就暂停了B股市场的新股发行,而在此之前,有意回

---

① MTB_{OP}等于发行价格除以每股权益。发行价格显然会受到每股面值的影响,例如,考虑最简单的平价发行,面值1元的发行价为1元,但面值10元的发行价则为10元,这时的发行价是没有可比性的。每股权益也会受到面值的影响。例如,仍然考虑平价发行,且权益和融资额都是100万,则面值1元的公司需要发行100万股,每股权益为1元;而面值10元的公司仅需发行10万股,每股权益10元。虽然在平价发行中我们可以将面值10元、发行价10元的情况调整为面值1元、发行价1元,每股权益也可以相应调整;但实际中的IPO并不像平价发行那么简单,面值1元和面值10元所对应的发行价会发生不同比例的变化,例如,其他条件均相同的两个公司,面值1元的公司的发行价为3元,但面值10元的公司的发行价可能仅为20元,因为面值太高从而排除了申购金额较少的小投资者的参与,导致IPO抑价。而发行价的不同又会传递到发行数量和每股权益那里,最终导致MTB_{OP}的可比性较差。我们剔除面值不等于1的样本,目的就是排除面值不同所带来的潜在的复杂影响。

② 经过前面三个步骤之后,我们对MTB_{OP}进行排序,发现尾部有3个样本的因变量数据的连续性较差,分别为43.7、196.3和1764.8,而其他的因变量水平都低于30且相对比较连续,因此将这三个样本直接剔除。我们没有采用Winsorize方法进行异常值调整,因为该方法会导致样本的首尾数据失真。

归A股融资的B股公司已经完成了回归。但HA公司的数量在不断增加，2007年成为回归最多的一年，达到12家。这是因为中国在2005年4月开始了股权分置改革，随后A股市场出现了牛市行情，上证综合指数一直上涨至2007年10月16日的历史最高点6 124.04点。同时，2006年的中国国内舆论呼吁境外上市的国有蓝筹股回归A股以便让中国居民享受这些公司的发展成果，因此H股公司回归A股的数量也在这段时期达到了历史最高峰。

Panel B是按行业的样本分布情况，首先可以看到交叉上市公司主要集中于制造业，达到38家，占比50%；其次是交通运输与仓储业，数量为14家，占比18%。但在A、E、L、M四大行业，不管是BA还是HA，交叉上市公司数量均为0。HA公司的行业布局也与此大致相似。

表5-1-2是变量的描述性统计，我们分CL＝0、CL＝1及整体样本三种情况进行分类描述。其中Panel A是连续变量的情况。可以看到因变量MTB_{CP}的标准差相对较大，最小值和最大值也表明样本之间的差异较大。其他变量无甚异常，分析从略。Panel B是分类变量的情况。对于政府控股变量SOE，76家交叉上市公司中有62家属于SOE＝1，占比82%。这一方面源于中国上市公司大多数脱胎于计划经济时代的国有企业，政府持股比例往往超过50%；另一方面源于交叉上市公司大都属于政府选拔出来的行业代表，这类公司也大都由政府控制。我们还区分了SOE＝1的样本中，中央政府控制和地方政府控制两种情况，前者数量为34家，后者为28家。对于承销商声誉Rptn，共有66家交叉上市公司的承销商属于Rptn＝1，占比87%。正如本节的研究假设部分所指出来的，无论是B股还是H股的承销，都吸引了国内外知名的承销商的参与，而且中国企业也试图利用这些承销商来提高他们的国际知名度。Hot的数据表明，有47家公司在Hot＝1的月份上市，表明大部分交叉上市公司喜欢趁着A股市场热销时回归A股上市。Exch的数据则表明交叉上市公司集中在上海交易所，数量为54家，占比71%。

表5-1-3为相关系数矩阵。可以看到数值最大的是Liquit与CL的相关系数，但也仅为－0.4564，因此可以认为模型变量不存在多重共线性问题。从第二列的系数符号来看，MTB_{CP}与CL呈显著负相关，与本文的原假设刚好相反，但备择假设则成立。lnProc的相关系数显著为正，SOE

表 5-1-1 按年度和行业的样本分布

Panel A: 年度样本分布

年度	CL=0	CL=1	BACL=1	HACL=1	合计
1993	32	8	5	3	40
1994	38	4	3	1	42
1995	4	8	4	4	12
1996	151	13	11	2	164
1997	181	7	4	3	188
1998	89	2	1	1	91
1999	91	2	1	1	93
2000	130	0	0	0	130
2001	65	5	0	5	70
2002	64	3	0	3	67
2003	65	2	0	2	67
2004	99	0	0	0	99
2005	13	1	0	1	14
2006	58	6	0	6	64
2007	109	12	0	12	121
2008	62	2	0	2	64
2009	62	1	0	1	63
合计	1313	76	29	47	1389

Panel B: 行业样本分布

行业	CL=0	CL=1	BACL=1	HACL=1	合计
A	40	0	0	0	40
B	28	6	0	6	34
C	821	38	20	18	859
D	48	4	1	3	52
E	36	0	0	0	36
F	46	14	3	11	60
G	90	2	1	1	92
H	72	1	1	0	73
I	12	7	0	7	19
J	31	1	0	1	32
K	40	3	3	0	43
L	6	0	0	0	6
M	43	0	0	0	43
合计	1313	76	29	47	1389

注：A～M 分别为：A 农、林、牧、渔业(agriculture, forestry, livestock farming, fishery)；B 采掘业(mining)；C 制造业(manufacturing)；D 电力、煤气及水的生产和供应业(utilities)；E 建筑业(construction)；F 交通运输、仓储业(transportation)；G 信息技术业(information technology)；H 批发和零售贸易(wholesale and retail trade)；I 金融、保险业(finance and insurance)；J 房地产业(real estate)；K 社会服务业(social services)；L 传播与文化产业(communication and cultural industry)；M 综合类(comprehensive)。

表 5-1-2 描述性统计

Panel A: 连续变量的描述性统计

CL	Stats	MTB$_{CP}$	lnProc	Lever	Liquit	Top1
0	Mean	5.7433	10.2946	0.5476	0.2757	0.4680
	Sd	3.0575	0.9644	0.1468	0.0792	0.1741
	Min	0.2828	7.1546	0.0442	0.0272	0.0614
	Max	29.9261	15.4281	0.9808	0.7143	0.8808
1	Mean	4.3184	11.5108	0.5206	0.0985	0.4658
	Sd	3.4239	1.9495	0.2102	0.0670	0.1585
	Min	1.2364	8.3693	0.0417	0.0136	0.0740
	Max	21.8054	15.7146	0.9550	0.3955	0.8629
合计	Mean	5.6654	10.3611	0.5462	0.2660	0.4678
	Sd	3.0944	1.0775	0.1510	0.0883	0.1732
	Min	0.2828	7.1546	0.0417	0.0136	0.0614
	Max	29.9261	15.7146	0.9808	0.7143	0.8808

Panel B: 分类变量的描述性统计

SOE	CL 0	CL 1	合计
0	606	14	620
1	707	62	769
合计	1313	76	1389

Rptn	CL 0	CL 1	合计
0	567	10	577
1	746	66	812
合计	1313	76	1389

Centr	CL 0	CL 1	合计
0	1075	42	1117
1	238	34	272
合计	1313	76	1389

Hot	CL 0	CL 1	合计
0	390	29	419
1	923	47	970
合计	1313	76	1389

Local	CL 0	CL 1	合计
0	844	48	892
1	469	28	497
合计	1313	76	1389

Exch	CL 0	CL 1	合计
0	661	22	683
1	652	54	706
合计	1313	76	1389

的相关系数显著为负,均与预期一致。Lever 系数显著为正,表明负债率越高,MTB_{CP} 也越高。Rptn 和 Exch 的相关系数符号为负,与预期不一致;Top1 和 Hot 的相关系数符号为正,与预期一致;但均不显著。

(二) 单变量检验

表 5-1-4 为单变量检验结果。除了式(5-1-2)涉及 5 个变量外,我们也对下文将要讨论到的 OP、CP、FDR、PE 和 EPS 进行检验。结果表明,对于 MTB_{CP}、OP、CP、FDR 和 EPS,CL=1 的样本均值和中位数均比较低,交叉上市公司并没有获得发行溢价。对于 Top1 和 PE,两类公司不存在显著区别。Lever 的均值检验不显著,中位数检验则表明 CL=1 的样本的中位数较低。但是交叉上市公司的融资规模 lnProc 无论是均值还是中位数都比较大。

(三) 回归结果

表 5-1-5 是对交叉上市公司 A 股 IPO 时的估值水平的回归结果。所有模型的因变量都是 MTB_{CP},其中模型(1)—(7)的解释变量为 CL,采取逐步加入变量的方式进行回归。所有模型的 CL 的回归系数均显著为负。由此可以认为,中国交叉上市公司的 MTB_{CP} 非但没有溢价,反而存在显著的抑价,原假设没有获得支持,但其备择假设则获得显著支持。

为了考察交叉上市中 BACL7 和 HACL 的差别,表 5-1-5 中的模型(8)将 CL 拆分为 BACL 和 HACL,结果发现 BACL 的系数不显著,但HACL 的系数显著为负,表明 CL 的系数显著为负主要源于 HA 公司的IPO 抑价,而 BA 公司与纯 A 股公司则没有显著区别。这或许源于 B 股市场仍然位于中国境内并由中国证监会监管,因此 BA 公司不属于严格的跨交易所上市,相对于纯 A 公司而言差距不大,相对于 HA 公司则无优势,因此 BACL 的系数不显著。[①] 但 HA 公司从市场地理位置以及监管机构来看都属于跨交易所上市,无论是相对于纯 A 股公司还是相对于

[①] 鉴于 BA 公司在 2000 年之后就不再有新的公司,因此尝试采用 1993—1999 年的数据加以检验,结果发现 CL 显著为正,BACL 仍然不显著,HACL 则显著为正。该期间的 CL 公司有 44 家,其中 BA 公司 29 家,但 HA 公司只有 15 家。为了让 HACL 的回归系数更具统计意义,从 HA 公司数量开始超过 30 家样本的 2006 年开始分阶段回归,1993—2006 年、1993—2007 年、1993—2008 年的 HA 公司数量分别为 32 家、44 家、46 家,回归结果与表 5-1-5 相比没有实质变化。

表 5-1-3 相关系数矩阵

	CL	lnProc	Lever	Liquit	Top1	SOE	Rptn	Hot
CL	1							
lnProc	0.2568***	1						
Lever	−0.0408	0.1766***	1					
Liquit	−0.4564***	−0.2919***	−0.0083	1				
Top1	−0.0028	0.1315***	0.0689**	−0.1471***	1			
SOE	0.1269***	0.1584***	0.0592	−0.0202	0.3224***	1		
Rptn	0.1386***	0.1438***	0.0334	−0.13***	0.1771***	0.0865***	1	
Hot	−0.0419	−0.0912***	0.0095	−0.0371	−0.0151	−0.0695***	0.0571**	1
Exch	0.0973***	0.1782***	0.0678***	0.1733***	0.0911***	0.2263***	0.0534**	−0.1664***

	MTB$_{CP}$
CL	−0.1048***
lnProc	0.3538***
Lever	0.0993***
Liquit	0.0134
Top1	0.0311
SOE	−0.1402***
Rptn	−0.0049
Hot	0.0384
Exch	0.037

注：***代表1%的显著性水平；**代表5%的显著性水平；*代表10%的显著性水平。下同。

表 5-1-4 相关变量的单因素分析

变量	CL=0			CL=1			均值之差	中位数之差
	obs	均值	中位数	obs	均值	中位数		
MTB_{CP}	1 313	5.7433	5.2645	76	4.3184	3.3092	−1.4249***	−1.9553***
lnProc	1 313	10.2946	10.2742	76	11.5108	11.1519	1.2162***	0.8777***
Lever	1 313	0.5476	0.5741	76	0.5206	0.5042	−0.027	−0.0699*
Liquit	1 313	0.2757	0.2639	76	0.0985	0.0877	−0.1772***	−0.1762***
Top1	1 313	0.4680	0.47	76	0.4658	0.4863	−0.0022	0.0163
OP	1 313	8.1263	6.66	76	7.0071	5.14	−1.1192***	−1.52***
CP	1 313	18.0041	14.76	76	13.4917	10.9	−4.5124***	−3.86***
FDR	1 313	0.8011	0.7425	76	0.6353	0.5955	−0.1658***	−0.147***
PE	1 260	21.8122	18.665	74	24.1039	18.26	2.2917	−0.405
EPS	1 260	0.2468	0.2139	74	0.2010	0.1550	−0.0458**	−0.0589***

BA公司而言都存在明显的差距,因此HACL的系数仍然显著。

由于HA公司与BA公司的这种差异,我们可以仅将HA公司视为受到不同交易所监管的、严格意义上的交叉上市公司,而将纯A公司和BA公司视为受到同一交易所监管的一类公司,并以HACL为解释变量进行回归,结果如模型(9)所示。可以看到,HACL的系数仍然显著为负,表明即便是更加符合交叉上市定义的HA公司,也遭遇A股IPO抑价而不是溢价。①

控制变量中,lnProc、Liquit、Hot的系数显著为正,SOE的系数显著为负,与预期一致。Lever的系数显著为正,表明负债率越高,MTB_{CP}反而越高,这或许源于Lever高的公司急于筹集大量资本,为此通过各种途径抬高了发行价格;同时Lever高的公司其权益也相对较少,每股权益所对应的发行价格也就较高。Top1的系数为正,与预期一致,但不显著,原因可能是中国上市公司大部分是政府控股公司,第一大股东就是政府。但由于中国国有企业普遍存在所有者缺位的弊端,持股比例的多少对政府的监督激励未构成显著影响。而对于非国有企业,第一大股东可能同时存在加强监督与隧道挖掘两种行为(Johnson et al., 2000),前者增加公司价值,后者则相反,两相抵消,导致Top1的系数不显著。Rptn的系数为负,与预期相反,但不显著,原因可能是中国正处于经济转型期,股票市场从建立至今不过20年的时间,承销商在发展过程中面临来自制度、政治、经济等方面的不确定性,导致承销商破产倒闭、兼并重组等带来承销商声誉的不稳定性的诸多活动,政府或中介机构也不存在关于承销商历年排名的权威数据,因此本文通过各年承销额的排名可能无法真实地反映承销商声誉。此外,与Chan et al.(2004)、Fan et al.(2007)一样,我们也没有发现Exch对公司估值产生显著影响。②

---

① 我们还尝试了如下处理方法。第一,由于BA公司的特殊性,我们将其剔除,从而交叉上市公司仅为47家HA公司。第二,将B×A公司和H×A公司(共6家)剔除掉。第三,考虑异方差的影响。上述三种情形下的回归结果与表5-1-5没有实质区别。

② 我们尝试改变一些控制变量的度量。首先,改变热市期Hot的计算。方法1:直接以各月的IPO数量减去中位数,如果差大于零,则认为该月份为热市场月,否则为冷市场月。方法2:计算样本期间各月IPO数量的平均值,再以各月的IPO数量减去平均值,如果差大于零,则认为该月份为热市场月,否则为冷市场月。结果无实质性变化。其次,改变承销商声誉Rptn的度量,仅将承销金额在前10%的承销商视为高声誉。结果都没有实质性变化。

表 5-1-5 交叉上市公司 A 股 IPO 估值水平的回归结果

	(1)	(2)	(3)	(4)	(5)	(6)	(7)	(8)	(9)
Intercept	5.7433***	4.9994***	−7.2662***	−7.7995***	−7.8555***	−8.2185***	−8.1839***	−8.5462***	−8.5987***
	(67.6)	(8.09)	(−6.49)	(−7)	(−7)	(−7.3)	(−7.24)	(−7.54)	(−7.62)
CL	−1.4250***	−0.7470**	−1.5381***	−1.4488***	−1.4429***	−1.4496***	−1.4563***		
	(−3.92)	(−2.13)	(−3.97)	(−3.77)	(−3.75)	(−3.78)	(−3.79)		
BACL								−0.2939	
								(−0.55)	
HACL								−2.2616***	−2.2089***
								(−4.9)	(−4.9)
lnProc			1.1212***	1.1891***	1.1984***	1.2013***	1.1958***	1.2176***	1.2114***
			(11.87)	(12.57)	(12.39)	(12.46)	(12.21)	(12.44)	(12.47)
Lever			1.5900***	1.6579***	1.6543***	1.6383***	1.6322***	1.6220***	1.6330***
			(3.1)	(3.26)	(3.25)	(3.23)	(3.21)	(3.2)	(3.23)
Liquit			3.0547***	3.1442***	3.1413***	3.0337***	3.0112***	2.9995***	3.1861***
			(2.73)	(2.84)	(2.83)	(2.74)	(2.71)	(2.71)	(3.03)
Top1			0.1340	0.6625	0.6889	0.6489	0.6438	0.6984	0.7399
			(0.29)	(1.42)	(1.47)	(1.38)	(1.37)	(1.49)	(1.6)
SOE				−0.7931***	−0.7970***	−0.7763***	−0.7802***	−0.7647***	−0.7656***
				(−5)	(−5.02)	(−4.9)	(−4.9)	(−4.82)	(−4.83)

(续表)

	(1)	(2)	(3)	(4)	(5)	(6)	(7)	(8)	(9)
Rptn					−0.0696	−0.0649	−0.0663	−0.0643	−0.0659
					(−0.46)	(−0.43)	(−0.44)	(−0.43)	(−0.44)
Hot						0.5155***	0.5164***	0.5159***	0.5154***
						(2.92)	(2.92)	(2.93)	(2.93)
Exch							0.0554	0.1001	0.1020
							(0.33)	(0.59)	(0.6)
Indus	No	Yes	Yes	Yes	Yes	Yes	Yes	Yes	Yes
Year	No	Yes	Yes	Yes	Yes	Yes	Yes	Yes	Yes
N	1389	1389	1389	1389	1389	1389	1389	1389	1389
F	15.39***	12.34***	16.77***	17.25***	16.85***	16.76***	16.39***	16.35***	16.71***
Adj-R^2	0.01	0.2369	0.323	0.3349	0.3345	0.3382	0.3377	0.342	0.342

四、稳健性检验

(一) 以首日回报率为因变量

上文曾指出 FDR 易受到二级市场价格的影响。但遵循 IPO 抑价理论的通行做法,我们这里也尝试采用 FDR 来度量一级市场估值水平,其中 $FDR = \ln(CP/OP)$。根据 Ljungqvist(2006)的综述,IPO 抑价的理论解释主要划分为四类:信息不对称(asymmetric information)理论;制度(institutional)理论;控制权(control)理论;行为(behavioral)理论。但从经验证据来看,信息不对称对 IPO 抑价的影响是最首要的。而本节的制度背景分析已经指出,B 股和 H 股公司均是行业领先和具有一定知名度的公司,其在 B 股和 H 股市场的发行过程中都获得了国内外具有较高声誉的中介机构的参与,且面临双重财务报告、双重审计、双重监管等,这些客观因素将有助于降低它们在 A 股 IPO 时的信息不对称,IPO 抑价也有望降低。为此,我们以 FDR 替代式(5-1-2)中的 MTB_{CP} 进行回归,结果如表 5-1-6 的模型(1)—(4)所示。

可以看到,交叉上市具有更高的 FDR。这点与上文的检验结果是一致的。要想说明这点,我们首先模仿 MTB_{OP} 的做法,构造上市首日的 MTB,其计算如下:$MTB_{CP} = CP/BVEPS$,其中 CP 为上市首日的收盘价。接着,我们将 FDR 重新表达如下:$FDR = \ln(CP/OP) = \ln[(CP/OP) * (BVEPS/BVEPS)] = \ln[(CP/BVEPS)/(OP/BVEPS)] = \ln(MTB_{CP}/MTB_{OP})$。既然上文已经表明 MTB_{OP} 被低估,则在 MTB_{CP} 不变的情况下,FDR 自然就会被抬高。

但交叉上市公司的较高 FDR 仅是由于一级市场较低的 MTB_{OP} 所导致吗?有没有可能源于二级市场的 MTB_{CP} 被抬高呢?为此,我们以 MTB_{CP} 为因变量进行回归,结果如表 5-1-6 中的模型(5)—(8)所示。可以看到,MTB_{CP} 并未被显著地抬高,甚至对于 HA 公司来说还被显著地压低。在这种情况下,交叉上市公司的较高 FDR 只能来自一级市场 MTB_{OP} 的压低,这进一步支持了上文的检验结果。

表 5-1-6 首日回报率与基于收盘价的 MTB 回归结果

被解释变量	FDR				MTB$_{CP}$			
	(1)	(2)	(3)	(4)	(5)	(6)	(7)	(8)
Intercept	3.8885***	3.9437***	3.9990***	4.0068***	13.2441***	11.7115***	11.3457***	11.2882***
	(25.23)	(25.07)	(25.39)	(25.54)	(4.25)	(3.69)	(3.56)	(3.56)
CL	0.2308***	0.2209***			−1.6194	−1.4956		
	(4.33)	(4.13)			(−1.5)	(−1.39)		
BACL			0.0436					
			(0.59)					
HACL			0.3437***	0.3359***			−2.3087*	−2.2510*
			(5.36)	(5.36)			(−1.78)	(−1.77)
lnProc	−0.3127***	−0.3215***	−0.3248***	−0.3239***	−0.3741	−0.2689	−0.2468	−0.2537
	(−24.05)	(−23.6)	(−23.88)	(−23.98)	(−1.42)	(−0.98)	(−0.9)	(−0.93)
Lever	−0.0345	−0.0409	−0.0393	−0.0410	3.5368**	3.6097**	3.5994**	3.6116**
	(−0.49)	(−0.58)	(−0.56)	(−0.58)	(2.47)	(2.53)	(2.53)	(2.54)
Liquit	0.3873**	0.3682**	0.3700**	0.3423**	9.0286***	8.8896***	8.8778***	9.0823***
	(2.52)	(2.39)	(2.41)	(2.34)	(2.9)	(2.86)	(2.86)	(3.07)
Top1	0.1684***	0.1339**	0.1256*	0.1194*	1.5814	2.4770*	2.5322*	2.5775**
	(2.67)	(2.05)	(1.93)	(1.86)	(1.24)	(1.88)	(1.92)	(1.99)

(续表)

被解释变量	FDR				MTB$_{CP}$			
	(1)	(2)	(3)	(4)	(5)	(6)	(7)	(8)
SOE	0.0356	0.0333	0.0334		−1.4928***	−1.4772***	−1.4782***	
	(1.61)	(1.51)	(1.51)		(−3.35)	(−3.31)	(−3.31)	
Rptn		0.0156	0.0153	0.0156		0.0412	0.0432	0.0414
		(0.75)	(0.73)	(0.75)		(0.1)	(0.1)	(0.1)
Hot		0.0071	0.0072	0.0072		1.0013**	1.0008**	1.0002**
		(0.29)	(0.29)	(0.3)		(2.02)	(2.02)	(2.02)
Exch		0.0350	0.0281	0.0279		0.2543	0.2995	0.3016
		(1.49)	(1.2)	(1.18)		(0.54)	(0.63)	(0.63)
Indus	Yes	Yes	Yes	Yes	Yes	Yes	Yes	Yes
Year	Yes	Yes	Yes	Yes	Yes	Yes	Yes	Yes
N	1 389	1 389	1 389	1 389	1 389	1 389	1 389	1 389
F	26.52***	24.37***	24.29***	24.83***	11.45***	10.90***	10.69***	10.93***
Adj-R^2	0.4358	0.4365	0.441	0.4412	0.2402	0.247	0.2471	0.2477

(二) 以发行价格为因变量

上文还指出,以发行价格 OP 作为因变量会受到股票发行规模的影响,从而不宜直接回归。但受到 Hunt-McCool et al. (1996)、Koop and Li (2001)、Chen et al. (2002)、Chan et al. (2007)等学者采用随机边界方法(SFA)研究 IPO 抑价的做法的启发,我们尝试采取 OP 的对数(lnOP)为因变量。为了让相关变量满足线性对数化条件,首先,假设 OP 满足如下关系:$OP(1-Fee)=PV(E)/N$。其中,Fee 为发行费率,等于股票发行费用除以 Proc;$PV(E)$ 为公司权益的现值;N 为股票总数量。其次,由于权益现值等于未来自由现金流(FCF)的现值减去负债的现值,即 $PV(E)=(1-Lever)FCF/E(r)$,其中,Lever 为财务杠杆;$E(r)$ 为权益投资者所要求的回报率(假设恒定不变);FCF = 经营现金流 — 投资现金流 = (净利润+折旧—运营资本增加) — 投资现金流,在不考虑再投资和其他因素的条件下,自由现金流大致等于净利润(π)。根据微观经济学的基本原理,净利润来自企业的生产,而生产的数量(Q)可表达为资本 K 和劳动 L 的 Cobb-Douglas 生产函数,即,$Q=K^{\alpha}L^{\beta}$。在不考虑价格的条件下,产品销售收入 S 等于 Q,即 $S=Q=K^{\alpha}L^{\beta}$。如果知道公司的销售净利率 m,m 等于上市前的净利润 π_0 除以销售收入 S_0,则可以将未来 FCF 表示为:$FCF=\pi=m*S=\pi_0 \cdot K^{\alpha}L^{\beta}/S_0$。再定义每股净利润 EPS 等于 π_0/N,则可得到 OP 的估计函数:

$$OP = \frac{EPS(1-Lever) \cdot K^{\alpha}L^{\beta}}{E(r)S_0(1-Fee)} \qquad (5-1-3)$$

为了纳入交叉上市溢价现象,我们在式(5-1-3)右边乘上 $\exp(\theta CL)$,其中,θ 为交叉上市溢价幅度。根据绑定溢价假说,θ 应该大于 0,从而当 $CL=1$ 时,$\exp(\theta CL)>1$。当 $CL=0$ 时,$\exp(\theta CL)=1$,这时发行定价属于正常情况。但如果绑定假说不成立,则 θ 有可能小于 0,这时 $\exp(\theta CL)<1$,交叉上市带来的不是溢价而是抑价。此时,式(5-1-3)变为:

$$OP = \frac{EPS(1-Lever) \cdot K^{\alpha}L^{\beta}}{E(r)S_0(1-Fee)}\exp(\theta CL) \qquad (5-1-4)$$

两边取对数,我们可获得如式(5-1-5)所示的回归模型。

$$\begin{aligned}lnOP = &a_0 + a_1 CL + a_2 lnEPS + a_3 ln(1-Lever) + a_4 lnK \\ &+ a_5 lnL + a_6 lnE(r) + a_7 lnS_0 + a_8 ln(1-Fee) + \varepsilon\end{aligned} \qquad (5-1-5)$$

式(5-1-5)与 Koop and Li (2001) 的定价模型颇为相似，都包含了 EPS、财务杠杆(Lever)、销售收入(S_0)、资产(K)、发行费用(Fee)等变量。进一步的，由于首日回报率 FDR 等于 $\ln(OP/CP)$，即 $\ln OP - \ln CP$，因此我们可以在式(5-1-5)基础上获得如下以 FDR 为因变量的回归模型：

$$\begin{aligned}\text{FDR} =& a_0 + a_1 \text{CL} + a_2 \ln\text{EPS} + a_3 \ln(1-\text{Lever}) + a_4 \ln K \\ & + a_5 \ln L + a_6 \ln E(r) + a_7 \ln S_0 + a_8 \ln(1-\text{Fee}) \\ & + a_9 \ln\text{CP} + \varepsilon \end{aligned} \quad (5\text{-}1\text{-}6)$$

其中，EPS、Lever、K、L、S_0、Fee 分别为招股时的每股净利润、财务杠杆、总资产、职工人数、主营业务收入、发行费率，数据主要来自 CSMAR。$E(r)$为股东要求的回报率，对公司而言则为权益资本成本。出于简单计算，借鉴 Elliott(1980)的做法，以市盈率的倒数来度量权益资本成本。这其实源于公司的恒定假设，此时的公司净利润全部发放为股利，每股净利 EPS 等于每股股利 Div，股票价格 $P = \text{Div}/E(r)$，从而 $E(r) = \text{Div}/P = \text{EPS}/P = 1/(P/\text{EPS})$，即市盈率的倒数。发行市盈率数据主要来自 CCER，部分缺失值通过 CSMAR、Wind 和 Gildata 数据库补充。[①] 根据中国的上市要求，公司进行 IPO 必须连续三年盈利，因此 EPS 为负的样本被剔除。数据缺失的样本也被剔除。最后可用于检验式(5-1-5)和式(5-1-6)的样本共计 1 195 个，其中 CL=1 的样本为 51 个，BACL=1 和 HACL=1 的样本分别为 12 个和 39 个。回归结果如表 5-1-7 所示。

表 5-1-7 中的模型(1)—(3)以 $\ln OP$ 为因变量。可以看到，CL 的系数显著为负，BACL 的系数不显著，HACL 的系数显著为负，这些都与前面的检验结果相同，表明交叉上市尤其是 HA 交叉上市带来的不是溢价

[①] 我们也尝试通过 CAPM 进行估算，其中的 β 数据来自 CCER 数据库中的股票收益年数据，市场回报率数据来自 CSMAR 的综合 A 股市场年回报率，无风险收益率来自 CSMAR 的一年期定期存款利率数据。在数据日期的选择上，如果样本在该年上半年上市的，则所有数据取该年年底的公布数据；如果样本在该年下半年上市的，则所有数据取第二年年底公布的数据，即：

$$E(r_i)_{ym} = \begin{cases} r_{fy} + \beta_{iy}(r_{My} - r_{fy}), & \text{if } m < 6 \\ r_{fy+1} + \beta_{iy+1}(r_{My+1} - r_{fy+1}), & \text{if } m \geqslant 6 \end{cases}$$

其中 $E(r)$ 为权益资本成本，r_f 为无风险利率，r_M 为综合 A 股市场回报率，下标 i 表示第 i 个样本，y 表示年度，m 表示月度。但这样计算出来的 $E(r_i)$ 有将近一半是负的，这导致无法对数化，而直接剔除 $E(r_i) < 0$ 又将损失太多的样本。为此，我们将计算出的 $E(r_i)$ 统一加上 2 使得全部 $E(r_i)$ 为正，由于 $E(r_i)$ 并非我们的解释重点，对 $E(r_i)$ 的这种处理不影响式(5)的回归含义，也不影响 CL 的回归结果。基于上述方法的回归结果没有实质变动。

而是抑价。模型(4)—(6)以 FDR 为因变量,结果与表 5-1-6 的相同,表明交叉上市具有更高的首日回报率,这点与模型(1)—(3)所示的 lnOP 被压低是相互支持的。

表 5-1-7 发行价格对数的回归结果

被解释变量	lnOP			FDR		
	(1)	(2)	(3)	(4)	(5)	(6)
Intercept	1.6473***	1.5747***	1.5814***	0.4132**	0.4996**	0.4945**
	(7.22)	(6.66)	(6.69)	(2.12)	(2.48)	(2.46)
CL	−0.1849***			0.1863***		
	(−3.24)			(4.14)		
BACL		−0.0908			0.0760	
		(−0.92)			(0.98)	
HACL		−0.2261***	−0.2222***		0.2345***	0.2313***
		(−3.37)	(−3.32)		(4.44)	(4.39)
lnEPS	0.3329***	0.3312***	0.3306***	−0.1531***	−0.1511***	−0.1505***
	(21.09)	(20.9)	(20.88)	(−10.85)	(−10.67)	(−10.64)
$\ln(1-Lever)$	−0.0340	−0.0300	−0.0315	−0.0189	−0.0237	−0.0224
	(−1.12)	(−0.98)	(−1.03)	(−0.78)	(−0.98)	(−0.93)
lnAsset	0.1032***	0.1057***	0.1043***	−0.0875***	−0.0904***	−0.0892***
	(6.24)	(6.34)	(6.28)	(−6.7)	(−6.87)	(−6.81)
$\ln L$	−0.0441***	−0.0440***	−0.0444***	0.0198**	0.0197**	0.0200**
	(−3.76)	(−3.76)	(−3.8)	(2.13)	(2.12)	(2.16)
$\ln E(r)$	−0.4378***	−0.4408***	−0.4432***	0.1394***	0.1427***	0.1446***
	(−16.23)	(−16.27)	(−16.44)	(5.82)	(5.94)	(6.04)
$\ln S_0$	−0.1096***	−0.1088***	−0.1081***	0.0353***	0.0344***	0.0337***
	(−7.16)	(−7.11)	(−7.07)	(2.85)	(2.78)	(2.73)
$\ln(1-Fee)$	1.9262***	1.9202***	1.9261***	−1.1569***	−1.1494***	−1.1541***
	(3.82)	(3.81)	(3.82)	(−2.9)	(−2.89)	(−2.9)
lnCP				0.4998***	0.4995***	0.4994***
				(26.92)	(26.92)	(26.92)
N	1 195	1 195	1 195	1 195	1 195	1 195
F	104.93***	93.46***	105.05***	109.25***	98.80***	109.67***
Adj-R^2	0.4105	0.4107	0.4108	0.4493	0.4503	0.4503

模型(1)—(3)的控制变量中,$\ln(1-Lever)$ 的系数符号为负,与预期相反,表明 OP 与 Lever 正相关,关于这点的解释可以参考对 MTB_{OP} 与 Lever 呈正相关的解释。但这里 $\ln(1-Lever)$ 的系数并不显著。$\ln L$ 的

系数显著为负,与预期相反。由于微观经济学中 Cobb-Douglous 的生产函数即 $Q=K^{\alpha}L^{\beta}$ 中的 α、β 通常为正,表 5-1-7 的回归结果似乎与经济学原理相悖。但事实并非如此。我们曾尝试对如下模型进行回归:$\ln Q = \ln S_0 = \alpha_0 + \alpha_1 \ln K + \alpha_2 \ln L + \varepsilon$,结果表明 α_1 和 α_2 均显著为正,符合微观经济学的理论预期。表 5-1-7 中 $\ln L$ 的系数为负可能是因为受到了发行过程或统计过程中其他因素的影响。例如,L 越大可能表明公司在上市前已经得到了充分的发展,上市后的增长机会将会降低;预期到这点,IPO 各方当事人将会给予 IPO 价格更多的折价。但更可能的原因是数据本身造成的。由于我们无法获得以货币表示的劳动投入水平,因此在函数 $Q=K^{\alpha}L^{\beta}$ 中的 K 和 L 的单位并不一致,K 的单位是人民币,而 L 的单位是人数,这种量纲上的不一致可能会影响 L 所反映的公司对劳动的实际投入信息。另外,由于中国早期的上市公司的信息披露不规范,所披露的 L 可能未能真实地反映职工人数。这些原因导致了表 5-1-7 中 $\ln L$ 的系数与预期不符。$\ln(1-Fee)$ 的系数显著为正,与预期相反,表明 OP 与 Fee 负相关,原因可能在于发行价格高的公司其融资规模也高(正如表 5-1-5 中 MTB_{OP} 与 $\ln Proc$ 正相关所示的),承销商对于融资规模高的公司往往有费用方面的让步,从而 Fee 更低。其他的控制变量均与式(5-1-5)的理论预期一致。根据式(5-1-6),模型(4)—(5)与模型(1)—(3)的共同变量的系数符号应该相反,表 5-1-7 的回归结果也表明了这点。

此外,尽管发行价格和首日收盘价格由于容易受到发行数量的影响而不宜直接回归,但我们也尝试这样做,结果如表 5-1-8 所示。表 5-1-8 表明,交叉上市公司不仅发行价格显著偏低,而且收盘价格也显著偏低。由于首日回报率与收盘价格呈正相关,而表 5-1-6、表 5-1-7 均表明交叉上市公司具有更高的首日回报率,因此表 5-1-8 所示的收盘价格偏低意味着:交叉上市公司的发行价格遭到更深的抑价。这与本节的主要检验结果即 MTB_{OP} 与交叉上市负相关是一致的。

此外,表 5-1-8 中 Hot 与 Exch 两个控制变量的符号支持了本节的预期。Ritter(1984)曾指出热市期上市的首日回报率更高,而表 5-1-8 则表明,不管因变量是 OP 还是 CP,Hot 的系数均显著为正,表明在热市期上市不仅会提高发行价格而且会提高收盘价格。不过,从表 5-1-6 对 FDR 的回归结果中没有发现 Hot 会提高首日回报率。另外,Exch 的符号均显

表 5-1-8 发行价格与首日收盘价的回归结果

被解释变量	OP					CP		
	(1)	(2)	(3)	(4)	(5)	(6)	(7)	(8)
Intercept	−6.1206***	−8.1021***	−8.8690***	−8.8995***	24.4674***	21.2278***	20.2828***	20.2726***
	(−3.4)	(−4.48)	(−4.91)	(−4.95)	(5.87)	(5.02)	(4.78)	(4.79)
CL	−2.8852***	−2.6314***			−3.5039**	−3.0891**		
	(−4.64)	(−4.29)			(−2.43)	(−2.15)		
BACL			−0.1707				−0.0571	
			(−0.2)				(−0.03)	
HACL			−4.3360***	−4.3054***			−5.1896***	−5.1793***
			(−5.9)	(−5.99)			(−3)	(−3.06)
lnProc	1.5515***	1.7590***	1.8052***	1.8016***	−0.4749	−0.1382	−0.0813	−0.0825
	(10.23)	(11.24)	(11.57)	(11.63)	(−1.35)	(−0.38)	(−0.22)	(−0.23)
Lever	−1.4873*	−1.2842	−1.3058	−1.2994	−2.5650	−2.2200	−2.2465	−2.2444
	(−1.8)	(−1.58)	(−1.62)	(−1.61)	(−1.34)	(−1.17)	(−1.18)	(−1.18)
Liquit	−4.3911**	−3.9891**	−4.0138**	−3.9054**	−6.2522	−5.5193	−5.5498	−5.5135
	(−2.44)	(−2.25)	(−2.28)	(−2.33)	(−1.5)	(−1.33)	(−1.34)	(−1.4)
Top1	−1.9611***	−1.0858	−0.9701	−0.9460	−1.7903	−0.5240	−0.3813	−0.3733
	(−2.67)	(−1.45)	(−1.3)	(−1.29)	(−1.05)	(−0.3)	(−0.22)	(−0.22)

(续表)

被解释变量	OP				CP			
	(1)	(2)	(3)	(4)	(5)	(6)	(7)	(8)
SOE		−1.1875***	−1.1549***	−1.1554***		−1.6821***	−1.6419***	−1.6421***
		(−4.67)	(−4.57)	(−4.57)		(−2.83)	(−2.76)	(−2.76)
Rptn		0.0846	0.0889	0.0879		0.2244	0.2296	0.2293
		(0.35)	(0.37)	(0.37)		(0.4)	(0.41)	(0.41)
Hot		0.7329***	0.7318***	0.7315***		1.2612*	1.2598*	1.2597*
		(2.6)	(2.61)	(2.61)		(1.91)	(1.91)	(1.91)
Exch		−1.0082***	−0.9135***	−0.9124***		−1.9251***	−1.8083***	−1.8079***
		(−3.73)	(−3.39)	(−3.38)		(−3.04)	(−2.85)	(−2.85)
Indus	Yes	Yes	Yes	Yes	Yes	Yes	Yes	Yes
Year	Yes	Yes	Yes	Yes	Yes	Yes	Yes	Yes
N	1389	1389	1389	1389	1389	1389	1389	1389
F	30.38***	29.65***	29.73***	30.40***	19.73***	18.77***	18.53***	18.94***
Adj-R^2	0.4706	0.487	0.4932	0.4935	0.3617	0.3707	0.3724	0.3729

著为负,表明在上海交易所上市不仅具有更低的发行价格,而且也具有更低的收盘价格。而表 5-1-2 的描述性统计表明,交叉上市公司集中在上海交易所,这可能也促使了交叉上市公司遭受 A 股 IPO 抑价。

五、对结果的解释

以上主要结果及其稳健性检验从多个角度显著否定了本文的原假设,表明对于中国而言,先在监管相对严格的 B 股或 H 股市场上市后,再回到 A 股市场交叉上市的公司并没有因为绑定机制而获得 A 股发行溢价。相反,与原假设相对的备择假设则从多个角度获得显著支持,表明中国的这些交叉上市公司在 A 股 IPO 时遭受显著的抑价。本书在制度背景中提到的 B 股和 H 股的各种绑定优势并没有转化成实际上的估值优势,这为 Coffee(1999,2002)和 Stulz(1999)的绑定假说提供了来自新兴市场国家一级市场的反面证据。

那么,究竟是什么原因导致绑定机制的失效?我们注意到一个不容忽视的事实:无论是在 B 股上市还是在 H 股上市,都源于 20 世纪 90 年代初中国重新启动的国有企业改革和市场经济体制改革,源于政府主导下的强制性制度变迁。在这个过程中,中国政府吸取了东欧和俄罗斯的经验教训,继续实行"摸着石头过河"的稳健型改革策略,对国有企业先进行试点改革,在检验了改革的可行性之后再在全国范围内推行。但是,这些试点企业,是在没有改革先例的情况下,甚至是在没有相关的法律法规的条件下完成改革的,这使得它们的改革具有实验性和不彻底性,并为此承担了一定的代价。中国的 B 股和 H 股公司恰恰充当了"石头"和"试点"的角色,为此而进行的公司治理改革更多的是快速的实验性的形式绑定,并因此而遭受到境外与境内投资者的价值低估。

(一)公司治理上的形式绑定

B 股市场的历史演变反映了 B 股公司的尴尬。上海市政府于 1990 年鼓励国际资本以 B 股形式直接投资上海,并得到深圳市政府的响应。1991 年,上海和深圳两市开始了 B 股市场的试点。当时的中国政府试图通过 B 股市场完成如下目标:① 吸引外资;② 使国有企业按照国际规则运作并接受境外投资者的监督,提高企业经济效益和国际知名度;③ 完善中国证券市场;④树立中国改革开放的形象。尽管中国政府对 B 股的预选条件有要求,但 1992—1994 年对 B 股发行上市进行规范的唯一两个地方性法规并没有对公司治理做出特别的要求,直到 1995 年 11 月份国务院才下发文件对 B 股公司的董事会等治理机制有所规定。尤其是,1992 年 10 月,中国证监会成立之后,中国中央政府对 B 股市场的态度开始发生了转变,而中国证监会 1993 年及之后推行的 H 股上市策略对 B 股市场形成了竞争,B 股市场的功能逐渐被 H 股市场所代替,并于 2000 年之后被暂停了 IPO。在这种由政府主导的强制性制度变迁中,被选作试点的 B 股公司在公司治理的改革上难免具有实验性、不彻底性甚至是临时性,使得 B 股市场对这些公司的绑定机制难以发挥作用,因此我们在上文的相关检验中没有发现 BACL 对因变量具有显著的影响。

  中国公司对 H 股市场的绑定也存在类似于 B 股市场的缺陷。1991 年 6 月,香港联交所开始对内地公司赴港上市进行可行性研究。香港联交所对内地公司的主动争取有其自身利益的考虑,当时香港联交所的上市公司集中于金融、服务、餐饮等行业,为了保持其国际金融中心的地位,客观上需要石化、通信、高速公路、航空等行业的大型公司去充实其股票市场。而内地对国有企业的公司制改革与香港联交所的需要正好契合。然而,长期在计划经济体制下运营的内地国有企业却面临着诸如公司法、会计制度、公司治理结构等上市障碍。为此,香港联交所、中国证监会以及中国人民银行及其他政府部门的相关专家成立了联合工作小组,共同讨论相关问题的解决。在联合工作小组谈判完了之后,由国务院的各个部门对国有企业境外上市所需要的政策进行制度化和文件化,形成了国有企业境外上市所需要的特别规定。而香港联交所为适应内地企业赴港上市,也于 1993 年 6 月颁布了对上市规则的修订条例。与 B 股一样,中国政府也试图通过 H 股上市达到上述目标。但与 B 股不同的是,香港是当时世界公认的国际金融中心,在香港联交所上市的公司在各方面都能够获得国际投资者的普遍认可。这些 B 股市场所无法满足的。或许正因为这样,中国证监会才逐渐以 H 股市场取代 B 股市场。但可以肯定的是,H 股公司的公司治理改革也是不彻底的,因为国有企业长期在计划经济体制下运行,试图通过短期的公司制改造以实现公司治理的实质性改善是不现实的;此外,中国政府当时尚未形成相关的法律法规,很多改革措施仍处于实验阶段。而香港联交所出于自身利益的需求,可能会对赴港上市的内地公司豁免相关要求,正如美国交易所对外国公司的豁免一样(Litch, 2003, 2004)。这导致了H股公司的治理水平尚未获得良好的绑定效果。

尽管随着改革的持续,早期的境内外上市公司可以为后期上市的公司提供榜样和经验,从而公司治理状况应该逐渐得到改善,但正如 Lin et al. (1998)所指出的,由计划经济向市场经济转变的中国的国有企业的问题根源,在于所有权与控制权的分离,以及由政府所强加的政策性负担所引起的预算软约束。而这两个根本性的问题在公司制改革中并未得到实质性的改善。首先,为了在短期内让上市公司在上市前后有相对良好的账面财务业绩,中国政府普遍采用剥离上市的方式对国有企业进行改革,将具有市场竞争力的核心资产从原企业中剥离出来并重组成上市公司,而非核心资产、不良债权、冗余人员则保留在原有企业中,但原有企业以"国家授权投资机构"的身份,作为控股股东控制上市公司。其次,中国的公司法规定"公司中的国有资产所有权属于国家",原有企业可以凭借对公司中的国有资产的所有权,直接干预公司对这些资产的转移、使用、收益等行为,这使得公司法人的财产权独立性遭到破坏。最后,中国实行特殊的"党管干部"政策,原有企业和上市公司的高层管理者(尤其是董事长和总经理)的变更和任命均需政府的批准,这使得高管变更与企业业绩之间的敏感性降低(Shen and Lin, 2009),预算软约束行为则得到强化。时至今日,这些问题在国有控股上市公司中仍然普遍存在,并成为国有企业改革的难点。这也导致了Stulz(2005)所提出的"孪生代理问题"(Twin Agency Problems)",即政府与公司内部人都会以外部投资者的利益为代价来追求其各自的利益,从而限制了公司乃至国家获取金融全球化好处的能力。

以上分析侧重于从内部治理的角度分析绑定机制的效果。而根据LLSV(1997,1998)的研究,法律体系作为治理的外部环境,对于公司治理尤其是投资者保护的实质性改善也至关重要,普通法系在投资者保护方面往往强于大陆法系。香港地区实行的是普通法系,但内地实行的是大陆法系。我们相信内地公司通过绑定香港的普通法系能够在一定程度上提高投资者保护水平。但如Litch(2004)所指出的,绑定是一种法律移植(Legal Transplantation)。而移植能否生效,则取决于所移植的制度能否与移植主体的原生制度体系相容。H 股公司的上市地在香港,但注册地和主要经营范围仍然在内地。虽然 H 股公司自身的制度会因为绑定而得到某种程度的改善,但正如 Aoki(2001)所指出的,整体性制度安排往往是稳固的和耐久的,某项规则的变更未必会导致制度变迁。中国的实践也表明,内地的法律体系与执法效率并没有因为 H 股公司而发生改变,中国 A 股市场从设立之初以来所形成的偏重为国有企业融资而忽视投资者的利益保护的状况也没有太大变化,在这种环境中,H 股公司对香港法律和监管制度的绑定将失去内地整体制度的支持,以致难以发挥作用。

(二) A 股定价上的被绑定

虽然绑定机制并未能带来 B 股和 H 股公司在公司治理上的实质性改善,但相对于纯 A 股而言,B 股和 H 股公司的治理水平还是有可能更高的。问题在于,B 股和 H 股公司面向的是国际投资者,而国际投资者在衡量公司治理水平时所采用的标准往往也具有国际性,而不是以纯 A 股公司作为参考。由于中国上市公司在内部治理和外部治理上存在的上述根本性问题,以及中国公司在境外资本市场曾经表现出的各种不当行为,境外投资者对中国上市公司形成了一种不良印象,诸如政府一股独大、经营决策不透明、信息披露不及时或不真实、对投资者的承诺不兑现、业绩与同行相比较差、增长乏力等。因此,境外投资者对 B 股和 H 股公司的 IPO 价格普遍给予低价,即便这些公司具有政府赋予的政策垄断地位也未能获得认可。一个典型的例子是 1999 年中国海洋石油总公司海外 IPO 的夭折。作为中国三大国家石油公司之一,该公司当时拥有 17 亿桶油的净探明储量,对海洋石油具有垄断的专营权,几乎不承担勘探风险,享有免税等政策优惠,但 1999 年的 IPO 仍然因境外投资者的订单不足而被迫放弃。长期以来,B 股和 H 股公司在股票发行价格上始终未能获得主动权,而负责承销的国际投资银行出于顺利发行的目的,也大都建议中国公司采取低价策略。即便是本文样本中 H 股的上市时间(2005 年 10 月)距离现在较近的中国建设银行,在 2005 年 H 股上市时仍然遭到承销商和境外投资者的压价。

由于有了 B 股和 H 股的发行价格以及二级市场价格作为参考,这些公司在回归 A 股 IPO 时其定价遭到了"被绑定"(being bonded)。一方面,承销商和发行人被迫以 B 股和 H 股价格作为 A 股 IPO 价格的参照物,并在长时间内形成了一种行业惯例。为了解释这点,本书仅以先 B 股后 A 股或先 H 股后 A 股的交叉上市公司为样本,以这些公司的 A 股发行价为因变量,以相应的 B 股和 H 股发行价为自变量,回归结果如表 5-1-9 所示。表 5-1-9 中的模型(1)和(2)以 39 家 BA 公司为样本,模型(3)和(4)以 51 家 HA 公司为样本,模型(5)和(6)则以 90 家 CL 公司为样本,每类样本的回归都分两类:控制或不控制行业及年度变量。结果表明,B 股和 H 股发行价的回归系数全都显著大于 1,既表明了 A 股发行价对 B 股和 H 股发行价的显著依赖性,也体现了中国长期存在的 A 股相对于 B 股和 H 股的溢价现象。并且,模型在控制行业和年度后的解释能力可达到 70%—90%,显示了 B 股和 H 股发行价对 A 股发行价的决定性作用。

表 5-1-9　A 股发行价对 B 股与 H 股发行价的依赖

	BACL		HACL		CL	
	(1)	(2)	(3)	(4)	(5)	(6)
Intercept	3.7246	43.8021***	−0.7423	9.6095***	2.0015	47.2967***
	(1.55)	(11.43)	(−0.65)	(2.95)	(1.39)	(12.01)
OP_X^a	4.1549***	1.5948***	2.7173***	2.2700***	2.8736***	1.7297***
	(4.7)	(3.09)	(8.38)	(7.12)	(6.35)	(5.83)
Years	No	Yes	No	Yes	No	Yes
Indus	No	Yes	No	Yes	No	Yes
N	39	39	51	51	90	90
F	22.14***	21.05***	70.3***	6.44***	40.36***	14.83***
Adj-R^2	0.3574	0.8808	0.5809	0.7052	0.3066	0.7953

注:对于 BACL 和 HACL,OP_X 分别指 B 股发行价和 H 股发行价;对于 CL,OP_X 则是 B 股和 H 股发行价的集合。

另一方面,对于中国 A 股市场投资者来说,由于 B 股和 H 股的发行价格偏低,这类公司的价格形象被绑定在了低价行列。尽管 A 股市场价格相对于 B 股和 H 股而言长期存在溢价,但一旦 B 股和 H 股公司回归 A 股发行,且其 A 股发行价相对 H 股价格过高,发行人可能就会被 A 股投资者乃至社会舆论斥以"贱卖国有资产""歧视国民"等骂名。中国政府尤其是国有资产监管部门为了避免社会质疑,也在某种程度上干预了B股尤其是H股公司的A股发行和定价。在这种国际和国内的双重压力下,中国的交叉上市公司在回归A股发行时将被迫采取低价策略。A股市场的定价权被绑定在了B股尤其是H股市场上,无法再根据A股市场的自身环境进行独立定价,无法纠正交叉上市公司的A股定价偏低的现象。

(三) 市盈率上的溢价幻觉

对于中国国有企业在境外上市中存在的贱卖嫌疑,中国政府相关人员曾回应称境外上市其市盈率并不低,并以此作为国有资产没有贱卖的证据。那么双重上市公司在A股IPO时是否也存在较高的市盈率呢?为此我们以市盈率为因变量进行了回归,结果见表5-1-10中的模型(1)—(3)。可以看到,无论是CL还是BACL与HACL,其回归系数均显著为正,表明双重上市确实获得了更高的发行市盈率每单位盈利所对应的发行价格更高。

这似乎提供了中国双重上市溢价的证据。但是,由于市盈率等于每股发行价格除以每股盈利,如果每股盈利较低,那么市盈率仍然可以较高。既然上文的分析已经表明中国双重上市的A股发行价格偏低(无论是单位权益发行价还是发行价格),那么市盈率偏高的唯一解释就是每股盈利更低。为了检验这点,我们以每股盈利为因变量,以CL、BACL、HACL为解释变量,控制变量选择了资产规模对数(lnAsset)、Lever、Liquit、Top1和SOE,回归结果如表5-1-10的模型(4)—(6)所示。

从表5-1-10中可以看到,CL、HACL的回归系数均显著为负,表明中国双重上市具有更低的每股盈利。由于双重上市公司的发行价格偏低,因此更低的每股盈利成为较高市盈率的唯一原因。现在我们面临的问题是:我们能否因为较高的发行市盈率而认为双重上市公司在IPO时获得了溢价?或者说,单位权益发行价与发行市盈率哪个更能解释IPO的估值水平?

由于发行市盈率等于OP/EPS,因此也可以称为单位盈利发行价,当分子、分母都乘以公司股票总数量后,PE其实就是权益市值/利润,即MVE/π;而MTB_{OP}其实就是权益市值/权益账面值,即MVE/BVE。根

表 5-1-10　市盈率、EPS 与 Logit 回归

	PE				EPS		logit(CL)	logit(HACL)
	(1)	(2)	(3)	(4)	(5)	(6)	(7)	(8)
Intercept	4.4282	4.2854	4.9149	0.0401	−0.0339	−0.0274	1.8680	−11.4927***
	(1.35)	(1.3)	(1.49)	(0.3)	(−0.25)	(−0.21)	(0.65)	(−3.57)
CL	4.8427***			−0.1116***				
	(4.63)			(−3.96)				
BACL		5.3408***			−0.0316			
		(3.62)			(−0.83)			
HACL		4.5203***	3.5406***		−0.1692***	−0.1624***		
		(3.63)	(2.9)		(−5.02)	(−4.97)		
lnSize	0.5057*	0.5146*	0.6506**	0.0120*	0.0155**	0.0146**	0.2641**	0.7242***
	(1.78)	(1.81)	(2.3)	(1.85)	(2.36)	(2.25)	(2.12)	(4.7)
Lever	1.1351	1.1355	0.8981	−0.0297	−0.0366	−0.0331	−4.4833***	−4.4944***
	(0.82)	(0.82)	(0.65)	(−0.76)	(−0.94)	(−0.87)	(−4.05)	(−3.37)
Liquit	8.3612***	8.3476***	5.0097*	−0.3338***	−0.3196***	−0.3038***	−32.4606***	−23.8791***
	(2.71)	(2.71)	(1.7)	(−3.95)	(−3.79)	(−3.7)	(−8.57)	(−5.99)
Top1	−0.5871	−0.5647	−1.3287	0.0275	0.0313	0.0356	−4.4486***	−2.7994**
	(−0.46)	(−0.44)	(−1.06)	(0.86)	(0.98)	(1.12)	(−3.94)	(−2.08)

(续表)

	PE			EPS			logit(CL)	logit(HACL)
	(1)	(2)	(3)	(4)	(5)	(6)	(7)	(8)
SOE	−1.3669***	−1.3578***	−1.3678***	−0.0128	−0.0118	−0.0116	1.2181***	1.8256**
	(−3.18)	(−3.15)	(−3.16)	(−1.14)	(−1.06)	(−1.04)	(2.61)	(2.5)
Rptn	−0.1546	−0.1527	−0.1450					
	(−0.38)	(−0.38)	(−0.35)					
Hot	2.4442***	2.4429***	2.4727***					
	(5.13)	(5.12)	(5.16)					
Exch	−0.2277	−0.2091	−0.2220					
	(−0.49)	(−0.45)	(−0.48)					
EPS							−3.2783***	−5.0818***
							(−2.85)	(−3.04)
Indus	Yes	Yes	Yes	Yes	Yes	Yes		
Year	Yes	Yes	Yes	Yes	Yes	Yes		
N	1334	1334	1334	1334	1334	1334	1334	1334
F	48.31***	47.25***	47.55***	5.37***	5.50***	5.61***		
LR chi2							366.87***	280.12***
Adj-R^2	0.6201	0.6199	0.6163	0.1234	0.1293	0.1295	0.6416	
Pseudo R^2								0.6886

注：Size 指规模，对于模型(1)—(3)，Size 是指拟融资规模(Proc)；对于模型(4)—(8)，Size 是指资产规模。

据公司财务学的 Fisher-Modigliani-Miller 的传统,利润(或现金流)来自企业资产的使用,或者说是企业资产的函数。在极端的情况下,我们可以像 Modigliani and Miller(1958)那样假设公司属于无杠杆公司,全部资产来自于权益融资,从而利润就是权益账面值的函数:$\pi = f(BVE)$,于是,$PE = MVE/f(BVE)$,而 $MTB_{OP} = MVE/BVE$。由于从 BVE 到 π 的转化过程或者说函数 $f(BVE)$ 会涉及现实世界中关于投资与经营的各种复杂因素,导致 $f(BVE)$ 本身不能真实地体现公司现有权益的价值,因此,我们认为 PE 的估值需要以函数 $f(BVE)$ 相同或者说盈利能力相同为条件,如果给定相同的每股盈利,由于双重上市的发行价格偏低,市盈率仍将是偏低的,因此 PE 的回归结果并不能推翻我们关于中国双重上司公司 A 股 IPO 抑价的结论。进而,由于中国双重上市公司大都属于国有企业,尽管经过了股份制改造,但身上仍然保留着很多计划经济时代的弊端,诸如人员冗余、决策不科学、经营效率低下等人为因素,这些都导致了国有企业资产(权益)所能创造的利润相对较低,但资产本身的价值不应由此就被低估以致获得较低的 MTB_{OP}。认为较高的市盈率意味着较高估值的观点,其实是没有认识到利润与权益账面值之间的不同以及联系,忽视了国有企业在经营问题上的人为干扰。

EPS 的偏低暗示我们,回归 A 股实现双重上市的 B 股或 H 股公司在盈利能力上未必有更好的表现。尽管在制度背景中我们指出中国政府在挑选 B 股和 H 股上市公司时尽量挑选行业排名靠前的公司,但主要是指资产规模的靠前;而中国证券法关于公司在 A 股 IPO 时满足连续三年盈利的要求,并没有对盈利水平有具体规定。中国的 A 股市场从设立开始,其定位就以为国有企业融资为主,越处于困境阶段或盈利越差的国有企业,可能反而更加容易得到融资。

为检验这点,我们以 CL 或 HACL 为因变量进行 logit 回归,看看哪些因素会影响到中国公司的双重上市决策。所选择的自变量包括:资产规模的对数(lnAsset)、财务杠杆(Lever)、流通股比例(Liquit)、第一大股东持股比例(Top1)、是否国有企业(SOE)。回归结果如表 5-1-10 的模型中的(7)和(8)所示,其中模型(7)以 CL 为因变量,模型(8)以 HACL 为因变量。结果表明,lnAsset、SOE 的回归系数显著为正,表明资产规模越大的公司、政府控股的公司双重上市的概率更大,这印证了我们的如下观点:政府当年在挑选 B 和 H 股上市的公司时,更多的是强调公司的资产规模能否在行业中排名靠前,因此当这些公司返回 A 股时,其资产规模也相对较高;同时,A 股市场主要是为国有企业的融资服务,因此政府控股的公司更可能返回 A 股。

此外,Lever 的系数均显著为负,表明负债率越高,双重上市的概率越低,这可能源于这类公司的破产概率较大,融资"圈钱"以便还贷的可能性较高,因此中国证监会对这类公司的 A 股发行进行了限制;Liquit 越高,双重上市的概率也会越低,这与 SOE 的作用原理相似,因为流通股比例高的公司往往是私人控股,但 A 股一级市场对这类公司存在产权歧视;Top1 越高的公司,控制私利也越高,但回归 A 股上市后将受到双重监管,因此正如 Doidge(2004)所指出的,控制私利大的公司将不愿意双重上市,Top1 高的公司也不愿意回到 A 股双重上市。但奇怪的是,EPS 的系数也显著为负,表明 EPS 越低,回归 A 股 IPO 的概率越大。这印证了我们的猜测:越处于困境阶段或盈利越差的国有企业,越有可能获得 A 股的融资。

正如我们曾指出的,中国政府将 B 股和 H 股上市的公司作为中国企业国际形象的代表,从上市预选到后期监管都给予了各种特殊政策。当这些公司盈利下降或处于经营困境时,通过权益融资筹集发展资金将是办法。但盈利下降条件下,在 B 股或 H 股市场进行权益再融资(seasoned equity offering)将不太可能获得国际投资者的认可,因此回到 A 股融资成为首选。这便是双重上市公司 A 股发行市盈率较高的原因。并非投资者给予的发行价格偏高,而是公司的每股盈利偏低,根据市盈率所推断的双重上市溢价只是一种幻觉。如果给定相同的每股盈利,由于发行价格偏低,双重上市公司的 A 股发行市盈率仍将是偏低的。

（四）中国得到了什么

既然中国交叉上市公司在境外以及境内 IPO 时都遭遇了价值低估,那么为何这类公司的数量仍然不断增加呢?如果企业和政府行为都符合理性的话,那么它们在交叉上市过程中又得到了什么呢?

答案也许需要回到中国国有企业改革的两大目标,即融资与改善公司治理上。作为上市的主体,国有企业凭借交叉上市,从国际与国内资本市场获取了大量的权益性资本,降低了负债。公司为了境内外上市而进行的一系列改革,也在某种程度上促进了公司治理机制的改善。通过在B股或H股市场上市,BA公司和HA公司在某种程度上绑定了B股和H股市场更加严格的法律和监管环境,尽管这种绑定由于中国特殊的经济转轨背景而可能在上市初期流于形式,但它们为国内纯A股公司的上市规范以及公司制改革提供了形式上的参考,例如,政企分离、治理机构、信息披露、高管激励等。有了这些初步的形式和框架,中国政府在国有企业上市之后,结合内地的实际情况对国有企业的治理进行了长期的延续至今的改善并取得了一定成效。

中国证监会及其他政府部门在推动B股和H股上市的过程中逐渐熟悉了美国及中国香港地区的上市与监管规则,为规范内地刚刚设立的A股市场发展提供了经验。而通过推动B股尤其是H股公司回归A股,中国证监会则为国内纯A股公司的股份制改造和上市树立了榜样。这对于股票市场设立之初缺乏各方面经验的中国证监会来说尤为关键,中国证监会由此得以不断制定和完善相关法律法规。在2005年国内出现A股市场边缘化的质疑之后,中国证监会主要通过推动H股回归A股市场、形成A股市场的蓝筹股来平息相关质疑,交叉上市公司成为中国证监会稳定A股市场发展、改善A股市场公司质量、提高A股市场定价权的重要工具。

而作为改革战略制定者和最终推动者的中国政府,则借助交叉上市获得了宝贵的改革经验,从资本与制度两方面奠定了国有企业后续发展和国民经济持续增长的基础,迅速提升了中国公司和中国政府的国际形象。首先,凭借交叉上市公司的"试点"和"石头"作用,中国政府成功利用了境外与境内两个资本市场,为国有企业注入了急需的权益性资本,同时避免了大规模的财政支出。其次,通过交叉上市公司的公司治理改革,中国政府为其推行的现代企业制度改革注入了具体的内容,并将这些内容逐步应用于更大范围的国有企业,这种"摸着石头过河"的渐进式改革策略减少了改革风险,也为其他配套制度的培育与形成提供了缓冲期。再次,由于从计划经济向市场经济转变的过程中仍然需要特殊的资源配置方式,中国政府要求政府控股公司不仅要承担作为企业应该承担的经济责任,而且要承担社会责任和政治责任,成为政府调控经济运行、解决社会问题和保证政治稳定的工具。通过对国有资产的控股股东身份乃至直接的国有资产所有者身份,中国政府在完成国有企业改革的同时保留了对这些公司的控制权。随着这些公司的发展,中国政府加强了对国内资本市场、宏观经济、政治与社会的调控能力。最后,通过交叉上市,国有控股公司的融资规模、资产规模和市场价值急剧膨胀,中国的公司不断跻身世界500强,在2010年跻身世界500强的43家中国国有控股公司中,有18家实现了交叉上市,占比42%。中国工商银行、中国农业银行更是凭借A股和H股交叉上市分别创下2006年、2010年的全球IPO规模之最。这些成就极大地满足了中国的公司和中国政府树立良好国际形象的需要。

以上是分别从国有企业、中国证监会、中国政府三者的立场出发分析得出的交叉上市的好处。显然,这是一个多方获利的结果。从这个意义上来看,交叉上市公司境内外IPO所遭受的抑价,可以视为是中国政府主导的强制性制度变迁的一种代价。

六、研究结论

本节以中国1993—2009年的A股IPO为样本,考察先发行B股或H股的公司在回到A股交叉上市时是否因为绑定了更加严格的监管与法律制度而获得了更高的IPO估值。研究发现,相对于纯A股公司而言,交叉上市公司的单位权益发行价显著更低。当以首日回报率为因变量时,我们发现交叉上市公司具有显著更高的首日回报率,但单位权益收盘价却没有显著区别,表明较高的首日回报率主要来自较低的单位权益发行价。当以发行价格对数为因变量,甚至直接以发行价格和收盘价格为因变量时,仍然发现交叉上市的作用显著为负。这些结果表明,中国的BA公司和HA公司并没有因为绑定更加严格的监管和法律制度而获得A股IPO溢价,反而遭受抑价。

进一步的分析表明,中国公司的B股和H股上市源于中国的国有企业改革和市场经济体制改革,源于政府主导下的强制性制度变迁。被当做试点企业的B股和H股公司是在没有改革先例的情况下,甚至是在没有相关的法律法规的条件下完成改革的,这使得它们在公司治理上的改革具有实验性和不彻底性,在短期内只能从形式上满足境外上市的严格要求;即便后期上市的公司有了更多的经验可供借鉴,但中国政府控股公司中所有权与控制权分离的模糊性,以及政府所强加的政策性负担所引起的预算软约束这两个根本性问题仍然普遍存在,并导致了 Stulz(2005)所提出的"孪生代理问题",削弱了中国经济增长、金融发展与利用金融全球化的能力。此外,中国内地所实行的大陆法系与香港地区实行的普通法系之间的差异也给这些企业的绑定效果带来了困难。因此,境外投资者乃至国际投资银行对中国国有企业的 B 股和 H 股的发行价格给予了更大程度的抑价。当这些企业回归 A 股市场时,A 股市场的发行价格被 B 股和 H 股市场的发行价格所绑定,只能继续采取抑价策略。尽管如此,中国国有企业、中国证监会以及中国政府在交叉上市过程中仍然获得了各自的收益,交叉上市抑价可以视为中国政府主导的强制性制度变迁的一种代价。

第二节 A 股 IPO 抑价 Ⅱ:随机边界分析法

一、随机边界分析法与定价效率

IPO 抑价除了采用第一节的市场估值法来度量之外,直接以发行价格为因变量的随机边界方法来计算实际发行价与公允发行价(fare offer price)的比率似乎正越来越受到学者们的推崇,这个比率通常被称为 IPO 定价效率(pricing efficiency,或 price valuation efficiency),有时也直接称为 IPO 抑价。Hunt-McCool et al.(1996)首先意识到,采用 SFA 方法仅需上市前的信息就可以度量 IPO 抑价。以 1975—1984 年的 1 035 家 IPO 为样本,该文发现无论在热市期还是在冷市期,都存在 IPO 抑价;而且,最大预期 IPO 发行价的决定因素在热市期与冷市期具有不同的影响。Francis and Hasan(2001)利用 SFA 方法检验有风险资本支持与没有风险资本支持的两组 IPO 的抑价现象,结果发现,有风险资本支持的 IPO 一般由声誉更高的承销商承销,并且承销费用更低;但有风险资本支持的 IPO 的平均首日回报率要高于没有风险资本支持的对照组,而相当一部分首日回报率之所以较高是因为上市前的抑价程度更高。Koop and Li(2001)利用1985—1998年的6 828个IPO样本和6 403个SEO样本,采用SFA检验了IPO和SEO的定价,发现其他条件相同的情况下,具有更高收益潜力的公司更可能获得更高的定价,而IPO公司普遍存在抑价现象。Chen et al.(2002)认为如果存在噪声交易且二级市场是无效的,则IPO回报率(通过CAR来计算)将由IPO抑价和二级市场错误定价(market misvaluation)组成。以中国台湾地区1985—1995年的IPO为样本,该文采用SFA方法估计了IPO的公允发行价并据此计算IPO抑价。研究发现台湾地区的超额IPO回报率主要来自噪声交易活动而不是IPO抑价。Chan et al.(2007)运用SFA方法研究了全球发行对美国IPO公司的发行价格的影响(见前文)。国内也有类似研究,例如,王春峰和姚锦(2004)以1999—2001年在沪深两市IPO、外资股增发和A股增发共341只新股为样本,应用随机边界成本函数测度新股间接发行成本的合理性,发现新股发行存在严重的效率损失;童艳和刘煜辉(2010)以1996—2007年的中国IPO为样本,采用SFA分析IPO定价效率,结果发现热市场月的IPO定价效率均值高达99%以上,该文由此认为中国公司在热市场月的IPO价格都落在了有效范围内,不存在认为压价行为;但冷市场月则存在一定的压价行为。

尽管SFA方法的开创性论文最先被运用于生产函数和生产效率分析(Meeusen and Broeck,1977;Aigner et al.,1977;Battese and Corra,1977),但近几年有不断扩展到银行、资本市场等研究领域的趋势。为了理解和评价上述SFA文献,我们有必要简要介绍SFA的基本原理。假设在确定性的条件下,企业的生产函数可表示为$Y=f(X)$,其中,Y为产出向量,X为要素投入向量。然而,在现实世界中,企业可能存在各种自身低效率行为,如经营不当、生产技术落后、员工激励不足等,导致企业无法实现最优产出。假设企业实际产出为Y',则实际产出与最优产出的比值Y'/Y,便是Farrell(1957)意义上的技术效率。以ξ表示效率度量,则$\xi\in[0,1]$,当$\xi=1$时,表示技术有效,当$\xi<1$时,表示技术低效。在考虑了技术效率后的生产函数可以写为$Y=f(X)\xi$。但现实中的企业不仅受到自身低效率行为的影响,还受到不确定性因素的影响。我们在确定性生产函数中引入随机干扰项,此时的生产函数称为随机边界生产函数

(stochastic frontier production function),其形式为 $Y=f(X)\exp(v)$。其中,$v \sim iid.N(0,\sigma_v^2)$,$\exp(v)$ 表示在给定企业的要素投入和生产技术不变的条件下,各种随机因素 v 所导致的企业偏离最大产出,即生产边界的程度。随机干扰项 v 可以是正的也可以是负的,当 $v=0$ 时,表示没有不确定性,企业可以达到生产边界 $Y=f(X)$。

如果同时考虑企业的低效行为和随机干扰项,并定义:$u=-\ln(\xi)$,即 $\xi=\exp(-u)$,其中 $u \geqslant 0$。此时,企业的生产函数可以写为:

$$Y=f(X)\exp(-u)\exp(v)=f(X)\exp(v-u) \quad (5-2-1)$$

下面我们通过图 5-2-1 来解释式(5-2-1)的含义。以单投入单产出为例,假设企业现在处于点 A:投入为 x。在确定边界生产函数下,企业产出为点 D:$y_1=f(x)$;在引入随机因素后,企业运营将存在随机误差(噪声),此时产出为点 E:$y_2=f(x)\exp(v)$;但除了自然环境导致的随机误差外,企业由于各种自身低效行为,也可能导致产出进一步下降,引入企业低效行为后的产出为 F:$y_3=f(x)\exp(v-u)$。在此设定下的技术效率的计算公式为:

$$\xi=f(X_i)\exp(v_i-u_i)/f(X_i)\exp(v_i)=\exp(-u_i)$$

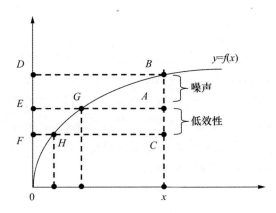

图 5-2-1　随机边界生产函数图

我们可以通过对数化将式(5-2-1)写为线性函数关系:

$$\ln Y=\ln f(X)+v-u \quad (5-2-2)$$

如果 $Y=f(X)$ 满足某种特殊关系,例如,满足 Cobb-Douglas 生产函数关系,即 $Y=K^\alpha L^\beta$,则式(5-2-2)可以分离出 $\ln K$ 和 $\ln L$,随机边界函数

形式如下：$\ln Y = \alpha \ln K + \beta \ln L + v - u$。但值得强调的是，如果变量关系不满足 Cobb-Douglas 函数，则不存在上述对数关系。恰在这个地方，本书认为上述采用 SFA 方法研究 IPO 抑价的文献可能存在研究方法上的两个不足。

第一，将线性回归模型简单地改造成 SFA 回归模型，即假设线性回归模型为 $Y = \alpha_0 + \alpha_i \Sigma X_i + v$，通过加入 u 便直接改造成 SFA 回归模型：$Y = \alpha_0 + \alpha_i \Sigma X_i + v - u$。例如，Chan et al. (2007) 构造的 SFA 回归模型如下：

$$\begin{aligned}OP =\ & \alpha_0 + \alpha_1 EPS + \alpha_2 STDR + \alpha_3 PREVISION + \alpha_4 GS \\ & + \alpha_5 RANK + \alpha_6 SPINOFF + \alpha_7 NYSE \\ & + \alpha_8 NASDAQ + \alpha_9 LOGMKTCAP + v - u\end{aligned} \quad (5\text{-}2\text{-}3)$$

其中，OP：发行价格；EPS：每股收益；PREVISION：修订的发行价；GS：以本金的百分比计量的总价差；RANK：主要承销机构的等级；SPINOFF：当 IPO 是分拆上市时，则该变量值为 1，否则为 0；AMEX、NYSE 和 NASDAQ 为上市地虚拟变量；LOGMKTCAP：上市时市场资本总额的自然对数，市场资本总额等于发行价乘以发行后的总股数。这种处理方法虽然能够纳入足够多的控制变量，但是这会让我们无法区分 OP 和技术效率的影响因素，因为技术效率的影响因素已经被纳入 OP 的回归模型中了。事实上，根据 SFA 的初衷，首先，需要确定因变量 Y 的主要决定因素，不起决定作用的因素不能纳入 SFA 模型；其次，根据这组变量计算技术效率值，由此可获知公司是否存在低效行为；最后，寻找影响技术效率的因素，将尚未考虑的可能影响因素作为解释变量对技术效率进行回归。这点可以借鉴生产效率的研究范式，在通过 SFA 计算生产效率时，我们通常只考虑两个基本投入变量，即资本 K 和劳动 L。尽管存在可能影响生产效率的其他因素，例如，公司治理、投资者关系、产品市场竞争等，但在计算生产效率时均不考虑，或者说默认这些因素都已经体现在变量 u 中了，因此只在分析生产效率的影响因素时才重新提取出这些因素。正如 Hunt-McCool et al. (1996) 所指出的，发行价格的有效边界是完全信息的价格边界，是所有的交易方都拥有 IPO 公司的潜在价值的完全信息所能够产生的边界。此时各种无效性因素都应该暂时被忽略，只有最基本的因素在我们的考虑范围之内。

第二,当自变量不满足 Cobb-Douglas 函数关系时,强行使用对数化的线性 SFA 回归模型。这个缺陷一般也同时存在第一种缺陷。例如,童艳和刘煜辉(2010)构造的对数化 SFA 回归模型如下:

$$\begin{aligned}Ln(OP) =& \alpha_0 + \alpha_1 \ln(EPS) + \alpha_2 \ln(BOOK) + \alpha_3 \ln(ADRs) \\ &+ \alpha_4 \ln(TSB) + \alpha_5 \ln(PROC) + \alpha_6 \ln(MKTPE) \\ &+ \alpha_7 \ln(FEE) + \alpha_i \Sigma SECTOR_i + v - u \end{aligned} \quad (5\text{-}2\text{-}4)$$

其中,OP:发行价格;EPS:每股盈利;BOOK:每股净资产;ADRs:发行前资产负债率;TSB:发行前总股本;PROC:发行规模;MKTPE:市场平均市盈率;FEE:每股发行费用;$SECTOR_i$ 为第 i 个行业控制变量。v、u 分别代表随机误差项和技术低效因素。然而,如果遵循式(5-2-1)的基本原理,我们必然可以将 OP 表达为 EPS、BOOK 等变量直接相乘的形式,然而这种乘数关系的理论依据何在呢?而且 SECTOR 如何与其他变量直接相乘呢?此外,童艳和刘煜辉(2010)根据上式来计算定价效率,同样对基础因素和影响因素不加区分,从而也存在第一个不足。

其他文献(包括 Hunt-McCool et al.(1996)、Francis and Hasan(2001)、Koop and Li(2001)、Chen et al.(2002))所构建的 SFA 模型也都多少存在上述问题。有鉴于此,本书在采用 SFA 时将首先寻找产出变量的决定因素,据此计算中国公司的 IPO 定价效率和融资规模效率;再以效率值为因变量,对各种影响因素进行回归,据此判断在控制了相关因素之后 A+H 交叉上市是否显著影响公司的定价效率和融资效率。

二、研究假设

上文已经指出,以发行价格 OP 来检验 IPO 溢价可能违反"其他条件相同"从而可比性较差,为此我们可以设想:假设给定一个公司的关键变量,这些关键变量决定了一个最优的发行价格;如果实际的发行价格更加接近于这个理论上的最优发行价,那么我们就可以说这个公司获得了更高的发行价;以实际发行价格除以最优发行价将获得一个比率,该效率越高,我们也可以说这个公司在其他条件相同时获得更高的发行价格。根据文献回顾中的介绍,这个比率正是基于 SFA 方法计算的 IPO 定价效率

PE。正如 Chan et al.(2007)所指出的,股票的全球发行将能缓解股票需求的非弹性(inelasticity)而使得发行价更高;全球发行一般由声誉很高的会计师事务所承销商来审计和承销,这也会导致发行价格更高;全球发行会吸引更多的投资者参与到一级市场中,投资者的信息获取能力提高从而愿意给予更公平的价格。这三个因素会导致全球发行的 IPO 定价效率更高。对于中国 H 股公司而言,上述三个因素同样起作用,因此,有如下假设:

H1:从 H 股回归 A 股的公司的 IPO 定价效率将高于其他上市公司。

如果 H1 成立,那么我们可以说回归 A 股的 H 股公司在 IPO 时获得了更高的价格,存在"IPO 溢价"效应。由此,在同样的发行规模条件下,H+A 公司所募集的实际融资规模将更加接近最优融资规模。与计算 PE 的方法类似,如果以实际融资规模来构造随机边界,那么也将能计算出 IPO 公司的一个技术效率,我们称其为融资规模效率(financing scale efficiency, FSE),并有如下假设:

H2:从 H 股回归 A 股的公司的融资规模效率将高于其他上市公司。

三、研究设计

(一) 模型与变量

为了检验 H1 和 H2,构建如下形式的截面回归模型:

$$Y = \alpha_0 + \alpha_1 CL_{it} + \sum_i \alpha_i X_{it} + \varepsilon_{it} \qquad (5\text{-}2\text{-}5)$$

其中,Y 为被解释变量,包括 IPO 定价效率 PE 和融资规模效率 FSE。CL 为解释变量,即是否 H+A 交叉上市。X 为控制变量,鉴于中国 IPO 数据涉及比较长的时间段,而在此期间 IPO 政策也屡屡变更,因此我们设置了较多的控制变量来控制其他因素的影响,包括公司变量、中介机构变量、市场变量、其他变量四类。

(1) 公司变量,分为三个子类。① 董事会与管理团队变量。朱凯等(2006)在研究 IPO 抑价时假设 IPO 抑价(通过首日回报率来度量)与董事会规模呈负相关、与独立董事比例呈正相关、与股权集中度呈正相关。虽然该文没有发现这些变量具有显著影响,但在逻辑上,公司治理水平不同的公司,其 IPO 抑价程度也应该不同,因此根据数据的可获得性,本节加入6个董事会与管理团队变量(见表5-2-1),并预期高管平均年龄(MAGE)的系数为负、高管平均学历(MEDU)的系数为正。② 投资者变量。首先,是资产负债率,该比率可度量公司的违约风险,比率越高,破产风险越大,因此预期公司价值与负债率负相关(Koop and Li,2001)。其次,是第一大股东持股比例(FSHAR),这可反映股权集中度,由于股权集中可以降低管理层的代理问题,使得公司自由现金流增加从而股价增加,故预期FSHAR的系数为正。最后,是流通股比率(LIQ),流通股的股东对公司的监管更为有效,因为他们不仅可以用手投票,而且可以用脚投票,这可以降低公司的代理问题,从而与FSHAR一样,本书也预期LIQ的系数为正。③ 其他变量,包括资产规模(LNA)和每股收益(EPS)。这两个变量属于历史会计信息,而Ritter(1984)、Krinsky and Rotenberg(1989)表明公司价值与历史会计信息相关。Barclay and Smith(1995)表明公司的规模越大,增长潜力越差,因此公司规模与IPO发行价呈负相关。但根据股票价格的基本定价公式,EPS显然与股票价格呈正相关。

(2) 中介机构变量。① 会计师事务所变量。Beatty(1989)表明由声誉较高的审计师进行审计的公司一般会有较高的IPO发行价。② 承销商变量。有众多的文献表明承销商的声誉与IPO抑价呈负相关(如Cater and Manaser,1990),因为承销商声誉越高,出于对自身的声誉资本和长远利益的考虑,它们在承销IPO业务时越是会选择更科学的标准来评估IPO公司的真实价值,所确定的IPO发行价格越接近内在价值。与承销商相关的变量还有发行方式、承销方式与定价方式。Sherman and Titman(2002)认为,发行方式对IPO抑价有很大影响;徐少君和金雪军(2009)在研究IPO时控制了发行方式。鉴于CSMAR数据库同时披露了承销方式(UWTYPE)和定价方式(PRTYPE),我们对承销方式、发行方式和定价方式同时进行了控制以充分利用IPO信息。

(3) 市场变量,包括两个:上市交易所(EXCH)与热市期(HOT)。这两个变量在Hunt-McCool at al. (1996)、Koop and Li(2001)、Chan et al. (2007)的模型中都得到了考虑。

(4) 其他变量。包括注册地、行业和年度。Ritter(1991)、Kim and Ritter(1999)认为行业可作为公司盈利潜力的代理变量,Elston and Rondi(2004)也认为公司所处行业对IPO抑价有影响,例如,高科技行业有更强的抑价冲动。

所有公司变量均为上市之前的数值。各变量的具体含义如表 5-2-1 所示。

表 5-2-1　变量定义

变量类型			符号	释义
被解释变量			PE	IPO 定价效率。通过随机边界分析计算获得,用于检验 H1
			FSE	募集效率。通过随机边界分析计算获得,用于检验 H2
解释变量			CL	是否 H+A 交叉上市。是则取值 1,否则取值 0
控制变量	公司变量	董事会与管理团队	CHCEO	董事长是否兼任总经理。兼任取值 1,否则取值 0
			CCSH	董事长与总经理是否持股。任何一人持股则取值 1,否则取值 0
			BS	董事会规模
			IDR	独立董事比例。等于独立董事人数除以董事会规模
			MAGE	管理团队平均年龄。将所有成员年龄加总再取平均数
			MEDU	管理团队平均学历。中专及以下 1 分,大专 2 分,本科 3 分,硕士 4 分,博士 5 分。将所有成员得分加总再取平均数
		投资者	DEBTR	负债比率。等于负债除以总资产
			FSHA	第一大股东持股比例
			LIQ	流通股比例
		其他	LNA	资产规模。取资产的对数
			EPS	每股收益
	中介机构变量		CPA	会计师事务所声誉
			UW	承销商声誉
			UWTYPE	承销方式。有五种:(1) 余额包销;(2) 全额包销;(3) 代销;(4) 包销;(5) 其他。以第 1 种为基础,共设 4 个虚拟变量
			PRTYPE	发行定价办法。有 5 种:(1) 固定价格方式;(2) 相对固定市盈率定价方式;(3) 累计投标定价方式;(4) 控制市盈率定价方式;(5) 累积投标询价方式。以第 1 种为基础,共设 4 个虚拟变量
			OFTYPE	发行方式。有 13 种,共设 12 个虚拟变量

(续表)

变量类型		符号	释义
控制变量	市场	EXCH	上市交易所类型。在上交所上市取值1,深交所取值0
		HOT	市场冷热月份。属于热月则取值1,否则取值0
	其他变量	PLACE	注册所在地。样本公司注册所在地共涉及32个省、市、自治区,以安徽为基础,共设31个控制变量
		INDUS	行业控制变量。根据中国证监会1998年制订的13类CSRC行业代码,再将制造业按照二级代码分类,共涉及22个行业,以A行业为基准,共设21个行业虚拟变量
		YEAR	年度控制变量。从1993年到2009年共17个年度,以1993年为基础,共设16个年度控制变量

表 5-2-1 中需要特别说明的变量如下。

1. HOT,即市场冷热月。仿照 Alti(2006)的做法,先按年度汇总各月的 IPO 数量,然后计算三个月的移动平均值①,再计算整个样本期间(即 1993—2009 年)各月 IPO 数量的中位数,最后计算各月对应的三个月移动平均值与中位数的差,如果差大于零,则认为该月份为热市场月,在该月份进行 IPO 的公司,其 HOT 值取 1;如果差小于等于零,则认为该月份为冷市场月,在该月份进行 IPO 的公司,其 HOT 值取 0。

2. UW 与 CPA,即会计师事务所和主承销商的声誉。由于目前没有历年的机构排名,我们根据主承销商的各年承销额(以公司实际募集资金总额来度量)、会计师事务所的各年审计金额(以公司资产来度量)来排名,取当年机构数量的 10%(如非整数则四舍五入)作为高信誉机构,取值 2 分;10%—30%为中等声誉机构,取值 1 分;剩下的为低声誉机构,取值 0。

3. OFTYPE,即发行方式。根据 CSMAR 数据库的说明,中国 IPO

---

① 为此,需要额外增加 1992 年 11 月、12 月份的 IPO 数量,以便计算 1993 年 1 月份的三个月移动平均值。此外,Alti(2006)的计算考虑了平均宏观经济增长率因素,但鉴于中国宏观经济在样本期间的增长率变化较大,而且中国股票市场 IPO 政策波动较大,1993 年后还出现过 8 次暂停 IPO 的现象(分别是:1994 年 11 月 1 日至 1995 年 1 月 24 日,1995 年 4 月 11 日至 1995 年 6 月 30 日,1995 年 6 月 30 日至 1995 年 10 月 10 日,2001 年 9 月 10 日至 2001 年 11 月 29 日,2004 年 9 月 9 日至 2005 年 2 月 3 日,2005 年 6 月 7 日至 2006 年 6 月 19 日,2008 年 9 月 25 日至 2008 年 12 月 5 日,2008 年 12 月 5 日至 2009 年 6 月),IPO 数量与宏观经济增长缺乏紧密联系,因此笔者与潘越(2008)一样不考虑宏观经济增长。

发行方式共有13种：① 上网询价发行方式；② 上网定价发行方式；③ 向二级市场投资者配售发行方式；④ 网上、网下累积投标询价发行方式；⑤ 向二级市场投资者配售和上网定价结合发行方式；⑥ 网下法人配售和上网定价结合发行方式；⑦ 网下向询价对象配售和网上向二级市场投资者配售结合方式；⑧ 网下法人配售、上网定价和二级市场投资者配售结合方式；⑨ 全额预缴款发行方式；⑩ 与储蓄存款挂钩发行方式；⑪ 新股认购表发行方式；⑫ 定向募集发行方式；⑬ 其他发行方式。

4. PE和FSE的计算都采用SFA方法进行。具体而言，首先，假设股票的发行价格满足如下关系：$P = PV(E)/N$。其中，$PV(E)$为公司权益的现值，N为股票发行数量。进一步，由于权益现值等于未来自由现金流(FCF)的现值(无杠杆条件下)，即$PV(E) = FCF/r$(r为折现率并假设恒定)，而自由现金流来自于公司的生产；再根据微观经济学的基本原理，生产可表达为公司资本K和劳动L的Cobb-Douglas函数，因此，假设权益现值$V(E)$也为资本K和劳动L的Cobb-Douglas函数，即：$V(E) = K^{\alpha}L^{\beta}$。在此基本关系基础上，引入系统误差项$u$和随机误差项$v$，即可得到股票发行价的随机边界函数：

$$OP = \frac{K^{\alpha}L^{\beta}}{N}\exp(v-u) \quad (5\text{-}2\text{-}6)$$

两边取对数，我们可获得实际发行价的随机边界回归模型，如式(5-2-7)所示。据此可计算出技术效率(technical efficiency)值，该值可以度量IPO定价效率PE。

$$\ln OP = a_0 + a_1 \ln K + a_2 \ln L - a_3 \ln N + v - u \quad (5\text{-}2\text{-}7)$$

由于实际融资规模F大致等于发行价格乘以发行数量，即$F = P * N$，因此根据式(5-2-6)，F也可以大致表示为资本K和劳动L的Cobb-Douglas函数，其随机边界函数可表示为：$F = K^{\alpha}L^{\beta}\exp(v-u)$，因此其随机边界回归模型如式(5-2-6)所示，据此计算出的技术效率值即可定义为融资规模效率FSE。

$$\ln F = a_0 + a_1 \ln K + a_2 \ln L + v - u \quad (5\text{-}2\text{-}8)$$

正如文献回顾中所指出的，进行SFA分析时需要区分计算技术效率的变量和影响技术效率的变量。例如，在计算PE时，首先，确定了发行价格OP、公司的权益现值和发行规模的基本关系，这种基本关系与承销商、市场冷热、行业等均无关。这相当于假设承销商等造成低效后果的变量已经体现在变量 u 中了,因此只在分析为什么技术效率有不同时,我们才需要重新分离出承销商等因素。

(二) 数据来源及处理

由于中国公司开始交叉上市的年份始于 1993 年,因此本节收集的数据始于 1993 年,截至 2009 年。全部数据来自 CSMAR 和 CCER 的 IPO 及 IPO 前的数据库,但主要以 CSMAR 为主,CCER 的数据仅用作补缺和对照。剔除了如下样本。① 资产负债率等于 0 或者大于等于 1 的样本;② 每股收益 EPS 为负或超过 10 的样本;③ 发行面值不等于 1 的样本,因为这样的每股价格不具有可比性;④ 剔除数据不全的样本。最终获得共计 1 158 家样本用于检验 H1,其中 H+A 公司 36 家;但检验 H2 的样本只有 1 132 家,其中 H+A 公司 35 家。样本数据的这个差异源于 H2 的检验需要用到实际融资额,但只有 1 132 家样本提供了实际融资额并且其他数据齐全。本着尽量保留样本的原则,本书没有将整体样本缩减到 1 132 家,而是采用 1 132 家样本对 H2 进行独立检验。

四、实证结果与分析

(一) 描述性统计

表 5-2-2 为相关变量的描述性统计。其中 Panel A 为采用 SFA 计算 PE、FSE 的相关数据的描述性统计,可以看到发行价格 OP 的最小值为 1 元,最大值为 60 元。实际融资规模最小值为 150 万元,最大值为中国石油(601857)的 6 680 000 万元。LNCAP 为上市时的注册资本,无甚异常。上市时员工人数 L 的最小值为普开股份(600376)的 48 人,最大值为中国石化(600028)的 508 168 人。发行规模最小值为辽宁百科(600077)的 1 022 万股,最大值为中国建筑(601668)的 1 200 000 万股。

Panel B 为检验 H1 和 H2 的相关数据的描述性统计。定价效率 PE、融资规模效率 FSE 的均值都是 0.59 左右,表明公司发行价(或融资规模)距最优发行价(或最优规模)还有存在较大的差距,抑价现象显著。董事会规模 BS 均值为 10 人左右,但独立董事比例均值只有 0.15,未能满足 2001 年证监会《关于在上市公司建立独立董事制度的指导意见》中所规定的"在二〇〇三年六月三十日前,上市公司董事会成员中应当至少包括三分之一独立董事",这可能源于中国公司在 2003 年尚无独立董事占 1/3 的规定,而截至 2003 年年底,1 158 家总样本中已经有 66.85% 的公司完成 IPO,可能正是 2003 年前的 IPO 中独立董事比例较低导致了整体独立董事比例只有 0.15 的结果。公司管理团队的平均年龄 MAGE 为 45.5 岁,平均学历为 2.7,相当于本科学历。投资者结构中,资产负债率均值为 0.54,第一大股东持股比例均值为 0.46,流通股比例均值为 0.9。公司每股收益 EPS 为 0.35,但从最大值、最小值来看,公司间的差距也较大。

Panel C 为部分分类变量的描述性统计。总样本包括 1 158 家公司,其中 CL=1 的样本数量为 36,占比 3.11%;CHCEO=1 的样本 311 家,占比 26.86%;CCSH=1 的样本 655 家,占比 56.56%;EXCH=1 的样本 592 家,占比 51.12%;HOT=1 的样本 803 家,占比 69.34%,表明大部分公司选择在市场火热的时期 IPO;UW=2 的样本 313 家,占比 27.03%;CPA=2 的样本 173 家,占比 14.94%。承销方式中,选择第一种即余额报销的数量最多,为 1 080 家,占比 93.26%。发行方式最多的为第二种,即上网定价发行,为 437 家,占比 37.74%。定价办法中最多的为第一种,即固定价格方式,为 836 家,占比 72.19%。注册地在广东的公司最多,为 113 家,占比 9.76%,其次是浙江,99 家,占比 8.55%。在中国证监会规定的 13 种行业中,制造业的 IPO 最多,数量为 726 家,占比 62.69%。各年 IPO 数量最多的为 1997 年,数量为 157 家,占比 13.56%。

表 5-2-2　描述性统计

变量	Obs	Mean	Std. Dev.	Min	Max
Panel A:SFA 数据的描述性统计					
OP	1 158	8.1478	5.8941	1	60
F	1 132	88 578.68	420 629.7	150	6 680 000
LNCAP	1 158	18.9032	1.0406	17.7275	26.26
L	1 158	4 291.14	24 690.96	48	508 168
N	1 158	11 870.92	56 746.95	1 022	1 200 000

(续表)

Panel B:检验 H1 和 H2 的数据的描述性统计

PE	1 158	0.5973	0.1594	0.1251	0.9049
FSE	1 132	0.5912	0.1643	0.0196	0.9070
BS	1 158	9.6485	2.5368	4.0000	19.0000
IDR	1 158	0.1492	0.1748	0.0000	0.5714
MAGE	1 158	45.5039	3.7893	33.9167	58.6177
MEDU	1 158	2.7434	0.5487	1.3684	4.6000
DEBTR	1 158	0.5425	0.1477	0.0939	0.9808
FSHA	1 158	0.4619	0.1740	0.0010	0.8629
LIQ	1 158	0.9093	0.1201	0.3719	1.0000
LNA	1 158	20.1484	1.2254	18.1739	29.4422
EPS	1 158	0.3546	0.3338	0.0100	5.4200

Panel C:部分分类变量的描述性统计

变量	频数	百分比	变量	频数	百分比	变量	频数	百分比
CHCEO=1	311	26.86	CCSH=1	655	56.56	EXCH=1	592	51.12
变量	频数	百分比	变量	频数	百分比	变量	频数	百分比
HOT=1	803	69.34	UW=2	313	27.03	CPA=2	173	14.94

主要变量的 Pearson 相关矩阵表明自变量间的相关系数最高为 LNA 与 CL 之间的相关系数,为 0.5782 且显著。但一般认为,当两个变量之间的相关系数大于 0.8 时,才可认为二者之间存在线性关系,而且公司规模作为公司的一个重要特征,对几乎所有因变量都有着普遍影响,因此借鉴潘越(2008)、沈洪波(2008)、肖珉和沈艺峰(2008),在回归方程中保留 LNA 控制变量。相关系数次高的为 IDR 与 MEDU 之间的系数(0.5367 且显著),但也未超过 0.8。可以认为,自变量之间不存在多重共线性问题。

一些关键变量的单变量分析结果如表 5-2-3 所示。结果表明,H+A 公司的 PE 和 FSE,无论均值还是中位数均显著低于其他公司。但 H+A 公司的股票发行规模 N、实际融资规模 F、资产规模 LNA,无论是均值还是中位数都显著高于其他公司。

表 5-2-3 关键变量的单因素分析

变量	CL=0			CL=1			均值之差	中位数之差
	obs	均值	中位数	obs	均值	中位数		
PE	1 122	0.6006	0.6235	36	0.4949	0.4614	−0.1057***	−0.1621***
FSE	1 097	0.5959	0.6191	35	0.4438	0.3913	−0.1521***	−0.2278***
N	1 122	7 456.83	4 000	36	149 443	88 250	141 986.17***	84 250***
F	1 122	51 846	30 000	36	1 200 000	334 000	1 148 154***	304 000***
LNA	1 122	20.0215	19.8865	36	24.1025	24.0537	4.081***	4.1672***

(二) 回归分析

H1、H2 的检验模型中的因变量 PE、FSE 的计算有赖于 SFA 方法，但该方法的一个关键假设是：企业存在系统性误差 u，而不只存在非系统性误差 v。为了检验这一点，Aigner et al. (1977)假设：$v \sim iid. N(0, \sigma_v^2)$，$u \sim iid. N^+(0, \sigma_u^2)$（即半正态分布），整体方差为 $\sigma^2 = \sigma_v^2 + \sigma_u^2$，并定义 $\lambda = \sigma_u/\sigma_v$。如果 $\lambda = 0$，则表明 $\sigma_u = 0$，这意味着企业不存在系统性误差问题。如果 $\lambda > 1$，则表明低效率主要由系统性误差造成。只要 λ 显著且大于 0，就可以认为存在系统性误差。

表 5-2-4 中的模型(1)、(2)分别是计算 PE、FSE 的 SFA 回归结果。作为对比，同时给出了 OLS 回归结果，如模型(3)、(4)所示。从模型(1)可以看到，LNK 的符号显著为正，LNN 的系数显著为负，这点均符合我们的通常理解。但 LNL 的符号为负表明在同等条件下，劳动数量越大反而发行价格更低，这初看起来似乎违反微观经济学中生产函数的单调性原则，然而需要强调的是：虽然我们将权益现值表达为资本 K 和劳动 L 的 Cobb-Douglas 函数，但是这种关系毕竟不完全等同于生产函数关系。对 LNL 的系数为负可做如下解释：一方面，在相同的 K 和 N 条件下，劳动 L 越大，表明人力成本越高，公司在扣除掉包括劳动成本在内的各种现金流出后的未来自由现金流反而会越低，从而权益的现值越低；另一方面，劳动 L 越大，表明公司更加倾向于劳动密集型，相对于资本密集型的公司而言，劳动密集型的公司具有更低的权益现值；这导致了劳动 L 与权益现值从而最终与发行价格 OP 呈负相关。模型(2)的 LNL 的系数也为负，对此的解释同上。

模型(1)、(2)的 λ 值均大于 1，表明系统误差的作用远大于随机误差；对系统误差是否为零的似然比(likelyhood-ritio, LR)检验拒绝了系统误差为零的原假设，表明模型存在显著的系统误差，应该采用 SFA 方法而不是 OLS 方法进行回归。稍微令人不满意的是，模型(1)对应的 OLS 回归模型(3)的调整 R^2（即 Adj. R^2）太小，只有 4%，表明自变量对因变量的决定作用不够大。但模型(1)来自式(5-2-6)，而式(5-2-6)是我们能够想到的满足如下要求的易于处理的函数：第一，只纳入发行价格的决定因素，无须纳入技术效率的影响因素；第二，服从 Cobb-Douglas 关系，从而能够对数化和线性化。尽管加入各种控制变量会增加模型的拟合优度，但加入这些变量会导致文献回顾中所指出的两类缺陷。两弊相权取其轻,最终本书还是接受了模型(1)。相比而言,模型(2)对应的 OLS 模型(4)的 Adj. R^2 就要满意得多,达到 63%。

表 5-2-4　SFA 回归与 OLS 回归

被解释变量	Panel A:SFA 结果		Panel B:OLS 结果	
	(1)	(2)	(3)	(4)
	OP	FAMO	OP	FAMO
CONS	−1.3928**	−5.0619***	−1.0012*	−1.0012*
	(−2.24)	(−14.19)	(−1.7)	(−1.7)
LNK	0.4528***	0.8800***	0.3242***	0.3242***
	(7.33)	(38.58)	(5.63)	(5.63)
LNL	−0.0975***	−0.0809***	−0.1167***	−0.1167***
	(−4.73)	(−3.95)	(−5.48)	(−5.48)
LNN	−0.4683***		−0.2826***	−0.2826***
	(−6.8)		(−4.42)	(−4.42)
λ	1.8721	2.0398		
F	75.28***	2 171.33***	17.09***	17.09***
LR	77.70***	1.1e+02***		
Adj. R^2			0.04	0.04
N	1 158	1 132	1 158	1 158

注:对于 SFA,括号内为 z 值;对于 OLS,括号内为 t 值。

通过 SFA 计算出 PE 和 FSE 之后,我们对 H1、H2 进行检验,结果如表 5-2-5 所示。其中,模型(1)、(2)用于检验 H1。两个模型的 R^2 都超过 60%,解释能力较强,但结果显示 CL 与 PE 显著负相关,H1 未获得支持。模型(3)、(4)用于检验 H2。两个模型的 R^2 都超过 51%,模型具有一定的解释能力,但两个模型均表明 CL 与 FSE 显著负相关,H2 也未得到支持。这一结果多少有点出乎我们的预料,因为正如我们在导言中所看到的一样,H+A 公司的 A 股融资规模频频创出历史新高,当以实际融资规模为因变量通过 SFA 来构造最优边界时,H+A 公司的实际位置应该最接近边界才对,也就是其融资规模效率应该最高。但无论是单变量分析还是回归分析均表明这种猜想并未得到证实。

表 5-2-5　H1 和 H2 的回归结果

被解释变量	PE				FSE			
	(1)		(2)		(3)		(4)	
	Coef.	t	Coef.	t	Coef.	t	Coef.	t
CONS	0.4975***	(5.95)	0.4615***	(3.48)	0.4822***	(5.85)	0.6904***	(4.42)
CL	−0.1563***	(−4.94)	−0.1251***	(−3.73)	−0.2086***	(−5.42)	−0.1663***	(−4.26)
CHCEO			0.0236***	(3.37)			0.0219**	(2.52)
CCSH			0.0079	(1.14)			−0.0054	(−0.58)
BS			−0.0039***	(−2.87)			−0.0054***	(−3.33)
IDR			0.0186	(0.33)			0.0083	(0.13)
MAGE			−0.0033***	(−4.06)			−0.0034***	(−3.31)
MEDU			−0.0038	(−0.54)			−0.0089	(−1.01)
DEBTR			0.0748***	(3.01)			0.0862***	(2.8)
FSHA			0.0024	(0.13)			−0.0150	(−0.6)
LIQ			−0.0158	(−0.29)			−0.1533**	(−2.1)
LNA			0.0066	(1.28)			0.0021	(0.34)
EPS			0.1129***	(4.16)			0.1524***	(7.7)
CPA			−0.0043	(−0.97)			−0.0042	(−0.77)

(续表)

被解释变量	PE						FSE					
	(1)		(2)				(3)			(4)		
	Coef.	t	Coef.		t		Coef.		t	Coef.		t
UW			0.0080**		(2.14)					0.008*7		(1.95)
EXCH			−0.0005		(−0.08)					0.0146		(1.54)
HOT			0.0068		(0.93)					0.0075		(0.85)
PLACE	控制		控制				控制			控制		
INDUS	控制		控制				控制			控制		
YEAR	控制		控制				控制			控制		
UWTYPE	控制		控制				控制			控制		
OFTYPE	控制		控制				控制			控制		
PRTYPE	控制		控制				控制			控制		
F	22.38***		25.66***				12.77***			15.23***		
R^2	0.6481		0.7149				0.5187			0.6041		
N	1158		1158				1132			1132		

至此，H1 和 H2 均未获得支持，相反，它们各自的备择假设均获得显著支持。我们看到的不是交叉上市的 IPO 溢价，而是 IPO 抑价：无论是 IPO 定价效率，或是融资规模效率，H＋A 交叉上市公司均较之其他公司显著较低。作为 H1 和 H2 的重要理论基础，信号传递理论似乎对于 H＋A 公司而言不具有解释效力。也许交叉上市公司真的具有某种优势，但是这种优势或许被某种因素所抵消甚至掩盖，究竟是什么因素导致呢？鉴于交叉上市存在显著的 IPO 抑价，本书对 IPO 抑价理论进行了重新解读，发现无论是信息不对称理论，还是所有权与控制权理论，它们的核心观点均在于：发行人和承销商之所以主动抑价，在于让更多的投资者参与申购以使发行成功，又不至于令公司陷入某些大投资者的控制。这里的一个关键假设是：公司的发行规模足够大，否则小规模发行将容易产生超额申购与控制权集中。由此的一个推论便是：公司的发行规模越大，IPO 抑价程度越高，否则容易申购不足而发行失败。因此，不管上述各种抑价理论强调的是哪些因素（如信息不对称等），其实背后起主导作用的是公司 IPO 的发行规模。

考虑发行规模后我们这便可以解释如下令人疑惑的现象：既然交叉上市的 A 股 IPO 被低估，为什么我们看到这些公司大部分实现了超大规模融资？为什么能不断刷新 A 股 IPO 纪录？这是因为，由于实际融资规模大致等于发行价乘以股票发行数量，即 $F = OP * N$，由于 OP 被抑价，能够解释超大规模融资的唯一因素便是股票发行数量。在表 5-2-3 的单变量分析中，我们确实已经看到 H＋A 公司的发行数量 N、实际融资规模 F 均显著高于其他公司。尽管中国 IPO 制度已发生多次制度改革，发行价格 OP 越来越市场化，但在 IPO 决策的时间顺序上，始终是由公司和承销商事先决定拟发行股票的数量，并在招股说明书中加以规定，在 2006 年实行询价制后则由公司和承销商事先在招股意向书中注明拟发行股票的数量，例如，2009 年的中国建筑招股意向书规定"本次拟发行不超过 120 亿股 A 股，占本次发行后总股本的比例不超过 40％"，而发行价格则由公布招股意向书之后的询价过程来决定，最终的发行价格将取决于公司的现金流以及发行规模。即使公司和承销商预期到 OP 被压低也没有关系，但只要增加股票发行数量 N 就可以让实际融资额创出历史新高。

而根据式(5-2-6)我们知道，在其他条件不变情况下，N 的增大必然引起 P 的下降。如果从社会行为的发生机理来分析，则我们几乎可以肯定：正是这种预先规定的大规模发行数量，使得公司和承销商只能采取低价策略。这是因为，由于社会财富的分散化，大规模发行的公司，必须让更多的投资者参与申购才可能成功；而更高的发行价格只会让一些投资者望而却步，导致申购不足；因此，股票发行规模越大，公司和承销商将被迫将 OP 压得越低。与之形成鲜明对比的是 2009 年 10 月 30 日开市的中国创业板：每个公司的发行规模都不大，但发行价格却都非常高。

由此推论，既然 H＋A 公司的 A 股发行规模显著高于其他公司，其 OP 也应该被压得更低；OP 被压低后，在每股净资产相等条件下，定价效率 PE 也就更低，从而形成了如下行为逻辑：股票发行规模 N 大──→发行价格 OP 下降──→PE 下降，这便与前文关于 H1 与 H2 的检验结果形成相互支持，逻辑上做到了前后一致。为了检验这一点，本书以发行价格为因变量，采用多元回归方法来检验 OP 与 LNN 的关系，结果如表 5-2-6 中模型(1)和(2)所示。模型(1)直接检验 OP 与 LNN 的关系，结果表明两者显著负相关。模型(2)中加入了 CL 与 LNN 的交乘项 CLLNN，以检验 CL 是否增强了 LNN 与 OP 的负相关关系，结果表明 CL 的系数显著为负，CLLNN 的系数则显著为正，表明 CL 本身会降低 OP，正如所预期的一样。

事实上，如果再联系 H＋A 公司的 H 股上市历史，那么我们对这些公司回归 A 股时采取低价策略的行为就不会感到奇怪了。尽管中国境内公司 1993 年起开始赴港上市，但中国境内公司的国际形象在相当长的时间内未得到全球投资者认可，即便这些公司具有境内的政策垄断地位也未能获得认可，一个典型的例子是中海油 1999 年海外 IPO 的夭折。因此，在股票发行价上，H 股公司始终未能获得主动权，国际投资银行如美林、高盛、摩根士丹利等全都建议中国境内公司采取低价策略以便顺利发行。有了 H 股的价格作为参照物，这些公司在回归 A 股时将面临发行价格的"限高魔咒"：一方面，A 股过高的发行价将阻碍广泛投资者的参与；另一方面，A 股发行价如果相对 H 股价格过高的话，发行人有可能会被社会舆论斥以"贱卖国有资产""歧视国民"。2005 年建设银行赴港上市所引发的"贱卖国有资产"争论，以及 2006 年 3 月中国人民大学校长纪宝成教授在十届全国人大四次会议上人大会议上呼吁中国优质公司应该回归 A 股以让境内投资者分享其改革成果，便可以视为这种矛盾的公开化。

表 5-2-6 发行价与发行规模、热市期的关系

	(1)		(2)		(3)		(4)	
	Coef.	t	Coef.	t	Coef.	t	Coef.	t
CONS	-1.8881	(-0.34)	-3.0042	(-0.52)	-3.5133*	(-0.6)	-3.0200	(-0.53)
CL			-16.9841***	(-2.77)	-3.9591**	(-2.42)	-24.0460***	(-3.07)
LNN	-2.6584***	(-6.29)	-3.0032***	(-6.82)	-2.7264***	(-6.23)	-3.1096***	(-6.99)
CLLNN			1.5055**	(2.49)			1.8341***	(2.69)
CLHOT					4.2836**	(2.1)	5.3734**	(2.45)
CHCEO	0.4703	(1.54)	0.4197	(1.37)	0.5148	(1.68)	0.4548	(1.49)
CCSH	0.4259	(1.4)	0.3916	(1.28)	0.4009	(1.3)	0.3904	(1.28)
BS	-0.1175**	(-2.29)	-0.1085**	(-2.13)	-0.1167**	(-2.28)	-0.1017**	(-2.05)
IDR	2.1996	(0.68)	2.7534	(0.84)	2.1988	(0.67)	2.5732	(0.8)
MAGE	-0.0752*	(-1.91)	-0.0692*	(-1.77)	-0.0756*	(-1.93)	-0.0713*	(-1.84)
MEDU	0.3372	(1.19)	0.4373	(1.53)	0.4058	(1.41)	0.5075*	(1.75)
DEBTR	-2.7321**	(-2.56)	-3.2582***	(-3.05)	-2.9398***	(-2.76)	-3.1501***	(-2.94)
FSHA	0.9855	(1.34)	0.9384	(1.23)	0.8526	(1.14)	0.9709	(1.29)
LIQ	-2.2030	(-1.11)	-2.4201	(-1.29)	-2.5912	(-1.32)	-2.4122	(-1.27)
LNA	1.7710***	(4.85)	1.9586***	(4.83)	1.9146***	(4.79)	1.9977***	(4.95)

(续表)

	(1)		(2)		(3)		(4)	
	Coef.	t	Coef.	t	Coef.	t	Coef.	t
EPS	5.1551***	(3.58)	5.0439***	(3.49)	5.0213***	(3.48)	4.9526***	(3.47)
CPA	−0.2710	(−1.5)	−0.2317	(−1.28)	−0.2717	(−1.5)	−0.2315	(−1.28)
UW	0.4079**	(2.49)	0.4363***	(2.65)	0.4242***	(2.58)	0.4471***	(2.72)
EXCH	−0.1411	(−0.6)	−0.1490	(−0.64)	−0.1629	(−0.72)	−0.2170	(−0.95)
HOT	0.6796**	(2.22)	0.6914**	(2.28)	0.5722*	(1.88)	0.5396*	(1.78)
PLACE	控制						控制	
INDUS	控制		控制		控制		控制	
YEAR	控制		控制		控制		控制	
UWTYPE	控制		控制		控制		控制	
OFTYPE	控制		控制		控制		控制	
PRTYPE	控制							
F	17.33***		17.27***		17.23***		17.44***	
R^2	0.6287		0.6329		0.6044		0.6376	
N	1158		1158		1158		1158	

因此,H+A 公司的 A 股发行价注定了只能采取低价策略。① 投资者之所以愿意申购大规模发行的公司(包括 H+A 公司)的股票,也许仅在于其发行价格较低;投资者并不认为 H+A 公司优质,这层面纱已被研究所证实(潘越,2007;覃家琦和刘建明,2010),并可能早已被投资者所识破,使得信号传递理论对于中国 H+A 公司而言难以成立。这点在中国农业银行身上似乎体现得更充分:中国农行的业绩对于中国投资者而言可谓乏善可陈且人所共知,尽管其 A 股发行价只有 2.68 元,但凭借超大规模的发行量,其实际融资额仍创下 A 股历史之最。在上市之后,抛盘便汹涌而至。投资者也许并非看重农行的"优质",而是仅仅因为农行的"超低"发行价而参与申购,但正是这个"超低"的发行价帮助了农行的顺利发行和上市。

除了低价策略,H+A 股公司要想成功大规模发行,还需要另外一个条件:在 A 股投资者热情高涨的时期上市。这点正如 IPO 热市理论所指出的那样,否则低迷的市场人气仍然会导致申购不足。要检验这一点,我们只需要进行 Logit 回归以检验 CL 是否与 HOT 显著相关,结果如表 5-2-7 所示。其中的 ROC 是指 STATA 中通过 lroc 命令获得的位于 ROC 曲线下面的面积,ROC 值越大,表明模型的预测能力越大。可以看到模型(1)对是否交叉上市已经具有足够的解释力度,伪 R^2 和 ROC 值都已经达到了比较高的水平,加入其他的股权结构变量及董事会、管理层变量并不能明显提高模型的解释力度以及预测能力。模型(1)—(3)中 HOT 的系数均显著为正,表明交叉上市公司确实会选择在热市场月回归 A 股。潘越(2008)认为它们这样做是为了获得更高的发行价格。但需要强调的是,这个"更高的发行价格"并非相对于"其他公司的发行价格"而言,因为对 H1—H3 的检验结果已经表明 H+A 交叉上市会带来更高的抑价,无论是单位权益发行价还是定价效率或是融资规模效率。这个"更高的发行价格"只能相对于"不在热市期进行 IPO 所获得的发行价"而言。表 5-2-6 中的模型(3)和(4)证实了这点。可以看到,模型(3)和(4)中 HOT 的系数均显著为正,表明 HOT 在整体上会提高发行价格,H 股

---

① 当然,低发行价与大规模发行量究竟谁决定谁很难说得清,也许是因为发行价注定较低但又想多融资,从而提高股票发行量;又或许是因为公司原来的股份基数就大,再融资的股份数量也就大,从而要想成功发行便只能采取低价策略。

公司在热市期上市也会受益。但 CL 的系数显著为负,表明整体而言,CL 交叉上市会导致发行价格更低。尽管 CLHOT 的系数显著为正,表明 CL 能够增强 HOT 与 OP 的正相关关系,但这传达的信号是:投资者其实是将 H 股回归 A 股视为一种利好消息,投资者可能由此认为市场向上趋势不变甚至有所增强,否则主要由政府控股的 H 股不可能回归,①这导致投资者对 A 股 IPO 愿意支付更高的发行价格。这与 CL 降低发行价并不矛盾。因此,H 股公司选择在热市期回归 A 股的更大可能是,保证大规模股票的成功发行。因为热市场月的投资者的参与热情会更高,在市场趋势持续向上的心理预期下,投资者会乐观地参与到 IPO 的申购中,尤其是对低价发行的 IPO。

表 5-2-7 Logit 回归结果

	(1)		(2)		(3)	
	Coef.	z	Coef.	z	Coef.	z
CONS	−38.9559***	(−8.3)	−41.5131***	(−6.68)	−54.3932***	(−6.36)
HOT	1.3567**	(2.06)	1.3675**	(2.07)	1.2903*	(1.82)
CHCEO					0.2811	(0.28)
CCSH					0.9969	(1.1)
BS					−0.0788	(−0.7)
IDR					−4.1944*	(−1.68)
MAGE					0.2034*	(1.83)
MEDU					2.2844***	(2.96)
DEBTR	−8.3126***	(−4.82)	−8.5577***	(−4.86)	−9.0397***	(−4.44)
FSHA			−0.2870	(−0.2)	−0.4510	(−0.26)
LIQ			1.2435	(0.78)	0.1923	(0.11)
LNA	1.8561***	(8.12)	1.9363***	(7.46)	1.8679***	(5.42)
EPS	−3.6928**	(−2.28)	−3.6336**	(−2.18)	−5.0462***	(−2.53)
lr chi2	220.29***		220.98***		235.7***	
Pseudo R2	0.6868		0.6889		0.7348	
N	1 158		1 158		1 158	
ROC	0.9881		0.9878		0.9922	

---

① 典型的例子仍然是农业银行。农业银行不属于先 H 后 A 交叉上市,而是属于先 A 后 H 交叉上市,但因为时间相距只有一天,所以基本可视为同步上市。农行上市前,上证指数已经跌出新低,但在农行上市后,股市走出了一波反弹行情。当然也有相反例子,例如,2007 年回归 A 股的中国石油伴随着 A 股市场的长期下跌。

五、稳健性检验

为了检验上述 H1 和 H2 的结果稳定性,我们采取如下措施进行检验。

1. 改变 SFA 的投入产出变量。因变量 OP、劳动 L 和发行数量 N 保持不变,资本 K 改为上市前的总资产或上市前的权益。结果无实质性变化。

2. 改变热市场月 HOT 的计算。方法 1:直接以各月的 IPO 数量减去中位数,如果差大于零,则认为该月份为热市场月,否则为冷市场月。方法 2:计算样本期间各月 IPO 数量的平均值,再以各月的 IPO 数量减去平均值,如果差大于零,则认为该月份为热市场月,否则为冷市场月。结果无实质性变化。

3. 在控制变量中加入成立年限。Ritter(1987)认为公司成立年限可以降低事前不确定性,Hunt-McCool et al. (1996)也曾以公司成立年限来控制风险。为此,我们以公司自设立日期到上市日期之间的天数除以 365 来度量成立年限,加入原来的模型中重新回归,结果无实质性变化。但本书发现有 215 家公司成立年限不足一年,甚至有些公司刚成立几天就上市,可能是统计误差问题,因此在正式报告中没有加入成立年限变量。

六、研究结论

本节以中国 1993—2009 年期间的 1 158 家 IPO(其中 H+A 公司 36 家)为样本,实证检验了 H+A 交叉上市与公司 IPO 行为之间的关系。研究发现:H+A 交叉上市与 IPO 定价效率、融资规模效率均显著负相关,表明 H+A 交叉上市非但没有给公司带来 IPO 溢价,反而导致公司产生更高的 IPO 抑价。进一步分析表明,H+A 公司的更高 IPO 抑价与其超大规模的股票发行数量显著正相关,其行为逻辑可以总结为:由于股票发行规模大,发行人和承销商为了成功发行被迫采取低发行价格策略,这导致了 IPO 定价效率、融资规模效率的下降;但正是大规模的股票发行数量导致了 H+A 公司在低发行价条件下仍能不断打破 A 股融资规模的历史纪录。而且,大规模发行也导致 H+A 公司具有喜欢在热市期上市的择时行为。

本节的结论没有发现 H+A 公司能凭借交叉上市身份获得 IPO 溢价,信号传递效应对 H+A 公司的 IPO 行为没有产生显著的积极作用。根据股票价格的最基本定价公式:$P=D/r$(其中 P 为价格,D 为股利,r 为折现率),在假设折现率 r 不变条件下,股价将取决于股利 D。再假设股利发放率(DR)不变,则 D 将取决于公司每股收益(EPS),即 $D=EPS*DR$。这便将问题最终追溯在公司业绩身上。一些研究表明 H+A 公司的业绩并未优于其他公司。潘越(2007)以 2004 年以前完成 AH 交叉上市的 29 家公司为样本,采用 ROA、ROE 和 EVA 等单个财务指标来度量公司业绩,发现相对于行业和规模对照组而言,虽然 AH 公司在交叉上市前业绩明显好于对照组,但交叉上市后业绩迅速下滑,交叉上市后第 1 年,二者的业绩已经不存在明显差异,这表明在控制行业和规模因素后,A+H 公司的业绩在逐渐下滑。该文的主成分分析结果也支持上述结论。覃家琦和刘建明(2010)从纵向和横向两个维度,用单指标(ROA 和托宾 q)和综合指标(采用主成分分析法将 11 个财务指标合成而得)两种比较方法,对 2007 年以前完成 AH 交叉上市的 45 家非金融类公司在 A 股上市后的业绩变化进行了实证研究。该文发现,根据单指标和综合指标的纵向比较,整体而言,公司交叉上市后业绩并未得到提高;在为每一家交叉上市公司按一定规则选取了单纯 A 股上市公司作为对照样本后,继续采取单指标和综合指标进行横向比较,结果表明交叉上市第 1 年的 ROA 明显低于对照组,交叉上市后各年的综合业绩均值也没有表现出显著优势;而从托宾 q 来看,交叉上市公司明显不如对照组。尽管因数据的不可获得而难以对上市前的更多年度进行业绩比较,但 H+A 公司交叉上市后的业绩尚且如此,我们可以反推交叉上市前的业绩也不会有太大的变化,其 IPO 发行价格因缺乏业绩的支撑而被迫采取低价策略也就顺理成章了。

尽管本书在 H+A 公司的 IPO 抑价问题上没有获得与潘越(2008)一样的结论,但本书赞同潘越(2007)的结论:H+A 公司在融资显著改善条件下业绩反而逐年下滑的事实表明,其募集资金并未得到有效使用,H 股公司回归 A 股交叉上市存在利用国内便利的融资条件"圈钱"嫌疑。不仅如此,当 A 股 IPO 融资规模的历史纪录被 H+A 公司一次又一次打破,连上市前业绩乏善可陈的中国农业银行也通过交叉上市夺取了全球最大 IPO 时,我们看到的不仅是这些公司自身的融资冲动,而且是"打破世界纪录"的冲动。规模,不管是公司的资产规模,还是 IPO 的融资规模,对 H+A 公司的行为更具有决定意义。

第三节 A 股再融资行为

一、研究假设

根据绑定假说的逻辑,交叉上市的权益再融资将更为便利,融资成本更低。尽管 H+A 公司的行为不适用于绑定假说,但其后续融资行为也值得研究。本节考察 H+A 公司的 A 股再融资行为,包括增发与配股。本节试图回答如下问题:第一,H+A 公司是否具有更大的概率进行 A 股再融资? 第二,其再融资价格是否更高? 对于问题一,由于政府干预,H+A 公司应有更大的概率进行 A 股再融资。对于问题二,由于 H+A 公司的 A 股二级市场价格与 H 股价格具有联动效应,其 A 股价格普遍较低;而再融资价格受到融资前 A 股市场价格的影响,因而相对于纯 A 股公司,H+A 公司的再融资价格将更低,或者说,再融资抑价会更高。为此,提出如下两个假设:

H1:H+A 公司的增发概率更高;

H2:H+A 公司的增发抑价更高。

二、研究设计

(一) 模型与变量

为了检验 H1,设置如下 logit 模型:

$$\text{logit}(\text{SEO}_{it} = 1) = \alpha_0 + \alpha_1 \text{CL}_{it} + \sum_i \alpha_i X_{it} + \varepsilon_{it} \quad (5\text{-}3\text{-}1)$$

为了检验 H2,设置如下模型:

$$\text{UP\_SEO}_{it} = \beta_0 + \beta_1 \text{CL}_{it} + \sum_i \beta_i X_{it} + \varepsilon_{it} \quad (5\text{-}3\text{-}2)$$

式(5-3-1)中,SEO代表再融资虚拟变量,只考虑增发行为,[①]若增发,则SEO=1,否则SEO=0。这里的SEO不限于第一次,而是包括在样本期间的所有次数的增发行为。CL为交叉上市虚拟变量。X为控制变量,包括企业规模SIZE、财务杠杆LEVERAGE、盈利能力ROA、第一大股东持股比例TOP1。对于SIZE,考虑了三种度量方法:资产的对数,记为LNASSET;销售收入的对数,记为LNSALE;股票数量的对数,记为LNSTOCK。用于检验的样本既包括增发的公司,也包括没有增发的公司。回归中控制年度与行业固定效应。

式(5-3-2)中,UP_SEO代表增发抑价,计算公式为:(增发前市场均价—增发价格)/增发前市场均价,其中增发前市场均价采用增发前60天、30天、5天分别计算而得。由于增发抑价普遍存在,因此该比例通常为正;其值越大,表明增发价格越低,增发抑价越大,因此预期式(5-3-2)中的β_1显著为正。为了能尽量体现H+A交叉上市的影响,仅考虑H+A交叉上市后的第一次增发行为。CL和X与式(5-3-1)相同。用于检验的样本仅涉及增发的公司。回归中控制年度与行业固定效应。

(二) 数据与样本选择

本节数据来自CSMAR的增发配股数据、财务数据与股票交易数据。以1993—2014年的财务报表为基础,增发配股数据,再合并基于股票日交易收益盘计算出的增发前股票均价,然后顺序剔除如下数据。① 剔除创业板公司。创业板在上市要求以及监管政策上有异于主板且2009年才开板。② 剔除纯B股公司。B股的监管制度不同于A股和H股。③ 剔除金融业公司。④ 剔除A+H、A×H、AB交叉上市观测值。H+A公司是中国交叉上市的主体,只有这类公司与本文的制度背景相符并成为本文的研究对象。⑤ 剔除相关变量数据缺失或异常的观测值。最后用于检验H1的数据为2003—2014年的18 733个观测值,用于检验H2的数据为2003—2014年的587个观测值。

表5-3-1是检验H1的样本的年度分布。Panel A是全部样本的年度分布,包括增发和没有增发的。可以看到,在全部样本共计18 733个中,

---

[①] 事实上,根据CSMAR披露的数据,在经过样本筛选后,我没有发现H+A交叉上市公司存在配股行为,因此只有增发行为可供研究。

交叉上市公司(即 CL=1)的数量为 519,占比 3%;增发的公司数量为 1 382 个,占比为 7%。Panel B 对增发的 519 家公司中的交叉上市公司进行统计,可见 CL=1 的数量仅为 30 家,在数量上偏少。

表 5-3-1 检验 H1 的样本年度分布

年度	Panel A:全样本的年度分布					Panel B:全部增发的年度分布		
	CL		SEO		合计	CL		合计
	0	1	0	1		0	1	
2003	1 096	28	1 111	13	1 124	12	1	13
2004	1 173	30	1 194	9	1 203	9	0	9
2005	1 193	29	1 217	5	1 222	5	0	5
2006	1 258	34	1 241	51	1 292	50	1	51
2007	1 346	42	1 253	135	1 388	131	4	135
2008	1 404	44	1 334	114	1 448	112	2	114
2009	1 484	45	1 417	112	1 529	108	4	112
2010	1 679	48	1 589	138	1 727	131	7	138
2011	1 810	51	1 699	162	1 861	161	1	162
2012	1 878	56	1 805	129	1 934	127	2	129
2013	1 903	56	1 747	212	1 959	207	5	212
2014	1 990	56	1 744	302	2 046	299	3	302
合计	18 214	519	17 351	1 382	18 733	1 352	30	1 382

表 5-3-2 是增发样本的年度分布,这里的样本仅包括第一次增发的公司。以 CL 为分类标准,结果 CL=1 的公司仅为 16 家,在数量上仍然偏少。

表 5-3-2 增发样本的年度分布

年度	CL		合计
	0	1	
2003	5	1	6
2004	5	0	5
2005	5	0	5
2006	29	1	30

(续表)

年度	CL		合计
	0	1	
2007	65	4	69
2008	47	0	47
2009	44	1	45
2010	62	5	67
2011	75	0	75
2012	39	0	39
2013	90	2	92
2014	105	2	107
合计	571	16	587

三、描述性统计

表 5-3-3 为样本的描述性统计。Panel A 针对全部样本。其中，SEO 的 3/4 分位数仍然为零，表明在 18 733 个观测值中，超过 75% 的公司没有增发行为。从表 5-3-1 中也可以看到，增发公司仅占全部样本的 7%。CL 的 3/4 中位数也为零，表 5-3-1 的结果更是显示交叉上市公司仅占全部样本的 3%。ROA 的均值为 0.0306，表明样本总体上保持盈利状态。TOP1 的均值为 0.3752，3/4 分位数为 0.4948，最大值为 0.7573，表明第一大股东绝对控股的比例大约在 25% 左右。其他变量无甚异常，略过分析。

Panel B 针对第一次增发的样本。UP_SEO60 以增发上市日前 60 天的股价均价来计算增发抑价，其最小值为 −0.6802，1/4 分位数则为 0.0631，最大值为 0.7559，表明一小部分样本的增发价格高于增发前均值，此时表现出来的不是增发抑价，而是增发溢价。但溢价的比例不足 25%。而最大值则表明增发抑价可高达 0.7559。UP_SEO30、UP_SEO5 也显示了类似的信号，并且从 1/4 分位数开始，越是以靠近增发日期的股价均值来计算，增发抑价就越高，表明市场价格在增发之前有上升趋势。其他变量无甚异常，略过。

表 5-3-3 描述性统计

变量	观测值	均值	标准差	最小值	1/4分位数	中位数	3/4分位数	最大值
Panel A:全样本的描述性统计								
SEO	18 733	0.0738	0.2614	0	0	0	0	1
CL	18 733	0.0277	0.1641	0	0	0	0	1
LNASSET	18 733	21.6394	1.2145	18.9477	20.8033	21.5125	22.309	25.166
LNSALE	18 733	21.0043	1.4781	16.7164	20.0893	20.9516	21.8665	24.8702
LNSTOCK	18 733	19.1795	1.1534	16.7494	18.3731	19.1277	19.8931	22.557
LEVERAGE	18 733	0.4959	0.2372	0.0615	0.3294	0.4932	0.64	1.4806
ROA	18 733	0.0306	0.0706	−0.3387	0.0111	0.0328	0.0614	0.1961
TOP1	18 733	0.3752	0.158	0.0923	0.2491	0.3558	0.4948	0.7573
Panel B:增发样本的描述性统计								
UP_SEO60	587	0.1865	0.2418	−0.6802	0.0631	0.1699	0.3101	0.7559
UP_SEO30	587	0.1942	0.2464	−0.8255	0.0635	0.1735	0.3103	0.7645
UP_SEO5	587	0.2028	0.2416	−0.5705	0.0666	0.1773	0.3365	0.7818
LNSTOCK	587	19.1524	0.9356	17.5044	18.5381	19.0332	19.5968	22.7511
LEVERAGE	587	0.4322	0.1786	0.0888	0.2972	0.4299	0.5736	0.8491
ROA	587	0.0497	0.042	−0.0822	0.0238	0.0448	0.0708	0.1838
TOP1	587	0.3674	0.1568	0.0879	0.2439	0.3514	0.4694	0.7713

四、实证结果与分析

表 5-3-4 是对 H1 的检验。模型(1)、(2)、(3)分别采用 LNASSET、LNSALE、LNSTOCK 来度量企业规模。可以看到,CL 的系数显著为负,表明交叉上市公司的增发概率反而更低。这点与假设 H1 的预期相反。与预期不符的原因可能在于:H+A 公司的增资行为既涉及境内股东又涉及境外股东,如果仅面向境内股东发行,则境外股东的股权被摊薄,境外股东不支持;如果仅面向境外投资者发行,境内股东同样由于股权摊薄而不支持;如果面向所有境内外股东发行,由于 A 股价格普遍高

于H股,而A股增发价格通常以增发前A股市场价格均价为参考,使得A股增发价格往往高于H股,但境外股东又不乐意以高于H股的价格认购A股。由于这些困难,H+A公司的增发行为需要解决更多的困难,这使得其增发概率显著更低。

表5-3-4 增发概率的回归结果

	(1)	(2)	(3)
CONSTANT	−16.2729***	−11.7788***	−8.1139***
	(0.6895)	(0.5903)	(0.6249)
CL	−1.3248***	−1.0405***	−0.6375***
	(0.2060)	(0.2043)	(0.2034)
LNASSET	0.6196***		
	(0.0312)		
LNSALE		0.4093***	
		(0.0264)	
LNSTOCK			0.2063***
			(0.0291)
LEVERAGE	−1.5329***	−1.1955***	−0.3251**
	(0.1864)	(0.1833)	(0.1501)
ROA	0.7788	0.5335	2.8796***
	(0.6148)	(0.6048)	(0.5470)
TOP1	−1.2776***	−1.0124***	−0.2447
	(0.1989)	(0.1988)	(0.1902)
Year and Industry FE	YES	YES	YES
Pseudo R^2	0.1107	0.0941	0.0728
Observations	18 729	18 729	18 729

控制变量中,企业规模(有三个度量:资产规模LNASSET、销售规模LNSALE、股票规模LNSTOCK)的系数显著为正,表明规模越大的公司,增发的概率越高。财务杠杆LEVERAGE的系数均显著为负,表明负债比例越高,增发概率反而越低。第一大股东持股比例TOP1的持股比例越高,增发概率越低,原因应该在于增发对股权有稀释作用,使得大股东倾向于反对增发。

对 H2 的检验如表 5-3-5 所示。模型(1)、(2)、(3)的因变量分别为 UP_SEO60、UP_SEO30、UP_SEO5。可以看到 CL 的系数均显著为正，表明 H+A 公司具有更高的增发抑价，H2 获得支持。控制变量中，代表企业规模的 LNSTOCK 显著负，表明股票数量与增发抑价成反比，规模越大的公司其发行规模也越大，但增发抑价反而较低。ROA 的系数显著为正，表明业绩与增发抑价成正比，业绩越好的公司，增发抑价反而越高。对此的一个合理解释是利益输送论：业绩越好的公司，增发中的利益输送现象越严重，而利益输送的一种形式则是压低增发价格，从而抑价程度更高。

表 5-3-5　增发抑价的回归结果

	(1)	(2)	(3)
CONSTANT	0.9297***	0.9830***	0.8312***
	(0.2384)	(0.2435)	(0.2369)
CL	0.1376**	0.1473***	0.1230**
	(0.0592)	(0.0560)	(0.0523)
LNSTOCK	−0.0466***	−0.0500***	−0.0450***
	(0.0128)	(0.0130)	(0.0125)
LEVER	0.0654	0.0679	0.0678
	(0.0667)	(0.0652)	(0.0646)
ROA	0.6852**	0.7116**	0.7891***
	(0.2900)	(0.2760)	(0.2559)
TOP1	−0.0048	−0.0456	−0.0547
	(0.0718)	(0.0729)	(0.0687)
Year and Industry FE	YES	YES	YES
Observations	587	587	587
R^2	0.1378	0.1761	0.2235
F	2.836***	4.025***	5.337***

第四节 负债行为

一、研究假设

在解释资本结构时,有两个相互竞争的理论。权衡理论认为资本结构与盈利性呈正相关,因为如果企业盈利性高,企业将通过引进负债来获得负债的诸多好处,导致负债比例上升;但啄食顺序理论认为,如果企业盈利性高,企业将优先考虑采用内部现金流而非外部负债来支持投资项目,这会导致负债比例下降。当前的检验结果更多地支持了啄食顺序理论,发现负债比例与盈利能力呈负相关。对于 H+A 公司而言呢?第一节、第二节已经表明,尽管 H+A 公司的 A 股 IPO 遭受更多的折价,但融资总额反而更大。而且,这类公司具有更多的权益融资途径,使得项目投资对盈利性的敏感性反而下降。这意味着:交叉上市变量 CL 会降低负债比例-盈利性敏感性,或者说 CL 与盈利性的交互项将为正。

二、研究设计

(一)模型与变量

为了检验 H+A 公司的负债比例-盈利性敏感性,构建如下模型:

$$\text{LEVER}_{it} = \alpha_0 + \alpha_1 \text{CL}_{it-1} + \alpha_2 \text{PROF}_{it-1} + \alpha_3 \text{CL}_{it-1} \times \text{PROF}_{it-1} + \sum_i \alpha_i X_{it-1} + \varepsilon_{it} \tag{5-4-1}$$

其中,因变量为财务杠杆(LEVER),等于负债除以总资产。CL 代表 H+A 交叉上市,PROF 代表企业盈利性,包括资产回报率 ROA 和权益回报率 ROE。CL×PROF 为 CL 与 PROF 的交互项。X 为控制变量。根据 Xu(2012)和 Cohn et al.(2014),X 包括如下:企业资产规模(SIZE)、销售增长率(GSALE)、企业年龄(AGE)。所有这些变量均取滞后值。

但本节的样本筛选过程可能导致选择偏差,而关键变量 CL(即公司是否交叉上市)可能会受到公司若干特征(例如,公司资产规模、公司经营业绩等)的内生决定。为了缓解可能的内生性问题,本部分采用干预效应模型来处理因变量为连续变量的回归。其中,回归方程如上式所示。而选择模型中的向量 z_i 与第四章第二节一样,包括如下指标:① 资产规模(LNA),等于资产账面值的对数。② 财务杠杆(LEVER)。③ 成立年限(LNAGE2)。④ 资产回报率(ROA)。⑤ 是否国有控股企业(SOE)。⑥ 各省市失业率(UNEMPL)。⑦ 各省市银行营业网点数量的对数(LNBRAN)。⑧ 年度虚拟变量。回归时采用两步法。

(二) 数据与样本选择

本部分的数据与样本选择参见第四章第三节的数据说明。

三、描述性统计

表 5-4-1 为变量的描述性统计。LEVER 的均值为 0.5264,表明样本的借款行为非常普遍,最大值达到 1.8931。严格说来,超过 1 的负债比例已经意味着资不抵债,之所以没有删除这部分样本,是因为这些公司都属于上市公司,虽然负债比率大于 1,但并没有退市,表明它们各方面的运营都还算正常。ROA 的均值只有 3.44%,考虑到中国银行的一年期存款利率都能达到 2% 左右,这样的 ROA 水平并不算高。ROE 的均值为 6.43%,之所以高于 ROA,是以为用于计算 ROE 的权益通常低于用于计算 ROA 的资产。GSALE 均值为 17.79%,这样的增长率还是可以的,最大值达到 2.2 倍。q 的均值为 1.9142,作为增长机会的度量,$q>1$ 即表明公司具有增长机会,最大值则达到 7.059。SIZE 和 LNAGE 无甚异常,此处略。

表 5-4-2 为相关系数矩阵。ROA 与 ROE 之间的相关系数最大,为 0.6868。不过这两个变量都仅是盈利性的代表,不会同时进入回归方程。其他的相关系数最高为 SIZE 和 q 之间,达到 −0.4026,表明公司规模越大的公司,其 q 值反而越低。这些相关系数的大小表明,变量之间不存在多重共线性。

表 5-4-1 回归模型变量的描述性统计

变量	n	Mean	S.D.	Min	0.25	Mdn	0.75	Max
LEVER	9 846	0.5264	0.2128	0.0498	0.3828	0.5307	0.6633	1.8931
ROA_{t-1}	8 752	0.0344	0.0583	−0.2034	0.0112	0.0308	0.0585	0.2087
ROE_{t-1}	8 752	0.0643	0.1601	−0.8733	0.0267	0.0709	0.1245	0.5349
$GSALE_{t-1}$	7 658	0.1779	0.388	−0.5847	−0.0197	0.1213	0.2841	2.2079
q_{t-1}	8 752	1.9142	1.0993	0.9005	1.2017	1.5465	2.2013	7.059
$SIZE_{t-1}$	8 752	21.8522	1.1992	19.3571	20.993	21.7338	22.5671	25.3672
$LNAGE1_{t-1}$	8 752	2.3666	0.4661	0.6931	2.1972	2.4849	2.7081	3.0445

表 5-4-2　相关系数矩阵

	LEVER	ROA$_{t-1}$	ROE$_{t-1}$	GSALE$_{t-1}$	q_{t-1}	SIZE$_{t-1}$
ROA$_{t-1}$	−0.3693	1				
ROE$_{t-1}$	−0.1509***	0.6868***	1			
GSALE$_{t-1}$	0.0377***	0.2249***	0.2178***	1		
q_{t-1}	−0.233***	0.2068***	0.1005***	0.0198*	1	
SIZE$_{t-1}$	0.2252***	0.1103***	0.1438***	0.0934***	−0.4026***	1
LNAGE1$_{t-1}$	0.1188***	−0.1164***	−0.0571***	−0.0699***	0.0301**	0.1514***

表 5-4-3 为变量的单变量比较。可以看到,相较于非交叉上市公司,交叉上市公司具有显著更高的 LEVER、ROE 和 SIZE。但这类公司的 q 显著更低。ROA、GSALE 和 LNAGE1 的比较则不显著。直观地看,交叉上市公司的盈利性(ROA 和 ROE)并不显著高于非交叉上市,无论是根据资本结构的权衡理论,还是啄食顺序理论,其资本结构也不应有显著差异。但表 5-4-3 则表明交叉上市公司的 LEVER 更高,这意味着其负债水平与盈利性的相关性更低。

表 5-4-3　回归模型变量的单变量比较

	CL=0		CL=1		均值之差	中位数之差
	均值	中位数	均值	中位数		
LEVER	0.5255	0.5306	0.5551	0.5381	0.0296***	0.0075**
ROA$_{t-1}$	0.0344	0.0307	0.0336	0.0346	−0.0009	0.0039
ROE$_{t-1}$	0.0640	0.0706	0.0720	0.0790	0.0080	0.0084**
GSALE$_{t-1}$	0.1787	0.1219	0.1519	0.1132	−0.0268	−0.0087
q_{t-1}	1.9305	1.5580	1.3921	1.1868	−0.5384***	−0.3712***
SIZE$_{t-1}$	21.7954	21.7047	23.6760	23.9594	1.8806***	2.2548***
LNAGE1$_{t-1}$	2.3675	2.4849	2.3391	2.4849	−0.0284	0.0000

四、实证结果与分析

从单变量分析中可推断出:H+A 交叉上市公司的负债水平与盈利性的关系更低。表 5-4-4 采用干预效应模型对这一推断进行了更严格的检验。其中 Panel A 为干预效应模型的回归方程的结果。模型(1)、(2)、

(3)、(4)采用 GSALE 作为增长机会的度量,模型(5)、(6)、(7)、(8)采用 q 作为增长机会的度量。

模型(1)、(3)、(5)、(7)为主效应回归结果,旨在考察负债水平与盈利性之间的关系。结果表明,不论盈利性是用 ROA 度量,还是用 ROE 度量,盈利性指标的回归系数均为负,支持啄食顺序理论:企业会优先采用内部现金流,盈利性好的公司将会降低对外部负债的依赖。模型(2)、(4)、(6)、(8)为交互效应回归结果,旨在考察交叉上市公司是否具有更低的负债水平-盈利性负相关性。结果表明,交叉上市与盈利性的交互项均显著为正,对主效应回归中盈利性的负的回归系数构成了抵消,这意味着:交叉上市公司具有更低的负债水平-盈利性负相关性。

值得强调的是,尽管表 5-4-3 的单变量分析表明交叉上市公司具有更高的负债水平,但表 5-4-4 的主效应回归则表明 CL 的系数均显著为负,表明交叉上市公司的负债水平其实更低。考虑到回归结果是控制了其他变量的影响之后才获得,因此表 5-4-4 的结果更为可靠。综合这些信息,我们获得如下结论:交叉上市公司具有更低的负债水平,并且其负债水平与盈利性的负相关性更低。这支持了本节所提出的研究假设:交叉上市公司的权益融资额往往很大,并且具有更多的权益融资途径,使得其负债水平下降;同时,这类公司的项目投资对盈利性的敏感性下降,项目投资不再依赖于内部现金流,最终使得交叉上市变量 CL 会降低负债比例-盈利性敏感性。

Panel B 为干预效应模型的选择方程的回归结果。由于采用的是两步法,因此选择模型(1)、(2)、(3)、(4)是完全相同的,模型(5)、(6)、(7)、(8)也完全相同。以模型(1)为例,资产规模 SIZE、成立年限 LNAGE2、国有企业 SOE、当地银行网点数量 LNBRAN(这个变量代表当地金融发展水平)显著增加交叉上市的概率,而负债比例 LEVER、盈利性 ROA、失业率 UNEMPL(这个变量代表政府干预水平,失业率越高,政府干预越严重)则显著降低交叉上市的概率。选择模型(5)、(6)、(7)、(8)具有相似的结果。

表 5-4-4 干预效应模型

Panel A：干预效应模型回归方程结果

	(1)	(2)	(3)	(4)	(5)	(6)	(7)	(8)
CONSTANT	−0.8325***	−0.8377***	−0.8073***	−0.8164***	−0.7442***	−0.7498***	−0.5017***	−0.5105***
	(0.0525)	(0.0526)	(0.0562)	(0.0563)	(0.0571)	(0.0572)	(0.0604)	(0.0605)
CL	−0.2953***	−0.3135***	−0.2703***	−0.3038***	−0.2800***	−0.2947***	−0.2319***	−0.2537***
	(0.0312)	(0.0325)	(0.0337)	(0.0346)	(0.0293)	(0.0307)	(0.0316)	(0.0325)
ROA_{t-1}	−1.4281***	−1.4378***			−1.3620***	−1.3706***		
	(0.0381)	(0.0388)			(0.0365)	(0.0372)		
$CL * ROA_{t-1}$		0.3319**				0.2644*		
		(0.1604)				(0.1555)		
ROE_{t-1}			−0.2554***	−0.2635***			−0.2189***	−0.2250***
			(0.0146)	(0.0149)			(0.0135)	(0.0138)
$CL * ROE_{t-1}$				0.2566***				0.1632***
				(0.0617)				(0.0584)
$GSALE_{t-1}$	0.0462***	0.0462***	0.0237***	0.0237***				
	(0.0056)	(0.0056)	(0.0060)	(0.0060)				
q_{t-1}					−0.0069***	−0.0068***	−0.0234***	−0.0233***
					(0.0023)	(0.0023)	(0.0024)	(0.0024)
$SIZE_{t-1}$	0.0581***	0.0583***	0.0543***	0.0547***	0.0555***	0.0557***	0.0430***	0.0434***
	(0.0023)	(0.0023)	(0.0024)	(0.0024)	(0.0024)	(0.0024)	(0.0025)	(0.0026)

(续表)

Panel A: 干预效应模型回归方程结果

	(1)	(2)	(3)	(4)	(5)	(6)	(7)	(8)
$LNAGE1_{t-1}$	0.0348***	0.0348***	0.0542***	0.0542***	0.0290***	0.0291***	0.0505***	0.0506***
	(0.0059)	(0.0059)	(0.0063)	(0.0063)	(0.0052)	(0.0052)	(0.0055)	(0.0055)
λ	0.1432***	0.1474***	0.1388***	0.1470***	0.1353***	0.1385***	0.1201***	0.1257***
Year FE	YES	YES	YES	YES	YES	YES	YES	YES
Industry FE	YES	YES	YES	YES	YES	YES	YES	YES
Observations	7 658	7 658	7 658	7 658	8 752	8 752	8 752	8 752

Panel B: 干预效应模型选择方程结果

被解释变量	(1)	(2)	(3)	(4)	(5)	(6)	(7)	(8)
	CL	CL	CL	CL	CL	CL	CL	CL
CONSTANT	−19.8987***	−19.8987***	−19.8987***	−19.8987***	−20.1985***	−20.1985***	−20.1985***	−20.1985***
	(1.1161)	(1.1161)	(1.1161)	(1.1161)	(1.0511)	(1.0511)	(1.0511)	(1.0511)
SIZE	0.5266***	0.5266***	0.5266***	0.5266***	0.5442***	0.5442***	0.5442***	0.5442***
	(0.0318)	(0.0318)	(0.0318)	(0.0318)	(0.0302)	(0.0302)	(0.0302)	(0.0302)
LNAGE2	1.3811***	1.3811***	1.3811***	1.3811***	1.3374***	1.3374***	1.3374***	1.3374***
	(0.1769)	(0.1769)	(0.1769)	(0.1769)	(0.1610)	(0.1610)	(0.1610)	(0.1610)
LEVER	−1.2508***	−1.2508***	−1.2508***	−1.2508***	−1.2341***	−1.2341***	−1.2341***	−1.2341***
	(0.2207)	(0.2207)	(0.2207)	(0.2207)	(0.2056)	(0.2056)	(0.2056)	(0.2056)

（续表）

Panel B：干预效应模型选择方程结果

被解释变量	(1)	(2)	(3)	(4)	(5)	(6)	(7)	(8)
	CL	CL	CL	CL	CL	CL	CL	CL
ROA	-3.3191***	-3.3191***	-3.3191***	-3.3191***	-3.3764***	-3.3764***	-3.3764***	-3.3764***
	(0.6783)	(0.6783)	(0.6783)	(0.6783)	(0.6253)	(0.6253)	(0.6253)	(0.6253)
SOE	0.8372***	0.8372***	0.8372***	0.8372***	0.8327***	0.8327***	0.8327***	0.8327***
	(0.1320)	(0.1320)	(0.1320)	(0.1320)	(0.1252)	(0.1252)	(0.1252)	(0.1252)
TOP1	0.3505	0.3505	0.3505	0.3505	0.3881*	0.3881*	0.3881*	0.3881*
	(0.2485)	(0.2485)	(0.2485)	(0.2485)	(0.2353)	(0.2353)	(0.2353)	(0.2353)
UNEMPL	-0.2286***	-0.2286***	-0.2286***	-0.2286***	-0.2222***	-0.2222***	-0.2222***	-0.2222***
	(0.0422)	(0.0422)	(0.0422)	(0.0422)	(0.0397)	(0.0397)	(0.0397)	(0.0397)
LNBRAN	0.2644***	0.2644***	0.2644***	0.2644***	0.2616***	0.2616***	0.2616***	0.2616***
	(0.0635)	(0.0635)	(0.0635)	(0.0635)	(0.0600)	(0.0600)	(0.0600)	(0.0600)
Year FE	YES	YES	YES	YES	YES	YES	YES	YES
Observations	7 658	7 658	7 658	7 658	8 752	8 752	8 752	8 752

第五节　股 利 政 策

一、引言

根据 La Porta et al. (LLSV, 1997, 1998)关于法与金融学的观点,普通法系国家通常具有最强的投资者保护,法国大陆法系国家则最弱,而德国和斯堪的纳维亚法系国家则居中。在此基础上,Coffee(1999, 2002)和 Stultz(1999)对非美国公司在美国进行交叉上市的动机进行了解释,认为来自相对落后的国家或地区的公司,通过在美国交叉上市并绑定美国较高的监管或信息披露标准,可以向投资者尤其是中小投资者承诺实行比母国更加严格的公司治理准则,投资者由此所要求的资本成本更低,从而公司价值更高。这种观点被称为绑定假说(bonding hypothesis),并成为当前交叉上市研究领域的主流理论。但学术界对此仍然持有普遍的争议(Karolyi, 2012),而且 Ferris et al. (2009)指出,绑定假说的研究对象往往是先在相对落后的母国上市后到美国交叉上市,这种效应是否适用于非美国地区尚需进一步考察。

正如 LLSV(2000)将法与金融学的观点应用到公司的股利政策上一样,绑定假说也被应用到交叉上市公司的股利政策研究中,并以此来检验 LLSV(2000)关于股利的两种代理模型:结果模型(outcome model)和替代模型(substitute model),前者认为公司之所以支付股利是因为中小股东迫使公司内部人吐出现金,中小股东保护水平更高的公司将会发放更高的股利;后者则认为有意在未来发行股票的公司内部人将支付股利以建立良好的对待中小股东的声誉,但投资者保护水平高的公司将没有必要建立这种声誉,从而减少与此相关的股利,股利支付水平更低。来自交叉上市的证据对这两种模型均有不同程度的支持。例如,Abdallah and Goergen(2008)以来自18个国家、在19个外国股票市场上交叉上市的公司为样本,发现公司在交叉上市后增加了股利支出。但 O'Connor(2006)利用40个国家共计3 418个企业的样本数据,发现了相反的证据:在美国交叉上市的公司具有更低的股利发放率。因此,交叉上市与股利政策的关系需要更多的证据加以检验。

不仅如此,绑定假说在解释交叉上市与股利政策关系时仍然无法取得逻辑上的一致性。如果绑定假说成立,这将意味着交叉上市公司具有更大的增长机会。根据增长机会与股利政策的普遍负相关关系(Smith and Watts, 1992; Gul, 1999; Ho et al. 2004),交叉上市公司将由于更大的增长机会而具有更低的股利水平,这可称为股利的"增长机会效应"。同时,绑定假说意味着交叉上市公司具有更高的投资者保护水平,如果LLSV(2000)的股利结果模型成立,那么公司将发放更高的股利水平,这就与增长机会效应相矛盾;而如果LLSV(2000)的股利替代模型成立,那么公司将发放更低的股利水平,但目前的研究未能区分这种更低的股利水平究竟源于增长机会还是投资者保护水平抑或其他因素。

关于中国交叉上市的研究大多沿袭了绑定假说的逻辑,并发现A、H交叉上市公司具有更低的权益资本成本与更高的公司价值(肖珉和沈艺峰,2008;沈红波,2008;王亚星等,2012)、更快的外部融资型增长(孔宁宁和闫希,2009)、更好的盈余质量(辛清泉和王兵,2010)、更低的非公允关联交易水平(计方和刘星,2011)、更低的超额现金折价程度(曹森,2012)、更低的信息不对称(周开国和周铭山,2014)、更稳定的股利政策(程子健等,2012)等。但也有学者注意到上文所提到的绑定假说的适用性并提供了相反的证据,例如,更低的经营业绩(潘越,2007;覃家琦和刘建明,2010;Busaha et al., 2015)、更高的IPO抑价(覃家琦等,2012)、更低的资本配置效率和公司价值(覃家琦和邵新建,2015)。

本节继续采用第三章提出的政府干预假说,以中国的数据对交叉上市与股利政策的关系进行检验。研究贡献主要有如下两点。第一,本文没有沿袭Coffee(1999, 2002)和Stultz(1999)提出的绑定假说的逻辑,而是基于中国H+A公司的逆向交叉上市的历史背景,采用政府干预假说的逻辑,首次从政府干预的角度来解释交叉上市与股利政策的关系,为本领域研究提供了一个新的视角。第二,本文克服了绑定假说在解释交叉上市与股利政策时所存在的逻辑不一致。本文发现H+A公司具有更低的增长机会,但同时又具有更低的现金股利支付水平和支付意愿。这种反常的现象无法为绑定假说所解释。但在政府干预假说下,H+A公司由于受到更多的政府干预而无法根据市场变化执行未来投资机会,从而增长机会更低；同时，Stultz(2005)所指出的双重代理问题将使得 H＋A 公司倾向于在缺乏未来投资机会情况下对当前项目过度投资，而经营机制上的不足也导致 H＋A 公司的净利润及自由现金流降低，最终导致股利支付水平和意愿都下降。这样的解释在逻辑上更具一致性。

本节其余内容安排如下：第二部分基于中国交叉上市的制度背景提出研究假设；第三部分为研究设计；第四部分为实证结果与分析；第五部分为选择偏差与内生性问题；第六部分为研究结论。

二、研究假设

本书第三章详细介绍了中国 H＋A 交叉上市的制度背景。在此背景下，我们该如何预测 H＋A 公司的股利政策呢？虽然我们看到中国政府在境外上市过程中存在着良好的绑定意愿，但这并不意味着绑定假说适用于中国情形。第三章指出，中国的境外上市源于政府主导的经济改革与国有企业改革，源于政府干预下的强制性制度变迁，并由此提出中国 H＋A 交叉上市的"政府干预假说"：H＋A 公司比纯 A 公司受到更多的政府干预；交叉上市本身属于政府在国企融资方面的干预，在融资之后，政府干预仍然继续，并体现在融资之后的投资与经营活动上，由此带来投资扭曲和经营扭曲，最终导致投融资效率与公司价值的低下。这里将基于政府干预假说对中国 H＋A 交叉上市与股利政策的关系进行推断。

鉴于增长机会在股利政策的决定中起着重要作用(MM，1958，1961；Myers，1977)，对股利政策的分析需要建立在增长机会的某种假设之上，本节首先对 H＋A 公司的增长机会进行分析。如果沿袭绑定假说的逻辑，我们将习惯性地假设交叉上市公司具有更大的增长机会。这点在国外多数文献中得到肯定。例如，在理论上，Coffee(2002)指出交叉上市公司与同一司法体系下的没有交叉上市的公司相比，最明显的差别在于前者具有更高的增长预期，并且愿意牺牲部分控制权私利来获得权益融资。Doidge et al. (2004)构造了一个交叉上市决策模型，认为只有那些拥有更高的增长机会并且在母国市场难以筹集充分的资本来实现增长机会的公司，才会选择在美国交叉上市。经验上，多数检验绑定假说和交叉上市溢价的文献都发现在美国交叉上市的公司具有更高的托宾 q

(例如,Doidge et al. 2004),而托宾 q 是增长机会的最有效代理变量(Adam and Goyal,2008)。

然而,根据第三章的政府干预假说,H+A 公司相较于纯 A 股公司受到更多的政府干预。而 Shleifer and Vishny(1994,1998)的研究表明,政府干预同时具有"扶持之手"(helping hand)和"掠夺之手"(grabbing hand)两种效应。国内学者确实发现了中国政府干预的这两种效应的经验证据(潘红波等,2008),但更多的研究则表明政府干预扮演着"掠夺之手"的角色,途径之一则是过度投资(Chen et al. 2011;程仲鸣等,2008)。一方面,政府干预下的企业投资决策也许并非基于充分的市场信息,而是基于政府的自身利益。例如,GDP 增速、政治晋升或国家战略,这将降低投资质量,刺激过度投资,更严重的结果则是投资方向上的战略性失误。另一方面,政府的"掠夺之手"加剧了国企高管作为代理人所具有的帝国建造倾向。在资源有限的条件下,对项目的过度投资将意味着其他 NPV 为正的项目缺乏足够的资本来执行。同时,根据哈耶克(1969)的观点,市场竞争是一个发现过程,在该过程中,存在着诸多尚未被人们所知和所用的机会,而企业家是那些发现并愿意尝试各种新的机会的人。但政府对国企高管拥有任命权,这将限制国企高管的企业家精神,导致投资机会的丧失。"如果我们可以同意社会经济问题主要是适应具体时间和地点情况的变化问题,那么我们似乎就由此推断出,最终的决策必须要由那些熟悉这些具体情况并直接了解有关变化以及立即可以弄到应付这些变化的资源的人来做出。我们不能指望通过让此人首先把所有这些知识都传递给某一中央机构,然后该中央机构综合了全部知识再发出命令这样一种途径来解决问题,而只能以非集权化的方法来解决它"(哈耶克,1945/1989)。由此推断,政府的更多干预将导致企业无法根据市场环境的变化进行及时有效的投资,致使 NPV 为正的诸多未来投资机会无法得到实现。基于这些原因,我们提出如下假设:

H1:给定其他条件相同,相对于纯 A 公司,H+A 公司具有更少的增长机会。

如果 H1 成立,那么我们将可以排除绑定假说的传统思维:H+A 公司由于更多的增长机会而具有更低的股利水平。我们能否转而推断 H+A 公司因为缺乏增长机会从而发放更多的股利?这不是没有可能。但沿着政府干预假说的逻辑进行分析之后,我们认为答案更可能是否定的。这是因为,H+A 公司由于更多的政府干预,其投资扭曲与经营扭曲将更加严重。前者意味着投入的次优化,并主要表现为过度投资;后者意味着产出的次优化。假设净利润可简单地等于投入减去产出,则 H+A 公司将具有更低的净利润率。再给定如下计算公式:股东自由现金流=经营现金流-投资现金流-债权人自由现金流=(净利润+折旧-运营资本增加)-投资现金流-债权人自由现金流,由于 H+A 公司具有更低的净利润、更高的投资现金流(过度投资),即便所有的股东自由现金流都发放作股利,其股利水平也将更低。因此有如下假设:

H2:给定其他条件相同,相对于纯 A 公司,H+A 公司具有更低的现金股利支付水平。

而且,即便股东自由现金流相同,H+A 公司将其发放作股利的意愿可能更低。这是因为,政府和企业高管都将追求自己的目标:政府追求多元化目标,试图利用国有企业来实现其政治目标和社会目标等,尽管政府作为国企股东将从派现上获得利益,但这种利益与个人货币财富相关度不大,反而由于现金股利需要纳入公共财政预算而增加了政府灵活调配的难度;而企业高管作为内部人,也将更倾向于将现金截留在企业内部以利于其帝国建造行为。这正是 Stultz(2005)曾指出的双重代理问题:政府和内部人都将追求各自的私利而牺牲外部投资者的利益。因此有如下假设:

H3:给定其他条件相同,相对于纯 A 公司,H+A 公司具有更低的现金股利支付意愿。

三、研究设计

(一) 模型与变量

为了检验 H1,我们首先建立如下回归模型:

$$GROW_{it} = \alpha_0 + \alpha_1 CL_{it} + \alpha_2 LNL_{it} + \alpha_3 AGE_{it} + \alpha_4 LEVER_{it} + \alpha_5 ROA_{it} + \alpha_6 BETA_{it} + \alpha_7 CTR_{it} + \alpha_8 INDUS_{it} + \alpha_9 YEAR_{it} + \varepsilon_{it} \qquad (5-5-1)$$

其中,GROW 为增长机会。Adam and Goyal(2008)基于实物期权方法对企业增长机会的若干代理变量(包括 Tobin's q、权益市值/权益账面值比、EP 比率)进行比较后认为, Tobin's q 具有最高的信息含量。因此本文也采用 Tobin's q 来度量增长机会。基于中国的股权分置事实以及 H 股、A 股的价格差异,本文根据式(5-5-2)来计算 Tobin's q:

$$q = (负债 + A 股流通股数量 \times A 股流通股市场价格\\+ H 股数量 \times H 股价格 \times 港元汇率\\+ 非流通股数量 \times 每股净资产) / 资产账面值 \quad (5\text{-}5\text{-}2)$$

CL 为解释变量,如果公司 H+A 交叉上市,则取值 1,否则取值 0。预期 α_1 显著为负。

其他变量为控制变量,包括如下。① LNL 为公司规模的代理变量,等于公司员工人数的对数。之所以以员工人数而不是以资产来度量公司规模,是因为根据 H+A 交叉上市的历史资料,交叉上市决策与公司的资产规模密切相关,以资产度量公司规模在某些情况下易引起与 CL 变量的较大多重共线性。公司规模越大,往往意味着公司进入成熟期,增长放缓,因此预期 α_6 显著为负(Gompers et al., 2003)。② AGE 代表公司上市年龄,等于公司上市年度至当年的年数再加 1 之和的对数。公司上市时间越长,信息披露得越充分,市场投资者给予折价的概率越低,因此预期 α_3 显著为正。③ LEVER 指财务杠杆,等于负债除以资产。Drobetz et al. (2004)、Bebchuk et al. (2009)发现财务杠杆与 q 显著负相关。因此我们预期 α_4 显著为负。④ ROA,即资产回报率,代表公司当前盈利能力,等于净利润除以总资产。盈利能力高的公司,能为未来增长带来更大的可能性,因此预期 ROA 系数显著为正。⑤ BETA 为根据 CAPM 计算的 β 系数,度量公司对系统风险的敏感性。BETA 越大,表明公司越容易遭受系统风险的影响,因此预期 α_5 显著为负。⑥ CTR 为虚拟变量,度量实际控制人的不同性质。⑦ INDUS 和 YEAR 分别代表行业与年度虚拟变量。

为了检验 H2,我们构建如下式(5-5-3)所示的回归模型:

$$\text{DIV}_{it} = \alpha_0 + \alpha_1 \text{CL}_{it} + \alpha_2 \text{GROW}_{it} + \alpha_3 \text{LNA}_{it} + \alpha_4 \text{ROA}_{it}\\+ \alpha_5 \text{OCF}_{it} + \alpha_6 \text{LEVER}_{it} + \alpha_7 \text{CTR}_{it} + \alpha_8 \text{INDUS}_{it}\\+ \alpha_9 \text{YEAR}_{it} + \varepsilon_{it} \quad (5\text{-}5\text{-}3)$$

其中,DIV 代表现金股利水平,等于每股现金股利除以每股净利润

(LLSV,2000；Faccio et al.,2001)。控制变量如下。① GROW 为公司增长机会,其与 DIV 一般为负相关关系(Smith and Watts,1992；Gul,1999；Ho et al.,2004)。② LNA 为公司规模的代理变量,等于公司资产的对数。Holder et al. (1998)认为大公司拥有通过外部资本市场筹集资本的更多途径,从而其项目投资所需资本较少地依赖于内部资本,即便发放更多的股利,也不会影响公司对增长机会的利用。因此,大公司往往具有更高水平的现金股利支付意愿。我们预期 LNA 的回归系数显著为正。③ ROA,即资产回报率,等于净利润除以总资产。根据中国公司法关于利润分配的规定,公司发放股利的前提是公司的净利润为正。在此前提下,资产回报率越高,公司越有可能发放现金股利。因此预期 α_4 显著为负。④ OCF 为公司经营现金流与总资产之比。现金股利的发放需要以现金创造能力为前提,预期 α_5 显著为正。⑤ LEVER 代表财务杠杆。根据 Jensen and Meckling(1976),负债能够降低管理者的代理问题,因此公司不必通过增加现金股利的方式来降低代理问题。Faccio et al. (2001)和 Brockman and Unlu (2009)均发现财务杠杆与现金股利水平显著负相关。因此预期 α_6 显著为负。⑥ CTR、INDUS 和 YEAR 分别代表实际控制人性质、行业与年度。

H3 的检验方法如式(5-5-4)所示,与式(5-5-3)的唯一区别在于采用了 logit 模型,因变量为现金股利支付意愿 D,D 的取值如下:如果公司发放现金股利,则 $D=1$;否则 $D=0$。其他变量同式(5-5-3)。

$$\text{logit}(D_{it}) = \alpha_0 + \alpha_1 CL_{it} + \alpha_2 GROW_{it} + \alpha_3 LNA_{it} + \alpha_4 ROA_{it}$$
$$+ \alpha_5 OCF_{it} + \alpha_6 LEVER_{it} + \alpha_7 CTR_{it}$$
$$+ \alpha_8 INDUS_{it} + \alpha_9 YEAR_{it} + \varepsilon_{it} \quad (5\text{-}5\text{-}4)$$

(二) 样本选择与数据来源

根据数据统计,中国 H＋A 公司的数量直到 2005 年才达到 30 家,刚好满足统计上的大样本(30)要求,但吉林化工在 2006 年 1 月退市。2006 年的 H＋A 公司数量为 34 家,在样本数量上更加符合统计要求。但为了降低上市当年可能造成的异常影响,同时也因为本文分析中一些变量需要用到一阶滞后值,因此我们的变量取值期间虽然为 2006—2014 年,但实际分析中用到的数据期间则为 2007—2014 年。

本节以 CSMAR 提供的 2006—2014 年的资产负债表为基础,合并相关数据,获得19 590个企业年观测值。然后顺序剔除如下数据。① 剔除 A+H、A×H、A+B交叉上市观测值,共计975个。只考察H+A交叉上市公司。② 剔除统计年度早于H+A上市年度的观测值,共11个。③ 剔除纯B股公司、创业板公司,共计2 686个。B股的监管制度不同于A股和H股,创业板在上市要求以及监管政策上有异于主板和中小板。④ 剔除非国有公司,共计7 620个。H+A公司多数为国有上市公司。⑤ 剔除金融业公司,共计120个。⑥ 剔除数据异常的样本,包括销售收入增长率超过5倍,ROA、ROE绝对值超过1倍,每股股利比每股净利润绝对值超过1倍,每股股利比每股销售额超过1倍的样本,共计453个。⑦ 剔除相关变量数据缺失的观测值,共计2 113个。⑧ 剔除同一实际控制人性质下观测值不足30个的数据,共计10个。最后获得2007—2014年共计5 602个非平衡面板数据,其中H+A公司279个观测值。为了降低变量的离群值问题,我们对连续性变量分别在1%和99%分位数水平上分年度进行首尾调整(winsorize)。

四、实证结果与分析

(一) 描述性统计

表5-5-1为样本分布与描述性统计,其中q均值为1.8262,表明样本具有较好的增长机会。DIV中位数为0.1435,表明大部分公司发放现金股利。LNA和LNL的标准差较大,表明公司资产与员工人数的差异较大。AGE(以对数表示)的最小值为0,表明这些公司刚刚上市,但均值2.3595意味着平均上市年长为10年。LEVER的均值和中位数均超过0.5,表明大部分公司引入财务杠杆且负债率超过50%。ROA的均值和中位数均超过0.03,表明大部分公司能够盈利且净利润率在3%左右。BETA均值和中位数均大于1,表明样本面临一定的系统性风险。OCF均值和中位数表明大部分公司的经营现金流为正。从其他统计量来看,这些变量也均正常。

表 5-5-1　样本分布与描述性统计

变量	观测值	均值	标准差	最小值	1/4分位数	中位数	3/4分位数	最大值
q	5 602	1.8262	0.987	0.8424	1.1826	1.5104	2.0962	7.9642
DIV	5 602	0.1878	0.2045	0	0	0.1435	0.3104	0.9279
D	5 602	0.62	0.48	0	0	1	1	1
CL	5 602	0.0498	0.2176	0	0	0	0	1
LNA	5 602	22.2314	1.3024	19.6876	21.3381	22.0297	23.0128	26.4045
LNL	5 602	7.8701	1.3571	3.8712	7.0273	7.8713	8.7154	11.4314
AGE	5 602	2.3595	0.5465	0	2.0794	2.4849	2.7726	3.1355
LEVER	5 602	0.5208	0.1895	0.0749	0.3793	0.5363	0.668	0.9161
ROA	5 602	0.0353	0.0491	−0.174	0.0111	0.0307	0.0566	0.2236
BETA	5 602	1.0975	0.2596	−1.2416	0.9557	1.1159	1.2541	2.1074
OCF	5 602	0.0479	0.0766	−0.2153	0.0064	0.0465	0.0915	0.3331

注:行业代码 A—M 分别为:A 农林牧渔业;B 采掘业;C 制造业,按二级代码分为 C0—C9;D 电力、煤气及水的生产和供应业;E 建筑业;F 交通运输、仓储业;G 信息技术业;H 住宿餐饮业;J 房地产业;K 社会服务业;L 租赁与商务服务业;M 综合类。

表 5-5-2 的相关系数矩阵表明,主要变量间的相关系数最大值为 q 与 LNA 之间的相关系数,为−0.4256,这表明变量间不存在显著的多重共线性。q 与 CL 之间的相关系数显著为负,表明 H＋A 公司具有更低的 q,与 H1 相符。但 DIV 与 CL 之间显著正相关,与 H2 不符。从 CL 与其他变量的相关系数来看,H＋A 公司具有显著更大的资产规模(LNA)与员工规模(LNL)、更小的年龄(AGE)、更高的净利润率(ROA)、更低的系统风险敏感性(BETA)、更大的经营现金流水平(OCF)。但在财务杠杆(LEVER)上,H＋A 公司与纯 A 公司没有显著差异。

表 5-5-3 的单变量分析结果与相关系数矩阵的结果完全一致,H＋A 公司具有显著更高的股利水平 DIV、资产规模(LNA)与员工规模(LNL)、净利润率(ROA)、经营现金流水平(OCF),同时具有更低水平的 q、年龄(AGE)、系统风险敏感性(BETA),至于财务杠杆(LEVER),两类公司之间没有显著差异。

表 5-5-2 相关系数矩阵

	q	DIV	CL	LNA	LNL	AGE	LEVER	ROA	BETA
DIV	−0.0423***	1							
CL	−0.115***	0.0433***	1						
LNA	−0.4256***	0.1732***	0.3554***	1					
LNL	−0.2469***	0.0953***	0.29***	0.637***	1				
AGE	0.0013	−0.1556***	−0.0854***	0.0434***	−0.0326**	1			
LEVER	−0.335***	−0.1995***	0.0148	0.3383***	0.1748***	0.1646***	1		
ROA	0.2534***	0.2598***	0.0326**	0.086***	0.055***	−0.1295***	−0.3748***	1	
BETA	−0.1648***	0.0481***	−0.048***	0.0667***	0.0499***	0.0095	0.0383***	−0.0459***	1
OCF	0.1217***	0.1251***	0.0711***	0.028**	0.1347***	−0.0808***	−0.1834***	0.3919***	−0.1142***

表 5-5-3　单变量分析

	CL=1(N=279)		CL=0(N=5 323)		均值之差	中位数之差
	均值	中位数	均值	中位数		
q	1.3305	1.1454	1.8522	1.5401	−0.5218***	−0.3947***
DIV	0.2265	0.2283	0.1858	0.1388	0.0407***	0.0895***
LNA	24.2472	24.3128	22.1258	21.9828	2.1214***	2.3301***
LNL	9.5887	9.9408	7.7801	7.8043	1.8087***	2.1365***
AGE	2.1556	2.1972	2.3702	2.4849	−0.2146***	−0.2877***
LEVER	0.5331	0.5304	0.5202	0.5366	0.0129	−0.0062
ROA	0.0422	0.0419	0.0349	0.0300	0.0074***	0.0119***
BETA	1.0428	1.0605	1.1018	1.1185	−0.0590***	−0.0580***
OCF	0.0717	0.0735	0.0466	0.0452	0.0251***	0.0282***

注:均值之差采用 t 检验,中位数采用 Wilcoxon 秩和检验。***、**、* 分别代表 1%、5%、10% 的显著性水平。

(二) 回归结果

1. H1 的检验

相关系数矩阵与单变量分析均支持 H1。本部分根据模型(1)进行回归分析以求进一步验证。本文数据为非平衡面板数据,因此在混合 OLS 之外应尝试面板模型。但鉴于关键变量 CL 是时不变变量,采用固定效应模型将会由于组内平均而剔除掉 CL 变量,因此借鉴 Doidge et al. (2004)和 Vaaler and Schrage (2006)的做法,我们采取混合 OLS、随机效应(RE)、广义最小二乘(GLS)三种方法来进行估计。在混合 OLS 和 RE 回归中,我们均进行了稳健标准误调整并在个体水平上加以聚类(cluster)。对于 OLS 回归,我们还采用 Driscoll-Kraay 标准差调整并控制高阶自相关的方法进行估计,但结果无实质性变化从而未报告。对于 GLS 估计,我们进行了组间异方差调整。但由于 GLS 方法下,总离差平方和无法进行类似于 OLS 那样的分解,因此 Stata 命令中的 GLS 回归没有报告 R^2。

结果如表 5-5-4 所示。可以看到 CL 的系数均显著为负,表明 H+A 公司具有更低的增长机会,H1 得到显著支持。所有控制变量均与预期相符,不再赘述。

表 5-5-4　H1 的检验

	混合 OLS	RE	GLS
CONSTANT	4.2117***	3.5520***	3.5286***
	(0.2389)	(0.2197)	(0.0686)
CL	−0.2026***	−0.1598**	−0.1506***
	(0.0757)	(0.0706)	(0.0228)
LNL	−0.1746***	−0.1737***	−0.1384***
	(0.0181)	(0.0197)	(0.0051)
AGE	0.1227***	0.2082***	0.0900***
	(0.0305)	(0.0274)	(0.0096)
LEVER	−1.0461***	−0.7404***	−0.8219***
	(0.1299)	(0.1222)	(0.0374)
ROA	3.4035***	2.7166***	2.6386***
	(0.5496)	(0.4118)	(0.1533)
BETA	−0.4475***	−0.2446***	−0.2441***
	(0.0792)	(0.0590)	(0.0238)
CTR, Year and Indus	YES	YES	YES
N	5 602	5 602	5 602
R^2 /Overall R^2	0.3649	0.3525	NA

注:括号内为稳健标准误。***、**、*分别代表 1%、5%、10%的显著性水平。混合 OLS 模型报告的是 R^2,RE 模型报告的是 Overall R^2。NA 表示 not applicable,因为 GLS 回归没有提供 R^2。

2. H2 与 H3 的检验

相关系数矩阵与单变量分析均未支持 H2。本部分基于模型(3)进行回归分析以进一步寻找真实答案。对模型(3)的回归方法完全类似于模型(1),我们也采用混合 OLS、RE 和 GLS 三种方法进行回归。

结果如表 5-5-5 中 Panel A 所示。可以看到,在控制了相关变量后,三个模型下 CL 均显著为负,表明 H+A 公司具有显著更低的股利水平,支持 H2。这也提示我们,相关系数矩阵与单变量分析之所以得到相反的结果,原因也许在于没有控制相关变量。控制变量中除 OCF 外,q、LNA、ROA、LEVER 的结果均与预期一致。

如表 5-5-5 所示,Panel B 为基于模型(4)对 H3 的检验结果,提供了混合 logit 和随机面板 logit 两个模型。可以看到 CL 显著为负,与 H3 相符。除了 OCF,其他控制变量均与预期相符。

表 5-5-5　H2 和 H3 的检验

	Panel A:H2 的检验			Panel B:H3 的检验	
	混合 OLS	RE	GLS	混合 logit	随机 logit
CONSTANT	−0.4119***	−0.5292***	−0.5459***	−13.1898***	−26.2346***
	(0.1019)	(0.0938)	(0.0350)	(1.4702)	(2.2857)
CL	−0.0381**	−0.0436**	−0.0311***	−0.6615*	−1.4050***
	(0.0194)	(0.0198)	(0.0066)	(0.3377)	(0.4792)
q	−0.0141***	−0.0081**	−0.0109***	−0.3250***	−0.3412***
	(0.0038)	(0.0033)	(0.0018)	(0.0673)	(0.0809)
LNA	0.0338***	0.0387***	0.0380***	0.6677***	1.2961***
	(0.0044)	(0.0039)	(0.0014)	(0.0652)	(0.1022)
ROA	0.6459***	0.4522***	0.5631***	30.7212***	38.4869***
	(0.0757)	(0.0633)	(0.0324)	(2.2936)	(2.0426)
OCF	0.0481	0.0424	0.0295	−0.3496	−0.3511
	(0.0438)	(0.0388)	(0.0228)	(0.6231)	(0.7387)
LEVER	−0.2640***	−0.2761***	−0.2829***	−2.7137***	−5.0033***
	(0.0264)	(0.0224)	(0.0094)	(0.3812)	(0.4894)
CTR,Year and Indus	YES	YES	YES	YES	YES
N	5 602	5 602	5 602	5 602	5 602
R^2/Overall/Pseudo R^2	0.1534	0.1512	NA	0.3006	NA

注:括号内为稳健标准误。***、**、*分别代表 1%、5%、10% 的显著性水平。NA 表示 not applicable。混合 OLS 回归报告 R^2,RE 回归报告 Overall R^2,GLS 回归的 R^2 未报告;混合 logit 模型报告 Pseudo R^2,随机面板 logit 模型的 R^2 未报告。

(三) 稳健性检验

我们对 GROW 的度量采取新的算法来检验 H1 的稳定性。首先,和 LLSV(2000)一样,我们对 q 进行行业调整,即用 q 减去同年度的行业中位数,得到 IAq。其次,由于 2006 年的股权分置改革已经基本结束,因此我们尝试采用 A 股流通股市场价格来替换式 5-5-2 中的每股净资产并进而计算出另一个 q,记为 Mq。最后,基于式 5-5-2 来计算 q 虽然简单易行,但 Rhodes-Kropf et al. (2005)认为此时的 q 存在着股票市场错误定价的成分,未能反映公司的真实增长机会,因此他们将 q 分解为企业层面定价误差(pricing error)、行业层面定价误差和真实增长机会。本文仅关注真实增长机会而非错误定价,因此我们尝试如下分解:

$$q = \frac{M}{B} = \frac{M}{V} \times \frac{V}{B} \tag{5-5-5}$$

$$\ln q = (\ln M - \ln V) + (\ln V - \ln B) \tag{5-5-6}$$

其中,M 为市场价值,B 为账面价值,V 为真实价值;ERROR$=\ln M-\ln B$ 代表的是市场错误定价,即市场价值与真实价值的差;$Rq=\ln V-\ln B$ 代表的是真实的增长机会。按照 Rhodes-Kropf et al.(2005)的解释,如果市场能够完全预期未来的增长机会、折现率和现金流,那么 $q=M/B$ 将不存在错误定价问题,ERROR$=\ln M-\ln V$ 将等于 0,而 $Rq=\ln V-\ln B$ 将完全等于 $\ln q$。但在市场不完全时,q 需要剔除错误定价因素才能更真实地反映企业的增长机会。

这里的关键是真实价值 V 的估计。我们采用 Rhodes-Kropf et al.(2005)的如下模型进行估计:

$$\begin{aligned}\ln V_{it} =& \alpha_{0t} + \alpha_{1t}\ln B_{it} + \alpha_{2t}\ln \text{NI}_{it}^{+} + \alpha_{3t}I_{(<0)}\ln|\text{NI}_{it}^{-}| \\ & + \alpha_{4t}\text{LEVER}_{it} + \varepsilon_{it}\end{aligned} \tag{5-5-7}$$

其中,下标 i、t 分别代表个体与年度。NI 为净利润,LEVER 为资产负债率。由于需要计算对数,因此当 NI 为负(即 NI_{it}^{-})时,需要取绝对值,并通过虚拟变量 $I_{(<0)}$ 来反映 NI 的正负号:当 NI 为负时,$I_{(<0)}=-1$;当 NI 为正(即 NI_{it}^{+})时,$I_{(<0)}=0$。回归系数分年度进行估计,最后计算出 $Rq=\ln V-\ln B$。

以上述方法计算出的三种增长机会的度量即 IAq、Mq 和 Rq 为因变量,我们重新检验 $H1$,结果无实质性变化,见表 5-5-6。

表 5-5-6 H1 的稳健性检验

被解释变量	(1) IAq	(2) Mq	(3) Rq
CONSTANT	2.4349***	5.4686***	2.0401***
	(0.2359)	(0.2846)	(0.0625)
CL	−0.2005***	−0.2380**	−0.2193***
	(0.0748)	(0.0947)	(0.0310)

(续表)

被解释变量	(1) IAq	(2) Mq	(3) Rq
LNL	−0.1747***	−0.2279***	−0.1244***
	(0.0180)	(0.0235)	(0.0066)
AGE	0.1164***	0.0119	−0.0074
	(0.0304)	(0.0418)	(0.0108)
LEVER	−1.0474***	−1.2957***	0.1091***
	(0.1281)	(0.1558)	(0.0359)
ROA	3.1571***	5.4919***	−0.4946***
	(0.5533)	(0.6973)	(0.1147)
BETA	−0.4431***	−0.7600***	−0.0468**
	(0.0783)	(0.1046)	(0.0202)
CTR, Year and Indus	YES	YES	YES
N	5 602	5 602	5 602
R^2	0.2206	0.4375	0.7217

注：本表仅报告混合 OLS 的检验结果，基于 RE 和 GLS 的回归无实质性变化。

为检验 H2 的稳健性，我们采取如下步骤：第一，以行业调整股利水平为因变量进行回归；第二，因变量仍保持为 DIV，但增长机会 GROW 以 IAq 来度量。为检验 H3 的稳健性，以 IAq 替代原来的 q 进行随机面板 logit 回归。以上步骤均表明结果无实质性变化，见表 5-5-7。

表 5-5-7　H2 和 H3 的稳健性检验

被解释变量	H2 (1) IADIV	H2 (2) DIV	H3 (3) D
CONSTANT	−0.4341***	−0.4243***	−26.6414***
	(0.1010)	(0.0991)	(2.2370)
CL	−0.0376**	−0.0381**	−1.4002***
	(0.0191)	(0.0193)	(0.4792)
GROW	−0.0153***	−0.0160***	−0.3774***
	(0.0038)	(0.0039)	(0.0830)

(续表)

被解释变量	H2		H3
	(1)	(2)	(3)
	IADIV	DIV	D
LNA	0.0338***	0.0333***	1.2880***
	(0.0044)	(0.0044)	(0.1020)
ROA	0.5079***	0.6506***	38.5595***
	(0.0778)	(0.0758)	(2.0415)
OCF	0.0489	0.0476	−0.3655
	(0.0438)	(0.0437)	(0.7391)
LEVER	−0.2663***	−0.2652***	−5.0319***
	(0.0270)	(0.0264)	(0.4902)
CTR, Year and Indus	YES	YES	YES
N	5 602	5 602	5 602
R^2	0.1384	0.1541	NA

注:模型(1)的 GROW 通过 q 来度量,模型(2)和(3)的 GROW 通过 IAq 来度量。

五、选择偏差与内生性问题

(一)干预效应模型与双元 Probit 模型

在 H1 和 H2 的检验中,样本选择偏差会导致内生性,而且本文模型中的关键变量(即 CL)可能受到回归方程中其他协变量(例如,公司资产规模、公司经营业绩等)的影响。这些问题可借助干预效应模型(treatment effect model)来缓解,其中,干预变量为 CL。对于 H1,回归模型的变量选择与式(5-5-1)相同;对于 H2,回归模型的变量选择与式(5-5-3)相同。借鉴 Sun et al. (2013)的思想,H1 和 H2 的选择模型的变量如下:① 资产规模(LNA),等于资产账面值的对数;② 资产回报率(ROA),等于净利润除以总资产;③ 财务杠杆(LEVER),等于负债比上资产;④ 成立年限(AGESET),等于公司成立年度至当年的年数再加 1 之和的对数。本文在运行干预效应模型时采用极大似然法进行估计,以便对标准误进行稳健性调整并在个体水平上进行聚类。

H3 也面临类似的问题,但 H3 的情况比较特殊。该假设的被解释变量(即 D)和解释变量(即 CL)均为 0—1 变量。由于干预变量 CL 作为内生变量包括在 D 的表达式中,这构成了一种递归(recursion)。要想同时对这两个 0—1 变量进行决策,此时适合的模型为递归双元 Probit 模型(recursive bivariate probit model)。模型的变量选择与 H2 的干预效应模型完全相同。

检验结果如表 5-5-8 所示。Panel A 为 H1 的干预效应模型的检验结果。模型的 Wald 检验显著拒绝 $\rho=0$(ρ 为回归模型误差项与选择模型误差项的相关系数),表明干预效应模型的设计是合理的。在第一步的选择模型中,各自变量的系数均显著,表明这些自变量确实对 CL 具有决定性,有必要采用干预效应模型。在第二步的回归模型中,CL 显著为负,支持 H1。其他控制变量与表 5-5-4 的相一致。

Panel B 为 H2 的干预效应模型与 H3 的双元 Probit 模型的检验结果。两模型的 Wald 检验显著拒绝 $\rho=0$,表明模型的设计是合理的。H2 的选择模型和 H3 的第一个 Probit 模型显示,CL 确实会受到相关变量的影响,因此应给予控制。H2 的回归模型和 H3 的第二个 Probit 模型显示,CL 显著为负,表明 H2 和 H3 均得到显著支持。其他控制变量的结果也都与表 5-5-7 类似。

(二)倾向得分匹配与偏差修正匹配

为了进一步缓解选择偏差和内生性问题,我采取倾向得分匹配(propensity score matching,PSM)与偏差修正匹配(bias-corrected matching)两种方法计算平均干预效应(average treated effect for the treated,ATT)。倾向得分匹配法根据基于 logit 回归获得的干预概率(倾向得分)来进行匹配并计算 ATT。我们在匹配过程中采取 1:1 无回置最近邻匹配,并进行平衡性检验。偏差修正匹配则基于向量模(vector norm)来寻找最短马氏距离并据此进行匹配,最后计算出 SATT(即样本 ATT)和 PATT(即总体 PATT)。SATT 和 PATT 的值是一样的,但 z 值以及相应的显著性可能存在差异。如果 SATT 显著且 PATT 也显著,则表明根据样本获得的 ATT 可以推广到总体。但如果 SATT 显著而 PATT 不显著,则根据样本获得的 ATT 结论仅限于所研究之样本。更详细的介绍参见郭申阳等(2012)。

匹配结果如表 5-5-9 所示。其中 Panel A 为倾向得分匹配结果。

表 5-5-8　干预效应模型与双元 Probit 模型

	Panel A：H1 的检验		Panel B：H2 和 H3 的检验			
	H1 的干预效应模型		H2 的干预效应模型		H3 的双元 Probit 模型	
被解释变量	1. 选择模型	2. 回归模型	1. 选择模型	2. 回归模型	Probit 1	Probit 2
被解释变量	CL	q	CL	DIV	CL	D
CONSTANT	−16.5910***	4.1264***	−16.4555***	−0.4923***	−16.1019***	−9.0343***
	(1.4846)	(0.2382)	(1.6650)	(0.1001)	(0.7447)	(0.5496)
CL		−0.6994***		−0.0944***		−1.9610***
		(0.0899)		(0.0292)		(0.1768)
LNL		−0.1562***		−0.0133***		−0.1677***
		(0.0180)		(0.0038)		(0.0286)
AGE		0.1185***		0.0512		−0.0007
		(0.0308)		(0.0436)		(0.2887)
BETA		−0.4599***				
		(0.0783)				
LEVER	−1.9386***	−1.0724***	−1.8072***	−0.2725***	−1.6422***	−1.7420***
	(0.5071)	(0.1300)	(0.5434)	(0.0264)	(0.2278)	(0.1340)

(续表)

	Panel A: H1 的检验			Panel B: H2 和 H3 的检验				
	H1 的干预效应模型			H2 的干预效应模型			H3 的双元 Probit 模型	
	1. 选择模型	2. 回归模型		1. 选择模型	2. 回归模型		Probit 1	Probit 2
被解释变量	CL	q	被解释变量	CL	DIV	被解释变量	CL	D
ROA	−3.0532**	3.3912***	ROA	−2.1886	0.6268***	ROA	−2.6601***	15.1254***
	(1.2769)	(0.5460)		(1.7135)	(0.0750)		(0.8266)	(0.6603)
LNA	0.6511***		LNA	0.6483***	0.0377***	LNA	0.6293***	0.4553***
	(0.0677)			(0.0759)	(0.0044)		(0.0290)	(0.0239)
AGESET	0.4259**		AGESET	0.3448*		AGESET	0.3605***	
	(0.1686)			(0.1830)			(0.1014)	
CTR, Year and Indus	YES	YES	CTR, Year and Indus		YES	CTR, Year and Indus		YES
Wald test: $\rho=0$		79.48***	Wald test: $\rho=0$		7.75***	Wald test: $\rho=0$		38.1816***
N		5 602	N		5 602	N		5 602

注:括号内为稳健标准误。***、**、*分别代表 1%、5%、10% 的显著性水平。

Stata 为每一个变量提供了两组样本比较：匹配前的(unmatched)的样本比较；匹配后的样本比较，即 ATT。对于 q，匹配前的均值差异为 -0.5377 且显著，表明在匹配前，H＋A 公司(干预组)的 q 显著低于纯 A 公司(控制组)。匹配后，ATT 为 -0.1384 且显著，表明在匹配后，H＋A 公司的 q 仍然显著低于纯 A 公司。这很好地支持了 H1。对于 DIV，在匹配前，H＋A 公司显著更高；但在匹配后，ATT 变为负的，但不显著。我们还对净利润率(ROA)、经营现金流(OCF)和投资水平(INV)进行了比较，结果表明，在匹配前，H＋A 公司具有更高的 ROA、OCF 和 INF，但在匹配后，H＋A 公司的 ROA 显著更低，OCF 和 INF 仍然显著更高。

Panel B 为偏差修正匹配结果。结果表明，在匹配后，除了 OCF 之外，H＋A 公司具有显著更低的 q、DIV、和 ROA，以及显著更高的 INV，并且这些结果可以扩展到总体(即 PATT 显著)。H1 和 H2 均得到良好的支持。

表 5-5-9 的结果进一步印证了我们在提出 H2 时所采取的逻辑，即：H＋A 公司由于受到更多的政府干预而具有更大的投资扭曲与经营扭曲，并导致投资过度与净利润下降，最终导致股利水平更低。从表 5-5-9 来看，H＋A 公司的 ROA 在匹配前虽然更高，但匹配后则显著更低；H＋A 公司的 INV 则始终更高。根据匹配后的结果，H＋A 公司的 DIV 确实更低。此外，表 5-5-9 也纠正了表 5-5-2 和表 5-5-3 给我们的一些错觉，在那里，H＋A 公司具有更高的 DIV 和更高的 ROA，这与我们的推断不一致。但在匹配后，我们重新发现了与推断相一致的事实。

六、研究结论

尽管学者们对交叉上市的绑定假说进行了大量检验，但该假说是否适用于非美国国家或地区尚需进一步考察，其在解释交叉上市与公司股利政策的关系方面尚存在逻辑上的不一致。本节没有沿袭绑定假说的逻辑，而是基于中国 H＋A 交叉上市的历史背景，采用本书第三章提出的政府干预假说来推断 H＋A 交叉上市与增长机会和股利政策的关系，预测 H＋A 交叉上市公司由于更多的政府干预而具有更低的增长机会、更低的现金股利支付水平与支付意愿。接着，以 2007—2014 年的 A 股上市

表 5-5-9 倾向得分匹配与偏差修正匹配

		Panel A:倾向得分匹配				Panle B:偏差修正匹配		
	Sample	Treated	Controls	Difference	T-stat		Coef.	z
q	Unmatched	1.3305	1.8682	−0.5377***	(−8.71)	SATT	−0.1900***	(−5.22)
q	ATT	1.3305	1.4688	−0.1384***	(−2.76)	PATT	−0.1900***	(−4.44)
DIV	Unmatched	0.2265	0.1887	0.0378***	(2.93)	SATT	−0.0461***	(−3.8)
DIV	ATT	0.2257	0.2483	−0.0226	(−1.39)	PATT	−0.0461***	(−3.53)
ROA	Unmatched	0.0422	0.0360	0.0063**	(2)	SATT	−0.0166***	(−5.45)
ROA	ATT	0.0418	0.0527	−0.0109**	(−2.52)	PATT	−0.0166***	(−4.79)
OCF	Unmatched	0.0717	0.0495	0.0221***	(4.71)	SATT	0.0009	(0.19)
OCF	ATT	0.0710	0.0598	0.0111*	(1.69)	PATT	0.0009	(0.18)
INV	Unmatched	0.0824	0.0694	0.0130***	(3.25)	SATT	0.0117***	(2.9)
INV	ATT	0.0817	0.0728	0.0089*	(1.63)	PATT	0.0117***	(2.74)

注:q 和 DIV 的匹配协变量分别与模型(1)和模型(3)相同;ROA、OCF、INV 的匹配协变量为:公司规模(以销售收入对数 LNS 来度量)、上市年限(AGE)、财务杠杆(LEVER)、β 系数、实际控制人性质(CTR)、年度(YEAR)、行业(INDUS)。

公司为样本进行实证检验,最终获得共计 5 602 个非平衡面板数据,其中 H+A 公司共计 279 个观测值。研究结果完全支持本节的假设。在采用干预效应模型、双元 Probit 模型、倾向得分匹配与偏差修正匹配等方法控制了样本选择偏差与内生性之后,研究假设仍然得到良好的支持。

  本节结论具有较好的理论与实践意义。理论上,主流的绑定假说无法解释本文所发现的 H+A 公司的更低增长机会、更低现金股利支付水平与更低支付意愿,本节首次从政府干预的角度来解释交叉上市与股利政策的关系,为本领域研究提供了一个新的视角,并扩展了政府干预假说的适用性。实践上,H+A 公司大都属于中国各行各业的明星级别的国有控股公司,其中不乏处于垄断地位的超大型国有控股公司。这些公司的发展与成长在很大程度上依赖于国内投资者(同时也是消费者)的贡献。但是这些公司的更低的现金股利政策将导致中小投资者无法以股东的身份正常地分享公司的发展成果。如何保护这类公司的中小投资者的利益,仍然是这类公司的治理改革的重要课题。

第六章　公司治理、政府干预与制度变迁

　　本书在第四章中提出了政府干预假说,其实证研究支持了"交叉上市——→投资效率更低——→公司价值更低"这样的链条,第五章的实证研究则支持了"交叉上市——→融资效率更低"的链条。但对于关键环节的政府干预,本书尚未提供更多的检验。对于绑定假说所强调的公司治理,本书也言之甚少。本章试图弥补这一缺陷。第一节先从定性研究上分析公司治理与政府干预及其交互关系。第二节和第三节分别对 H+A 公司的治理水平和政府干预进行检验。第四节从制度与制度变迁的角度揭示为何 AH 公司没有获得公司治理的实质性提高。第五节对试点战略与顶层设计的关系进行分析。

第一节 公司治理与政府干预

一、公司治理

(一) 公司治理的定义

学者们在企业治理问题上存在着大量的概念之争[①]，鉴于模糊的概念不可能产生清晰的理论，因此先界定如下几点。

(1) 本书所谓的企业治理，是指为了解决由代理问题所引起的企业家(或高层管理者)和资本家(即外部投资者，包括股东和债权人)之间的利益冲突，而对企业家和资本家所施加的各种行为规定。这里有两点值得强调。第一，代理问题是企业治理的必要但不充分条件。这意味着，如果没有代理问题，例如，当企业家为无私的人时，那么不存在企业治理问题；但是，存在代理问题并非就意味着存在企业治理问题。第二，这种代理问题仅限于企业家和资本家之间。当企业家选择纯权益的个人独资企业时，企业的治理问题是不存在的；只有引进外部股东或债权人或同时引进股东和债权人的时候，企业家才会面临企业治理问题。尽管个人独资企业中可能存在企业家、管理者、工人之间的代理问题，但这种代理问题不属于企业治理范畴，而属于企业管理范畴。这便涉及下面的第(6)点：治理与管理之分。

(2) 区分企业治理与公司治理。企业形态包括个人独资制、合伙制和公司制，公司不过是企业形态的一种。由于企业治理涉及的是企业家与资本家之间的行为关系，而企业家与资本家的关系普遍存在于各种企业形态中，那么根据企业形态划分，企业治理相应地可以划分为独资企业治理、合伙企业治理与公司治理。这意味着，治理也应该适用于非公司形

[①] 对此，中国人民银行行长周小川在2005年7月13日举行的北京"中国改革高层论坛"上曾经严厉批判到：中国公司治理改革很可能是一个没有定义或定义不清的改革，目前的公司治理改革的基本概念尚需定义；我们固然不能使这项改革由于原则和指引方面的模糊性而最终令众人失望；但必须努力将一个无定义或定义不清的改革改变为一个有定义或定义基本清楚的改革。(人民网，2005年7月13日，记者徐辉。)

态,公司治理不过是公司形态的企业治理(Zingales,1998)。

(3) 区分企业治理与企业治理结构。企业治理是一个抽象概念,泛指任意时点上企业家和资本家之间的行为关系;而企业治理结构则属于具体概念,是在某一时点上企业家和资本家之间行为关系的具体表现。治理与治理结构的区分正如人体与人体结构、建筑与建筑结构之间的区别一样。在经验上,企业治理结构通常表现为处于企业内部的董事会结构,强调的是董事、兼事、高层管理者之间的不同活动分工。但通过对不同企业形态之间的比较分析,我们发现了企业治理结构的实质:对将纯权益融资条件下的个人独资企业的完整的企业家职能进行分割,再将不同的职能分别由股东和债权人来承担,由此所形成的职能分工格局,正是我们通常所说的企业治理结构。

(4) 区分企业治理结构与企业治理机制(governance mechanism)。我们的治理结构强调的是企业家活动的分解,或企业家职能的分工,从而强调的是企业家、股东和债权人各自承担的工作;而治理机制则泛指对企业家和资本家行为关系加以规定的所有契约或制度安排,强调的是对权利和义务的规定。对治理结构与治理机制的区分事实上基于如下逻辑要求,即:在进行权利和义务安排之前,必须首先知道对何种行为或活动赋予了权利和义务,对活动的分析要先于对权利和义务的分析。因此,有必要将活动和对活动的契约安排分离开来,由企业家和资本家所承担的不同活动所形成的职能分工格局,称为企业治理结构;对这些活动赋予各种权利/权力,是对企业治理结构的契约安排,称为企业治理机制。一般观点均直接将治理结构视为一种制度安排或契约安排,这不利于揭示决定企业制度安排的深层原因。例如,我们可以将制度安排追溯到决定制度背后的活动的因素,例如技术,从而形成"技术——→活动及其分工——→制度"的分析逻辑,而不是忽略活动作为中介环节的"技术——→制度"逻辑。

(5) 我区分企业治理与影响企业治理的因素。例如,流行文献将经理市场、控制权市场、法律、社会制度等都视为企业治理机制,并将这些称为外部治理,或外部治理机制,或外部治理结构。但这些并非企业治理问题,而是影响企业治理的因素。显然,影响治理的因素不等于治理本身,正如影响投融资的因素不等于投融资一样。因此,在本书的概念体系中,不存在内部治理和外部治理之分,也不存在狭义治理和广义治理之分,通常所谓的外部治理和广义治理概念其实源于对企业治理与影响企业治理的因素的混淆。

（6）区分企业管理与企业治理，相应地，区分企业管理结构与企业治理结构、企业管理制度与企业治理机制。企业治理源于企业家（高层管理者）和资本家（股东和债权人）之间的代理问题，而企业管理则源于企业家（高层管理者）、中低层管理者、工人之间的代理问题。例如，当企业家选择纯权益的个人独资企业时，企业治理问题是不存在的，但企业家、管理者、工人之间仍然存在代理问题，从而存在企业管理问题；当且仅当引进外部股东或债权人或同时引进股东和债权人的时候，企业家才会面临企业治理问题，但原来的企业家、管理者、工人的关系不应该因资本家的介入而成为治理问题，仍然属于管理问题。因此，本书坚持狭义的企业治理观点，而不同意将企业家、资本家、管理者、员工、顾客、供应商、政府等关系均视为治理问题的广义企业治理观点。同样，我们区分管理、管理结构与管理制度，这与治理、治理结构、治理机制的划分逻辑是一致的。我们在本章第五节中还将探讨管理制度与治理机制问题。

（7）企业治理结构与管理结构共同构成了组织结构。企业的组织结构由治理结构与管理结构构成，如图 6-1-1 所示。

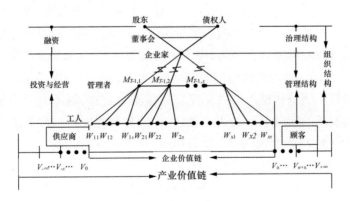

图 6-1-1　企业组织结构图

对该图的解释如下。在一个生产-交易经济中，整个产业的价值链表现为：$V_{-\infty},\cdots,V_{-x},\cdots,V_0,\cdots,V_n,\cdots,V_{n+x},\cdots,V_{+\infty}$。企业家截取其中的一部分作为企业的价值链 $V_0,\cdots,V_n$。为了完成该价值链，企业家将所有的基本活动、辅助活动、管理活动组织成管理结构，根据管理结构配置非人力资产与人力资产,从而形成了企业家、管理者和工人之间的企业内部关系。如果企业家需要外部融资,从而引进股东和债权人,那么企业治理问题将会产生。企业管理结构与治理结构一起构成了完整的企业组织结构。企业家作为中心签约人,在企业组织结构中表现为治理结构与管理结构的联结点:一端联结着股东和债权人,一端联结着管理者和工人,企业治理结构与管理结构是有边界的,至少在理论上是如此。这种边界意味着企业治理结构与管理结构的相对独立性,表现为如下四方面。

第一,治理结构与管理结构各司其职,二者在企业价值过程中具有不同的作用,并与投资、融资与经营活动相对应。企业价值的创造和实现有赖于投资和经营,并表现为管理结构以及附着于管理结构之上的非人力资产配置与人力资产配置。这点也与 Coase(1990)的思想一致:企业的绝大多数交易都发生在管理结构之中。但融资为价值的创造和实现提供联合投入,融资行为导致了治理结构。因此,投资和经营则与管理结构有关,而治理结构主要与企业融资行为有关,治理结构借助企业家行为来影响企业的投资和经营。

第二,企业家单边控制整个管理结构,投资者不应干预管理结构。原因如下。企业价值过程的实现体现为管理结构和资产配置,这有赖于很高的人力资产。但这种人力资产为企业家所专有,企业家垄断整个价值过程的关键知识,也只有由其控制管理结构和资产配置,才能有效地创造和实现他人所需要的价值并获得更高的企业剩余。相反,由于股东和债权人没有关于企业价值过程的足够知识,过多的干预只会导致各要素的不合理匹配,并容易导致多头领导、越级指挥等管理悖论。这点提示我们:如果说治理结构的权利安排可以奉行"三权分立"的话,那么管理结构的权利安排在某种程度上只能奉行集权原则:集权于企业家。

第三,股东和债权人单边控制治理结构,企业家不应控制治理结构。治理结构的最终目的,在于约束企业家的机会主义,保护股东和债权人的利益。股东和债权人只有控制治理结构,方可控制企业家的行为尤其是战略决策,达到间接干预管理结构和资产配置的目的。相反,如果企业家既控制了管理结构又控制了治理结构,其行为将缺乏足够的限制。

第四,从治理结构到管理结构,或者从管理结构到治理结构,中间隔着企业家这个极为关键的联结点或者传感器。如果企业家不受治理结构的制约,治理结构的安排未必影响到管理结构的安排。即便企业家受到治理结构的制约,如果企业家缺乏相应的人力资产,管理结构和资产配置的最优安排也难以实现。

(二) 双重"两权分离"

基于上述分析,本书想重新解释伯利和米恩斯的"两权分离",这对于公司治理尤为重要,因为正是"两权分离"导致了代理问题,而代理问题则导致了公司治理。在伯利和米恩斯那里,"两权分离"是指所有权与控制权的分离。但事实上,上面的组织结构图为"两权分离"提供了更丰富的内涵,"两权分离"至少包含如下三层分离,其中,分离 1 和分离 2 是所欲的且必须要相生相伴的,但分离 3 则是非所欲的。

分离 1:投资者财产权与公司法人财产权相分离。

这层分离事实上取决于公司是否作为独立法人。如果法律赋予公司以独立法人的地位,独立从事民事活动,并独立承担民事责任,那么公司就必须拥有自己的资产或财产。公司的初始资产源于公司融资,即投资者的出资。这样,独立原则必然要求:对于投资者的出资资产,投资者不能再主张财产权,转而由公司拥有法人财产权。这意味着投资者财产权与公司法人财产权相分离。[①] 也正由于这一点,大陆法才有公司法人人格否认制度,英美法才有揭开公司面纱制度。这里,之所以不说"投资者所有权",是因为所有权的客体仅限于实物资产;之所以也不说"私人财产权",是因为投资者未必是自然人,而可能是法人。

分离 2:治理控制权与管理控制权相分离。

尽管投资者对出资资产不再拥有财产权,但作为交易,权益投资者将获得另一种财产权:基于股东资格的股权和基于债权人资格的债权。如图 6-1-1 所示,股东、债权人与企业家将构成企业治理的"三权分立",股东和债权人对企业拥有治理控制权。但是,由于治理结构与管理结构的独立性,治理控制权与管理控制权是相分离的,否则,在管理上将存在多头领导、越级指挥等违反管理原则的现象,不利于企业家对企业价值过程的实施。

---

① 例如,我国《公司法》第三条规定:"公司是企业法人,有独立的法人财产,享有法人财产权。公司以其全部财产对公司的债务承担责任。"

或许有人以为股东凭借股权也参与了企业的经营管理,具有管理控制权,从而治理控制权与管理控制权是相结合的;尤其是大股东,他们一般是直接参与管理的。这是对管理控制权的误解。以我国新《公司法》为例,第四条规定"公司股东依法享有资产收益、参与重大决策和选择管理者等权利",第三十四条规定"股东有权查阅、复制公司章程、股东会会议记录、董事会会议决议、监事会会议决议和财务会计报告",这些都不属于管理层面而是属于治理层面上的权利。① 相反,《公司法》第五十条规定:经理对董事会负责,行使下列职权:① 主持公司的生产经营管理工作,组织实施董事会决议;② 组织实施公司年度经营计划和投资方案;③ 拟订公司内部管理机构设置方案;④ 拟订公司的基本管理制度;⑤ 制定公司的具体规章;⑥ 提请聘任或者解聘公司副经理、财务负责人;⑦ 决定聘任或者解聘除应由董事会决定聘任或者解聘以外的负责管理人员;⑧ 董事会授予的其他职权。这些权利比较完整地体现了管理控制权。显然,股东并不具有这些权利。

或以为债权人其实也拥有管理控制权,因为债权人将在企业家违约时控制企业。然而据我国《破产法》,当企业进入清算阶段时,企业已经停止经营,无所谓管理,债权人的治理控制权表现为清算权。

分离 3:股权与治理控制权相分离。

此时,股东的股权不但与管理控制权相分离,而且与治理控制权相分离,这正是伯利和米恩斯所关注的焦点。但是,伯利和米恩斯仅仅指出了当时美国公司的这种趋势,他们并未认为这种趋势是好的。相反,从理论上,我们并不希望看到这种分离,因为这将意味着企业家对治理结构和管理结构的同时控制,企业家的机会主义由于缺乏必要的约束而可能导致企业联合体的不稳定。从美国公司治理主导力量的演变历史可以看出,尽管在伯利和米恩斯时代,股权与治理控制权曾经出现分离,但随着机构投资者的出现,股权重新与治理控制权相结合。

(三) 公司治理的度量

要想对公司治理进行实证研究,前提是公司治理是可度量的。在第

---

① 至于在现实中,大股东可能直接参与管理,但这其实违反了管理原则,必然导致管理上的多头领导和混乱。

二章文献综述中,我们已经总结了公司治理的流行度量方法,可大致划分为局部度量与全局度量两类。

在研究的初期,学者们试图通过选择某个变量作为公司治理的度量。例如,Claessens(1997)通过所有权结构来度量公司治理,并得出公司治理水平与股票价格正相关的结论。局部度量的缺陷是明显的:单个变量难以反映公司治理的全貌。即便在研究中采用多个变量来进行稳健性检验,也仍然难以摆脱信息量过少、缺乏代表性的缺陷。

为了克服局部度量法的缺陷,Gompers, Ishii and Metrick(2003)基于美国投资者责任研究中心(investor responsibility research center,IRRC)提出的24项治理准则来构建全面反映公司治理水平的 G 指数的做法则开创了另一种思路,即公司治理的全局度量,并引发了不少学者的跟进,例如,Bauer, Guenster and Otten(2003)所采用的 Deminor 公司治理评级从股东权益与义务、反接管范围、治理披露、董事会结构与功能四个方面对公司治理质量进行评级、Drobetz, Schillhofer and Zimmermann(2004)从治理承诺、股东权利、透明度、管理与监事董事事项、审计五个方面构建公司治理评级,Bebchuk, Cohen and Ferrell(2009)基于 IRRC 的24项治理准则,从董事会错位、股东次级法修正限制、毒丸政策、金降落伞、对并购和章程修改的绝对多数要求等六个方面构造了反映管理层沟壑效应的 E 指数(entrenchment index)。

尽管全局度量引起了众多学者的兴趣,但这种方法存在诸多缺陷。首先,公司的治理机制并没有绝对的优劣之分,试图通过治理指数来评价各个公司的治理水平则忽视了治理机制与各个公司具体情况的匹配关系,或者说忽略了公司治理机制的内生决定性;其次,治理指数的分指标之间可能存在替代和互补关系,但治理指数忽视了具体机制之间的相互作用;最后,全局度量无法区分治理指数中各个分指标的贡献,从而无法有针对性地对具体的治理机制进行改进。

正如前文在公司治理的定义中所指出的那样,公司治理本身属于一种宽泛的概念,这个概念的提出有助于我们将研究重心从 Coase(1937)所强调的以企业家为主的管理结构转移到 Jensen and Meckling(1976)所强调的以投资者为主的治理结构,有助于我们关注具体的治理机制,或者更详细地说,关于股东、债权人、企业家之间的权利、义务、权力、责任安排。但如此宽泛的概念不利于对其的直接度量。

与此类似的是企业管理,这也是一个宽泛的概念,也不利于直接度量,所以直接实证检验管理水平的作用的研究很少。例外的是 Chemmanur and Paeglis(2005),他们试图实证检验企业管理质量(management quality)与 IPO 的各方面及 IPO 后业绩的关系,发现具有更高管理质量的公司的 IPO 将具有更低的抑价、更高的股票长期收益率、更大的 IPO 发行规模和更强的 IPO 后经营业绩(operating performance)。其中管理质量的度量也属于一种全局度量法,包括管理者的年龄、任期、以往工作经历、教育水平、是否董事成员。最后通过公因子分析法(common factor analysis)将管理质量的各个指标综合成一个指标。这种做法与公司治理的全局度量存在同样的缺陷。

相对而言,局部度量法比全局度量法的缺陷要小一些,而且不管能否度量公司治理的实质,至少单个变量的含义是明确的,例如,所有权结构,我们可以确切地知道这代表什么,从而在实践与操作意义上知道该怎么做。对企业管理的研究也是这样。总之,在公司治理的度量上,我们更倾向于以单个变量来研究,同时,该变量并不代表公司治理的全部,而仅仅代表它自身。这种倾向将延续到下面的政府干预及其度量。

二、政府干预

(一) 强制性制度变迁与政府干预

政府干预的引进,源于我们在对中国交叉上市的历史资料进行分析时,发现中国最初的交叉上市源于中国的经济改革与国企改革,而这种改革是林毅夫(Lin,1989)曾经指出的政府干预下的强制性制度变迁。按照林毅夫的解释,制度安排是公共品,如果新的制度安排仅仅源于诱致性创新,则制度的供给将低于最优水平。弥补的方法则是国家或政府干预,以此带来强制性制度变迁。中国从计划经济向市场经济的转型过程,以及在这个过程中实行的经济改革与国有企业改革,属于一种政府干预下的强制性制度变迁,这点已经为学术界与实践界所接受,无须赘述。

政府对国有企业的干预有着悠久的历史。国有企业作为执政基础的观点,是共产党的一贯主张。例如,2000年6月20日时任党中央总书记的江泽民在《巩固和加强社会主义的经济基础》中曾经谈到:"新中国成立以来不断发展壮大的国有经济,是我们社会主义国家政权的重要基础。""没有国有经济为核心的公有制经济,就没有社会主义的经济基础,也就没有我们共产党的执政以及整个社会主义上层建筑的经济基础和强大物质手段。""要保证国有经济控制国民经济命脉、对经济发展起主导作用,就是要不断巩固和加强我们党执政和我们社会主义国家政权的经济基础。"

由于这样的一个传统,试图砍掉政府这只"看得见的手"在中国的情境下是不太现实的。但在过去,解决政府对国有企业的干预的一个常见主张是政企分开,认为政府不要管国有企业的事。这是一个缺乏逻辑性的主张。因为,只要是国有企业,我们就不能忽略这样一个事实:政府是股东,且往往是大股东。既然是股东,就不能禁止其行使股东的权利。而政企分开则大有禁止政府参与任何国有企业的活动之意,这显然是无视政府作为股东的事实,从而也从未在实践中得到政府的承认:政府对国有企业的控制从未放松。

有意义的问题不是政府是否干预国有企业,而是政府干预的途径都有哪些,以及如何改善这种干预。结合上文给出的企业组织结构图及其与企业投资、融资、经营三类活动的关系,识别出如下干预途径。

第一,对投资行为的干预。① 人为地设定投资行业准入门槛,根据非市场准则在国有企业之间分配项目,人为规定项目的投资规模、投资时机等,这种干预将导致公司投资的净现值最大化准则遭到破坏,导致投资扭曲的发生。典型的形式是对最优投资水平的偏离,并往往产生投资过度或者投资不足。② 对管理结构的介入。管理结构作为投资行为的展开,该设置哪些部门,是否设置多事业部或分公司,可能都会受到政府的干涉。

第二,对融资行为的干预。① 对融资渠道、融资规模、融资时机等的干预。例如,根据第三章的制度背景,交叉上市决策属于政府对国有企业的融资决策的干预,交叉上市未必是企业的市场需求,但政府出于政治、社会、经济等目的,强制要求一些国有企业从H股市场返回A股市场。又例如,早期的A股市场存在明显的国有企业融资偏好,而民营企业的权益发行则要相对困难得多,这些也源于政府对国有企业融资行为的干预。② 对治理结构的干预。治理结构作为融资行为的展开,其设计也受到作为国有企业大股东的政府的强烈影响。事实上,在国资委于 2003 年成立后,国有企业尤其是央企的公司治理改革一直是由国资委来主导的。

第三,对经营行为的干预。① 企业家的任命。从治理结构到管理结构,或者从管理结构到治理结构,中间隔着企业家这个极为关键的联结点或者传感器。如果企业家不受治理结构的制约,治理结构的安排未必会影响到管理结构的安排。即便企业家受到治理结构的制约,如果企业家缺乏相应的人力资产,管理结构和资产配置的最优安排也难以实现。在实践中,企业家的现实身份可能是董事长或 CEO,或者两职兼任。而国有企业的董事长与 CEO 则完全由政府任命。政府通过对国有企业董事长以及 CEO 的直接任命,控制了国有企业的各个方面。② 对管理结构的干预。与投资行为一样,经营行为也需要依附于管理结构,政府对国有企业的管理结构也会实施干预。③ 内部要素配置的干预。政府甚至可能凭借其对国有企业资产的所有权,直接干预公司的内部资本配置决策。不仅如此,公司内部的劳动配置也会受到政府的干预,典型的两个相反的例子是增加就业与下岗分流。这些都导致要素投入的配置更加失当。

(二) 政府干预的度量

与公司治理一样,政府干预要想获得经验上的检验,必须克服度量难题。而针对上述政府干预的途径,可以采用如下度量方法。

首先,是投资的角度。① 投资水平-增长机会敏感性。政府干预越严重,企业的投资水平越无法反映真实的增长机会,从而投资对增长机会的敏感性越低。② 投资过度/投资不足。政府干预越严重,企业的投资水平对最优水平的偏离程度越大,投资过度或者投资不足的概率就会越大。③ 投资效率。政府干预越严重,投入产出的比率越低,从而投资效率越低。④ 投资回报率。政府干预越严重,投资回报率越低。

其次,是融资的角度。政府干预可能使得企业在融资方面更为便利,投资的融资约束将下降,则意味着投资-现金流敏感性更低。

最后,是经营的角度。① 高管薪酬-业绩敏感性。同样,在政府任命高管的情况下,国企人力资本的配置可能不符合工作能力与工作岗位的最优匹配,尤其是高管人员的配置失当,高管不能给公司带来足够的业绩,但仍可获得丰厚的薪酬,甚至在公司业绩不佳时仍然可以保住当前职位,导致高管薪酬-业绩敏感性下降。② 高管变更-业绩敏感性。在政府对国企高管拥有任命权的情况下,高管变更与业绩的关系将更差。

第四是从全局的角度,政府干预越严重的企业,其公司价值将更低。与民营企业相比,国有企业受到更多的政府干预,因此国有企业-价值相关性将表现为负。

第五是其他度量,例如,政治关联、冗员率等。

三、公司治理与政府干预的交互关系

根据公司治理与政府干预的度量指标,可以看到公司治理与政府干预之间并没有清晰的分界线。在实证上,我们可以将政府干预的那些"坏"证据全部视为公司治理的反面证据,因为它们表明:一个具有良好治理水平的公司,不应该表现出这些"坏"特征。例如,Lel and Miller(2008)就是这样思考的:如果绑定假说真的成立,那么交叉上市公司的治理应该更好,从而对业绩表现不佳的 CEO 的更替应该更为有效,这在实证上将表现出更高的高管变更-业绩敏感性。他们的实证结果发现,交叉上市公司的高管变更-业绩敏感性确实更高,从而认为绑定假说是成立的。

本文的逻辑与 Lel and Miller(2008)的相似,即:如果政府干预假说成立,那么将会表现出某种特征。但是这些特征并不能作为政府干预的直接证据,而只是间接证据。这点缺陷与绑定假说的缺陷类似。

在这个意义上,公司治理与政府干预的作用是相互交杂的。如果政府干预得过多,那么公司治理将遭到实质性破坏。例如,一个公司的治理结构不管如何健全,如果 CEO 是政府任命的,那么 CEO 变更与业绩的关系将不会那么敏感。因此,如果能证明政府干预过多,那么公司治理将注定受到政府干预的影响,在此情况下,试图分清二者的绝对作用是困难的。但如果观察到那些与良好的公司治理的行为预期不一致的行为,那么我们基本上可以推断:必然存在其他的力量破坏了公司治理的有效性。而这种力量,根据第三章的制度背景和第四章的政府干预假说,主要表现为政府干预。这也是根据历史事实所能辨析出的力量。

第二节　H＋A 公司的治理水平

公司治理的度量一直是个难题,无论是单变量度量法,还是多变量度量法,都有缺陷。为此,本书不考察哪种度量更加有效,而是遵循如下思路:如果 H＋A 公司的治理获得了实质性提高,那么当以投资效率或公司价值作为因变量对治理变量与 CL 进行回归时,治理变量与 CL 的交互项系数应该为正。而在公司治理变量的选择上,我得首先保证 H＋A 公司的治理变量具有显著更高的水平,然后再看这些变量的交互项系数。

一、研究设计

(一) 模型与变量

回归模型如下设置:

$$Y_{it} = \alpha_0 + \alpha_1 CL_{it} + \alpha_2 CG_{it} + \alpha_3 CL_{it} \times CG_{it} + \alpha_4 X_{it} + \varepsilon_{it} \quad (6\text{-}2\text{-}1)$$

其中,Y 为投资效率或公司价值,CL 为交叉上司变量,CG 为公司治理变量,X 为控制变量,包括:① 销售规模(LNSALE),等于营业收入的对数。② 增长机会(GSALE),等于公司本年营业收入减上年营业收入的差除以上年营业收入。③ 财务杠杆(DEBT),等于负债除以总资产。④ 上市时间(LISTP),等于公司上市年限。此外还包括年度与行业虚拟变量。

关于公司治理变量,与第四章的投资效率分析相对应,选择了两组变量。一组变量与参数化的投资效率相对应,包括:独立董事比例(INDDIR),等于独立董事人数占董事会全体人数的比例;股权集中度(TOP1),等于第一大股东持股比例;股权制衡度(BALAN5),等于第二至第五大股东的持股比例之和除以第一大股东持股比例;年度股东大会出席股份百分比(ATTENDY)。

另一组变量与非参数化的投资效率相对应,包括:独立董事比例(INDDIR),等于独立董事人数占董事会全体人数的比例;股权集中度

(TOP1),等于第一大股东持股比例;两权分离度(SEP),等于公司实际控制人的控制权减去现金流权;两职兼任(DUAL),如果董事长与CEO为同一人,则DUAL=1,否则DUAL=0。其中,两权分离度和两职兼任是对年度股东大会出席率和股权制衡度的改进,因为第一组的后面三个指标的相关性较大。而第二组的指标之间的独立性更强从而能够提供更丰富的信息。

(二)数据及其处理

本节需要将公司治理变量与第四章的投资效率相结合,因此其数据也分别与第四章第三节和第四节相一致。

二、实证结果与分析Ⅰ:基于参数化投资效率

首先,将公司治理变量与基于参数化方法的投资效率以及公司价值相结合,看看公司治理变量是否提升了投资效率和公司价值。此时用到的公司治理变量为第一组变量:独立董事比例(INDDIR);股权集中度(TOP1);股权制衡度(BALAN5);年度股东大会出席股份百分比(ATTENDY)。

(一)描述性统计

表6-2-1为上述公司治理变量的均值t检验的结果。

表6-2-1 公司治理变量的均值t检验

	均值		均值之差
	CL=1	CL=0	
INDDIR	0.3690	0.3592	0.0098***
TOP1	0.4533	0.4112	0.0422***
BALAN5	0.8225	0.3505	0.4720***
ATTENDY	0.6338	0.4959	0.1379***

注:*** 代表1%的显著性水平,** 代表5%的显著性水平,* 代表10%的显著性水平。下同。

表6-2-2为这些变量的相关系数矩阵。可以看到TOP1和BALAN5之间、TOP1和ATTENDY之间的相关系数较高,虽然没有高于共线性所要求的80%,但仍然将单个变量逐个放进回归方程。

表 6-2-2　相关系数矩阵

	INDDIR	TOP1	BALAN5	ATTENDY
INDDIR	1			
TOP1	−0.0025	1		
BALAN5	0.0459**	−0.5795***	1	
ATTENDY	−0.0048	0.6915***	0.0019	1

（二）回归结果与分析

表 6-2-3 为上述四个变量与投资效率的回归结果。这里仅考虑 TFP。从主效应回归来看,四个变量中只有 TOP1 和 ATTENDY 的系数显著为正,CL 的系数均显著为负。而从交互效应回归来看,只有 CL * BALAN5 的系数显著为正。但由于 BALAN5 的主效应不显著,我们无法根据交叉项进行判断。

其他三个变量的交叉项的系数均显著为负。INDDIR 由于主效应不显著我们不考虑,但对于 TOP1 和 ATTENDY,尽管平均而言,这两个变量能够带来效率的提升,但 H+A 公司并没有因为更高的 TOP1 和 ATTENDY 而获得更大的效率提升,反而由此而弱于纯 A 公司。

虽然上述四个变量不能完全代表公司治理的水平,但却为我们在正文制度背景中提到的一个疑问提供了一些证据,即,H+A 公司的治理是否因为在香港上市而获得实质性提高是不确定的。尽管从单个指标(如上述四个变量)来看,H+A 公司可能表现较好,但公司治理并非单个变量的简单相加,这些单个变量也未能给 H+A 公司带来效率提升。

三、实证结果与分析 Ⅱ：基于非参数化投资效率

其次,将公司治理变量与非参数化投资效率以及公司价值相结合。这部分内容需结合第四章第三节的内容。第二组公司治理变量包括:独立董事比例(INDDIR);股权集中度(TOP1);两权分离度(SEP);两职兼任(DUAL)。如果绑定假说成立,那么 H+A 公司的治理应获得实质性提高,其治理变量与 CL 的交互项系数应该表现出某种正向关系。

（一）描述性统计

如表 6-2-4 所示,从公司治理变量的均值 t 检验来看,H+A 公司具

表 6-2-3 公司治理与资本配置效率（TFP）

	主效应回归				交互效应回归			
	(1)	(2)	(3)	(4)	(5)	(6)	(7)	(8)
INTERCEPT	0.1645	0.2823	0.4563	0.2314	0.1967	0.2460	0.3688	0.2323
	(0.29)	(0.52)	(0.79)	(0.41)	(0.67)	(0.81)	(1.23)	(0.79)
CL	—0.6377***	—0.6088***	—0.6303***	—0.6104***	—0.8558***	0.0411	0.3302	0.1659
	(—3.69)	(—3.36)	(—3.42)	(—3.35)	(—7.26)	(0.12)	(1.55)	(0.75)
BALAN5	0.0758				0.0456			
	(1.15)				(1.24)			
INDDIR		—0.1677				0.0345		
		(—0.39)				(0.12)		
ATTENDY			0.7497***				0.9078***	
			(4.25)				(8.41)	
TOP1				0.4483**				0.5261***
				(2.25)				(5.14)
CL * BALAN5					0.3112***			
					(2.68)			
CL * INDDIR						—1.7586**		
						(—2.02)		
CL * ATTENDY							—1.5142***	
							(—5.01)	

(续表)

	主效应回归				交互效应回归			
	(1)	(2)	(3)	(4)	(5)	(6)	(7)	(8)
CL*TOP1								−1.6362***
								(−3.84)
LNSALE	0.1383***	0.1246***	0.1036***	0.1242***	0.1373***	0.1224***	0.1040***	0.1232***
	(5.28)	(4.88)	(3.87)	(4.92)	(10.52)	(9.14)	(7.49)	(9.25)
GSALE	0.1598***	0.1540***	0.1597***	0.1546***	0.1609***	0.1535***	0.1552***	0.1541***
	(4.19)	(3.91)	(4.05)	(3.93)	(4.52)	(4.32)	(4.4)	(4.35)
DEBT	−1.3527***	−1.2972***	−1.2720***	−1.2976***	−1.3479***	−1.2951***	−1.2688***	−1.2925***
	(−7.87)	(−7.92)	(−7.4)	(−7.91)	(−17.23)	(−16.41)	(−15.67)	(−16.46)
LISTP	−0.0075	−0.0060	−0.0021	−0.0061	−0.0071*	−0.0059	−0.0009	−0.0045
	(−0.94)	(−0.76)	(−0.26)	(−0.77)	(−1.72)	(−1.41)	(−0.2)	(−1.09)
INDUS	YES	YES	YES	YES	YES	YES	YES	YES
YEAR	YES	YES	YES	YES	YES	YES	YES	YES
Wald χ^2	4552.14***	4619.74***	3393.84***	4553.60***	2463.61***	2481.04***	2378.44***	2512.01***
Wald test	7.46***	8.00***	8.01***	8.01***				
LR test					11.77***	16.60***	11.37***	12.02***
N	2070	2070	2070	2070	2070	2070	2070	2070

有更高的独立董事比例、更大的股权集中度、更少的两职兼任、更低的两权分离度,这似乎意味着一种较好的公司治理。接着,基于式(4-3-3)和(4-3-5)来考察这些变量与投资效率和公司价值的关系。

表 6-2-4 公司治理变量的均值 t 检验

	CL＝0	CL＝1	均值之差
独立董事比例(INDDIR)	0.3658	0.3738	0.0080**
股权集中度(TOP1)	0.3485	0.4388	0.0903***
两职兼任(DUAL)	0.1354	0.0707	−0.0647***
两权分离度(SEP)	0.0627	0.0417	−0.0210***

(二) 回归结果与分析

我们选择全要素生产率变动(TFPCH)作为投资效率的代表,因为该指标的前文检验较为符合预期。接着,以式(4-3-3)为基础,逐个加入公司治理变量,通过主效应回归来考察这些变量与 TFPCH 的关系。然后,在主效应回归基础上,加入这些变量与 CL 的交互项,考察对于 H＋A 公司而言,这些变量与 TFPCH 的关系是否有所不同。回归模型为干预效应模型并采用极大似然估计法。结果如表 6-2-5 所示。主效应回归表明,四个变量全部没有显著作用。交互效应回归表明,只有 TOP1 和 DUAL 的交互项显著为正,其他两项则不显著。由于主效应不显著,我们无法根据交互效应进行推断。因此,H＋A 公司虽然具有表面上的治理优势,但这些优势对投资效率没有提升作用。

我们采用类似的方法来考察公司治理与市场价值,将式(4-3-5)中的 IE 替换为公司治理变量,然后运行干预效应回归。结果如表 6-2-6 所示。主效应回归表明,TOP1 和 SEP 的系数显著为负,表明股权集中以及两权分离度大都不利于价值提升;DUAL 系数显著为正,表明两职兼任反而有利于价值的提升;独立董事比例 INDDIR 的系数不显著。但交互效应回归显示,四个交互项没有一个显著,这表明 H＋A 交叉上市对公司治理变量与价值的关系没有显著影响,H＋A 公司的表面更优的治理变量并不能提升价值。

表 6-2-5 全要素生产率变动(TFPCH)与公司治理变量的关系

	主效应回归					交互效应回归		
	(1)	(2)	(3)	(4)	(5)	(6)	(7)	(8)
CONSTANT	0.8437***	0.8554***	0.8554***	0.8676***	0.8436***	0.8562***	0.8562***	0.8677***
	(0.0407)	(0.0397)	(0.0402)	(0.0409)	(0.0407)	(0.0398)	(0.0402)	(0.0409)
CL	−0.1058***	−0.1057***	−0.1054***	−0.1024***	−0.1013***	−0.1504***	−0.1072***	−0.1038***
	(0.0099)	(0.0098)	(0.0099)	(0.0100)	(0.0289)	(0.0227)	(0.0100)	(0.0103)
INDDIR	0.0301				0.0306			
	(0.0243)				(0.0251)			
TOP1		0.0115				0.0101		
		(0.0104)				(0.0106)		
DUAL			0.0004				−0.0002	
			(0.0043)				(0.0044)	
SEP				0.0003				−0.0007
				(0.0137)				(0.0139)
CL * INDDIR					−0.0123			
					(0.0723)			
CL * TOP1						0.0991**		
						(0.0447)		
CL * DUAL							0.0275*	
							(0.0142)	

(续表)

	主效应回归				交互效应回归			
	(1)	(2)	(3)	(4)	(5)	(6)	(7)	(8)
CL*SEP								0.0349
								(0.0754)
LNSALE	0.0050***	0.0046***	0.0050***	0.0045***	0.0050***	0.0046***	0.0050***	0.0045***
	(0.0016)	(0.0016)	(0.0016)	(0.0016)	(0.0016)	(0.0016)	(0.0016)	(0.0016)
LNAGE2	0.0280***	0.0292***	0.0280***	0.0264***	0.0280***	0.0291***	0.0279***	0.0263***
	(0.0063)	(0.0067)	(0.0063)	(0.0065)	(0.0063)	(0.0067)	(0.0063)	(0.0065)
LEVER	0.0022	0.0022	0.0019	0.0063	0.0022	0.0022	0.0021	0.0063
	(0.0105)	(0.0105)	(0.0105)	(0.0108)	(0.0105)	(0.0105)	(0.0105)	(0.0108)
BETA	−0.0605***	−0.0604***	−0.0606***	−0.0590***	−0.0605***	−0.0603***	−0.0606***	−0.0589***
	(0.0078)	(0.0078)	(0.0078)	(0.0080)	(0.0078)	(0.0078)	(0.0078)	(0.0080)
YEAR and INDUSTRY	YES	YES	YES	YES	YES	YES	YES	YES
wald χ^2	387.65***	392.92***	389.14***	369.37***	388.86***	398.35***	388.96***	370.36***
wald test: $\rho=0$	76.85***	78.86***	77.33***	76.17***	76.81***	81.10***	76.11***	76.09***
N	8739	8752	8752	8361	8739	8752	8752	8361

表 6-2-6 市场价值与公司治理变量的关系

	主效应回归				交互效应回归			
	(1)	(2)	(3)	(4)	(5)	(6)	(7)	(8)
CONSTANT	5.3410***	5.5901***	5.3427***	5.5967***	5.3380***	5.6032***	5.3384***	5.5970***
	(0.4925)	(0.4888)	(0.4878)	(0.5111)	(0.4927)	(0.4880)	(0.4881)	(0.5111)
CL	−0.9393***	−0.8591***	−0.9317***	−0.9374***	−0.7713**	−1.2558***	−0.9173***	−0.9146***
	(0.1267)	(0.1219)	(0.1265)	(0.1300)	(0.3235)	(0.3995)	(0.1251)	(0.1431)
INDDIR	0.2993				0.3162			
	(0.2544)				(0.2622)			
TOP1		−1.1250***				−1.1390***		
		(0.1554)				(0.1573)		
DUAL			0.1835**				0.1875**	
			(0.0731)				(0.0742)	
SEP				−0.5924***				−0.5771**
				(0.2252)				(0.2296)
CL * INDDIR					−0.4512			
					(0.8270)			
CL * TOP1						0.8897		
						(0.7025)		
CL * DUAL							−0.2073	
							(0.2331)	

(续表)

	主效应回归				交互效应回归			
	(1)	(2)	(3)	(4)	(5)	(6)	(7)	(8)
CL * SEP								−0.5320
								(1.0666)
LNSHARE	−0.1504***	−0.1369***	−0.1470***	−0.1556***	−0.1506***	−0.1372***	−0.1469***	−0.1557***
	(0.0277)	(0.0268)	(0.0273)	(0.0283)	(0.0277)	(0.0268)	(0.0273)	(0.0283)
LNAGE1	0.2081***	0.1838***	0.2136***	0.1946***	0.2081***	0.1815***	0.2147***	0.1954***
	(0.0521)	(0.0511)	(0.0520)	(0.0528)	(0.0520)	(0.0514)	(0.0519)	(0.0527)
LEVER	−0.9490***	−0.9130***	−0.9451***	−0.9021***	−0.9490***	−0.9122***	−0.9465***	−0.9026***
	(0.1836)	(0.1794)	(0.1830)	(0.1910)	(0.1836)	(0.1795)	(0.1830)	(0.1910)
ROA	0.3928	0.7171	0.3968	0.5975	0.3921	0.7244	0.3969	0.5976
	(0.7491)	(0.7390)	(0.7500)	(0.8266)	(0.7492)	(0.7396)	(0.7500)	(0.8266)
BETA	−0.9142***	−0.9034***	−0.9070***	−0.9100***	−0.9137***	−0.9021***	−0.9068***	−0.9110***
	(0.0951)	(0.0932)	(0.0953)	(0.0966)	(0.0950)	(0.0931)	(0.0953)	(0.0966)
YEAR and IN-DUSTRY	YES	YES	YES	YES	YES	YES	YES	YES
Wald χ^2	2 330.25***	2 331.57***	2 349.47***	2 241.10***	2 333.37***	2 333.49***	2 350.70***	2 241.93***
Wald test: $\rho=0$	92.99***	86.55***	92.46***	87.52***	92.10***	82.18***	92.17***	86.98***
N	9 833	9 846	9 846	9 401	9 833	9 846	9 846	9 401

第三节 H＋A 公司的政府干预

第二节的结果表明 H＋A 公司虽然表面上具有更好的治理变量,但这种表面上的治理优势并没有带来投资效率和公司价值的提高,从而表明 H＋A 公司并没有获得公司治理的实质性改善。但是这些结果与第四章所提出的政府干预假说相一致:由于政府干预,导致公司治理虽然表面上有优势,但实质上没有改善。

本节将进一步提供证据,以表明 H＋A 公司的政府干预程度更高,这包括:高管薪酬-业绩敏感性、高管变更-业绩敏感性、国有企业-价值负相关性。本节对政治关联和冗员率进行了探讨,但没有发现显著的结果。事实上,第四章中关于投资水平-增长机会敏感性、过度投资、投资效率乃至投资回报率的证据,也可以视为是政府干预的间接证据:政府干预越强,企业越可能无视企业的真实增长机会而盲目投资,并导致过度投资、更低的投资效率和更差的投资回报率。但是因为这些指标已经在第四章中加以探讨,因此这一节不再讨论。

一、高管薪酬-业绩敏感性

(一)来自 2007—2011 年的证据

政府干预也会导致国企高管薪酬与业绩不再敏感,因为企业业绩不再灵敏地反映国企高管的能力。干预越严重,高管薪酬-业绩敏感性越低。为检验这点,首先,采用与第四章第二节相同的数据,即 2007—2011 年的数据进行检验。借鉴 Ke et al. (2012)的方法,设计如下模型来度量交叉上市与薪酬-业绩敏感性:

$$\ln(\text{PayEx3}_{it}) = \beta_0 + \beta_1 \text{ROA}_{i,t} + \beta_2 \text{CL}_{i,t} + \beta_3 \text{ROA}_{i,t} \times \text{CL}_{i,t}$$
$$+ \beta_4 \text{LNSALE}_{i,t} + \beta_5 \text{GSALE} + \beta_6 \text{DEBT}$$
$$+ \beta_7 \text{TOP1} + \beta_8 \text{AGE} + \text{Year} + \text{Indus} + \varepsilon_{i,t}$$

(6-3-1)

其中 PayEx3 为公司前三高管薪酬之和。

干预效应模型的两步法估计结果如表 6-3-1 所示。结果显示,交叉项系数为负,这将降低薪酬-业绩敏感性,意味着 H＋A 公司具有更低的高管薪酬-业绩敏感性。这个敏感性同样可以证明政策性负担和政策性优惠。由于政府无法区分经营性亏损与政策性亏损,因此即便公司业绩不佳,也无法将这一责任归咎于高管,因此无法对高管进行降薪。即便公司业绩良好,政府也可以认为这是政府政策性优惠所带来的,而非高管的能力所赐,因此也无法加薪。

表 6-3-1　交叉上市与薪酬-业绩敏感性

被解释变量	第一步:Probit 模型	第二步:回归模型	
	CL	Ln(PayEx3)	
		主效应回归	交互效应回归
Intercept	−13.2724***	9.1198***	9.1400***
	(−15.79)	(25.13)	(25.16)
ROA	−1.5026*	3.2687***	3.2846***
	(−1.77)	(13.61)	(13.45)
CL		0.5020***	0.5513***
		(2.93)	(3.17)
CL * ROA			−1.0859*
			(−1.67)
LNA	0.5054***		
	(13.08)		
LNSALE		0.1943***	0.1964***
		(11.24)	(11.36)
GSALE		−0.0578*	−0.0682**
		(−1.69)	(−2.01)
DEBT	−0.7843***	0.0060	−0.0040
	(−2.69)	(0.07)	(−0.04)
TOP1		−0.5629***	−0.5722***
		(−5.96)	(−6.04)
LISTP		0.0133***	0.0143***
		(3.4)	(3.65)
INV	−1.4458***		
	(−2.99)		

(续表)

被解释变量	第一步:Probit 模型	第二步:回归模型	
	CL	Ln(PayEx3)	
		主效应回归	交互效应回归
MKINDEX	0.1098***		
	(4.12)		
HERFINDAHL	−0.7315		
	(−1.12)		
INDUS		YES	YES
YEAR		YES	YES
Λ		−0.2084**	−0.2072**
LR χ^2	250.86***		
Pseudo R^2	0.223		
Wald χ^2		1 345.98***	1 337.99***
N	2 060	2 060	2 060

当采用薪酬年度变化百分比(dPayEx3)为因变量时,如表 6-3-2 所示,我们根据干预效应模型没有发现 CL 与薪酬-业绩敏感性的关系。但当采用混合 OLS 并进行 Driscoll-Kraay 标准差调整时,我们仍然得到类似的结论:H+A 公司具有更低的薪酬-业绩敏感性。

表 6-3-2　交叉上市与薪酬变化-业绩敏感性

	(1)	(2)	(3)
INTERCEPT	0.5471***	0.4903**	0.4944**
	(3.63)	(2.47)	(2.43)
ROA	0.6007***	0.5854***	0.6098***
	(3.75)	(3.91)	(4.55)
CL		−0.0361	−0.0226
		(−1.09)	(−0.61)
CL * ROA			−0.2919**
			(−2.27)
LNSALE	−0.0243***	−0.0214**	−0.0216**
	(−3.6)	(−2.39)	(−2.36)
GSALE	0.1131***	0.1110***	0.1110***
	(8.79)	(7.83)	(7.85)

(续表)

	(1)	(2)	(3)
DEBT	0.0780**	0.0731**	0.0730**
	(2.12)	(1.97)	(1.97)
TOP1	0.0220	0.0201	0.0167
	(0.49)	(0.45)	(0.38)
LISTP	0.0007	0.0007	0.0007
	(0.41)	(0.41)	(0.4)
INDUS	YES	YES	YES
YEAR	YES	YES	YES
F	20.28***	20.28***	78.39***
R^2	0.0238	0.0238	0.0243
N	1 646	1 646	1 646

(二) 来自2007—2014年的证据

接着采用与第四章第三节相同的数据即 2007—2014 的数据进行检验。实证模型与上面的类似，如下：

$$\text{COMP}_{it} = \beta_0 + \beta_1 \text{CL}_{it} + \beta_2 P_{it} + \beta_3 \text{CL}_{it} \times P_{it} + \beta_4 X_{it} + \varepsilon_{it}$$

(6-3-2)

其中 COMP 代表公司薪酬，度量指标有两个：一个为公司前三高管薪酬之和的对数，记为 COMPEXE3；一个为前三董事薪酬之和的对数，记为 COMPDIR3。P 为公司业绩，包括资产回报率(ROA)和权益回报率(ROE)。X 为控制变量，包括：公司资产规模 LNASSET、增长机会(G，等于 Tobin's q)、财务杠杆(LEVER)、上市年限(LNAGE1)、行业(INDUS)和年度(YEAR)。

回归时采用混合 OLS 并进行 Driscoll-Kraay 标准差调整及控制高阶自相关。结果如表 6-3-3 所示，模型(1)—(4)表明，当被解释变量为 COMPEXE3 时，CL 和 ROA 的交互项系数为负但不显著，CL 和 ROE 的交互项系数显著为负，表明对于 H+A 公司而言，前三高管薪酬与权益回报率的正相关关系遭到削弱。模型(5)—(8)表明，当被解释变量为 COMPEXE3 时，CL 和 ROA 的交互项、CL 和 ROE 的交互项的系数均显著为负，表明对于 H+A 公司而言，前三董事薪酬与资产回报率及权益回报率的正相关关系下降。

表 6-3-3 交叉上市与薪酬-业绩敏感性

被解释变量	COMPEXE3				COMPDIR3			
	(1)	(2)	(3)	(4)	(5)	(6)	(7)	(8)
CONSTANT	7.0387***	7.0387***	6.9750***	6.9753***	7.3470***	7.3499***	7.2600***	7.2607***
	(0.0314)	(0.0312)	(0.0376)	(0.0372)	(0.0964)	(0.0971)	(0.1163)	(0.1151)
CL	0.0294	0.0303	0.0088	0.0229	0.0896*	0.1405***	0.0655	0.1095**
	(0.0538)	(0.0521)	(0.0544)	(0.0578)	(0.0502)	(0.0392)	(0.0510)	(0.0458)
ROA	3.4523***	3.4531***			3.8439***	3.8894***		
	(0.1053)	(0.0995)			(0.1253)	(0.1144)		
CL * ROA		−0.0268				−1.4030***		
		(0.2367)				(0.5092)		
ROE			1.3556***	1.3629***			1.4875***	1.5104***
			(0.0459)	(0.0432)			(0.0396)	(0.0385)
CL * ROE				−0.1842*				−0.5757***
				(0.1081)				(0.1844)
LNASSET	0.2700***	0.2700***	0.2797***	0.2796***	0.2582***	0.2580***	0.2697***	0.2697***
	(0.0015)	(0.0015)	(0.0024)	(0.0023)	(0.0039)	(0.0039)	(0.0048)	(0.0047)
G	0.0412***	0.0412***	0.0539***	0.0538***	0.0242***	0.0237***	0.0391***	0.0388***
	(0.0037)	(0.0037)	(0.0053)	(0.0052)	(0.0047)	(0.0047)	(0.0067)	(0.0066)
LEVER	−0.1138***	−0.1138***	−0.3371***	−0.3367***	−0.0237	−0.0233	−0.2733***	−0.2720***
	(0.0320)	(0.0319)	(0.0180)	(0.0180)	(0.0574)	(0.0570)	(0.0401)	(0.0396)
LNAGE1	−0.0318**	−0.0317**	−0.0450***	−0.0449***	−0.1316***	−0.1314***	−0.1470***	−0.1469***
	(0.0161)	(0.0161)	(0.0170)	(0.0169)	(0.0074)	(0.0071)	(0.0083)	(0.0079)
Year and Industry FE	YES	YES	YES	YES	YES	YES	YES	YES
Observations	9 573	9 573	9 573	9 573	9 350	9 350	9 350	9 350
R^2	0.4290	0.4290	0.4254	0.4254	0.3423	0.3425	0.3381	0.3383

二、高管变更-业绩敏感性

作为政府行政管理的延伸,国有企业的高层管理者(尤其是董事长和总经理)被纳入中国政府部门的管辖范围,其变更和任命均需政府的批准,这使得国有企业的高管变更与企业业绩之间的敏感性降低。如果 H+A 公司受到更多的政府干预,那么这种高管变更-业绩敏感性将会更低。借鉴 Lel and Miller(2008)的方法,我们设计如下模型来检验这一关系:

$$\text{logit}(CEOTO_{i,t}=1) = \beta_0 + \beta_1 P_{i,t-1} + \beta_2 CL_{i,t-1} + \beta_3 CL_{i,t-1} \times P_{i,t-1} + \beta_4 X_{i,t-1} + \varepsilon_{i,t} \quad (6\text{-}3\text{-}3)$$

其中,CEOTO 为高管变更虚拟变量,若 CEO 发生变更,则 CEOTO=1,否则为 0。P 代表业绩,分别用资产回报率 ROA 和权益回报率 ROE 来度量。X 为控制变量,包括 LNASSET、LEVER、LNAGE2、年度和行业虚拟变量。

结果如表 6-3-4 所示。模型(1)和(2)采用 ROA 为业绩指标,模型(1)为主效应回归,结果 ROA 的系数显著为负,表明业绩与 CEO 变更显著负相关,业绩差的企业更容易更换 CEO。模型(2)加入 CL 和 ROA 的交互项,其回归系数在 10% 的水平上显著为正,表明对于 H+A 公司而言,高管变更-业绩敏感性下降。模型(3)和(4)采用 ROE 为业绩指标,结果同样表明:H+A 公司具有更低的 CEO 变更-业绩敏感性。

表 6-3-4 交叉上市与高管变更-业绩敏感性

	(1)	(2)	(3)	(4)
CONSTANT	−3.8983***	−3.8796***	−4.0084***	−4.0028***
	(0.8906)	(0.8925)	(0.8950)	(0.8967)
CL	0.0371	−0.1946	0.0434	−0.1348
	(0.1961)	(0.2459)	(0.1961)	(0.2320)
ROA	−2.8176***	−3.0092***		
	(0.7102)	(0.7209)		
CL * ROA		5.9798*		
		(3.3778)		

(续表)

	(1)	(2)	(3)	(4)
ROE			−1.2008***	−1.2987***
			(0.2891)	(0.2948)
CL * ROE				2.2583*
				(1.3499)
LNASSET$_{t-1}$	−0.0456	−0.0461	−0.0462	−0.0459
	(0.0339)	(0.0341)	(0.0339)	(0.0340)
LEVER$_{t-1}$	0.0872	0.0855	0.2629	0.2536
	(0.2086)	(0.2088)	(0.1974)	(0.1974)
LNAGE2$_{t-1}$	0.1644	0.1630	0.1710	0.1696
	(0.1315)	(0.1317)	(0.1312)	(0.1313)
控制变量	YES	YES	YES	YES
N	8 463	8 463	8 463	8 463

三、国有企业-价值负相关性

由于政府干预,国有企业长期以来被认为效率低下以及具有更低的投资价值。既然 H+A 公司绝大部分为国有企业并受到更多的政府干预,那么其效率和价值是否因此而更低?为利用国有企业的身份信息,首先,检验是否国企虚拟变量(即 SOE)与效率和价值的负相关性,然后考察 CL 变量对这一负相关性的影响。

这部分的讨论可以视为第四章第三节内容的继续,因此数据以及研究设计都请直接参考那一章。如表 6-3-5 所示,先在式(4-3-3)和式(4-3-5)中加入 SOE,然后重新进行相关检验,结果发现前文的结论无实质性变化。在此基础上再加入 CL 与 SOE 的交互项。尽管有些交互项是显著的,但其含义与 CL 及 SOE 的结果可能相矛盾。例如,在 SE 为因变量时,CL 系数显著为负,表明交叉上市公司的规模效率更低;SOE 系数显著为正,表明国有企业更接近于规模报酬不变;交互项 CL * SOE 也显著为正,表明对于 H+A 公司,SOE 与 SE 的正相关性更强,如果这个推论正确,那么 H+A 公司应该具有更大的 SE。但这却和 CL 的显著为负的回归系数相矛盾。在这种情况下,我们放弃相关的解读。最后获得的符合前文结论与推理逻辑的因变量只有 q,其结果如表 6-3-5 所示。其中模型(1)为主效应回归,CL 和 SOE 的系数均显著为负,表明国有企业具有更低的价值,同时 H+A 公司也具有更低的价值。模型(2)为交互效应回归,交互项系数显著为负,表明对于 H+A 公司,SOE 与价值的负相关性会加强,进而削弱了 H+A 公司的价值。这间接表明 H+A 公司相比于其他国有企业受到更多的政府干预。

表 6-3-5 交叉上市与国有企业-价值负相关性

	(1)	(2)
CONSTANT	5.3405***	5.3487***
	(0.4812)	(0.4813)
CL	−0.8524***	−0.2133
	(0.1187)	(0.3792)
SOE	−0.2839***	−0.2817***
	(0.0547)	(0.0546)
CL * SOE		−0.6450*
		(0.3445)
LNSTOCK	−0.1414***	−0.1419***
	(0.0267)	(0.0267)
LNAGE1	0.2488***	0.2472***
	(0.0525)	(0.0524)
LEVER	−0.9378***	−0.9347***
	(0.1795)	(0.1795)
ROA	0.3530	0.3655
	(0.7395)	(0.7410)
BETA	−0.8754***	−0.8749***
	(0.0927)	(0.0927)
控制变量	YES	YES
Wald test: $\rho=0$	90.33	67.03***
N	9 846	9 846

四、政治关联、冗员率及其他

除了上述三个指标,我们也尝试了其他的指标,但没有发现显著关系。

(一)政治关联

首先,参考 Chen et al. (2011)的做法,通过搜集查阅上市公司董事长和总经理的简历来识别政治关联,并以此来度量政府干预。这是一种 0—1 变量度量法。本书也采取杜兴强等(2009)的方法对董事长和总经理的政治背景从单位级别和个人行政级别进行赋分。结果发现:H+A 公司的政治关联显著高于纯 A 公司;政治关联与本文的效率指标之间不存在显著关系;政治关联与 CL 的交互项系数不显著。尽管如此,如果政治关联真的可以度量政府干预,那么当前一些文献间接印证了本文的逻辑。例如,杜兴强等(2009)发现政治关联与公司业绩负相关。据此推论,H+A 公司将因为更高的政治关联而具有更低的业绩,这与本文假设的逻辑是一致的。

(二)冗员率

根据廖冠民和沈洪波(2014)的方法来计算冗员率,发现:H+A 公司的冗员率反而更低;冗员率与 TFP 显著负相关;冗员率与 CL 的交互项系数不显著。

尽管 H+A 公司的冗员率更低,但我们认为不能据此认为 H+A 公司的政府干预(政策性负担)更轻,政府干预也不应仅仅体现为社会就业,增加就业仅仅是政府干预的一个可能目标。对交叉上市公司的政府干预,其目标也比较特殊。从我们提供的制度背景中可以看到,这类公司往往被树立为榜样、试点、中国企业国际形象的代表,而为了实现这类目标,这类公司具有更低的冗员率是可能的。

但政府干预还有其他的途径。对于企业生产的两大要素——资本和劳动,如果说冗员率是一种劳动过度,那么第四章第一节的投资过度就是一种资本过度,二者在度量政府干预方面具有类似的功能,政府可以对劳动进行干预,但更可以凭借其对国有企业资产的所有权而直接对资本进行干预。

(三) 其他

我们也做了如下尝试。第一,采用世界银行 2006 年调查中的"与政府四大机构打交道的时间""政府效力均值"来度量省市的政府干预;第二,采用樊纲的"政府对企业干预"来度量省市的政府干预;第三,采用各省"失业率"来度量政府干预。均未发现这些指标与本文效率指标之间存在显著关系。

因此,不管采用哪种省市指标来度量政府干预,其结果可能都不理想,原因如下:第一,这些指标无法细化到每个公司身上,对于同一省市,各公司的指标得分都相同,这些指标对公司层面的效率指标也就反应不灵敏;第二,由于同一省市的每家公司得分都一样,而 H+A 公司的数量又偏少,因此 H+A 公司的特征将得不到体现。

五、政府干预真的导致了更低的投资效率吗

最后一个问题是:即便这些证据真的表明 H+A 公司受到更多的政府干预,我们如何表明正是政府干预而不是其他的因素导致了更低的投资效率或公司价值?本节第一到第三部分所获得的那些指标,如高管薪酬-业绩敏感性、高管变更-业绩敏感性、国有企业-价值相关性等都是一种整体指标,无法对应到单个样本上,这使得以投资效率或公司价值对这些指标进行回归成为不可行。

但第四章第一节所讨论的过度投资提供了一个机会。政府干预越多的国有企业,过度投资问题越严重,因此过度投资可以作为政府干预的一个间接度量。进而可形成如下思路:第一步,考察 H+A 公司是否具有更严重的过度投资;第二步,考察过度投资是否导致更低的资本配置效率;第三步,考察 H+A 公司是否因为更严重的过度投资而具有更低的资本配置效率。

本部分的数据与第四章第二节的数据相同。

(一) H+A 交叉上市与过度投资的关系

为了计算过度投资,引入 Richardson(2006)模型如下:

$$INV_{i,t} = \beta_0 + \beta_1 GROW_{i,t-1} + \beta_2 CASH_{i,t-1} + \beta_3 DEBT_{i,t-1} + \beta_4 LNA_{i,t-1} + \beta_5 STRE_{i,t-1} + \beta_6 AGE_{i,t-1} + \beta_7 INV_{i,t-1} + \varepsilon_{i,t}$$

其中，t 为样本年份；$INV_{i,t}$ 为样本 i 在第 t 年的实际投资水平，等于 t 年的非流动资产与 $t-1$ 年的非流动资产之差再除以期初总资产；$INV_{i,t-1}$ 为样本 i 在滞后一年即第 $t-1$ 年的实际投资水平。GROW 为增长机会，以托宾 q 度量；CASH 为现金流比例，等于经营现金流除以总资产；DEBT 为财务杠杆，等于总负债除以总资产；LNA 为总资产对数；STRE 为考虑现金红利再投资的年个股回报率；AGE 为上市年限。

回归时采用具有 Driscoll-Kraay 标准差调整的固定效应模型，因此时不变量如行业等无法进入回归方程。估计出回归方程的残差项 $\varepsilon_{i,t}$ 之后，借鉴 Biddle et al.（2009）的做法，定义 1/4 分位数以下的样本为投资不足，记为 UNDER；定义 3/4 分位数样本的水平为投资过度，记为 OVER。

表 6-3-6 为投资过度/投资不足的样本分布。160 个 H＋A 公司观测值中有 50 个属于投资过度，占比 31.25%。而纯 A 公司中，这个比例为 468/1 910＝24.5%。但只有 28 个 H＋A 公司的观测值属于投资不足，因不满足大样本(30 个)要求，此种情况不予考虑。

表 6-3-6　投资过度/不足的样本分布

Panel A：投资过度的样本分布

		CL		合计
		0	1	
OVER	0	1 442	110	1 552
	1	468	50	518
合计		1 910	160	2 070

Panel B：投资不足的样本分布

		CL		合计
UNDER	0	1 421	132	1 553
	1	489	28	517
合计		1 910	160	2 070

表 6-3-7 显示了 ε、OVER 和 UNDER 的均值 t 检验的结果，表明 H＋A 公司具有更大的投资过度水平。

表 6-3-7　投资过度/投资不足的均值 t 检验

	均值		均值之差
	CL=1	CL=0	
ε	0.0090	−0.0008	0.0097**
OVER	0.3125	0.2450	0.0675**
UNDER	0.1750	0.2560	−0.0810**

其次以 OVER 对 CL 进行 Logit 回归。由于 OVER 和 CL 均为 0-1 变量，并且 CL 可能受到其他变量的影响，因此我们采取两变量 Probit 模型(bivariate probit model)进行回归，结果见表 6-3-8。结果表明当以 OVER 为因变量时，CL 系数显著为正，即 H+A 公司具有显著更大的投资过度概率。

表 6-3-8　交叉上市与投资过度

被解释变量	Probit 模型(1)	Probit 模型(2)
	CL	OVER
INTERCEPT	−13.3407***	−2.3868***
	(−7.6)	(−3.14)
CL		0.9536***
		(3.34)
LNSALE		0.0790**
		(2.34)
GSALE		0.0879
		(1.09)
DEBT	−0.7037**	1.1174***
	(−2.26)	(5.91)
LNA	0.5056***	
	(12.12)	
ROA	−2.1067**	
	(−2.31)	
MKINDEX	0.0954***	
	(3.27)	

(续表)

被解释变量	Probit 模型(1) CL	Probit 模型(2) OVER
HERFIN	−0.3458	
	(−0.09)	
INDUS	YES	YES
YEAR	NO	YES
Wald χ^2		580.50***
LR test for $\rho=0$		9.47653***
N		2 070

(二) 投资过度是否导致更低的投资效率

完成了第一步,接着看第二步。我们以效率指标 TFP、TE、TFPG 为因变量对 OVER 和 CL 进行主效应回归。结果如表 6-3-9 中"主效应回归"所示。可以看到除 TE 中 OVER 不显著(但符号符合预期)外,其他的 OVER 和 CL 系数均显著为负,表明两者同时导致效率更低。

(三) 交叉上市是否因为投资过度而具有更低的投资效率

在主效应回归基础上,我们加入交互项,结果如表 6-3-9 所示"交互效应回归"所示。从交互项来看,TFPG 不显著,但 TFP 和 TE 均显著为负。由于 TE 主效应回归系数不显著,因此我们无法对其交互项的显著系数下判断。但 TFP 的主效应与交互效应回归均显著,表明 H+A 交叉上市会加重 OVER 与 TFP 的负相关关系。这意味着:H+A 公司由于更严重的投资过度而具有更低的 TFP。这为逻辑链条"交叉上市——→政府干预更多——→投资扭曲更严重——→投资效率更低"提供了较好的证据。

第三步的干预效应模型采用的是极大似然估计法,该估计假设回归模型与选择模型的误差项呈联合正态分布关系。这里我们稍微放松一下该假设,改用两步法来估计,结果如表 6-3-10 所示。可以看到,TFPG 仍然不显著,TFP 仍然显著,TE 的主效应和交互效应这次也全都显著。

这意味着:H+A 公司由于更严重的投资过度而具有更低的 TFP 和 TE。这为逻辑链条"交叉上市——→政府干预更多——→投资扭曲更严重——→投资效率更低"提供了进一步的证据。

表 6-3-9 交叉上市、过度投资与投资效率

被解释变量	主效应回归			交互效应回归		
	TFP	TE	TFPG	TFP	TE	TFPG
INTERCEPT	0.3192	0.1639***	−0.1830	0.2574	0.1601***	−0.1816*
	(0.5)	(3.81)	(−1.41)	(0.48)	(4.89)	(−1.85)
OVER	−0.1566***	−0.0035	−0.0233***	−0.1349***	−0.0023	−0.0237***
	(−3.69)	(−1.24)	(−3.29)	(−3.81)	(−1.06)	(−3.72)
CL	−0.6719***	−0.0407**	−0.1176***	−0.5787***	−0.0362***	−0.1187***
	(−2.81)	(−2.15)	(−4.27)	(−5.55)	(−5.46)	(−7.86)
CL*OVER				−0.2712**	−0.0141**	0.0043
				(−2.4)	(−2.12)	(0.23)
LNSALE	0.0882***	0.0062***	0.0054*	0.0915***	0.0064***	0.0053**
	(3.18)	(3.2)	(1.87)	(6.45)	(7.52)	(2.11)
GSALE	0.1366***	−0.0016	0.1147***	0.1350***	−0.0017	0.1147***
	(3.38)	(−0.73)	(7.08)	(3.59)	(−0.73)	(17.15)
TOP1	0.6436***	0.0531***	−0.0059	0.6285***	0.0523***	−0.0057
	(2.92)	(3.6)	(−0.39)	(5.95)	(8.21)	(−0.3)

(续表)

被解释变量	主效应回归			交互效应回归		
	TFP	TE	TFPG	TFP	TE	TFPG
LISTP	−0.0102	−0.0010*	0.0000	−0.0115***	−0.0011***	0.0000
	(−1.24)	(−1.76)	(0.01)	(−2.58)	(−3.92)	(0.04)
HERFINDAHL	0.2121	−0.0079	0.1528	0.1998	−0.0086	0.1530
	(0.33)	(−0.59)	(0.63)	(0.17)	(−0.12)	(0.7)
MKINDEX	0.0082	−0.0005	0.0028	0.0088	−0.0004	0.0027*
	(0.49)	(−0.39)	(1.85)	(1.04)	(−0.85)	(1.76)
INDUS	YES	YES	YES	YES	YES	YES
YEAR	YES	YES	YES	YES	YES	YES
Wald χ^2	4 219.40***	5 611.42***	196.89***	2 004.95***	998.82***	486.75***
Wald test: $\rho=0$	5.36**	4.15**	14.22***			
LR test: $\rho=0$				14.72***	15.08***	23.93***
N	2 070	2 070	2 070	2 070	2 070	2 070

表 6-3-10 交叉上市、过度投资与投资效率:两步估计法

被解释变量	主效应回归				交互效应回归		
	TFP	TE	TFPG	TFP	TE	TFPG	
INTERCEPT	−0.5464	0.1531***	−0.0667	−0.5072	0.1558***	−0.0668	
	(−0.89)	(4.24)	(−0.63)	(−0.83)	(−0.83)	(−0.63)	
OVER	−0.1582***	−0.0035*	−0.0237***	−0.1427***	−0.0024	−0.0237***	
	(−4.6)	(−1.67)	(−3.83)	(−3.99)	(−3.99)	(−3.71)	
CL	−1.2380***	−0.0450***	−0.0356	−1.1122***	−0.0363***	−0.0359	
	(−6.77)	(−4.02)	(−1.06)	(−5.71)	(−5.71)	(−1)	
CL * OVER				−0.2025**	−0.0140***	0.0006	
				(−2)	(−2)	(0.03)	
LNSALE	0.1252***	0.0067***	0.0005	0.1240***	0.0066***	0.0005	
	(7.11)	(6.31)	(0.16)	(7.05)	(7.05)	(0.16)	
GSALE	0.1231***	−0.0013	0.1140***	0.1235***	−0.0013	0.1140***	
	(3.27)	(−0.57)	(16.71)	(3.28)	(3.28)	(16.71)	
TOP1	0.6707***	0.0543***	−0.0090	0.6575***	0.0533***	−0.0090	
	(6.37)	(8.48)	(−0.47)	(6.23)	(6.23)	(−0.47)	

（续表）

被解释变量	主效应回归				交互效应回归			
	TFP	TE	TFPG		TFP	TE	TFPG	
LISTP	-0.0128***	-0.0010***	0.0004		-0.0135***	-0.0011***	0.0004	
	(-2.85)	(-3.73)	(0.47)		(-3)	(-3)	(0.47)	
HERFIN	0.2724	-0.0077	0.1429		0.2569	-0.0087	0.1430	
	(0.22)	(-0.11)	(0.68)		(0.21)	(0.21)	(0.68)	
MKINDEX	0.0148	-0.0004	0.0017		0.0145	-0.0005	0.0017	
	(1.62)	(-0.83)	(1.12)		(1.61)	(1.61)	(1.12)	
INDUS	YES	YES	YES		YES	YES	YES	
YEAR	YES	YES	YES		YES	YES	YES	
Wald χ^2	1961.83***	981.64***	469.22***		1982.90***	998.15***	469.22***	
λ	0.5427***	0.0202***	0.0258		0.5041***	0.0175***	0.0260	
N	2 070	2 070	2 070		2 070	2 070	2 070	

第四节 强制性制度变迁及其成本

一、H+A 交叉上市的启示

综合全书的 H+A 交叉上市的证据,我们获得什么启示呢?

在历史上,H+A 交叉上市源于政府干预下的国有企业改革,H+A 公司从其赴港上市开始,就存在更多的政府干预。在其交叉上市之后,政府干预继续存在。这些公司通过赴港上市而达到的表面上更优的公司治理指标并不能代表公司治理的实质性提高,从而公司治理指标与投资效率和公司价值之间的相关性很差。当内部治理优化所带来的优势被政府干预部分乃至完全抵消后,投资过度/投资不足、投资-增长机会敏感性低、薪酬-业绩敏感性低、高管变更-业绩敏感性低等投资扭曲与经营扭曲现象也就随之产生。这四个指标中,投资过度/投资不足直接从资本的投入水平上表明 H+A 公司具有更扭曲的投入,投资-增长机会敏感性则表明 H+A 公司的投资与增长机会的相关性较差,投资的质量可能更差;薪酬-业绩敏感性、高管变更-业绩敏感性则从高管激励的角度表明 H+A 公司的激励机制更差,当高管激励被弱化从而为公司业绩所贡献的时间与精力不足时,企业的产出也将偏低。因此,这四个指标从投入与产出的角度显示出 H+A 公司将具有更扭曲的投入与更少的产出,根据投资效率的定义,H+A 公司的投资效率将更低,进而公司价值也更低。这种折价得到来自国有企业-价值负相关性的证据的进一步证实。总之,本文的结果没有支持绑定假说,但支持政府干预假说。

这便提出了一个问题:在第三章的制度背景中,我们确实看到政府对境外上市怀有强烈的制度绑定意愿,希望国有企业通过境外上市而获得良好的内外部制度环境。但为什么本书的结论没有支持这一良好的意愿呢?下面从制度的角度进行分析。

二、契约、制度与规则系统

在对制度进行分析之前,我们首先在覃家琦(2005)基础上给出契约的定义:如果某群体的所有人出于某种共同利益(需要)而认可并遵循某种行为规则,或者说群体成员之选择自由同受这些行为规则的约束,则称这些人之间存在一种契约,该契约的内容即为这些行为规则,这些行为规则的内容包括:① 确立个人之间的权利义务关系;② 划分利益分配份额。由此,契约总是针对群体而言,规则可以为单个人的规则,但契约所承载的规则必然是群体所共同遵循的规则,即契约是 $n(n>1)$ 人规则。

契约与制度的关系以及契约之所以进入制度分析领域的原因在于:制度同样是行为规则或规则体系(柯武刚和史漫飞,2000;罗尔斯,1971;Lin,1989),在这一点上,契约与制度是一致的,然而二者的区别在于:制度是 n 人规则,仅当 n 为某一临界值以上(柯武刚和史漫飞,2000)。如果 n 在临界值以下,规则只能称为契约;否则规则扩展为制度(Maskin and Moore,1999)。通常所谓的契约是指 n 在临界值以下的规则。在上述逻辑下,霍布斯、卢梭等社会契约论者试图通过全民一致的"社会契约"达到国家制度安排,后来的罗尔斯、诺奇克侧重于探讨规则中的权利义务关系,哈耶克则偏重社会秩序规则。同样,制度经济学者也试图通过契约概念而达到对某种政治制度或经济制度的分析。

按照本文的定义,契约总是针对某群体成员而言。稍为扩展哈耶克的"社会秩序规则二元观",则契约所承载之行为规则要么是"群体内部成员之行动但非任何人之设计"的自发结果,或"群体内部成员之行动且群体内部成员之设计"的谈判结果,或"群体内部成员之行动但为群体外部成员之设计"和"非群体内部成员之行动但为群体外部成员之设计"的强制结果。如果加上哈耶克基于"三分观"所获得的自然规则,(哈耶克,2001,第363—380页),那么我们得到的将是相对于某群体成员的规则"五分观",而不是哈耶克的"三分观"。这并非我们的逻辑与哈耶克的相悖,而是因为哈耶克是在宏观层次考虑行为规则,从而在"人"的概念上是全称的、周延的;而我们则是在微观层次考虑行为规则,即仅考虑 n 人社会中的任何 m 人群体,从而"人"的概念必是特称的、不周延的。随着规则适用的群体成员人数的扩大,规则的"五分观"将收敛于哈耶克的"三分观"。虽然我们提出规则"五分观",但如果忽略自然规则,那么规则生成的机制事实上只有三种:自发机制(spontaneity mechanism)、谈判机制(negotiation mechanism)和强制机制(coercion mechanism)。每一种生成机制都产生相应的规则。表 6-4-1 从各个维度对三种机制进行了比较。

表 6-4-1　三种契约生成机制的比较

生成机制		自发机制	谈判机制	强制机制
生成过程		进化过程	谈判过程	政治过程
规则性质		自发性规则	谈判性规则	强制性规则
规则类型		非正式内生规则	正式内生规则	正式外生规则
规则形式		惯例、习俗、道德等	经济合同等	法律
规则特征	目的性	抽象目的	特殊且具体目的	一般或特殊目的
	现象的范畴	"群体内部成员之行动但非任何人之设计"的结果	"群体内部成员之行动且群体内部成员之设计"的结果	"群体内部成员之行动但群体外部成员之设计"或"非群体内部成员之行动但群体外部成员之设计"的结果
	阐明与否	未阐明且无法阐明	阐明或不阐明	阐明
	惩罚方式	非正式的社会反馈	半正式	正式的法律判决
	执行状况	各方自觉遵守	三方治理,第三方可以为个人、组织或政府	政府强制执行
	退出选择权	可退出	可退出	不可退出
	行为者行为特征	群体所有成员参与,但没有谁拥有最终决策权而靠自发秩序维续	群体所有成员参与,且共同制定	由群体之外的计划者实施

然而,对于复杂社会而言,三种机制并非泾渭分明,任何个人、群体都不是完全独立的,个人之间、群体之间所遵循的规则,必然存在某种关联。借助于青木昌彦所提出的关联共时性和历时性,我们更能理解这一点。共时性关联允许个人、群体在同一时间上与其他的个人、群体展开互动,即横向关联;而历史性关联则允许个人之间、群体之间的互动在不同的时间上存在关联;两种关联均默认空间上的关联是同时进行的(青木昌彦,2001,第八章和第十章)。

经由规则关联的共时性、历时性和混合机制,我们将获得适用于某群体的规则系统,在这些系统中,一些规则又构成子系统,如此层层划分。

其中,① 人出于私利而与他人展开互动,在不确定性的环境中对无数的具体情势进行调适,根据某种行动规则选择行动。这种规则,即青木昌彦在其博弈模型中所谓的"内生的私人行动决策规则"。② 这些行动选择规则不得违背出于私利而他人合作的谈判性规则,也即这些谈判性规则所确定的个人权利与义务限制了个人的诸多行动选择。③ 这些谈判性规则首先必须符合强制机制生成的适用于群体的、经由自发性规则转化而来的、作为法律的外在行为规则,同时必须符合政府的特定目的指令性规则,如具体的条例或细则,而这些指令性规则则服从于行政法,行政法又服从于宪法。④ 作为强制性规则的法律,本身不能违背经由人类世世代代文化进化而生成的自发性规则,如惯例、习俗、内化规则,这些规则子系统本身由于其自发性并没有层级结构。⑤ 自发规则的进化生成,乃是服从一些基本的人类价值即终极价值的约束的结果。⑥ 人作为一种自然界的生物,不管是其行动,还是其价值观,都必然服从于自然规则或自然法的约束。于是我们得到如下规则系统的 6 个层次,如表 6-4-2 所示。显然,相对于哈耶克的三层规则层级(哈耶克,1979),这里的规则层级多出了一些更为细致的内容。

表 6-4-2 规则系统及其层次

层级	规则内容		
6	自然规则或自然法		
5	终极价值		
4	自发性规则	惯例、规范、习俗、内化规则	
3	强制性规则	程序性规则:立法的法律	宪法
			行政法
			特定目的指令性规则
		外在行为规则:自由的法律	
2	谈判性规则	经济合同、贸易协议、国际公约等	
1	私人行动决策规则	具体情势中的具体行动选择规则	

从经验和可能上看,在上述规则层次中,底层的受具体情势影响的具体行动选择规则,与具体情势一样变动不居。较低层次的谈判性规则也相对处于经常变化之中:某个合同终止的同时,可能另一个合同同时签

订,生生不息。而中层的强制性规则,则处于相对稳定之中。作为较高层的自发性规则和高层的终极价值和自然规则,则是长期稳定的。由于规则系统生成于其间的自然环境和社会环境是不断演化的,所以规则系统也应当具有演化能力。但高级规则决定着低级规则可以规定什么和不可规定什么,即使在低级规则被改变后也是如此。高级规则控制着规则调整的程序,为规则的调整提供了一个框架,该框架规定什么可以调整,以及如何就这些调整做决策。当具体的、较低层次的规则必须进行调整以适应新环境时,各种较高层级的规则使整个系统仍能保持某种可预期性和规则系统的内在一致性。这导致规则系统变迁中存在某种路径依赖,规则系统在相当程度上顺从惯性(柯武刚和史漫飞,2000)。青木昌彦同样也论证了整体性规则安排的耐久性(青木昌彦,2001)。

三、制度变迁与强制性制度变迁

(一)制度变迁

上文阐述了契约、制度与规则系统。但是,制度不是一成不变的。在戴维斯与诺斯看来:"经济制度与产权在大多数经济模型中被设定为具有独特的和不变的价值,但是,在研究长期经济增长时,这些价值常常会发生根本变化。我们假定经济制度会被创新,产权会得到修正,因为它表现为个人或团体可望承担这类变迁的成本,他们希望获得一些在旧有的安排下不可能得到的利润。""如果预期的净收益超过预期的成本,一项制度安排就会被创新。只有当这一条件得到满足时,我们才可望发现在一个社会内改变现有制度和产权结构的企图。"(戴维斯与诺斯,1994)林毅夫(Lin,1989)也认为,制度不均衡乃是常态,因为从某个起始均衡点开始,有四种原因能引起制度不均衡:① 制度选择集合改变;② 技术改变;③ 制度服务的需求改变;④ 其他制度安排改变。这四种原因中的每一种原因本身又由几个不同因素组成。当从一个制度均衡点转移到另一个均衡点时,就称发生了制度变迁。

同时,林毅夫(Lin,1989)也所指出,在讨论制度变迁时,我们需要明确制度安排和制度结构两个概念:制度安排是管束特定行动模型和关系的一套行为规则,包括正式的和非正式的;制度结构则是一个社会中正式的和不正式的制度安排的总和;制度变迁在大多数情况下则仅仅指某个特定制度安排的变迁(结构中的其他制度安排不变),而不是指整个结构中每个制度安排的变迁。需要说明的是,林毅夫所指的制度结构,与我们在上文中界定的规则系统并无二致。

(二) 强制性制度变迁

按照林毅夫(Lin,1989)的观点,有两种类型的制度变迁:诱致性制度变迁和强制性制度变迁。诱致性制度变迁指的是现行制度安排的变更或替代,或者是新制度安排的创造,它由个人或一群(个)人,在响应获利机会时自发倡导、组织和实行。与此相反,强制性制度变迁由政府命令和法律引入和实行。由于制度安排是一种公共品,一旦制度安排被创新和被建立,每一个受这个制度安排管束的个人,不管是否承担了创新和初期的困难,都能得到同样的服务,从而容易引发"搭便车"问题。如果诱致性创新是新制度安排的唯一来源,那么一个社会中制度安排的供给将低于社会最优水平。政府干预可以补救持续的制度供给不足。

按照林毅夫的观点,强制性制度变迁经常在不同群选民中重新分配财富、收入和政治权力。如果变迁中受损失者得不到补偿(在大多数情况下他们确实得不到补偿),他们将明确地反对这一变迁。因此,如果强制性制度变迁中受损失者是统治者依赖其支持的那些集团,那么统治者会因为害怕自己的政治支持受到侵蚀而宁愿不进行这种制度变迁。但如果反过来思考,则我们可以推断:如果在现有制度安排下,统治者依赖其支持的那些集团的利益不断遭受损害,那么统治者会因为害怕自己的政治支持受到侵蚀而具有强烈的愿望进行制度变迁。

中国的经济改革为林毅夫的观点提供了有力的支持。现在我们普遍认为:中国的经济改革乃至政治改革属于一种倒逼式改革,因为公有制经济被确定为社会主义社会的经济基础,而在原有的计划体制下,公有制经济和国有企业的发展遭到了严重损伤,为此政府进行了长期的改革。也正是在这种大背景下,我们才可以理解第三章的交叉上市制度背景:中国政府在20世纪90年代初期的境外上市战略具有强烈的绑定意愿,试图让国有企业绑定香港地区的较为先进的市场制度,并将这些制度推广到更多的国有企业。

(三)强制性制度变迁获得成功的条件

对于诱致性与强制性制度变迁,其成功的条件大不相同。诱致性制度变迁主要通过自发机制和谈判机制进行,这种变迁获得各方的共识与接受从而成功的概率大为增加,所遭受的阻力则大为减少。但强制性制度变迁的实施者则为政府,而在一个集权式的国家中,政府的行动往往表现为单向行动,这使得强制性制度变迁获得成功的复杂性增加。

鉴于契约是制度的构成部分,契约的性质也为制度所共有,因此下面将解释契约的不完全性、契约所承载的权利和义务等概念体系的对抗性,以及企业契约的非独立性,然后结合中国的经济改革,通过契约、制度与规则系统等概念来解释强制性制度变迁获得成功的条件。

1. 契约的不完全性

上文已经指出,契约的生成机制分为自发机制、谈判机制与强制机制。但当各种机制并存,并发生共时性关联与历时性关联,那么我们将无从划分各机制的边界以及各规则的约束边界。尤其是,作为自发秩序的自发性契约,如哈耶克所强调的,其本身是人类理性之所不及的,但其对人类活动的调适范围则遍及整个经济,任何时点上的任何人都不知道也不曾知道致使某一契约具有特定形式的所有原因和所有因素,我们别无选择,只有遵循不知其存在理由的这种契约。当自发性契约与谈判性契约、强制性契约发生共时性关联与历时性关联时,谈判性契约与强制性契约也都将存在理性所不及之处。我们难以清楚地划分某行为是受何种规则或契约的约束,只能认为所有的行为同时受各规则或契约的约束。如果某两个人 i、j 进行谈判并签订契约。由于此时 i、j 都处于规则系统之中,任何个人对现有规则系统的认识都存在"理性之所不及";并且,对于不确定性环境的无数具体情势,由于有限理性,个人同样存在"必然之无知"。以"理性之所不及"的规则系统来调适存在"必然之无知"的具体情势,所达成的特定契约必然是不完全的。

然而,在不完全的特定契约中,我们对权利和义务的安排也必然是不完全的吗?我们知道,一个集合 A 等价于某个子集 A_1 及其补集 $\overline{A}_1$ 之并集: $A = A_1 \cup \overline{A}_1$, $A_1 \cap \overline{A}_1 = \emptyset$。对于一个契约,如果我们在规定契约能够安排的权利和义务的同时,对不能够安排的权利和义务采用一种类似于补集的方式进行安排,如"对于契约尚未规定的权利和义务,由甲方进行裁决……"等等,那么,形式上,对契约所涉及的权利和义务便是完全的。由此,契约难道不是完全的吗?至少在形式上应该是完全。如果该签约环境是真空的,那么这种安排确实使得契约是一种完全契约。

遗憾的是,该环境真空并不存在,我们的契约一直是在规则系统中讨论的,而现有的规则体系同样承载着权利和义务安排的内容。这意味着,契约应该安排的权利和义务集合 A,首先,可划分出契约明确安排的子集 A_1 和契约没有明确安排的补集 $\overline{A}_1$;其次,在契约没有明确安排的补集 $\overline{A}_1$ 中,再划分出规则系统所安排的子集 $\overline{A}_1^1$ 和规则体系所没有安排的补集 $\overline{A}_1^2$,$\overline{A}_1^1 \cup \overline{A}_1^2 = \overline{A}_1$,但是,$\overline{A}_1^1 \cap \overline{A}_1^2 \neq \varnothing$,且由于对规则系统所存在的"理性所不及"或"必然之无知",各方对于 $\overline{A}_1^1$ 所安排的权利和义务必然存在"模糊边界",即巴泽尔(Barzel,1989)所谓的任何产权界定中的"公共领域"(public domain),由此 $\overline{A}_1^1$ 也具有"模糊边界"。既然在本文假设下我们无力对此模糊边界进行确认,那么我们力所能及的,乃是对契约所能够安排的子集 A_1 进行"理性所及"的界定,并且力图让现有的规则系统能够对契约的不完全部分进行尽可能的补充。对此,提出如下契约安排的原则 1:

原则 1:对特定契约的安排,我们应该关注的是在"理性所及"的范围内对相关的权利义务关系和剩余分配作出尽可能详细的安排,即应关注其完全程度,而不是其不完全程度。

2. 权利概念体系的对抗性

契约的完全程度受到现有规则系统的影响,现有规则系统越完善,契约越完全。但是对于不完全之处,我们又该如何处理呢?Grossman and Hart(1986)曾提供过一种思路:将不完全之处以补集的形式整体打包赋予契约的一方。在他们看来,契约不完全性导致初始契约对实物资产控制权的规定是不完全的,初始契约中能够明确规定的权利称为特定权利(special rights),未能明确规定的权利称为待定权利(residual rights),如果让一方行使另一方的资产的待定权利,使其在契约未加规定的状态出现时可以随意处置另一方的实物资产而无须高成本的讨价还价,则可以节约交易成本。然而,对契约的这种规定完全抹杀了契约应赋予双方的自由空间,由于"规则未禁止即自由",现在"规则未禁止"之处则被完全赋予了一方,而另一方没有获得任何自由。如要人生而自由,那么待定权利与特定权利的概念划分是没有意义的。

要想将权利与自由概念相统一,本书倾向于采用霍菲尔德的权利概念体系(引自沈宗灵,1990;贝勒斯,1996;王涌,1998;李剑,2003)对契约中的权利和义务进行深度分析。我们可将任何契约关系归结为两个契约方之间的行为关系,从而任何契约关系由三个因素构成:甲方(以 A 表示);乙方(以 B 表示);甲方与乙方的行为关系。其中,A、B 的行为构成关联关系,一方的行为构成另一方的行为的关联项;而对立项则是与一方行为相矛盾的概念,我们可以通过在每项权利前面加上"没有"或"无"而得到权利的对立项,我们称此种推导为权利的"对立原则",从而"权利"的关联项为"义务",而对立项则总是"没有权利"或"无权利"(其中权利的含义可能不同)。从关联项与对立项出发,我们可得到霍菲尔德的权利概念体系及其关系,由此形成八个基本概念(如表 6-4-3 所示)。①

表 6-4-3　霍菲尔德的权利词汇表

权利子概念	权利/要求权 right / claim	自主权/自由 privilege / liberty	权力 power	免除 immunity
关联项 **correlative**	义务 duty	无权利 no-right	责任 liability	无能力 disability
对立项 **opposite**	无权利 no-right	义务 duty	无能力 disability	责任 liability

我们将霍菲尔德的上述概念及其相互关系简要解释如下。① 在经济中,存在两个经济行为者 A 和 B,其中 A 向 B 提出 B"做某事或不做某事"的行为要求,以便确立双方之间的契约关系。A 的要求能否获得满足,取决于 B 的行为反应。如果 B 必须接受 A 的行为要求,则称 B 对 A 负有"做某事或不做某事"的义务,而 A 对 B 则拥有 B"做某事或不做某事"的权利。但若 B 并非必须接受 A 的要求,即 B 没有"做某事或不做某事"的义务,则称 B 拥有"做某事或不做某事"的自由,而 A 对 B 则没有要求权,即无权利。因此,B 拥有"做某事或不做某事"的自由意味着 B 没有"做某事或不做某事"的义务,而 B 没有"做某事或不做某事"的义务则意

---

① 国内学者在引进霍菲尔德的理论时,对八个概念的翻译不尽相同。本文主要遵从李剑(2003)的解释。

味着 A 对 B 没有"做某事或不做某事"的权利,即 A 不能禁止 B"做某事或不做某事"。在此意义上,"规则不禁止即自由"。② 在经济中,存在两个经济行为者 A 和 B,并且 A 和 B 之间已经存在某种契约关系。现在,A 提出要改变与 B 原有的契约关系,A 的主张能否获得满足,取决于 B 的行为反应。若 B 必须接受,则称 B 对 A 负有责任,而 A 对 B 则拥有权力。但若 B 与 A 的契约关系不受 A 的行为主张的影响,则称 B 对 A 拥有免除权,而 A 对 B 则没有权力即无能力。因此,B 拥有免除权等价于 B 对 A 没有责任(或者等价于 A 对 B 没有权力,即无能力),在此意义上,"规则不设责即免除"。

上述关系穷尽了所有的行为内容,从而也就穷尽了对行为的所有权利主张。这点可说明如下。由于权利和义务总是表征不同行为主体之间的行为关系,例如,A 和 B 的行为关系,我们可以首先按照施动、受动关系将这种行为关系划分为如下两种:A 对 B 的关系;B 对 A 的关系;这两种关系穷尽了 A 和 B 之间所有的关系。再按时间关系将行为关系划分如下两种:确立双方关系;改变双方关系;这两种关系也穷尽了 A 和 B 之间所有的关系。将这些关系两两组合,可以获得如下四种关系:

关系 1:A 确立对 B 的关系;

关系 2:A 改变对 B 的关系;

关系 3:B 确立对 A 的关系;

关系 4:B 改变对 A 的关系。

这四种关系穷尽了 A 和 B 之间所有的关系,因此霍菲尔德的概念体系穷尽了所有的行为关系。正是这种周延性,使本书否定了 GHM "特定权利"和"待定权利"的概念体系,转而使用霍菲尔德的概念体系。

然而,霍菲尔德并未告诉我们:为什么权利能够成为权利? 为什么关联方会承担义务? 霍菲尔德通过义务来定义权利,是否意味着义务先于权利? 这点尤为重要,因为如果权利只能通过义务来定义,甚至义务先于权利的话,那么对权利的强调应该转为对义务的强调,唯有如此才能奠定权利的基础。为此,提出如下契约安排的原则 2:

原则 2:在广义上,权利源于义务,义务先于权利,个人 i 欲获取某种权利,必先承担或履行某种义务;权利方同时是义务方,并且所获取的权利应该与所承担的义务相匹配。①

该命题在狭义上同样成立,例如:责任先于权力,权力源于责任。原则 2 的意义是耐人寻味的:权利虽然是一种行为的自我主张,但权利是否获得承认并非源于自赋,也并非源于天赋,而是源于他赋;他赋的实质在于他人的一致同意,一致同意之所以成为可能,源于权利主张者是否履行相应的义务。若权利主张者违反了义务,那么他人将取消他们的一致同意,权利主张者的权利不再具有正当性,而不过是一种主观的任意要求。权利源于义务,权力源于责任,欲获得权利,必须履行义务,没有义务的权利,必意味着分配的不正义;欲获得权力,必须承担责任,没有责任的权力,必意味着权力的滥用。由此,对于契约的设立,我们应该首先强调义务和责任,而非权利和权力,这意味着契约中的"问责制"必须建立并严格执行。

3. 企业契约的非独立性

我们无时不处于一种规则系统中,任何具体的契约安排均受到规则系统的影响。这一原理同样适用于企业契约的安排。我们可以推断,经由各种契约机制的共时关联和历时关联,公司内部控制制度也将是各种正式、半正式与非正式契约的混合,从而表现为一种企业内部规则系统。并且,依附于企业的治理结构和管理结构,这些规则系统也将具有某种层级。按照哈耶克的观点,文化承载于规则系统之中,因此,企业内部规则系统也就蕴涵了企业的文化。由于规则系统的演化具有自发性,因此企业文化的演变也具有自发性。并且,由于企业内部规则系统内嵌于整个社会的规则系统,因此企业文化也内嵌于整个社会的文化。

认识到企业内部规则系统的这种复杂性,我们就可以加深对 Coase (1988b)企业内部市场原理的理解。生产要素所有者与企业家所签订的契约,仅是一种谈判性契约,该谈判性契约在赋予企业家权威的同时也限制了企业家的权威,企业家指挥企业内部生产要素所有者的权力是在"契约的范围之内"的。超出该契约范围之外的交易,只能求助于规则系统的

---

① 简单的、通俗的推导是这样的:A 欲要 B 做某事,如果 B 答应,则 A 拥有该权利。但 B 之所以答应,必源于从 A 那里获得某种好处。当 A 赋予 B 某种好处时,即意味着 A 对 B 拥有某种义务。A 须承担该义务,方可叫 B 做某事。否则,B 决不会做,除非 B 生来就欠 A 某事,但这有违众生平等假设。

协调,此种交易也就与市场交易无异。所谓市场的协调,其实是依靠规则系统的协调。因此,经济中既存在企业的外部市场,也存在企业的内部市场;在外部市场,整个规则系统协调资产配置;而在企业内部市场,资产配置不仅由企业家根据要素契约赋予的权威进行协调,而且超出要素契约范围之外的部分还由整个规则系统进行协调。为此,提出如下企业契约的原则3:

原则3:企业契约内嵌于规则系统之中。

4. 中国为强制性制度变迁做了什么

结合上面的三个原则,我们看看强制性制度变迁的成功需要什么条件,以及中国为此做了什么。

原则1提示我们,制度改革的重心应该是提高契约的完全程度,这等价于提高规则的透明度。中国的股份制改造以及境外上市,确实增强了企业契约的完全程度,为企业创新活动提供了空间。但是企业的运营发生于整体的规则系统之中,而在整体规则系统上,尤其是在法律与政治制度上,中国的改革效果并不明显,这导致制度变迁的功效受到限制。

原则2提示我们,制度安排在重视权利与权力的分配时,更应重视其对立项即义务与责任的承担,"问责制"应贯穿契约的始终。在相当长的时间内,中国的改革更多的强调政府的"放权让利",甚至是国有企业的私有化以便让经理人获得所谓的"剩余控制权"。然而,由于疏于对责任和义务的考核,侧重于放权让利的改革效果并不尽如人意。但是,在2003年国资委成立后,国有企业负责人的责任与义务考核获得良好的进展。但对于国有企业,其最终控制人是政府,而非自然人,这使得国有企业的"问责制"难免遭受顶层障碍:当某事件一旦真正问责,可能需要追溯到某个政府官员甚至一群政府官员,最终导致大事化小,小事化了,"问责制"被搁浅。如果说"问责制"应该是一个具有良好的治理水平的公司所应该追求的话,那么"问责制"的无法推行则意味着公司治理的实质性无效。

原则3提示我们,企业契约不过是整个规则系统中的一个子集。中国政府通过选派企业境外上市,或者通过股份制改造使得国有企业成为上市公司,意图均是强制性改变企业契约。然而,林毅夫(Lin,1989)早已指出,建立一个新的制度安排是一个消费时间、努力和资源的过程。当发生制度不均衡时,制度变迁过程最可能是从一个制度安排开始,并只能是渐渐地传到其他制度安排上去。这种过程是在一个由历史确定的制度结构中发生,并以这个现行的制度结构为条件。所以,某些制度安排从抽象的理论观点看可能是有利的,但由于它与制度结构中其他现行制度安排不相容,因而是不适用的。制度变迁过程中,大多数制度安排都可以从以前的制度结构中继承下来。虽然某个制度结构中的基本特性,在个别制度安排变迁累积到一个临界点时会发生变化,但制度变迁的过程仍类似于一种进化的过程。青木昌彦(Aoki,2001)也指出,一项制度的变更除非同时系统地改变了所有参与人关于策略互动模式的认知,并且相应地引起他们实际策略决策的变化超出临界规模,否则它无法引致制度变迁,因此整体性制度安排往往是稳固的和耐久的。

根据 La Porta et al. (LLSV, 1997,1998)的研究,法律体系作为公司治理的外部环境,对于公司治理尤其是投资者保护的实质性改善也至关重要,普通法系在投资者保护方面往往强于大陆法系。香港地区实行的是普通法系(common law),但内地实行的是大陆法系(civil law),相信内地公司通过绑定香港的普通法系能够在一定程度上提高投资者保护水平。但如 Litch(2004)所指出的,绑定是一种法律移植。而移植能否生效,则取决于所移植的制度能否与移植主体的原生制度体系相容。H 股公司的上市地在香港,但注册地和主要经营范围仍然在内地。内地的法律体系并没有因为 H 股公司而发生改变,中国 A 股市场从设立之初以来所形成的偏重为国有企业融资而忽视投资者的利益保护的状况也没有太大变化,在这种环境中,单个 H 股公司对香港法律和监管制度的绑定将失去内地整体制度的支持,以致难以发挥作用。

综合上述分析,可以认为中国政府推行的强制性制度变迁(包括 H+A 交叉上市)虽然取得了一定的成效,但这种成效则因为中国的特殊背景而无法充分地发挥。

四、对 H+A 交叉上市的再解释:强制性制度变迁的成本

本书的研究结果表明,A+H 交叉上市公司并不能获得更高的投资效率、融资效率与公司价值,而是相反。这样的结论与沈红波(2008)、

Sun et al. (2013)的相反,他们发现 AH 公司确实获得绑定溢价。但来自潘越(2007,第 152—173 页)、覃家琦和刘建明(2010)、Guo et al. (2010)的研究为本文提供了支持,他们均发现中国 A+H 交叉上市公司具有更低的业绩(资产回报率 ROA、权益回报率 ROE、综合业绩指标、股票收益等)。这些证据以及本文的研究为绑定假说提供了来自中国的反面证据,并支持了 Dobbs and Goedhart (2008)的结论:交叉上市并不能为公司创造价值。但是,我们在第二部分的制度背景分析中确实看到 AH 公司的治理状况由于绑定了香港的法律与监管制度而在诸多方面获得改善。为什么这些绑定无法转化成公司的资本配置优势与价值优势呢?我们对此的解释是:中国的 H 股上市植根于政府主导的由计划经济向市场经济的转型的强制性制度变迁,A+H 交叉上市公司成为"摸着石头过河"改革战略中的"石头",并由此承担了更多了政策性负担,由香港上市所带来的相对于纯 A 股公司的绑定优势被更多的政策性负担所掩盖,导致了资本配置效率与公司价值的劣势,这种劣势可以视为强制性制度变迁的一种成本。

在制度背景中我们已经指出,中国政府为了推进国有企业的公司制改革,将上市视为一种重要的手段,但缺乏相关的经验和法律、监管制度。根据第一任证监会主席刘鸿儒的回忆,1992 年 10 月中国证监会成立后,开始向香港、台湾等资本市场相对发达的地区学习。香港由于特殊的语言、文化、地理等因素成为中国证监会的重点学习对象。香港当时也主动邀请内地公司赴港上市以充实其资本市场。在这样的背景以及在"摸着石头过河"的改革战略下,内地公司赴港上市也采取试点战略,由国务院证券管理部门分批预选部分大型国有企业赴港上市。1992 年首批赴港上市的 9 家公司被确认为全国首批"规范化股份制试点企业"。分批预选制度一直执行到 1999 年才改为"成熟一家,批准一家"制度。这期间所预选的 H 股公司大都属于资产规模居于行业前列的公司,其中不乏在基础设施、能源、通信、金融等行业垄断经营的大型国有控股公司。正如中国证监会 1999 年在"中国境外上市公司规范运作座谈会"所指出的,境外上市公司大都是或曾是中国企业的"明星",是各行业的大型骨干企业,是进入国际资本市场的"先头部队"。即便在 1999 年之后,赴港上市的国有企业也仍然具有上述性质。

部分 H 股试点企业回到 A 股实现了交叉上市,形成了中国交叉上市公司的主体。但在获得因绑定效应带来的治理水平提高的同时,这些 AH 公司也承担着大量的政策性负担。第一,为了能够迅速完成股份制改造,这些公司大都采取资产剥离的方式达到赴港上市的要求。上市公司与母公司并未实现独立,并被普遍要求为母公司输送利益。第二,早期的 H 股试点企业被中国政府明令回归 A 股以便为国内 A 股市场树立榜样,同时为中国证监会及相关部门提供监管和法律经验。这些公司形成了早期的 A+H 交叉上市公司,例如,青岛啤酒。这种榜样思维深刻影响着国有企业的监督与管理,例如,第一任国资委主任李荣融曾不断强调国资委将力争将其管辖的企业——不仅包括在香港地区上市的企业,也包括在美国、其他国家上市的国有股份企业——办成各行各业的先进模范企业,国资委将通过一系列的措施来加快这个进程。从国资委的发展历史中,我们发现 A+H 交叉上市成为国资委的一种策略,国有企业通过交叉上市不断问鼎全球 500 强。截至 2010 年跻身世界 500 强的 43 家国有控股公司中,有 18 家实现了交叉上市,占比 42%。第三,作为国有企业,H 股公司以及 AH 公司不仅要承担作为企业应该承担的经济责任,成为政府调控经济运行的工具,而且要承担国家赋予的社会责任和政治责任,成为解决社会问题和保证政治稳定和执政能力的工具。例如,2008 年回归 A 股的中煤能源称,"中央企业作为共和国的长子,必须主动服务大局、服务社会,既要承担企业发展的经济责任,还要履行政治责任和社会责任。"对于上述负担,丁益(2001)曾指出,境外上市的国有企业在遵循国际资本市场监管规则过程中建立起了规范运作机制,不仅使自身向着国际型大企业的标准靠近,也为其他中国企业在资本市场中的规范化运作提供了经验,起到了示范作用;其中一些企业在国内上市后更是成为国内证券市场规范化运作的基础力量。

在政府主导的强制性制度变迁中,AH 公司所承担的这些政策性负担并没有因为交叉上市而得到缓解,反而因为其特殊地位而被加重,这使得 AH 公司无法根据经济优先顺序配置资本,从而导致了内部资本配置效率的低下。在一个成熟的资本市场上,理性的投资者将对这类公司给予更低的估值。这首先体现为 H 股公司在香港市场上获得更低的 IPO 价格(纪宝成和刘元春,2006),其次体现为 H 股公司的更低的二级市场交易价格。当 H 股公司回归 A 股时,受到 H 股价格以及大规模融资的制约,它们被迫采取相对于纯 A 股公司而言更低的 A 股发行价格(覃家琦,2010)。在此后的二级市场上,这类公司的 A 股价格继续受到香港二级市场的更低的 H 股价格的制约。这便导致了我们在本文中所发现的最终结果:AH 公司相对于纯 A 公司具有更低的公司价值,并且这种折价受到了资本配置效率低下的影响。这并非是因为它们具有更低的公司治理水平,相反,由于绑定了香港的更加严格的法律与监管制度,我们认为它们的治理水平仍然在表面上相对高于纯 A 公司。那么,作为主导的中国政府为什么愿意接受 AH 公司在 H 股和 A 股市场的双重折价呢?事实上,中国政府在主导 A＋H 交叉上市的过程中获得了大量的利益,例如,熟悉了资本市场的国际规则,提高了国有企业的治理水平提高并为其注入了权益资本,加快了市场经济与国有企业改革进程,提高了中国政府与企业的国际形象,初步建立起了市场经济体制等。在这个意义上,AH 公司更低的资本配置效率与公司价值可以视为中国强制性制度变迁的一种成本。

第五节　试点战略与顶层设计:何处寻求大智慧

一、试点战略:过去、现在与未来

在第三章的制度背景中,我们将境外上市视为中国政府试点战略的一个环节,境外上市的国有企业被当做"摸着石头过河"中的"石头"。百度百科对"摸着石头过河"的解释可谓浅显易懂:"一个人想过一条不熟悉的河,在没有前人给出经验、没有船也没有桥等情况下,如何分清这条河哪个地方水深,哪个地方水浅。水深的地方有可能淹死人,而水浅的地方人能够趟水过。在事先不知道这条河详细(深浅状况的)情况下,就只能以身试水摸索着河里的石头,以较为保守的甚至原始的方法逐步摸清情况并想办法安全涉水。"把"摸着石头过河"这句民间俗语引入社会工作方法领域,其含义就是指在实践经验不足的情况下,必须大胆试验、积极探索、摸清规律、稳步前进。民间歇后语"摸着石头过河——稳稳当当""摸着石头过河——稳当些""摸着石头过河——步步稳妥"所表达的均是同一意思。

　　这种试点战略在新中国成立以来得到了广泛实施。根据韩振峰(2014)提供的资料,最早提出并阐述"摸着石头过河"思想的是陈云。陈云最早提出"摸着石头过河"是在1950年4月7日,他在政务院第27次政务会议的发言中指出:"物价涨不好,跌亦对生产不好。要'摸着石头过河',稳当点为好。"1951年7月20日,陈云在《做好工商联工作》一文中指出:"办法也应该稳妥,这叫摸着石头过河。搞急了是要出毛病的。毛毛草草而发生错误和稳稳当当而慢一点相比较,我们宁可采取后者。尤其是处理全国经济问题,更须注意这点。"1961年3月4日,陈云在听取化工部关于化学肥料工业的汇报时指出:"一方面试验研究要敢想敢说敢做;另一方面,具体做必须从实际出发,要摸着石头过河,要把试验研究同推广分别开来,推广的必须是成熟的东西。"改革开放以后,陈云作为党的第二代中央领导集体的重要成员,先后多次从改革方法论的角度讲到要"摸着石头过河"。比如,1980年12月16日,陈云在中央工作会议上发表了《经济形势与经验教训》的重要讲话。在这次讲话中,他从总结历史经验教训的角度,论述了改革开放应采取的原则和方法,指出:"我们要改革,但是步子要稳。因为我们的改革,问题复杂,不能要求过急。改革固然要靠一定的理论研究、经济统计和经济预测,更重要的还是要从试点着手,随时总结经验,也就是要'摸着石头过河'。开始时步子要小,缓缓而行。"1984年6月30日,陈云在中联部反映美国国务院经济研究中心顾问对我国财经工作提出两条意见的内部材料上批示:"有经验的外国人也是'摸着石头过河'。所有外国资本家都是如此。凡属危险项目,他们不搞,宁吃利息。这是一个千真万确的道理。"1988年5月12日,陈云在杭州同浙江省负责人谈话时指出:"做工作,不能只想快。慢一点,稳一点,少走弯路,走弯路的损失比慢一点的损失多。有人批评说'摸着石头过河'不对,但没有讲出道理来。'九溪十八涧',总要摸着石头过,总要下河去试一试。'摸着石头过河',这话没有错。"

　　作为改革开放总设计师的邓小平,对陈云提出的"摸着石头过河"理论是赞同的。在1980年12月16日中央工作会议上,陈云发表了《经济形势与经验教训》的重要讲话,指出:"我们要改革,但是步子要稳。因为我们的改革,问题复杂,不能要求过急。改革固然要靠一定的理论研究、经济统计和经济预测,更重要的还是要从试点着手,随时总结经验,也就是要'摸着石头过河'。开始时步子要小,缓缓而行。"在12月25日的闭幕会上,邓小平明确表示完全同意陈云的讲话,他说,陈云的这个讲话"在一系列问题上正确地总结了我国31年来经济工作的经验教训,是我们今后长期的指导方针"。在邓小平看来,中国特色的社会主义建设是一项前无古人的事业,既不可能在马列主义本本上找到现成的答案,也没有任何现成的实践经验可以照搬照抄,所以只能"摸着石头过河"。在改革开放之初,邓小平就指出:"我们现在所干的事业是一项新事业,马克思没有讲过,我们前人没有做过,其他社会主义国家也没有干过。所以,没有现成的经验可学,我们只能在干中学,在实践中摸索。"在1986年9月2日在《答美国记者迈克·华莱士问》一文中指出:"我们也讲现在我们搞的实质上是一场革命。从另一个意义来说,我们现在做的事都是一个试验。对我们来说,都是新事物,所以要摸索前进。"(《邓小平文选》第3卷,174页)由此看来,邓小平的思路和陈云是完全一致的。正因为如此,人们把"摸着石头过河"也视为邓小平的一个重要思想。一些外国观察家将"摸着石头过河"策略描述为:对变化与改革实行渐进的、谨慎的管理,甚至在可能出现错误或失败的情况下后撤(高拉尔奇尔,2011)。

正是基于试点战略,借助境外上市公司所提供的"石头",中国完成了国有企业改革的两大目标:转换经营机制和权益融资。虽然作为"石头"的境外上市公司由于甘当"垫脚石"而遭受了一定的损失,但作为强制性制度变迁的成本,这点损失是值得的。

时至今日,试点战略仍然成为中国经济改革与国企改革的重要指导方针。一则消息是,国务院国资委副秘书长彭华岗于2015年12月11日在国务院政策例行吹风会上透露,国有企业改革将开展混合所有制、市场化选聘经营管理者等十项改革试点工作,试点工作将于2016年全面展开。这十项试点分别是:落实董事会职权试点、市场化选聘经营管理者试点、推行职业经理人制度试点、企业薪酬分配差异化改革试点、国有资本投资运营公司试点、中央企业兼并重组试点、部分重要领域混合所有制改革试点、混合所有制企业员工持股试点、国有企业信息公开工作试点、剥离企业办社会职能和解决历史遗留问题试点。彭华岗称:"目前国有改革领导小组把这十项试点的分工已经分到有关部门,有关部门也正在按照分工研究方案。快到年底了,明年十项改革试点将全面展开,同时在抓好十项改革试点的同时,我们也鼓励支持各地和中央企业结合实际,积极开展不同形式的试点工作,以试点求突破、闯新路,以试点促提质、促增效。"可以预期,作为中国经济改革的一项长期以来行之有效的指导方针,试点战略仍将继续。

二、顶层设计

(一)"顶层设计"释义

"顶层设计"原本是一个系统工程学的概念,本义是统筹考虑项目各层次和各要素,追根溯源,统揽全局,在最高层次上寻求问题的解决之道。作为中国新的政治名词,"顶层设计"首次出现于 2006 年 9 月 26 日,当时胡锦涛总书记在会见全军装备工作会议代表时,就提出要切实搞好装备发展的"科学筹划和顶层设计"。① 此后,"顶层设计"被中国高层领导多次强调。

2010 年 10 月 18 日通过的《中共中央关于制定国民经济和社会发展第十二个五年规划的建议》指出,"改革是加快转变经济发展方式的强大动力,必须以更大决心和勇气全面推进各领域的改革。更加重视改革顶层设计和总体规划,明确改革优先顺序和重点任务,进一步调动各方面改革积极性,尊重群众首创精神,大力推进经济体制改革,积极稳妥推进政治体制改革,加快推进文化体制、社会体制改革,不断完善社会主义市场经济体制,使上层建筑更加适应经济基础发展变化,为科学发展提供有力保障。"中共中央 2010 年 11 月 30 日在中南海召开党外人士座谈会,胡锦涛总书记在会上指出,要切实推进重点领域和关键环节改革,加强改革的顶层设计和总体规划,明确优先顺序和重点任务。中共中央 2011 年 12 月 5 日在中南海召开了党外人士座谈会,胡锦涛主持座谈会并发表重要讲话,再次强调要继续深化改革开放,深入研究和确定改革顶层设计和总体规划。

---

① http://news.xinhuanet.com/mil/2006-09/27/content_5142207.htm.

赵宇(2012)认为,在"十二五"规划建议中,党中央强调要更加重视改革的"顶层设计",有着深刻的现实背景。第一,要全面建设小康社会、完善社会主义市场经济体制,各方面的改革任务还很重,必须明确改革的时间表和优先顺序,使改革有序推进;第二,加快转变经济发展方式,需要推进政治、经济、社会等各领域的改革,必须整体配套、协调推进,制定总体规划,对改革的目标、方式和步骤进行顶层设计;第三,随着中国经济在全球地位的提高,我国国内改革也成为影响全球经济治理的重要因素,需要立足全球政治经济格局的新变化,统筹考虑国际国内的各种条件和因素。因此,"顶层设计"要求的提出,也是贯彻落实科学发展观的具体体现,是改革进入攻坚阶段的必然要求。

(二)"顶层设计"与"摸着石头过河"

然而,在"顶层设计"被提出之后,一些人士与学者对"顶层设计"与试点战略的关系产生了错误的判断,认为"摸着石头过河"仅适用于改革的"浅水区",一旦进入"深入区",就"无石可摸"了,因此应该强化"顶层设计"。典型代表是肖国元于 2012 年 3 月 26 日在《中国证券报》上发表的"中国改革还能'摸石头过河'吗?"。该文认为,在许多人眼里,过去的改革之所以成功,全仰赖"摸着石头过河"。由此,我们在策略上形成了强烈的路径依赖。也正因为这样,任何偏离"摸着石头过河"的策略选择与行动都要承担巨大的风险。即使步入深水区,我们在"无石可摸"的困境中也不敢越雷池一步。可以说,正是这种策略将我们引至现在的位置,让我们在分享成功喜悦的同时,也将改革置于进退两难的尴尬境地。一个不容否认的现实是,如今改革已进入深水区,我们面临着"摸不着石头"的窘境。该文认为,"摸着石头过河"策略具有明显的缺陷:其一,受制于"石头"的限制,改革显得谨慎有余,开拓不足;其二,对于摸不着的东西,往往采取保守以至拖延搁置的态度。而近年来,改革进展显得迟缓,与这种策略有一定关系。如何解决这种困境呢?该文指出,从国情出发,我们采取务实的态度,坚持脚踏实地的原则;从人类文明的角度出发,我们充分利用人类文明的优秀成果,理性地参照别人的经验,吸取别人的教训。只有这样,用世界文明的指南针替代过去的"石头",我们才有可能驶向文明进步的大海洋,到达改革的彼岸。

肖国元(2012)的这类观点曾引起争论,一些人士为"摸着石头过河"

策略进行辩论。例如,吴稼祥(2013)称"改革不是革命,过河还得摸石头",①韩振峰(2014)为此解释了"摸着石头过河"的来龙去脉,中国社科院农村发展研究所所长李周则于 2015 年 4 月 9 日在人民日报上专门撰文,强调"全面深化改革仍需摸着石头过河"。② 但在笔者看来,肖国元的论述并没有对"摸着石头过河"形成否定,只是因为他对"石头"的理解过于狭隘,他最后所提出的解决之道是用世界文明的指南针替代"石头",然而必须承认这样的指南针不曾有过。更确切地说,肖国元其实是倡导对世界文明的借鉴。然而,当借鉴世界的文明时,我们何尝不是以世界文明为"石头"呢?中国的改革从未将"石头"局限于本国。本书所阐述的 H+A 交叉上市,本身就是就让这些交叉上市公司作为"石头"去借鉴香港地区的先进制度,但这样的策略仍然没有脱离"摸着石头过河"的指导方针。

事实上,顶层设计并没有对"摸着石头过河"形成否定。对此,本书想引用吴敬琏的讲话对"顶层设计"的含义加以解释。2010 年 12 月 18—19 日,由国务院发展研究中心学术指导,中国经济时报社主办,国务院发展研究中心发展战略和区域经济研究部、产业经济研究部合作支持的"第二届中国经济前瞻论坛"全国经济界年会在北京希尔顿酒店举办,主题为"'十二五':区域经济/能源产业"。国务院发展研究中心研究员、著名经济学家吴敬琏发表演讲,其中提到:

> 这次'十二五'和中央经济工作会议都讲到了,我们要推进全面改革,而且这次说了一个事儿我觉得很有意思,要有'顶层设计',这是一个很好的意见。在 20 世纪 80 年代曾经有过一个争论,叫作改革能不能设计,其实 80 年代的经验告诉我们,因为现代市场经济是一个非常复杂的系统,没有一个各方面的配套考虑,这个改革就会变得东一榔头、西一棒子。另外,改革需要项目很多,还要有重点和优先顺利的设计,而不能够说脚踩西瓜皮滑到哪里算哪里,这是不行的。因为它是个非常复杂的系统,而人家建立这个系统是经过了几百年的磨合,到现在没有完全解决问题,但是一些基本的矛盾是逐步解决,又有新的矛盾再逐一解决。我们要在比较短的时期内去形成

---

① http://www.21ccom.net/articles/zgyj/ggcx/article_2013022777864.html.
② http://opinion.people.com.cn/n/2015/0409/c1003-26818754.html.

新的体制,而由政府来主持建立我们新的体制,破旧立新,没有一个设计,这个设计不是像指令性计划那样把它弄得丝丝入扣,非常具体,但是一个框架性的设计是必须要有的,这就是最上面的一些设计。我们要解决许多问题,都要有设计,都要有这种顶层的设计。……实际上需要有一个最基本的框架设计。

笔者赞同吴敬琏的解释。"顶层设计"不是"指令性计划",而是"一个最基本的框架设计",或者更通俗地说是一种"总体规划""全局规划"。事实上,从陈云关于"摸着石头过河"的一系列论述来看,这一思想并非像有的人认为的那样,是不要理论指导的所谓"胡乱摸索",而是在高度重视理论研究和顶层设计前提下的大胆探索、大胆试验、尊重规律、稳步前进的科学方法。"摸着石头过河"与"顶层设计"从来都是辩证统一的。

在这一点上,习近平总书记的解释可谓高屋建瓴。2012 年 12 月 31 日,习近平在十八届中共中央政治局第二次集体学习时明确指出:"摸着石头过河,是富有中国特色、符合中国国情的改革方法。摸着石头过河就是摸规律,从实践中获得真知。摸着石头过河和加强顶层设计是辩证统一的。"2013 年 11 月 12 日党的十八届三中全会公报和《中共中央关于全面深化改革若干重大问题的决定》中,在讲到我国改革开放的成功实践为全面深化改革提供了重要经验时均强调,"坚持正确处理改革发展稳定关系,胆子要大、步子要稳,加强顶层设计和摸着石头过河相结合,整体推进和重点突破相促进,提高改革决策科学性,广泛凝聚共识,形成改革合力"。

三、何处寻求大智慧

1997 年,吴敬琏先生的文集《何处寻求大智慧》由三联书店出版社出版。该书收录了吴先生的四十篇作品,其中的"何处寻求大智慧"一文针对我国证券市场事态发展提出了一点读书建议并引起不少反响,因此该文集便命名为《何处寻求大智慧》。事实上,"何处寻求大智慧"一文完成于 1994 年 6 月 8 日,当时吴先生看了《读者》1994 年第 5 期陈彩虹的《给点大智慧》一文,深受启发,但发现该文对何为大智慧语焉不详,并且其逻辑难以自洽:"我们需要大智慧,但大智慧从何而来?来自大智慧的思考。"吴先生有感而发,认为我们关于证券市场的智慧可以来自前人的研究成果、市场观察、来自各方面的意见等。

吴先生的这本文集其实与本书无关,本书只是想借用他的标题而已。而之所以想借用这个标题,是因为本书认为中国的试点战略和顶层设计确实是需要大智慧的地方!但问题是:我们从何处寻求大智慧?显然,答案是开放式的,我只想结合本书的中国交叉上市问题来给出我的思考。

(一)全球文明

中国在20世纪90年代进行股份制或公司制改革之时,无论是公司制本身,还是股票市场制度,都相当缺乏经验。首任证监会主席刘鸿儒曾说,"中国有史以来第一次创建证券监管机构,是一项全新的工作,既没有经验,也缺少人力。一切要从头学起,边学边干,真正是摸着石头过河"。为此,刘鸿儒在证监会正式成立前,一方面邀请台湾有经验的人士到北京来开座谈会,让他们介绍台湾具体的经验教训;另一方面请香港和一些海外人士收集整理1929—1933年经济大危机以来世界上历次股灾的情况,包括发生的问题、解决的措施以及应当吸取的经验教训。为了获得公司的上市经验,当时的证监会积极推动公司境外上市。在中央政府决定国有企业境外上市后,可以选择的境外资本市场中,除香港之外,还有纽约和伦敦这两个国际金融中心。中国政府对于这些市场确实都派出了国有企业进行了试点,最终决定以香港市场作为国有企业境外上市的主要市场,其他市场则作为辅助。正如丁益(2001)曾指出的,国企境外上市的过程就是中国证券业熟悉和吸收国际资本市场成熟的监管规则和规范运作方式的过程;在这一过程中,证券监管部门和上市公司充分了解了香港、美国等地的证券法规、监管条例和国际惯例。

证券领域的改革如此,其他领域的改革也大抵如此。全球文明是可以相互借鉴的,每一种文明都凝聚了人类的大智慧,当我们在某一领域的实践出现空白时,我们可以通过制度上的绑定,通过试点企业直接嫁接到全球文明上,再通过这些试点企业将全球文明注射到本国的躯体。一旦实践证明这些外来文明在本国可以行之有效,则在全国范围内推广这种文明。这样的试点战略,要比在封闭状态下自行摸索带来更佳的效果。这样的战略,仍然属于"摸着石头过河",只是这时的"石头"延伸到了全球范围。在这点上,笔者赞同肖国元(2012)的观点:从人类文明的角度出发,充分利用人类文明的优秀成果,理性地参照别人的经验,吸取别人的教训。

(二)自发秩序

自发秩序由哈耶克提出。本章第四节曾介绍过自发秩序。根据哈耶克的观点,个人总是在需求的驱动下在不断的试错过程中充分运用自己的知识寻求个人成功的策略。在试错过程中,群体成员获得了某种关于在何种情势中采用何种行为策略的经验。对于经验产生的有益结果,群体成员通过遵循某种规则来维续。这种经由试错、学习而获得的关于"在不同的情势中什么是正确的行事方式和什么是错误的行事方式的规则,使得群体不断地增强了他们与日益变化之情势相调适的能力,尤其是与本群体中的其他成员进行合作的能力"(哈耶克,1979,第503页)。因此,一种独立于任何习知这类行为规则的单个个人而存在的行为规则,开始调整和支配群体的生活。在以后的调适中,胜出的规则被当成了惯例、习俗和传统,而一系列惯例或行为规则的复合体,则构成了文化。这种从"从经验中学习"的过程,主要不是一个根据理性进行推理的过程,而是一个遵循、创新、试错、学习、模仿、经验、选择(或终止选择)、发展、纵向迭代传承和横向跨域扩散那些因成功而胜出并盛行的惯例、习俗和传统的进化过程,而不能达到目的的规则则在上述过程中被抛弃。在该过程中,无数代人的经验才促使这些规则发展成当下这个状况,而任何时点上的任何人都不知道,也不曾知道致使某一规则具有特定形式的所有原因和所有因素。因此,个人别无选择,只有遵循不知其存在之理由的规则。这些规则,如伦理道德、宗教、语言和书写、货币和市场等,都构成了自发规则,由此带来了自发秩序。自发秩序本身就凝聚了无数(代)人的经验与智慧,任何强制性规则的确定,都不能与自发秩序相冲突,否则将失去存在的土壤。相反,唯有遵循自发秩序,将自发性规则升级为强制性规则,才能令强制性制度变迁获得充分的营养,才能将"摸着石头过河"变为"架起桥梁过河"。

事实上,基于斯密的分工理论,一个分工经济自身存在自发演进与增长机制。在整体经济的任何时刻,对于任何分工水平,按照斯密(1972,第8—11页)的观点,劳动分工将导致劳动生产率的提高。对杨格(Young,1928)的观点进行扩展,劳动分工的这种经济主要表现为价值迂回的经济,价值迂回中的分工专业化直接导致单位资产的交易频率增加;杨小凯则表明迂回生产经济具有三种效果(杨小凯,2003,第154页)。于是,迂回生产和迂回交易将因分工而提高生产效率和交易效率。而交易效率、生产效率、迂回生产与迂回交易之间存在交互正反馈关系。同时,鉴于人口密度的相对性,交易效率的提高如运输成本的降低将提高人口密度(马克思,1975,第391页),同时也提高市场空间和单位资产的交易频率;生产效率的提高则增加了经济中的资产总量,当这些资产用于交易时,人均交易资产数量将提高。根据前文对市场范围的描述,人口密度、市场空间、人均交易资产数量和单位资产交易频率的提高意味着市场范围的扩张。根据斯密定理(斯密,1972,第16页),市场范围决定劳动分工。尽管企业内部分工以一定的产业间分工为基础,并反作用于产业间分工(马克思,1975,第389—398页),但按照杨格(1928)和斯蒂格勒(Stigler,1951),市场范围的扩张首先导致企业内部劳动分工水平的扩张,当市场达到一定范围时,企业内部的一些生产活动分离出来,由其他专业化生产该活动的企业承担,形成企业间分工。随着市场范围的扩张,从事该生产活动的企业增加,这些企业构成了一个新的产业,形成了产业间分工。随着这一新的产业的市场范围的扩大和竞争的加剧,新产业内部的企业又分裂出新的企业和产业,由此形成了一定的产业结构(贾根良,1999,第174—177页)。因此,我们得到产业间分工、企业间分工和企业内分工的一种三角循环关系。企业间分工和产业间分工的扩张将导致市场空间的扩张。这种分工的三角循环的扩张,又产生价值迂回的扩张。尤其是,分工导致交易活动的成本增加,从而阻碍市场范围的扩张;但市场范围发展到某个程度时,分工同样可以导致降低交易成本的生产活动的专业化,这种专业化活动属于生产活动,但其目的则在于降低交易成本,这正是上面所提到的交易效率、生产效率、迂回生产与迂回交易之间的交互正反馈关系。可以看到,交易成本内生于分工经济中,同样,交易成本的降低也同样内生于分工经济的演进之中。由此,我们得到一种分工经济的正反馈机制,该机制被杨格(Young,1928)称为自我繁殖,而杨小凯(2003,第22、23章)则称为内生自发演进。

这种自发演进经济蕴涵了一个假设,即作为交易活动的基础并规制着交易活动的契约安排与规则系统,能随着分工的演进而自发演进。只有当我们遵守这种内生的自发规则和秩序时,我们才能获得这种内生增长的经济。事实上,中国的改革开放正是源于1978年安徽凤阳县小岗村18户农民自发形成的改革契约。1978年后的改革开放,其实是从改革前的压制自发秩序转为改革后的恢复与尊重自发秩序的过程。在这个过程中,最关键的是对"自由"的保护:不是"法不规定则禁止",而是"法不规定则自由"。只有对自由加以保护,才能激发个人的无限想象空间,才能激发企业家精神的无限发挥,进而推动分工经济不断地从一个非均衡状态转变为另一个非均衡状态,而这正是一个经济的内生增长。

第七章 研究结论与政策建议

交叉上市也称为"双重上市""跨国上市",甚至"交互上市",通常是指公司将其在母国市场交易所上交易的股票拿到一个新的海外市场进行二次上市。这种"先境内后境外"的上市顺序成为当前文献中交叉上市的主要形式。但中国的交叉上市还存在另外两种形式:一种是先在海外市场发行股票并上市,而后在母国市场再次发行股票并上市,这种形式可称为"先境外后境内"交叉上市,或称逆向交叉上市;另一种是境内外同步交叉上市。中国的交叉上市同时存在这三种形式,但以逆向交叉上市为主,更具体地说,是先在H股市场上市,然后回归A股市场上市,记为H+A交叉上市。研究中国这种不同于主流形式的逆向交叉上市的动机,及其对公司投融资行为带来的影响,正是本书的写作意图。在经过了第二章到第六章的论述后,本章进行总结。下文的第一节对研究结论进行总结,第二节提出相关政策建议。

第一节 研 究 结 论

一、H+A 交叉上市的动机

本书第三章对中国 H+A 交叉上市的历史资料进行了详细的搜集与整理,并从中归纳 H+A 的动机,相关结论如下。第一,中国的 H 股上市源于中国政府主导的市场经济体制改革与国有企业改革。第二,1993—1998 年,H 股公司回归 A 股实现 H+A 交叉上市的动机主要是中国政府试图为国内正在进行股份制改造的国有企业提供规范,让交叉上市公司起到示范和榜样作用。第三,1999—2003 年,科龙电器、中国石化仍然被当做示范和榜样而回归 A 股,但其他公司的回归则可能是由于自身业绩下滑、难以境外再融资等困境而获得的政策扶植。第四,2004—2005 年,受到国内资本市场暂停 IPO 的影响,只有华电国际从 H 股市场回归 A 股市场。但 2005—2006 年所爆发的关于大型国企境外上市导致国内资本市场边缘化的社会争论,促使大量的大型蓝筹 H 股公司在 2006—2007 年回到 A 股交叉上市。2007—2009 年爆发的关于国有资产贱卖的社会争论,又抑制了 2008—2014 年的 H+A 交叉上市。H+A 交叉上市既作为国企改革的目的,也作为稳定 A 股市场的工具,同时还受到社会舆论的影响。因此,中国 H+A 交叉上市的动机具有历史复杂性,不同的时期具有不同的动机,本书将其定性为政府干预下的强制性制度变迁。由于 H+A 交叉上市的反向顺序与政府干预,在国外交叉上市文献中占主流的绑定假说并不适于分析中国的情形。香港交易所的豁免、股份制改造的不彻底性、公司治理的趋同、法律移植的不系统性、政府干预与强制性制度变迁等因素,使我们无法先验地假设 H+A 公司的治理水平绝对地高于纯 A 公司,也无法根据该假设预测中国 H+A 公司具有比纯 A 股公司更优的业绩表现。但从历史进程中可以肯定,H+A 公司比纯 A 公司受到更多的政府干预,从而承担了更重的政策性负担。由此导致的更严重的预算软约束会最终带来 H+A 公司更低的经营效率、更低的公司业绩以及其他更糟糕的表现。这些推论与基于绑定假说所获得的推论恰恰相反,但可能更符合中国的历史事实,并可以通过强制性制度变迁的成本来解释。

二、H+A 公司的投资行为

(一) 投资水平

在投资水平上,第四章第一节的主效应回归表明投资水平-增长机会敏感性显著为正,表明增长机会越多的公司,其投资水平也越高。但在交互效应回归中,交叉上市虚拟变量与增长机会的交互项系数显著为负,表明对于 H+A 公司,投资水平-增长机会的敏感性更低。为了考察 H+A 公司是否倾向于投资过度或投资不足,本书采用 Richardson(2006)模型计算出投资过度或不足,然后采用双元 Probit 模型进行回归,结果表明,H+A 公司具有显著更大的概率投资过度或者投资不足。由于投资过度与投资不足都属于投资扭曲,因此交叉上市导致投资扭曲的概率更大。无论是投资水平-增长机会敏感性还是投资过度或投资不足,其结果均与政府干预假说的推论相一致。

(二) 投资效率

在投资效率上,第四章第二节基于参数化生产函数方法,以全要素生产率(TFP)和技术效率来度量投资的静态效率,以全要素生产率增长(TFPG)及其在随机边界生产函数下的次级分解指标——技术进步率、规模经济变动、技术效率变动——来度量投资的动态效率,采用干预效应模型进行回归分析。研究发现,H+A 公司具有更低的全要素生产率、技术效率和全要素生产率增长。在全要素生产率增长的分解项中,H+A 虽然具有更高的技术效率变动,但具有更低的技术进步率。交互效应回归发现,这些更低的效率指标降低了 H+A 公司的价值。整体上,相对于纯 A 公司而言,H+A 公司具有更低的资本配置效率与公司价值。

第四章第三节通过超效率数据包络分析来计算技术效率、规模效率、规模报酬递增并以此度量投资的静态效率,通过基于 DEA 的 Malmquist 生产率指数及其次级指数来度量投资的动态效率。结果发现,H+A 公司具有更低的不变规模报酬条件下的技术效率、更低的规模效率以及更小概率的规模报酬递增;同时,H+A 公司具有更低的全要素生产率变动、技术效率变动以及纯粹技术效率变动。H+A 公司具有更低的市场价值,并且其更低的静态与动态投资效率降低了公司价值。这些结果也支持政府干预假说。

(三)投资回报率

在投资回报率上,第四章第四节首先基于配比法,从纵向和横向两个视角,用单指标和综合指标两种比较方法,对 AH 交叉上市公司在 A 股上市后的业绩变化进行了实证研究。在单指标上,本书分别采用 ROA 和托宾 q 来度量公司业绩,并对交叉上市公司上市后各年间的业绩进行配对 t 检验。在综合指标上,本书采用主成分法将 11 个财务指标压缩为一个综合指标,计算出交叉上市公司各年度的综合业绩并比较每一家公司各年的业绩变化。但对单指标和综合指标的纵向比较发现,整体而言,交叉上市并不能提高公司业绩。在为每一家交叉上市公司按照一定规则选取单纯 A 股上市公司作为对照后,采取单指标和综合指标进行横向比较的结果表明,交叉上市第一年的 ROA 明显低于对照组,交叉上市后各年的综合业绩均值也没有表现出显著优势;而从托宾 q 来看,交叉上市公司明显不如对照组。基于回归法的结果也表明:H+A 公司具有显著更低的投资回报率(ROA 和 ROE)。这些结果支持政府干预假说:由于交叉上市公司受到更多的政府干预,其经营业绩将更差。

(四)投资的融资约束

在投资的融资约束上,第四章第五节基于混合 OLS、随机效应、广义最小二乘(GLS)法发现,投资水平-现金流敏感性显著为正,表明样本表现出显著的融资约束。交叉上市虚拟变量与现金流的交互项系数显著为负,表明交叉上市公司的融资约束下降。这样的结果与政府干预假说相一致:一方面,政府干预使得公司的投资更加偏离基本准则,甚至过度投资;另一方面,政府干预使得投资与现金流之间的关系不是那么紧密,因为即使公司缺乏现金,政府也会从其他方面给予公司各种政策优惠。因此,H+A 公司的投资水平-现金流敏感性下降。

三、H+A 公司的融资行为

(一)A 股 IPO 抑价

第五章第一节表明,相对于纯 A 股公司而言,交叉上市公司的基于发行价格的市账率显著更低。当以首日回报率为因变量时,结果表明交叉上市公司具有显著更高的首日回报率,但基于收盘价的市账率则没有显著区别,表明较高的首日回报率主要来自较低的发行价市账率。当以发行价格对数为因变量,甚至直接以发行价格和收盘价格为因变量时,结果发现交叉上市的作用显著为负。这些结果表明,中国的 BA 公司和 HA 公司并没有因为绑定更加严格的监管和法律制度而获得 A 股 IPO 溢价,反而遭受抑价。进一步的原因分析表明,中国公司的 B 股和 H 股上市源于中国的国有企业改革和市场经济体制改革,源于政府主导下的强制性制度变迁。被当做试点企业的 B 股和 H 股公司是在没有改革先例的情况下,甚至是在没有相关的法律法规的条件下完成改革的,这使得它们在公司治理上的改革具有实验性和不彻底性,在短期内只能从形式上满足境外上市的严格要求;即便后期上市的公司有了更多的经验可供借鉴,但中国政府控股公司中所有权与控制权分离的模糊性,以及政府所强加的政策性负担所引起的预算软约束这两个根本性问题仍然普遍存在,并导致了 Stulz(2005)所提出的"孪生代理问题",削弱了中国经济增长、金融发展与利用金融全球化的能力。此外,中国内地所实行的大陆法系与香港地区实行的普通法系之间的差异也对这些企业的绑定效果带来了困难。因此,境外投资者乃至国际投资银行对中国国有企业的 B 股和 H 股的发行价格给予了更大程度的抑价。当这些企业回归 A 股市场时,A 股市场的发行价格被 B 股和 H 股市场的发行价格所绑定,只能继续采取抑价策略。尽管如此,中国国有企业、中国证监会以及中国政府在交叉上市过程中仍然获得了各自的收益,交叉上市抑价可以视为中国政府主导的强制性制度变迁的一种代价。

第五章第二节表明,基于随机边界分析,研究还发现 H+A 交叉上市与 IPO 定价效率、融资规模效率均显著负相关,表明 H+A 交叉上市非但没有给公司带来 IPO 溢价,反而导致公司产生更高的 IPO 抑价。进一步分析表明,H+A 公司的更高 IPO 抑价与其超大规模的股票发行数量显著正相关,其行为逻辑可以总结为:由于股票发行规模大,发行人和承销商为了成功发行被迫采取低发行价格策略,这导致了 IPO 定价效率、融资规模效率的下降;但正是大规模的股票发行数量导致了 H+A 公司在低发行价条件下仍能不断打破 A 股融资规模的历史纪录。而且,大规模发行也导致 H+A 公司具有喜欢在热市期上市的择时行为。

（二）A 股再融资

第五章第三节对增发概率的 logit 回归结果表明，交叉上市虚拟变量的回归系数显著为负，表明交叉上市公司的增发概率更低。原因可能在于：H+A 公司的增资行为既涉及境内股东又涉及境外股东，如果仅面向境内股东发行，则境外股东的股权被摊薄，境外股东不支持；如果仅面向境外投资者发行，境内股东同样由于股权摊薄而不支持；如果面向所有境内外股东发行，由于 A 股价格普遍高于 H 股，而 A 股增发价格通常以增发前 A 股市场价格均价为参考，使得 A 股增发价格往往高于 H 股，但境外股东又不乐意以高于 H 股的价格认购 A 股。由于这些困难，H+A 公司的增发行为需要解决更多的困难，这使得其增发概率显著更低。当以增发抑价（基于增发前 60 天、30 天、5 天的市价均值来分别计算）为因变量进行回归时，结果表明交叉上市虚拟变量的系数均显著为正，表明 H+A 公司具有更高的增发抑价。

（三）负债行为

第五章第四节表明，在负债水平上，不论盈利性是用 ROA 度量，还是用 ROE 度量，负债水平-盈利性敏感性均显著为负，这支持啄食顺序理论：企业会优先采用内部现金流，盈利性好的公司将会降低对外部负债的依赖。但交叉上市与盈利性的交互项显著为正，对主效应回归中盈利性的负的回归系数构成了抵消，这表明，交叉上市公司具有更低的负债水平-盈利性负相关性。原因在于：交叉上市公司的权益融资额往往很大，并且具有更多的权益融资途径，使得其负债水平下降；同时，这类公司的项目投资对盈利性的敏感性下降，项目投资不再依赖于内部现金流，最终使得交叉上市变量会降低负债水平-盈利性敏感性。

（四）股利政策

尽管交叉上市领域中主流的绑定假说获得了大量检验，但该假说在解释交叉上市与公司股利政策的关系上尚存在逻辑上的不一致。基于中国 H+A 交叉上市的历史背景以及政府干预假说，第五章第五节推断 H+A 交叉上市公司由于更多的政府干预而具有更低的增长机会、更低的现金股利支付水平与支付意愿。基于 2007—2014 年的 5 602 个非平衡面板数据，研究结果完全支持本文假设。在采用干预效应模型、双元

Probit 模型、倾向得分匹配与偏差修正匹配等方法控制了样本选择偏差与内生性之后,研究假设仍然得到良好的支持。

四、公司治理、政府干预与制度变迁

(一) 公司治理的检验

为了检验 H+A 公司是否具有更高的治理水平,第六章第二节采取如下思路:如果 H+A 公司的治理获得实质性提高,那么当以投资效率或公司价值作为因变量对治理变量与交叉上市虚拟变量进行回归时,治理变量与交叉上市虚拟变量的交互项系数应该为正。而在公司治理变量的选择上,本书首先保证 H+A 公司的治理变量具有显著更高的水平,然后再看这些变量的交互项系数。

本书选取了两组治理变量。一组变量与参数化的投资效率相对应,包括:独立董事比例(INDDIR),等于独立董事人数占董事会全体人数的比例;股权集中度(TOP1),等于第一大股东持股比例;股权制衡度(BALAN5),等于第二至第五大股东的持股比例之和除以第一大股东持股比例;年度股东大会出席股份百分比(ATTENDY)。以 TFP 为因变量时,回归结果表明,从主效应回归来看,四个变量中只有 TOP1 和 ATTENDY 的系数显著为正。但这两个变量与交叉上市虚拟变量的交互项均显著为负。这意味着:尽管平均而言,这两个变量能够带来效率的提升,但 H+A 公司并没有因为更高的 TOP1 和 ATTENDY 而获得更大的效率提升,反而由此而弱于纯 A 公司。

另一组变量与非参数化的投资效率相对应,包括:独立董事比例(INDDIR),等于独立董事人数占董事会全体人数的比例;股权集中度(TOP1),等于第一大股东持股比例;两权分离度(SEP),等于公司实际控制人的控制权减去现金流权;两职兼任(DUAL),如果董事长与 CEO 为同一人,则 DUAL=1,否则 DUAL=0。当以全要素生产率变动(TFPCH)作为投资效率的代表时,主效应回归表明,四个变量全部没有显著作用。由于主效应不显著,我们无法根据交互效应进行推断。因此,H+A 公司虽然具有表面上的治理优势,但这些优势对投资效率没有起到提升作用。本书采用类似的方法来考察公司治理与市场价值,主效应回归表明,TOP1 和 SEP 的系数显著为负,表明股权集中以及两权分离都不利于价值提升;DUAL 系数显著为正,表明两职兼任反而有利于价值提升;独立董事比例 INDDIR 的系数不显著。但交互效应回归显示,四个交互项没有一个显著,这表明 H＋A 交叉上市对公司治理变量与价值的关系没有显著影响,H＋A 公司的表面更优的治理变量并不能提升价值。

（二）政府干预的检验

为了检验 H＋A 公司是否受到更多的政府干预,第六章第三节进一步提供证据以表明 H＋A 公司的政府干预程度更高。结果发现,H＋A 公司具有更低的高管薪酬-业绩敏感性、更低的高管变更-业绩敏感性、更高的国有企业-价值负相关性。本书对 H＋A 公司的政治关联和冗员率进行了探讨,但没有发现显著的结果。事实上,第四章中关于 H＋A 公司具有更低的投资水平-增长机会敏感性、更高的过度投资、更低的投资效率以及更低的投资回报率的证据,以及第五章中关于 H＋A 公司具有更高的 A 股发行抑价、更高的 A 股增发抑价、更低的负债水平-盈利性敏感性、更低的股利水平,均可以视为是政府干预的间接证据。

（三）制度与制度变迁

中国 H＋A 公司的历史背景与经验证据表明,尽管中国政府对境外上市怀有强烈的制度绑定意愿,希望中国的国有企业通过境外上市而获得良好的内外部制度环境,但这种良好愿望并未在 H＋A 公司身上得到实现。第六章第四节结合制度理论对此进行了解释。

契约与制度有三种生成机制:自发机制、谈判机制、强制机制。规则关联的共时性、历时性和混合机制将导致一种规则系统,在这些系统中,一些规则又构成子系统,如此层层划分。在上述规则层次中,底层的受具体情势影响的具体行动选择规则,与具体情势一样变动不居。较低层次的谈判性规则也相对处于经常变化之中。而中层的强制性规则,则处于相对稳定之中。作为较高层的自发性规则和高层的终极价值和自然规则,则是长期稳定的。由于规则系统生成于其间的自然环境和社会环境是不断演化的,所以规则系统也应当具有演化能力。但高级规则决定着低级规则可以规定什么和不可规定什么,即使在低级规则被改变后也是如此。高级规则控制着规则调整的程序,为规则的调整提供了一个框架,该框架规定什么可以调整,以及如何就这些调整做决策。当具体的、较低层次的规则必须进行调整以适应新环境时,各种较高层级的规则使整个系统仍能保持某种可预期性和规则系统的内在一致性。这导致规则系统变迁中存在某种路径依赖,规则系统在相当程度上顺从惯性。

制度不均衡乃是常态,当从一个制度均衡点转移到另一个均衡点时,就称发生了制度变迁,其形式包括诱致性与强制性制度变迁。如果诱致性创新是新制度安排的唯一来源,那么一个社会中制度安排的供给将少于社会最优,政府干预下的强制性制度变迁可以弥补制度的供给不足。但在强制性制度变迁中,有三个原则需要遵守。原则1:对特定契约的安排,应在"理性所及"的范围内对相关的权利义务关系和剩余分配做出尽可能详细的安排,即应关注其完全程度,而不是其不完全程度。原则2:义务先于权利,责任先于权力,需以义务对抗权利,以责任对抗权力。原则3:企业契约并不独立,而是内嵌于规则系统之中。但是中国的强制性制度变迁未能很好地遵守这三项原则,以致整个制度改革虽有效果,但未能达到令人满意的效果。而 H+A 公司作为试点公司,虽为中国整体的制度变迁做出了巨大贡献,但也为这种制度变迁承担了相应的成本,表现之一便是这些公司的投融资行为的效果差于纯 A 股公司。

第二节 政 策 建 议

一、试点战略与"顶层设计"

试点战略与"顶层设计"问题在第六章的最后部分才得以论述,但这却是全书最为重要的思想。H+A 交叉上市是中国在国有企业与资本市场上"摸着石头过河"改革战略的一个具体体现。国有企业 H 股上市的过程是中国证券业熟悉和吸收国际资本市场成熟的监管规则和规范运作方式的过程,是充分了解中国香港、美国等地的证券法规、监管条例和国际惯例的过程,而 H 股回归的过程则是中国将全球规则内化为中国规则的过程。从实践结果看,这一试点战略是成功的,通过境外上市企业与 H+A 公司的实践与示范,中国基本完成了国有企业的改革目标,初步建立了市场经济规则系统,包括现代企业制度与资本市场运作制度。但这种成功也是有代价的,而作为改革先锋的试点公司,则首先支付了这种代价,这就是本书所发现的 H+A 公司在投融资行为方面的不良效果。但与中国所取得的整体制度改进与经济发展相比较,这种代价是值得的。

在这个过程中,来自中央政府的"顶层设计"同样至关重要。正是有了建立社会主义市场经济体制这样的全局目标,国有企业与资本市场等方面的改革才得以齐头并进,境外上市与 H+A 交叉上市才同时得到了来自当时的国务院证券委、国家体改委、国家经贸委、国家计委等的积极支持与参与,使得境外上市企业与 H+A 公司成为"过河"中可以"摸"的"石头",这种"石头"本不存在,但通过政府与上市公司的共同探索与努力,"石头"不仅得以稳步铺开,而且铺到了美国、中国香港、英国等先进制度的所在地。这既是"摸着石头过河"的过程,也是"顶层设计"的过程。习近平在 2012 年 12 月 31 日的十八届中共中央政治局第二次集体学习时明确指出:"摸着石头过河和加强顶层设计是辩证统一的。"2013 年 11 月 12 日党的十八届三中全会公报和《中共中央关于全面深化改革若干重大问题的决定》均强调"加强顶层设计和摸着石头过河相结合"。本书的研究与发现为这种政治智慧提供了支持。由此而来的政策建议也就不言而喻:在进一步深化改革的进程中,既要加强"顶层设计",也要继续"摸着石头过河",其中的"石头"可能已存在,也可能尚未存在;可能来自境内,也可能来自境外。

二、制度变迁的条件

在国有企业 H 股上市的初期,中国政府怀有良好的制度绑定意愿:希望这些企业通过在香港地区上市,能够绑定对方先进的法律与监管制度,实现经营机制与公司治理的转变。然而,本书所提供的来自投融资方面的证据表明,H+A 公司虽然具有一些表面上较好的公司治理变量,但这些治理变量并未带来投资、融资以及公司价值上的优势;相反,来自投资、融资的各种证据均表明 H+A 公司的治理实质上更差。本书将这种结果视为中国强制性制度变迁的一种成本,并认为相对于中国整体的制度改进,这种成本的支付是值得的。但这不意味着中国的制度变迁做得尽善尽美。相反,由于没有对规则系统进行按照相关原则进行改革,由 H+A 公司所带来的制度改善空间未能得到充分利用。

规则系统是一种层级系统。应该认识到,中国在经济领域中进行改革所导致的制度变迁,仅是规则系统中的一部分。其他的规则子系统,尤其是政治领域的规则子系统则鲜有变迁。法律领域的有法不依、执法不严现象也严重影响规则系统的内在一致性。这使得契约安排中的一些重要原则未能得到贯彻。原则 1 要求我们在制度变迁中,要尽量加强制度化,要将不清晰的规则转化为清晰的规则,要透明化。然而时至今日,各个领域的"潜规则"仍然大行其道。原则 2 要求我们实行并贯彻"问责制",但国有企业的"问责制"始终遭遇瓶颈。原则 3 要求我们对国有企业改革的制度环境进行配套改革,而不是孤立的改革,但不涉及政治制度改革的国有企业改革,始终遭受政治瓶颈。由此而来的政策建议则再次突出了"顶层设计"的重要性:没有全局性的设计,局部性的改革终将遭遇边界。

三、国际化的核心

在中国境外上市的过程中,中国政府始终强调要树立中国企业在国际资本市场上的良好形象。例如,1999 年 3 月 29 日国家经贸委、中国证监会联合颁布的《关于进一步促进境外上市规范运作和深化改革的意见》,其目的之一就是要"树立公司在境内外资本市场的良好形象"。然而早期的这种国际形象的建立大致有两种途径:一方面,通过与国际著名投资银行、会计师事务所、管理咨询公司等中介机构的合作提高知名度;另一方面,通过证券市场传递公司名字、证券代码、公司动态等信息,公司名字每天出现在境外交易所的显示屏上,境外证券分析师每天向全球各地传递公司信息,公司的知名度也就得以提高。但这种国际化不等于产品的国际化。甚至,一些"走出去"的上市企业,尽力把资产划拨或注入境外上市公司,这些公司再在境内以发行债券、银行贷款等方式对价偿还,其产品、产品品牌、市场和生产仍然保留在中国境内,只是企业资产的控制权转移到了境外,而债务关系却留在了境内,对未来的银行和企业债务关系埋下不利的因素。事实上,不是上市地点的国际化就是企业国际化,一国企业的国际形象不是靠在国际资本市场上市就能够树立起来的,缺乏产品的国际化,上市地点的国际化将缺乏经济基础乃至不得不倒贴上市成本。

中国以及中国企业正在国际化的进程中。H股境外上市的国际化经验和教训应值得学习。从企业的本质上来说,企业之所以得以存在,在于价值创造,不论这种价值创造是通过生产还是交易来完成,价值的体现最终得回归企业的产品与服务。一个企业占领市场的手段,无非是其所提供的产品与服务。一个企业的国际化,必然源于其产品和服务在国际市场中占有一席之地,甚至有人认为判断一个公司是否国际化,有一个很简单的标准:其海外销售额占其全球销售额的1/3以上。中国最典型的公司当属华为。华为不是上市公司,因此它没有实现资本市场的国际化。但从华为2014年年报来看,中国区业务收入为1089亿元,欧洲中东非洲区业务收入为1010亿元,美洲业务收入为309亿元,亚太地区业务收入为424亿元。也就是说,华为的海外收入比重在65%以上。由此而来的政策建议也就水到渠成:国际化的核心,在于公司产品与服务的国际化,或者说产品市场的国际化。

四、两权分离的完整内涵与政企分开的不可能性

H＋A交叉上市源于国有企业改革。1992年10月召开的中共十四次全国代表大会正式宣布:"我国经济体制改革的目标是建立社会主义市场经济体制",并在1993年11月党的十四届三中全会通过的《中共中央关于建立社会主义市场经济体制若干问题的决定》中对社会主义市场经济体制作了具体解释,明确要求建立"产权清晰、权责明确、政企分开、管理科学"的现代企业制度。然而时至今日,除了"管理科学"争议较少之外,其他三项要求的内涵仍存在颇多争议,并导致国有企业的进一步改革缺乏理论指导。这四项要求均可以通过第六章第一节的图6-1-1来加以解释,并且均与第六章第一节所提出的双重"两权分离"有关。

按照图6-1-1的术语,一个良好的公司治理应该实行双重"两权分离",即投资者财产权与法人财产权应该分离,治理控制权与管理控制权应该分离;但应该保留一个"两权合一",即股东权利与治理控制权合一。

这便是"两权分离"的完整内涵。而国有企业改革的起点,是政府作为股东,不但拥有企业法人财产权,而且拥有治理控制权和管理控制权。在放权让利阶段和经营机制转换阶段,政府试图下放管理控制权,但仍然保留投资者财产权和治理控制权。在股份制改造阶段,政府试图让投资者财产权与法人财产权分离。在公司治理改革阶段,政府试图重新让股权与治理控制权相结合。从这些改革措施来看,国企改革的核心,始终都是政府作为股东如何行使股权的问题。但时至今日,政府仍然没有处理好"两权分离"问题。

对于"产权清晰",主要问题在于投资者财产权与企业法人财产权的模糊关系上,而关键点则在于我们是否承认公司作为法人的独立性及其财产独立性。从20世纪90年代初期实行股份制改革以来,大量的国有企业被改造成股份有限公司并相继上市。然而在相当长的时间内,政府并不承认公司法人的价值独立。在1994年的旧《公司法》中,虽然第一章第四条规定:"公司股东作为出资者按投入公司的资本额享有所有者的资产受益、重大决策和选择管理者等权利。公司享有由股东投资形成的全部法人财产权,依法享有民事权利,承担民事责任。"但该条紧接着同时规定:"公司中的国有资产所有权属于国家。"由于公司法人乃法律虚拟主体,其意思表示和行为均受到大股东的控制,而《公司法》的这一规定非但没有强化公司法人的独立地位,削弱大股东(政府)的权利,反而模糊了公司法人和大股东的利益界线,助长了大股东干预上市公司经营、侵占公司财产的行为。这一法律规定延续到2005年10月新《公司法》的诞生。然而,新《公司法》在法人独立方面的规定毫无进展。新《公司法》第一章第三条规定:"公司是企业法人,有独立的法人财产,享有法人财产权。公司以其全部财产对公司的债务承担责任。"如果说1994年的《公司法》还对公司中的国有资产进行了规定的话,那么在新《公司法》中我们则找不到关于上市公司中的国有资产的归属的任何说明。新《公司法》似乎刻意回避了这个问题。然而,回避不等于解决问题,法律规定的缺失反而可能引起更多更大的利益纷争。只有实质性地确立公司法人的独立地位,主动地界定公司法人和股东之间的利益界线,才能规范公司行为和提高我国公司的治理水平。

对于"权责明确",从改革历史来看,政府习惯于明确权利,但忽视了责任。例如，1986年的《民法通则》第82条确认了企业对国家授权其经营管理的财产的经营权："全民所有制企业对国家授予它经营管理的财产依法享有经营权，受法律保护。"1988年的《全民所有制工业企业法》第2条规定："企业的财产属于国家所有，国家按照所有权与经营权分离的原则授予企业经营管理。企业对国家授予其经营管理的财产享有占有、使用和依法处分的权利。"1993年12月29日，第八届全国人民代表大会常务委员会第五次会议通过了《中华人民共和国公司法》，其第4条规定："公司享有由股东投资形成的全部法人财产权。"1994年，国务院颁行的《国有企业财产监管条例》第27条规定："企业法人享有法人财产权，依法独立支配国家授予其经营管理的财产；政府和管理机构不得直接支配企业法人财产。"但对于责任，相关规定言之较少，这使得"问责制"始终无法良好地贯彻实施。而根据"义务对抗权利、责任对抗权力"的原则，一旦义务和责任缺失，权利和权力将失去约束，而"绝对的权力导致绝对的腐败"。

对于"政企分开"，这种主张其实缺乏逻辑上的一致性。根据"两权分离"的完整内涵，虽然双重"两权分离"是所欲的，但"股权与治理控制权合一"同样是所欲的。而政府作为国有企业的大股东，不可避免地要行使股东权利，为什么要与企业分开？凭什么要分开？其他股东都可以参与公司治理，在股权平等条件下，政府作为大股东为什么不能参与公司决策？要想真正做到政企分开，只有一个可能：政府不是股东。而这意味着国有企业被完全私有化。但国企私有化方案已经被证明不可行，因此我们将不得不面对和承认政府的大股东地位，允许政府对国有企业的干预。

在本书研究中，"政企分开"的不可能性源于"摸着石头过河"的试点战略的需要：我们需要"石头"。但"石头"在哪？由于"石头"需要为"顶层设计"作出牺牲，因此其成本与代价应该由政府承担，自然而然地，这样的"石头"非国有企业莫属。由于这样的国家战略诉求，简单地要求"政企分开"显然是不合理的。有意义的问题不是是否政企分开，而是政府在多大程度上以及如何行使其大股东的权利。对此的解决之道，本书本着"义务对抗权利、责任对抗权力"的原则，主张"问责制"，乃至终身问责制。

五、投融资体制改革与经营机制改革的不可分割性

本书的研究内容是 H＋A 公司的投资与融资行为,做这样的内容选择是因为根据一般会计准则,企业活动可划分为三大类:投资、融资与经营。基于公司财务学的研究传统,本书侧重于投资与融资,但并不意味着经营活动不重要。尽管学术研究可以做这样的内容选择,但中国经济的改革实践却不能厚此薄彼。更具体地说,由于投资、融资与经营涵盖了企业的所有活动,因此无论是从政府政策上,还是从改革实践上,均应对企业的投资、融资与经营进行完整的界定,不可偏废。

在中国的经济改革历史中,政府首先进行的是国有企业的经营活动改革,这点始于国务院于 1979 年 7 月 13 日下发的《关于扩大国营工业企业经营管理自主权的若干规定》。经过一系列放权让利的改革之后,1992 年 7 月 23 日国务院颁布实施《全民所有制工业企业转换经营机制条例》。采用图 6-1-1 的术语,经营活动主要发生于管理结构中,因此经营机制转换主要对应于图中的管理结构改革。时至今日,虽然经营机制转换已经较少被提及,但并不意味着国有企业改革不再需要经营方面的改革。例如,2015 年 12 月 11 日国务院政策例行吹风会所透露的国有企业十项改革试点工作中,诸如"市场化选聘经营管理者试点""推行职业经理人制度试点""企业薪酬分配差异化改革试点""国有企业信息公开工作试点""剥离企业办社会职能和解决历史遗留问题试点"等均可视为经营方面的改革。

1993 年之后,国有企业改革的重心转移到融资活动上,这就是股份制改造或公司制改造。本书已经指出,H＋A 交叉上市本身就是一种融资行为。根据图 6-1-1,融资活动对应着治理结构,尤其是当公司同时引进股东和债权人时,公司治理结构就显得尤为重要,公司治理改革成为当时时代的要求。然而,如图 6-1-1 所示,治理结构与管理结构是相对独立的,二者着对应不同的功能,缺一不可。但中国政府的意图则相对直接:希望通过融资带来治理结构的改变,进而希望治理结构的改变带来管理结构或经营机制的优化,最终提升企业竞争优势。然而这种意图不会那么轻易地实现。国有企业的治理结构改革仍需完善,例如,2015 年 12 月

11日国务院政策例行吹风会所透露的国有企业十项改革试点工作中,诸如"落实董事会职权试点""部分重要领域混合所有制改革试点""混合所有制企业员工持股试点"等均可视为融资与公司治理方面的改革。尤其是,在强调融资与治理结构改革时,经营活动与管理结构则相对被忽视,使得公司治理改革的效果被打折扣。例如,在光明乳业危机一个月后,光明乳业董事长王佳芬总结经验教训说:"任何(公司)治理制度,无论是否先进,都不能替代管理,二者没有必然的联系。好的治理只是会让管理更加有序,但好的治理结构绝对不能没有严格的管理。"(《天津日报》,2005年7月29日)

以上强调的是经营与融资方面的改革,那么国有企业投资活动的改革表现何在?有意思的是,这方面的成文规定偏少。政府的正式文件始于2004年国务院颁布的《国务院关于投资体制改革的决定》,最新的文件则是2016年3月26日中共中央总书记、中央全面深化改革领导小组组长习近平主持召开的中央全面深化改革领导小组第二十二次会议所审议通过的《关于深化投融资体制改革的意见》,强调要确立企业投资主体地位,放宽放活社会投资;要拓宽投资项目资金来源,充分挖掘社会资金潜力等。

鉴于投资、融资、经营活动的不可分割性,由此而来的政策建议便是:同步深化投融资体制改革与经营机制改革,这既涉及企业的治理结构与管理结构的互动关系,也涉及国民经济中政府与企业、政府与市场的互动关系;既需要坚持"摸着石头过河"的试点战略,也需要"顶层设计",二者相辅相成,不可偏废。

附录　公司治理、代理问题与跨国交叉上市：对绑定假说的捍卫[①]

G. Andrew Karolyi

覃家琦　陈一卓　译

摘要　为什么来自世界各地的企业到海外交易所交叉上市，这一问题在过去的二十多年中引起了学者们的极大兴趣。传统观点认为投资障碍分割了全球投资者，而交叉上市则可以克服这些障碍。对这种观点的不满导致了新观点的产生，这种新观点涉及信息问题和代理冲突，也涉及企业如何可以通过在具有更强的法制监管、更严格的报告与披露要求以及更强的投资者保护的海外市场上交叉上市，进而绑定到这些制度，从而克服其公司治理的弱点。批评者已经挑战了绑定假说的有效性。本文将回答这些批评。

1. 引　言

交叉上市（cross-listing）——也称为"双重上市（dual-listing）""跨国上市

[①] 原文为 Karolyi, Andrew. 2012. Corporate Governance, Agency Problems and International Cross-listings: A Defense of the Bonding Hypothesis. *Emerging Markets Review*, 13: 516—547. 本文的翻译已经征得原文作者、康奈尔大学金融系的 G. Andrew Karolyi 教授以及原文所在刊物 Emerging Market Review 及其出版社 Elsevier 的授权。译文首先由陈一卓完成翻译初稿，然后由笔者进行全面校对，再经 Karolyi 教授及其中国博士生 Yuzheng Sun 进行修改和建议，最后由笔者定稿。由于篇幅限制，在出版时，省略了原文的脚注。

附录　公司治理、代理问题与跨国交叉上市：对绑定假说的捍卫

(international listing)",甚至"交互上市(inter-listing)"通常是公司的一个战略性选择,即将其在母国市场(home market)交易所上交易的股票拿到另一个新的海外市场(overseas market)进行二次上市。这个过程可能会也可能不会涉及公司到底是初始还是二次融资,但通常会给公司强加不同的与透明性、披露以及治理相关的要求,这些要求取决于上市目标市场的类型。对于一个公司来说,交叉上市是一项重大的决定,因为这涉及很多层面,并且需要资本市场各方参与者的支持与共同努力,比如,投资银行、存托银行、协调清算和结算系统的托管机构、会计师、律师以及其他战略顾问来共同促进这项活动。例如,世界各地数以千计的公司以美国存托凭证(ADRs)的形式在美国上市,这种形式可以是在主要的证券交易所交易,比如纽约证券交易所(NYSE)、美国证券交易所(AMEX)以及纳斯达克(Level II or III ADRs),也可以在场外市场交易,比如,OTC布告栏、美国柜台交易市场(OTCQX)以及粉单市场(Level I ADRs),甚至只在机构投资者中通过门户系统交易(以144a规则私募形式)。许多公司进行类似的选择,在其他受欢迎的目标市场上进行二次上市,例如,伦敦证券交易所、纽约泛欧交易所(欧洲)、德意志交易所、香港联交所或者新加坡交易所。

为什么公司会选择在海外进行交叉上市?对许多已经成功的带领其企业交叉上市的公司管理者的调查列举了一系列交叉上市的好处。其中最主要的包括:进入更大、更完善资本市场的机会,持有人的更加多样化,以及对于股东来说流动性更强的环境(Bancel and Mittoo, 2001, 2008; Fanto and Karmel, 1997; Mittoo, 1992)。同时,管理者们也表达了他们的担心,境外上市会给公司造成额外的监管与披露负担,这也是阻碍公司交叉上市的最重要成本。不管出自何因,几十年来,大量的公司寻求在海外发行股票的机会。根据股票交易所世界联合会(World Federation of Stock Exchanges, WFE)在2010年提供的数据,已经有超过3 000家来自世界各地的公司在40多个主要的交易所中进行了交叉上市。

许多年来,来自金融、会计、法律、战略、经济以及国际商务等领域的研究人员急切地寻求公司境外上市的原因。我确信,学者对这一问题的极大兴趣不仅来自对这一现象本身的兴趣,而且在于,我们能从跨国交叉上市决策这组镜头中,学习到许多关于公司政策选择的动机及其经济后果。为了说明关于这一问题的研究兴趣的上升,考虑如下数据。在1998年,我发表了一篇题为"Why Do Companies List Shares Abroad? A Survey of the Evidence and its

Managerial Implications"(Karolyi, 1998)的专题文章,在其中,我列举了与这一主题相关的所有领域中发表和未发表过的文章。我仅仅列举并讨论了 70 多篇论文,在当时我认为这是一个比较可观的数字。仅仅 8 年之后,我写了一篇名为"The World of Cross-listings and Cross-listings of the World" (Karolyi, 2006)的后续研究论文,其中提供了更新的数据,更为重要的是,这篇述评列举了超过 175 篇文献并进行了讨论。最近(2010 年 6 月),我在 Social Science Research Network 列示的研究中以"Cross-listing"为关键词在标题或摘要中进行初步搜索,发现了超过 350 篇相关文章。

令人疑惑的是,尽管在 20 世纪 80 年代和 90 年代,交叉上市公司数量的增速已经急剧减缓,但对于这一问题的研究却仍在增长。1998 年的第一篇综述注意到了交叉上市公司数量的增长,并指出对此的研究的匮乏。另一方面,2006 年的第二篇综述第一次注意到 20 世纪 90 年代交叉上市公司数量增速的放缓。该研究提出这一问题:交叉上市公司数量的下降是商业或资本市场周期造成的暂时现象,还是公司全球化运作方式的结构性变化?但该文未能给出明确的答案。的确,就像我即将在下面提到的,如今,交叉上市的公司数量已陷入停滞整整十年了。当然,也会有些例外,比如,在新加坡市场、香港市场、伦敦备择投资市场(alternative investment market, AIM)以及纽约柜台交易市场(OTCQX)上市的公司数量还在上涨。另外,注意到这一点也很重要:围绕这些上市的交易活动和通过它们的融资活动仍很活跃。但是,从主要的海外市场(也是 20 世纪 90 年代当初吸引其交叉上市的市场)退市并(或者)取消注册的外国公司数量,现在正要超过将在这些市场新上市的公司数量。

其实,学者们令人不解的兴趣或许并不这么令人不解,因为,正是从全球市场所观察到的这一下滑现象,成为交叉上市这一主题中新的关注点。对交叉上市研究角度的这种改变,允许(或许甚至是强迫)学者们重新审视解释交叉上市行为的相互竞争的理论,并质疑当前关于经验证据的解释。此处相互竞争的理论具体是指解释交叉上市的两个主流理论:市场分割假说(market segmentation hypothesis)和所谓的绑定假说(bonding hypothesis)。前者代表了对交叉上市动机的早期理论解释,由 Stapleton and Subrahmanyam(1977)、Errunza and Losq (1985)、Eun and Janakiramanan (1986),以及 Alexander et al. (1987)所提出,认为公司管理者所采取的交叉上市决策是为了克服监管约束、交易成本以及信息不畅等问题,这些问题导致了跨境权益投资的障碍。

附录 公司治理、代理问题与跨国交叉上市：对绑定假说的捍卫

这些障碍"分割"了全球市场，而交叉上市可以使公司面向更广泛的投资者，获得更高的均衡估值，并降低资本成本。公司股票的升值来自 Errunza and Losq（1985）所提出的"超级风险溢价"，这是本地投资者因无法在全球范围内分散其投资风险而获得的补偿。后者即绑定假说最初由 Stulz（1999）和 Coffee（1999）所提出，并由 Reese and Weisbach（2002）以及 Doidge et al.（2004）所阐述。绑定假说质疑市场分割所带来的投资障碍的作用，并将注意力放在全世界许多公司都普遍潜在的代理问题，这些问题很大程度上源于脆弱的法制监管、透明披露要求以及提供给中小股东的法律保护。为了克服这些治理问题，这些公司选择交叉上市的方式，将自身与更有力的法律和金融制度"绑定"在一起。作为奖励，国际投资者对这类公司给予了更高的均衡估值和更低的资本成本。

许多支持绑定假说的积极实证证据已经被发表，并产生了影响。这些研究试图解释外国公司在美国及其主要交易所交叉上市的初始浪潮，特别是，要解释为什么一些法律及金融制度不那么完善的市场对外国交叉上市公司的吸引力更小，而最有趣的是，要解释为什么近年来寻求海外上市的公司数量在减少。但是，就像任何对传统的固有理论提出质疑的新观点一样，绑定假说也受到了相当多的批评。我写这篇文章的基本目的是：第一，综述支持绑定假说的最新研究证据；第二，对越来越多的绑定假说的批评者的主要质疑进行回应以及回答。尽管这篇文章的标题，——"对绑定假说的捍卫（A Defense of the Bonding Hypothesis）"——很有对抗性，但我以一种"真理愈辩愈明"的精神来提供我的反驳，并期望带来更多的讨论。我以详细陈述跨国交叉上市理论的发展作为开篇，包括市场分割假说及其缺陷、较新的绑定假说的起源及其第一波支持性经验证据。接下来，我将讨论我所认为的、目前已经出现的对绑定假说的最主要的四大批评：

① 区分法律绑定与声誉绑定；

② 分清与绑定相关的上市后的复杂后果；

③ 区分竞争性和互补性假说；

④ 理解监管事件（即 2002 年美国通过的《萨班斯-奥克斯利法案》（sarbanes-oxley act））及其对吸引外国公司交叉上市的市场竞争力的影响。

在每一种情形中，我都将对这些批评绑定假说的观点的优缺点进行评论。最后，我将对这一领域的未来研究方向进行总结。

从一开始，我要提出一个重要声明。那些从多市场股票交易、价格发现、

市场流动性以及套利等方面对跨国交叉上市进行讨论的重要的新近研究,并没有在我的文章中得到体现(而是留到另一篇同步的述评中)。由于受到美国及其他国际市场交易的高质量交易数据的可获得性及在高频金融计量经济学中越来越严格的研究方法的推动,许多研究开始怀疑:当公司在海外交叉上市时,其股票是否真正获得了更有流动性的市场环境?多国市场对订单流的竞争如何影响价格发现过程?正如通常所指出的,巨大的、可据此行动的市场间价格差异将会产生套利机会,那么交叉上市能否将这些市场碎片化?近些年来,这些问题已经引起了大量专门研究跨国交叉上市领域资产定价与市场微观结构的研究者的兴趣。在这篇文章中,我没有对这些重要问题加以讨论,不是我不重视,而是我希望在一篇独立的文章中专门讨论。有趣的是,这两类独立的文献很少以一种有用的方式进行融合和交叉,我将在结束语中提到这一现象。

2. 关于跨国交叉上市理论的发展

2.1 绑定假说出现之前的交叉上市

最早的理论要回溯到全球资产定价模型,该模型将阻碍资本跨国自由流动的监管束缚、交易成本以及信息问题纳进了考虑之中。Stapleton and Subrahmanyam (1977)、Errunza and Losq (1985)、Eun and Janakiramanan (1986)以及 Alexander et al. (1987)考虑公司有或没有通过交叉上市来进入全球融资的两种情况,这种分析使得对公司估值的不同均衡进行比较静态分析成为可能。结果发现,投资障碍越高,进行交叉上市获取全球融资的公司越多,当地市场的"超级风险溢价"(Errunza and Losq, 1985)下降得越多,公司股价的重估值越高。

关于跨国交叉上市的大多数实证研究通过检验公司上市决策前后的股价反应来验证这些模型的预测。一些研究关注公司的上市日期(股价反应),其他的则侧重公司提交上市申请、申请被接受或者监管机构审批并发布公告的日期(股价反应)。一些研究者利用标准的事件研究方法考察高频的日异常收益,另一些研究者则评估长期回报。许多研究都集中于在主要海外交易所(例如,伦敦、法兰克福或东京,这些市场是 20 世纪 70—80 年代的主要交叉上市目标市场)上市的美国公司(Lau et al.,1994; Lee,1991; Torabzadeh et al.,1992; Varela and Lee,1993a,1993b)。但随着在美国交叉上市的海外公司的增多,研究注意力也转移到这些非美国公司上来,尤其是开始关注大量的在美上市的加拿大公司。

早期的很多研究得到的是混杂的结果。然而,由 Miller(1999)和 Foerster and Karolyi(1999)所进行的两篇研究,通过迄今为止在美国上市的最具综合性的公司样本,成功识别了一个清晰的模式。Miller(1999)发现,在1985—1995 年的十年间以 ADRs 形式上市的 183 家公司,在挂牌上市日稳定地获得了平均 1.15% 的正的异常收益。他指出,所有类型的上市公司均获得了正的异常收益,包括场外市场和 Rule 144a 私募,但是,在主要交易所上市的公司以及来自新兴市场的公司,获得的异常收益最高(平均为 1.54%,在纽约交易所、美国交易所或纳斯达克以 ADRs 上市的公司高达 2.63%)。Foerster and Karolyi(1999)考察了这两年内 183 家以普通股和以 ADRs 形式上市的公司在公告日附近的周异常收益率,他们发现,公告周的周异常收益率为 1%,但有趣的是,上市之前,公司的异常收益有 10% 的提高,而上市之后则令人吃惊地下降了 9%。这一长期回报模型,无论是对于发达国家的公司,还是对于来自新兴市场的公司,二者没有差异;然而,以 Level Ⅲ ADRs 形式上市,并包括资金筹集的公司,以及注册股东数有大幅上涨的公司,在股价反应方面有更大的正的效应。

这两个研究为市场分割假说的有效性提供了进一步的证据。但是 Foerster and Karolyi(1999)也将公司在上市前和上市后异常收益率表现不一的发现与"战略择机(strategic market-timing)决策"以及基于 Merton(1987)所提出的市场不完全性相关的其他理论相联系起来。这些作者对于其他可能解释的接受态度表明了他们认为市场分割理论存在明显的缺陷,这很可能为研究交叉上市的新视角开启了一扇机会之窗。

2.2 绑定假说

Stulz(1999)是第一个明确对市场分割假说提出批评的人,他为跨国交叉上市的另一种解释奠定了基础,这种解释关注管理者与投资者之间或投资者与投资者——大股东与少数股东——之间的信息问题或代理冲突。如果管理者和不同类型的投资人对公司未来前景有不同的评估,就会引发信息问题,因为,管理者或者控股股东拥有更完善的信息,但是他们不能(或者不愿意)与外界可信地交流信息。如果中小投资者认为管理者或控股股东由于其私人目标不同于公众股东的目标,从而未能有效地利用资本,那么代理问题就会出现。对于这种争论的关键在于,公司资本成本将严重依赖于公司治理机制,包括内部的公司特定控制,例如,董事会的独立性,以及公司外部的市场和机构的适当控制,例如,来自银行家、分析师、审计师、机构投资者以及法律和监管机构。他认为,公司可以通过在外部市场及机构控制更为有效的境外交易所进行交叉上市,以此来改变自身的公司治理机制。也就是说,公司实际上将自己与新的东道国更为严格的法律制度、监管制度和更为完善的资本市场机构"绑定"在一起。

Stulz(1999)的论述指出了市场分割理论"护身衣"上的一系列破绽。他指出,大多数公告日的实证支持依赖于事件研究测试,在这些研究中,虽然股价会有统计上的正的显著反应,但从经济学角度看,相对于大多数学者所指出的资本成本的变化而言,这些反应其实很小。另一个批评是,之前的研究甚至都没有试图解释研究中出现的反设事实:为什么在投资壁垒随着时间推移逐渐被瓦解的情况下,股价反应还是和十年前一样大?有的公司来自发达国家,有的来自新兴市场,为什么二者的股价反应如此相似?如果投资壁垒对公司的决策如此重要,为什么来自同一地方的交叉上市的公司的股价反应又如此不同?最后,如果境外上市可以给公司带来巨大的经济收益,直接上市成本如此之低并且还在不断下降的,为什么许多可以在美国上市的公司又拒绝了这一机会?

在提出了这些质疑之后,Stulz 倡导以解决公司治理问题作为交叉上市动机的研究新视角。他认为这一角度可以解释当前的一些证据,并回答上述反设事实。他的基本观点是:如果通过交叉上市,公司可以可信地向投资者承诺,它将比仅在母国市场上市的企业执行更严格的监管,对管理者及控股股东的私人利益执行更严格的约束,那么公司就可以从交叉上市中获利。他列出了一些有助于公司增加审查的不同机制:

① 对中小投资者的法律保护。更高质量的法律环境限制了管理者和控股股东从公众投资者手里榨取资源的能力,如果他们要榨取资产,中小投资者可以通过求助体制来维护他们的权利(La Porta et al., 1998; Djankov et al., 2008);

② 独立董事会。境外上市要求公司重建一个更为灵活、独立的董事会

附录 公司治理、代理问题与跨国交叉上市：对绑定假说的捍卫

为投资者提供信心，让他们坚信公司资金的使用都会被严密地监督；

③ 更严格的信息披露要求。为了确保境外上市，按照东道国的法律和规章要求，公司要增加财务和其他信息的披露，如果未能提供充足的信息，公司在融资方面的成本将会大大增加；

④ 银行家、积极股东以及市场对公司控制的认证。资本市场（包括投资银行、分析师和积极的机构股东）为那些向市场出售证券的公司扮演着"声誉中介"的认证角色。当内部控制或外部制度体系失效时，通过刺激对公司控制权的更激烈竞争，一个活跃的接管或者杠杆收购市场可以充当监督的角色。

绑定假说认为，全球的投资者更倾向于投资那些愿意将管理者和控股股东置于更严格制度下的外国公司，这可能会带来其股票的显著升值。即使来自相同国家的公司，也会因信息问题和代理冲突的不同，而具有不同的股票升值程度。那些来自法律监管制度不完善或者资本市场不发达国家的公司，其股票升值的幅度更大。接受了主要的交易所更为严格的监管制度的外国上市公司也会享受到更多的好处。最后，也许最有趣的是，绑定假说暗示，如果公司背负的代理问题过于严重，即使通过交叉上市也无法解决，那么它们不会选择交叉上市，另外，不需要通过外部融资来支持其增长机会的公司也不会选择境外上市。

与 Stultz 的论述相独立但几乎在同一时间明确表述的是，Coffee(1999, 2002)也将在美国交叉上市的决策解释为一种绑定。然而，他强调法律机制并基于美国监管与法律环境提供了更详细的细节。他指出，上市公司受到美国证券交易委员会(SEC)的执行力的约束。交叉上市的外国公司的投资者也获得一种新的能力来采取有效的、低成本的集体诉讼行动，而这些行动在母国市场往往无法获得（例如，1933 年的 SEC 法案的 Section 11 的负债条款）。最后，进入美国市场要求外国公司必须提供更为完全的财务信息以满足美国 SEC 的要求，同时对其财务报告和美国通用会计准则(GAAP)进行协调。Coffee 对审计师、评级机构、分析师以及交易所本身的职能进行了描述，指出了美国重要的判例法的独特性，判例法对于集体诉讼、或有费用、费用转移、对董事会结构以及对外国私人发行者的股东投票权要求的弃权等美国普通法实践具有独特的影响。

2.3 绑定假说的第一波积极证据

作为绑定假说的第一批支持者，Stulz 和 Coffee 都引用了 Miller、Foerster 以及 Karolyi 的研究作为支持他们学说的证据。例如，Coffee 引用了 Miller 的一个发现：在交易所上市的股票在公告日的股价反应比场外市场的 Level Ⅰ ADRs 和 Rule 144a 私募的股价反应大得多。他还指出，一些亚洲公司在上市后的异常收益的下降幅度要小一些（这样就可获得更持久的正的长期回报），因为在母国更弱的公司治理体制下，它们本应承受更多的榨取股东的风险。然而，受到他们的争论的启发，出现了一系列新的研究，并代表了支持绑定假说的第一波积极证据。下面，我将列举突出的几个。

Reese and Weisbach (2002)观察了 1 148 个在 20 世纪 80—90 年代于美国上市的公司的构成及上市后行为，并以 17 000 多个只在国内上市的公司为基准作对比。在逻辑回归分析之后，他们得出的主要结论之一是，公司所处的法律体系确实会影响其上市的可能性。中小股东保护体制弱的国家（法国大陆法系）中的公司更倾向于在美国交叉上市，尤其会选择在主要的交易所上市。更有趣的是，在美国主要交易所上市的事件使公司发行股票的可能性增加了 100%（两年中，发行新股的公司从之前的 46 家增加到 111 家），这种现象主要集中在来自法律制度相对落后国家的公司，而且，这些公司并不一定只会选择美国作为股票发行目标市场。换句话说，作者发现，在美国交易所上市提供了一个可靠的机制来充分地约束上市公司的控股股东，从而说服全球和本地投资者参与到股票发行的活动中。

Doidge et al. (2004)为交叉上市的绑定假说提供了第一个正式的理论发展。他们考虑如下情境：一个拥有未来增长机会的企业家，一个对那些增长机会拥有有限的支持能力的国内资本市场，以及一个可以为那些机会提供更大的支持能力的海外市场。但在海外资本市场进行融资时，企业家追求控制权私利的能力也会受到束缚。这个模型确保，当企业家决定在海外上市时，中小投资者的参与约束得到满足。此模型也概述了会引导公司进行交叉上市的条件。作者表明，在母国拥有显著控制权私人利益，但受到较少财务束缚，并且公司未来增长机会较少的企业家，更倾向于拒绝交叉上市，而只在国内上市。然而，就海外上市可以为中小投资者带来法律保护的更多好处来说，公司会更愿意寻求海外上市的机会。

附录 公司治理、代理问题与跨国交叉上市：对绑定假说的捍卫

这项研究为正式的绑定假说的这些特定预测提供了经验支持，并在一定程度上策略化地避免了陷入解释之前的传统事件研究结果的方法陷阱中。他们首先以全球市场上全部公开交易的公司为样本（截至 1997 年），并对当时已在美国的交易所、场外市场或私募市场交叉上市的公司子样本进行了识别。他们基于国家层面和公司层面的特点，对国外公司交叉上市的概率进行了估计；同时，在控制了这些特征和先前趋势后，检验这些交叉上市公司的估值是否与同期的仅在国内上市的配对公司有所不同。他们发现，交叉上市公司的托宾 q 比单纯在母国上市的同期公司高 16%，这是一个在经济学以及统计学意义上均可靠的结果。这种溢价出现在成长较快的公司，对于在美国的股票交易所上市的公司（平均而言，所谓的交叉上市溢价达 37%），以及来自法律环境较差国家的公司（这些公司由于"绑定"了美国的制度而受到奖赏），这种溢价更高。Doidge et al. (2009b)在随后的一项研究中指出，自 1990 年至 2005 年，虽然交叉上市公司的溢价水平有所变化，但每年都会有可靠的溢价。

Doidge、Karolyi 和 Stulz 发现的估值利益可能来自更严格的法律与监管制度所导致的资本成本下降，这与绑定假说一致，也可能来自投资者对未来增长预期的调整所引起的现金流变化，或者来自在美国交叉上市前后恰巧发生的公司财务和经营业绩的潜在改变。Hail and Leuz (2009) 对这一问题进行了革新性的研究。他们对资本成本效应进行了估计，这种效应是被市场价格和分析师预测决定的，这会引起人们对交叉上市前后的增长预期的变化。他们发现，在美国交易所交叉上市的公司资本成本显著下降了 70 到 120 个基点，这些结果在他们的整个分析周期（1990—2005 年）都能持续，这为上述观点提供了有力证据。与绑定假说一致，他们发现，对在场外市场上市以及对来自有较强监管体系的母国的公司来说，它们资本成本下降的程度更小。最有趣的是，对于在交易所上市的公司来说，资本成本的下降能够解释交叉上市前后公司价值上升的一半以上，然而对于其他类型的上市公司来说，估值效应主要归因于对增长预期的同期修正。

总的来说，通过将代理冲突与母国股东所面对的更低质量的法律体系相联系，上述研究都仅仅是间接地推测控股股东或代理冲突的存在。Doidge (2004)的研究是首次为绑定假说提供额外的直接支持的研究之一。Doidge (2004)进行了一项创新性实验，他通过考察在美国交叉上市的公司中两级股权的投票权溢价，来测量控制权的私人收益。许多企业发行多于一级的可公

开交易的股票,不同级的股票具有不同的投票权。高投票权股票与低投票权股票的价格之间的百分比差异可用来度量投票权溢价。绑定假说认为,交叉上市公司的投票权溢价应该比同期的国内公司低很多,并且,对于一个给定的公司来说,投票权溢价应该在公司上市前后下降。确实,将来自20个国家的有两级股票的在美国上市的137家公司与同期的745家国内配对公司相比,交叉上市公司的投票权溢价低43%,对于那些能够获得上市公告信息的37家公司的子样本来说,其投票权溢价在事件期间大幅度下降了。

Ayyagari and Doidge(2010)所进行的一项研究再次表明,在美国上市之前,75%的来自发达国家和新兴市场的公司可能拥有大的控股股东,并且,更重要的是,这些公司中在上市之后出现控制权变化的概率比同期国内配对公司高出25%,尤其是对那些杠杆更大、成长更快的公司而言更是如此。令人吃惊的是,他们还指出,在交叉上市的公司中,股权集中度在交叉上市前后其实没有变化。

最后,Doidge et al. (2009a)合力进行了一项来自32个国家超过4 000家公司的所有权结构的综合研究,结果表明,公司所有权结构中大的控股股东的存在会影响公司交叉上市的决定。他们同时使用逻辑回归和Cox比例风险模型来证明在美上市和大控股股东的存在呈负相关,并随着这些大股东的控制权与现金流之差的增加而下降。即便在控制了国家层面的或企业层面的其他特征之后,这些作用仍然存在,并进一步影响了这些公司在上市时所获得的分析覆盖面以及估值。

这些关键事实直接表明,美国资本市场的约束条件会影响外国公司交叉上市的决定。

3. 对批评绑定假说的观点的批判性回顾

3.1 区分法律绑定与声誉绑定

过去的十年中,确实出现了很多对Stulz和Coffee绑定假说的改良和挑战。第一个挑战是,美国市场给上市公司带来的执法风险可能被夸大了。的确,SEC以及其强制力是Coffee绑定假说中的主要组成部分。Licht(1998, 2000, 2001, 2003)在其一系列的文章中指出,SEC是一个低效的机构,它并不强迫外国上市公司遵守公司治理准则,而且在大多数情况下都坚持"放手"政策。他的观点基于一条对许多实证研究过度依赖公司治理指数(可直接参考 La Porta et al. (1998))的批评,以及对在美国的外国私有发行人所面临的公司治理条款——包括披露义务——脆弱性的详细评估。他的结论是,证据支持了与绑定假说相反的假说——他称作"规避"假说或"管理机会主义"假说,实质上从头到脚推翻了 Coffee 的观点。然而,他只关注了一种特殊的情形:公司会策略性地选择在法律制度较不严格的海外市场上市,从而避开母国更为严格的法律制度。

对于公司治理在交叉上市决策中所起的作用,Licht 认为是消极的。选择交叉上市目标市场的主导原因是获得廉价的融资以及提高公司知名度。公司治理是其次要考虑的因素,公司治理的作用或者是阻止公司进入更好制度的市场,或者是诱导证券监管机构允许一些外国公司规避母国更严格的法律制度。总的来说,他认为最好将交叉上市的全局描述成一个信息距离模型,其中包含地理距离、文化距离等因素。

Siegel (2005)以实地研究的方式评估 SEC 对在美上市的外国公司的执法政策,他观察了 1995—2002 年间在美国以 ADRs 形式上市的墨西哥公司所受到的法律制裁。他发现,美国监管机构对于资产隧道行为的反应一直疲软,而且 SEC 也并未采取行动从这些公司中追回资产。他调查判例法发现,只有 25 起针对在美上市的墨西哥公司的私人诉讼案件。Siegel 也承认,被外界利益相关者指控治理违规的公司在随后的境外融资能力方面受到影响。因此,他提出了一个实用的二分法,他称之为"法律绑定"及"声誉绑定"。他指出,"声誉绑定"不是通过单纯的法律或执行解释进行绑定,而是通过 Coffee(1999)和 Stulz(1999)所定义的高声誉中介机构进行绑定,例如,分析师、投资银行、审计师以其他的资本市场参与者。这个二分法将不同版本的绑定假说中的机制进行了统一,其中 Coffee 提出的版本更偏向于"法律绑定",而 Stulz 的版本更偏向于"声誉绑定"。

但是像 Siegel 这样从非常小的样本中进行宽泛地推断是有风险的。实际上,在 11 家被指控其内部人有非法的资产隧道行为的墨西哥公司中,只有两家以 ADRs 形式在交易所上市;在 20 家被指控其内部人有合法的资产隧道行为的公司中,有 6 家公司以 ADRs 形式上市。Silvers (2011) 指出,在更大的样本中,被 SEC 指控的非美国公司并不罕见,SEC 通常很活跃并有效。

Coffee(2007)在之后的一篇述评中,承认了这些早期的且有效的对"法律绑定"假说的挑战。他在这次反驳中的目的是要加强区分法律正当性的重要性,不是根据书本上的法律条文,而是根据执法强度来解释交叉上市决策以及资本成本的国别间差异。间接地,他承认了 Licht 和其他批评者所指出的许多实证研究的如下缺点:过分依赖于 La Porta et al. (1998) 等人所采用的关于法律保护的原始条目及其变形。Coffee 指出,这些研究的最大缺点是对执行问题关注太少。

随后,Coffee 根据不同监管机构给予私人部门的自由度和差异程度,对全球监管制度进行了分类,区分了政府主导型(government-led)、合作型(cooperative)以及灵活型(flexibility)。他建立了一个包括投入资源(预算和人员)和产出(所产生的法案、所实施的处罚)的数据库,来评估哪种制度提供最大的增值。每 10 亿美元的股票市场资本化所耗费的预算由大到小排名顺序为:澳大利亚、加拿大、英国、美国和新加坡,根据 LLSV(1998),这些国家都是具有较高法律保护的英美法系国家。美国的监管模型大概是最灵活的,给予私人部门最广泛的自由裁量权,却进行了至今为止最多的证券执法行动、最高的货币制裁和财产处罚、最多的内部交易起诉和定罪。20 世纪 20 年代,英国金融服务管理局的执法预算仅占其全部预算的 13%,而同期 SEC 的执法预算则接近 40%。Coffee 的实地研究确实有效,但仅限于那些数据可以获得的少数国家。

一个对法律绑定挑战更有趣的回应来自 Gande and Miller(2011) 的研究(2011)。他们发现,SEC 或其他政府机构所采取的公开执法行动相对很少,而且处罚很轻。然而,私下的执法行动可能就不是这样了。这些作者考察了 269 起对在美交叉上市公司的集体诉讼,他们发现,对这些公司的总处罚高达 90 亿美元(按公司母国货币形式计算)。但更重要的是,市场对于这些公司的处罚更为严重,表现为显著为负的股价反应(-6.16%),平均每个受影响的公司损失 3.92 亿美元的公司市值,换句话说,所有受处罚的公司损失市值 730 亿美元。这样看来,美国证券法对于外国上市公司的制裁既不罕见也不轻微。

学者们可以从这次争论中学到的是,对于绑定假说,尤其是其纯粹的法律绑定假说的有效性,还不能完全判定。我认为,我们仍然需要对世界各地的执法体制进行更全面的了解,包括各体制中的财务投入和全部的法律"产出"。所做研究必须指出对控股股东谋取私人利益进行强有力处罚的威慑性影响,以及不同执法体制对交叉上市决策的影响。

3.2 分清与绑定相关的上市后的复杂后果

外国交叉上市公司所获得的正的估值收益到底有多持久(尤其是那些主要以美国证券交易所为上市目标的公司),成为许多批评绑定假说的焦点。这些研究已经攻击了 Doidge et al. (2004)的原始发现,他们重新检验交叉上市溢价(即交叉上市公司的托宾 q 相对于仅在国内上市的配对公司的托宾 q 的比率),在最初上市日之后的日期中,是否能随着时间的推移而得以持续甚至加强。在我概括这些观点之前,我认为有必要回顾一下 Foerster and Karolyi (1999)所进行的关于在美上市前后的长期回报的第一份研究。他们发现,在上市后一年的时间里公司的周异常收益率有累计 9% 的下降。这 9% 的下降使公司最终的周异常收益率上涨 1%,因为在上市之前的一年中,公司的周异常收益率累计增长 10%。尽管他们承认最终的估值收益是正的(两年期间的积累),但较小的净收益(1% 到 2% 之间)是 Stulz 批评市场分割理论的重要因素。他还指出,在利用传统的事件研究方法来理解交叉上市现象背后的经济学时所进行的推断将存在缺陷。Foerster and Karolyi 的确也考虑了上市后异常收益的下降或许与融资活动有关,这类似于国内初始发行或再发行之后的长期业绩低下 (Ritter, 1991; Spiess and Affleck-Graves, 1995; Loughran and Ritter, 1995)。但是,当他们对那些具有融资的公司(以 level Ⅲ ADRs 上市的公司占样本的 30%)进行控制之后,上市后的异常收益下降现象并没有消失。底线是,在 Doidge、Karolyi 和 Stulz 采用另一种方法对交叉上市进行解释时,他们是知道这些结果与顾虑的。

Gozzi, Levine and Schmukler (2008) 通过质疑外国公司在美国交叉上市后,其托宾 q 估值比率是否在交叉上市一年后仍然持续,以此挑战 Doidge et al. (2004)的发现。他们从 1989—2000 年间来自 74 个国家的超过 9 000 家的公开上市公司中,选择考察了 1 170 家"国际化"(他们的用词)的公司,包括在美国、伦敦(或在两地同时)上市的外国公司,以及进行全球融资的公司(即使没有海外上市)。最有趣的结果是,相对于母国公司,这些"国际化"公司的托宾 q 在上市的一年中更高,而且如果把时间增加到两年,也是如此;但是上市 3 年后,托宾 q 的不同就消失了。无论交叉上市地是在美国交易所,还是场外市场或私募市场,或者是仅仅进行全球融资,这种情况对所有的外国公司都成立。(当然,绑定假说应该只适用于在美国交易所上市的公司,这对他们的检验会造成不利影响。)

他们进一步将托宾 q 分解成两部分：一部分与市场价值的变化相关，称为分子效应；另一部分与资产基础的变化相关，称为分母效应。结果表明，上市前市场回报的上升引起上市前托宾 q 的增加；并且，即使公司的资产基础扩大了，上市后市场回报的下降也会引起托宾 q 的下降。这种下降，和绑定假说所支持的更好的公司治理会带来持久的托宾 q 的上升是不一致的。他们据此认为，市场回报的动态变化可以用公司在热市中寻找上市机会的市场时机选择来解释，而持久的资产增值则可以用市场分割假说来解释，海外市场中更低的资本成本促使公司进行更激进的资本投资，而国内企业则无法做到这点。

Sarkissian and Schill(2009a)以在 25 个不同国家上市的 1 676 家外国公司为样本，发现大部分海外上市的估值收益并不是持久的。他们的研究有三个创新点：① 他们选择的样本真正具有全球性，包括了所有上市活动的组合；② 他们考虑了给定市场的公司上市顺序，把以前就在此市场中上市的公司和随后才上市的公司区分开来；③ 他们长期跟踪这些公司，进行了长达 120 个月(10 年)的观察。他们发现，平均而言，在美上市以及首次在美上市的公司都获得了暂时的估值收益(上市 12 个月后收益都下降)。他们未发现交叉上市公司能获得持久估值收益的证据，即使对于那些在更具流动性、法律保护更强的市场上市的公司或者拥有更大的股东基数的公司来说也是如此。这项研究支持了信息壁垒的存在，而信息壁垒是投资壁垒的一种间接形式，投资壁垒又引发交叉上市，因此，Sarkissian and Schill (2009a)将交叉上市归因于市场分割假说，而不是绑定假说。其他学者质疑此事件研究方法的可靠性，因为 10 到 20 年时间水平的观察不具说服力。Hail and Leuz (2009)指出，Sarkissian 和 Schill 研究中的估值变化幅度过大，以至于不能将其仅仅归因于交叉上市。

还有其他一些文献关注外国公司在交叉上市后财务和经营业绩的其他方面，试图以此来挑战绑定学说。Pinegar and Ravichandran (2003)利用两级股票各自的 ADRs(同胞 ADRs (sibling ADRs))，通过具有不同投票权的两级股票的价格之差来度量投票权溢价，发现墨西哥股票的投票权溢价存在一些异常。他们惊奇地发现以 ADRs 形式上市的投票权股票有显著的折价，这一现象不能由现金流权利、市场风险、流动性、大股东控制权或者所有权限制的不同来解释。这次被调查的公司样本很小(不足 5 家)，所以读者应谨慎对

附录 公司治理、代理问题与跨国交叉上市：对绑定假说的捍卫

待这一结论。但是，以 ADRs 形式在美交叉上市的公司所存在的任何股价上的不同，都代表着对绑定假说所预测的在美上市公司所具有的股价溢价（正如 Doidge et al.（2004）所指出的）的挑战。他们发现的溢价的波动以及反转方式（折价而不是溢价），使其他学者提出质疑，怀疑对控制权私人利益的度量是否无用。

King and Segal（2009）考察了 1989—2004 年 277 家在美上市的加拿大公司，尤其注意了有两级股票的公司。研究显示，就像其他人证明的那样，交叉上市溢价确实存在，这些股份通常成为大量的美国机构投资者所有权的基础，但他们也惊奇地发现，制度方面的好处并不影响溢价的消失，即使对那些具有两级股票的公司也是如此。他们的目标并不是反驳绑定假说，但他们的研究重申了两级股权公司从交叉上市中获得了更大的、更持久的估值收益，就像 Doidge 所展示的那样。

Pinegar and Ravichandran（2004）更激进地挑战了绑定假说，他们对以美国大的、合格机构为买家的 Rule 144a 私募进行单独研究，Rule 144a 私募不需要外国公司进行专门的注册与报告，如果违反了合同，美国法院也不会给予法律处理。和 Doidge et al.（2004）的发现不同，Pinegar and Ravichandran 发现了托宾 q 正的、持久的交叉上市溢价，尤其是那些来自法律环境较差国家和地区的私募（例如，韩国、印度和中国台湾地区）表现最明显。而 O'Connor（2009）针对美国场外市场及私募发行的样本更大的研究，却发现了与上述研究相反的现象。

Litvak（2009）将一系列不利于绑定假说的后市研究的发现做了汇编。她研究了交叉上市公司托宾 q 的月度相关变化率（和与其匹配的同期国内公司相比）。结果显示，托宾 q 的变化与美国市场指数的波动（尤其是 2000 年时技术、传媒、电信等市场的崩溃）相联系，也与美国市场所产生的全球交易量与母国市场的交易量之间的比例波动相联系。她还展示了这两种联系与交叉上市溢价的下降相关联的强度。她认为，交叉上市的溢价会在于美国上市 6 年内消失。因为所有这些后市现象都不能用绑定假说或任何其他解释交叉上市动因的假说所解释，她提倡一种高度复杂的、与投资者熟悉度相关的行为解释。

一个对绑定假说有趣的挑战是，交叉上市公司的后市估值（由传统方法来度量）和与其同期的未交叉上市的母国市场中公司的价值无关，但与同期的已在美国上市的美国公司价值相关。乍一看，绑定假说无法对此现象做出

解释。毕竟,美国为中小股东提供的法律保护、执法力度,以及声誉中介机构提供的监管对公司来说应该是无差别的。然而,Frésard and Salva (2010b)发现了"国外公司折价"。他们发现,1980—2006年间,交叉上市的外国公司的托宾 q 平均比相对照的美国公司(在销售量、销售增长量、行业分类方面相匹配)低14%,而且,他们坚持认为,对比再次发行的美国交叉上市公司的话,这种差距更大。他们将折价现象与美国机构投资者和财务分析师的关注联系起来:更多的关注能明显降低折价。这一发现让我们质疑交叉上市的外国公司和美国公司的可比性(例如,在公司治理性质和机制方面并不存在可观察得到的差别),以及背后的绑定假说的合理性。

对绑定假说的挑战集中在交叉上市公司上市后市的表现,这无疑很有意义。但是很少有研究能给予明确表述。首先,自从这些公司的长期回报的研究最早开展以来,许多复杂的估值反应已经为人所知与理解。对于在美国主要交易所上市的外国公司,上市前估值的提高和上市后估值的下降体现得最为明显。其次,估值在上市前后的波动大小是多少,它们有多持久或多短暂,在初次上市后多久会消失,以及哪种类型公司会经历最剧烈的变化,这些问题都存在明显的不确定性。最后,研究人员发现,估值的波动与同期出现在这些公司中其他财务或经营上的变化之间存在许多有趣的联系。最主要的因素似乎如下:投资活动以及资产增长的变化,上市前后融资活动的规模和范围,公司所有权结构的特别之处(比如两级股权)及结构变化,在新市场中交易在多大程度上会发生。但我们对这些联系始终没有精确的经济上的理解。在这方面,支持和反对绑定假说的发现一样多。

3.3 区分竞争性和互补性假说

经过对交叉上市20多年的研究,很多备选的解释被提出来以解释交叉上市决策,这些解释与传统的市场分割假说或者新近的绑定假说都没有直接的关系。很多人认为这些新的解释是对绑定假说的批评,但这些解释其实既非来自对传统的市场分割假说的不满,也非来自一个新的故事。实际上,很多观点是在对交叉上市的研究中,从其他学科角度进行原创的,这些观点并不受估值变动所影响,尽管估值变动是之前研究的焦点。然而,就像我在下面即将指出的,这些新的解释或许与绑定假说有重要的联系。我将表明,其中的一些解释可以视为 Stulz (1999) 和 Coffee (1999) 当初所概括的不同绑定机制——包括所谓"声誉中介"——中的一种。下面我将这些解释归为"竞争性和互补性假说"并加以述评。

3.3.1 信息环境的变化

Saudagaran(1988)、Biddle and Saudagaran(1989)、Saudagaran and Biddle(1992,1995)等人的早期研究提供了第一批实证发现,这些发现将所观察到的全球范围内的跨国上市选择跟许多因素联系在一起。其中,最重要的因素是,强制性会计、上市和监管要求以及市场参与者所期望的自愿披露所带来的负面影响。尽管有这些早期的发现,但在拥有最严格监管制度的交易所上市的公司数量在20世纪90年代却迅速增多。结果,一系列论文如Cantale(1996)、Fuerst(1998)和Moel(1999)——令人失望的是,这些论文最终都没有发表出来——提出了新的分析模型来解释公司选择有更高披露要求的市场作为最佳上市地的行为。这些模型的基本要素都涉及一些信息不对称或不完全市场理论,这符合Merton(1987)的精神。公司通过海外上市向市场传递了其公司质量更好的私人信息,最终信号传递均衡得以实现。举例来说,Moel(1999)建立的"两个国家,两种证券"模型,将最佳信息披露均衡描述为企业和市场参数的函数,并提出一个重要预测:如果一个企业具有更高的公司特质波动性,在一个信息披露质量较低的环境中运行,规模更大,那么这个企业将会选择披露更多的信息。毫无疑问,这些模型启发了Coffee(1999)和Stulz(1999),从而提出外国公司在一个具有严格的初始和后续信息披露要求和监管执行力强的市场中交叉上市,如何可以作为一种可信的机制将公司自身与更好的公司治理绑定起来。

一些已发表的研究论文以这些有影响力的工作论文作为出发点。Huddart,Hughes and Brunnermeier(1999)利用一个理性预期模型,来检验公众披露要求如何影响控股股东的交叉上市决策,不过他们增加了进一步的应用,通过模型化来考察这些海外上市决策如何影响那些自由行事的交易者的决策,这些交易者在股票交易的不同市场之间寻求流动性。这个均衡理论描述了一个所谓的竞赛——交易所会通过降低交易成本和提高披露要求来争夺上市公司。Chemmanur and Fulghieri(2006)扩展了这项研究并表明,公司会从交易所的竞争中受益,但仅仅在非常严格的条件下才如此。事实上,他们预测了一个基于最优监管的天然市场分割:拥有不同声誉和上市标准的交易所可以共存。在此基础上形成的一个推论暗示,在声誉高且披露严的交易所交叉上市的外国公司应该有更多的分析师报道,因为更多的信息传递是促使海外上市的一个原因。

很多实证研究证明了以上模型中的预测。这些研究集中于公司在母国和东道国交易所之间的上市选择,但其他的研究则评估资本市场对这些公司所处信息环境变化的反应,比如,追踪某只股票的分析师数量。Baker et al. (2002) 仿照 Foerster and Karolyi (1999) 的方法,以事件研究法检验在纽约和伦敦上市前后的长期回报率,但他们发现,上市前股价上涨、上市周跳水、上市后股价下降的现象和追踪公司的分析师数量以及这些公司在目标市场中所获得的媒体曝光度有关。

Lang et al. (2003) 以 28 个国家大约 5 000 家母国公司为参照样本,观察了 235 家在美交叉上市的公司,他们发现,在美上市公司的分析师数量比母国公司多出 2.64 个,而且分析师对股价预测的准确度提高了 1.36%(以各自的股价的百分比来度量),这两个数字在经济上都有大的影响。他们还指出,交叉上市公司的股票溢价——Doidge、Karolyi 和 Stulz 计算的交叉上市公司与母国配对公司的托宾 q 的比率——和分析师数量以及预测准确度的提高正相关。他们进一步扩展其研究——Lang et al. (2004)——并发现,对于来自对中小投资者保护程度较差国家的公司,以及有家族或大宗管理者持股的公司来说,这种影响将更大。换句话说,他们提供了正面证据以表明分析师(数量)可以作为声誉绑定的一项机制。所有这些都支持了绑定假说。

Bailey et al. (2006) 避开了在上市事件前后的资本市场反应研究中的方法论问题,他们转而研究交叉上市公司所面临的信息环境质量的变化,方法是比较公司在上市前和上市后的盈余公告日附近的市场反应。他们以 1984—2002 年 46 个国家的 427 家公司为对象,计算其在美上市前后盈余公告日附近的累积异常收益和累积异常交易量。他们发现,波动率提高了 23%(盈余公告日附近每一个 3 天窗口期,从 2.75% 增加到 3.38%),并且,令人吃惊的是,这种增长现象主要集中在来自具有发达经济和良好的法律与监管制度的国家的公司,甚至也出现在场外市场及 Rule 144a 私募市场中的公司。他们并没有专门提到绑定假说,但是就信息环境来说,最剧烈的增长性波动出现在本应波动最小的公司中,这个事实非常令人疑惑。当然,这些结果也许反映了资本市场参与者的先验预期,即这些企业本应在美国交易所上市而不应逃避信息披露责任。

这些研究面临的重大挑战是如何选择最合适的测量信息环境质量的方法。Fernandes and Ferreira (2008) 转而去测量股价信息含量,他们用企业特定或特有的股票风险指标(从市场模型中抽出的非市场相关波动率)作为代理变量。他们发现,在美国交易所(NYSE 和 AMEX)以及 NASDAQ 交叉上市的非美国公司,比起其他未交叉上市的非美国公司,具有更高的企业特定收益率的波动,而且,对于来自发达市场或者来自具有最强投资者保护制度的国家的公司,这种波动在上市前后倾向于上升。尽管这个发现支持了与交叉上市相关的信息效应假说,也支持"私人信息成本的降低导致更多的知情交易"这一观点,但这并非故事的全部。对于来自新兴市场的公司,他们的结果表明交叉上市与降低的公司特定收益率波动相关。他们试图解释这一矛盾:当来自新兴市场的公司在美国交叉上市时,增加的分析师数量对股价信息含量其实有负面影响,并且这种负面影响似乎超过了披露和监管得以加强所带来的正面影响。Dasgupta et al. (2010)在一个相关的研究中,也表明上市公司特定收益率波动在上市前后会有一些令人惊奇的动态变化。这种矛盾的结果对要求更严格的信息披露的绑定假说提出了挑战。

3.3.2 投资活动的变化

根据对公司管理者的调查,进入资本市场是海外上市的一个基本动机,这也是市场分割假说和绑定假说的一个关键内容,因为资本成本的降低只能使那些利用这种有利条件进行融资的公司获利。对于面临融资约束的公司,这些好处预期是最大的。Lins et al. (2005)首次证明,在美国上市的外国公司受到更少的信贷约束,因为在美上市后,他们的投资(以资本支出占总资产的比例计算)对现金流的依赖性降低了。这是他们在分析了 1980—1996 年间在美交叉上市的 81 家来自发达市场的公司和 105 家来自新兴市场的公司之后得出的结论。

为了考察投资对自由现金流的敏感度的变化,他们采用 Fazzari et al. (1988)的方法,以公司在美上市后的市价账面比作为控制变量,以在美上市后的季度生成交互项,然后将每季度的投资与总资产之比对净现金流与总资产之比进行回归。结果表明,敏感度系数下降了 30%,而且这种现象集中于来自新兴市场并且法律保护水平(采用 La Porta et al. (1998)的指标来度量)低于中位数的公司。之后的横截面检验和绑定假说一致,但是,由于这项研究甚少提到绑定假说,所以不怎么引人注意。几乎很少有人再次认真地研究在美国以及其他目标市场进行交叉上市的公司的资本支出活动。

较大的公司投资决策通常以收购及杠杆收购的形式,盛行于公司控制权市场中,这种行为可以在公司内部系统失败的情况下发挥监管作用。Stulz

(1999)将公司控制权市场视为一种特殊的机制,通过这种机制,在具有重要的、活跃的并购活动的市场上进行交叉上市的公司可以为投资者提供新的可能性来解雇表现不佳的公司管理者。这导致了投资者之间对控制权更激烈的竞争,而这令现有股东直接获利。

Kumar and Ramchand (2008)建立的模型是首批考虑了跨国交叉上市和跨境收购之间的交互项的模型之一。他们把焦点放在试图减少与控制权私人收益相关的道德风险问题的控股股东身上。该模型的思想在于:控股股东可以观察到海外并购所带来的增长机会。交叉上市可以有效降低通过股票融资来收购外国目标企业的交易成本。但是,他们之所以能够做到这一点,并非通过向被并购企业的股东提供任何法律上的保护,而是伴随着交叉上市而来的全球股票发行所导致的控制权稀释,这最终降低了代理成本。他们把这种现象定义为绑定假说的基于市场的形式,从而与制度形式区别开。这是一种令人困惑的区分方式,而且他们没有提供任何的检验。但他们的确在实证上指出,对于一个经历了权益再发行、在交叉上市前后经历了大的控制权削减或进行了其他旨在提升公司治理的行动的收购方,在美国交叉上市后的3年内更易于收购。

Tolmunen and Torstila (2005)以1995—2000年在美国交叉上市的196个欧洲公司为样本,来考察它们"收购货币"的动机。他们发现,在美国交叉上市之后,基于权益融资的并购行为的比例比上市之前要高。然而,令人惊奇的是,他们发现,发起一项并购的可能性却没什么不同。在一个相关的研究中,Burns et al. (2007)以针对美国目标公司的外国并购的更大样本,来检验在美国交叉上市在多大程度上带来了法律绑定或声誉绑定。他们发现,与美国公司相比,交叉上市的公司在美国进行收购的过程中更少地使用权益。进一步地,来自法律保护程度较差国家的交叉上市公司比来自法律保护程度好的国家的交叉上市公司更少地进行股权融资,并支付更高的溢价。利用分析师数量和机构关注度,他们发现了支持声誉绑定重要性的证据。他们认为这些证据表明了交叉上市公司单纯的法律绑定的局限性。

虽然Frésard and Salva (2010a)没有将注意力放在公司的投资或并购决策上,但他们研究了一个相关的公司政策选择:公司应该持有多少超额现金储备以及投资者对这些超额现金储备该如何估值。如果公司的治理机制更加严格,就像在美国交易所交叉上市的公司一样,那么这将削弱公司内部人将持有的现金转化为控制权私人利益的能力。因此,作者认为,公司在交叉上市之后,其一美元的超额现金储备的市场价值将高于以前。这可以说是在这种背景下的绑定假说。确实,他们表明,在美国交叉上市公司的超额现金的价值几乎比与其配对的母国公司的超额现金价值高三倍。这项研究有价值的一个地方在于,他们试图找到交叉上市公司的加强的监管来自哪些渠道,并考察分析师在其中扮演的角色。

3.3.3 投资银行在资本筹集中的作用

Coffee(1999)和 Stulz(1999)所识别的另一个为交叉上市公司的代理问题提供潜在监督作用的市场机制,是帮助企业外部融资的投资银行。为了出售证券,公司管理者雇用投资银行,后者起着认证的作用,承担着将这些证券出售给客户的声誉风险。当针对全球市场融资时,来自法律保护程度低、机构监管差的发展中国家的公司,可以选择比国内投资银行更具有国际声誉的投资银行进行证券发行。但是,这种特别的绑定机制的可信度和有效性究竟如何,是一个实证问题。

早期对于全球股票发行(GEO)的研究并没有明确考虑投资银行的声誉。Chaplinsky and Ramchand(2000)考察了美国公司全球股票发行(至少在美国之外的一个地区发行股票)的收益和成本,利用 1968—1995 年 438 家余额包销发行的公司为样本,他们发现这些公司相对于仅在美国国内上市的公司,股价反应的负效应高 0.8%。在这个情境中,绑定假说似乎并没有起作用,因为美国公司在海外上市之前已经享有了严格的法律制度和规范的机构监管。然而,Foerster and Karolyi(2000)对 1982—1996 年来自亚洲、拉丁美洲和欧洲的 35 个国家中 333 个以 ADRs 形式进行全球股票发行的公司进行估值,他们发现,在跨境上市后的三年多时间里,进行全球股票发行的公司的估值比相对应的仅在国内上市的公司低 8% 至 15%。这种表现不佳的情况主要出现在发达市场中以 Rule 144a 进行私募的公司中。作者认为他们的发现和市场分割学说并不一致,他们反而提供了另一种假说,认为交叉上市公司的价值与信息环境的质量相关,而且最重要的是,他们认为这些发现与绑定假说一点关系都没有。Bruner et al.(2004)对以 ADRs 形式上市的非美国公司进行了实地调查,关注其短期和长期回报、承销费用以及投资银行的作用。研究显示,承销商异乎寻常地集中在一组选定的公司中,而路演的基本目标是三者之一:提高透明度,提高财务报告的质量,以及提高管理者对股东权利的尊重。

Loureiro(2010)以在美国交叉上市的公司的 400 例首次或再次发行为

样本,对全球股票发行中的承销商声誉做了一个综合性研究。他发现,来自股东保护程度较差国家的公司,更显著地倾向于雇用声誉高的承销商。他认为,声誉高的承销商所提供的额外监管机制可以帮助公司克服美国投资者对公司的怀疑,这在一定程度上解释了这些公司为什么能在交叉上市后获得更高的公司估值。他利用多种方式来度量承销商声誉,但重点放在基于 GEOs 市场中投资银行的跟踪市场股票的那个度量上。然而,为了获得绑定的利益,需要支付一定的成本。Loureiro 发现,如果来自股东保护程度较弱国家的公司,被高声誉的承销商来承销股票,那么它们的价值被低估的程度更高。关于投资银行在促进融资活动方面的作用,还有很大的研究空间。

3.3.4 公司董事会的作用

董事会是监督管理者最直接的机制,并且公司业绩不佳时,董事在任免公司管理者方面扮演重要的角色。对于那些想要赢得全球投资者的公司来说,他们必须保证资金的使用受到有效的监督。这对那些来自法律制度较差的欠发达国家的公司是一个严峻的挑战,因为很多情况下,这些公司的董事会并不活跃,且很少具有独立性。

有两个研究提供了积极的证据,证明董事会是一个潜在的有效的绑定机制。Dahya et al. (2008)以 22 个国家中有控股股东的 799 家公司为样本,调查了其公司价值——以托宾 q 来度量——和独立董事比例之间的关系。他们发现,两者之间有正相关的关系,这对那些股东保护程度差的国家而言尤为明显。这些发现表明,控股股东可以通过任命一个"独立的"董事会,至少可以部分地抵消当前研究所提到的与国家层面的弱投资者保护相关的价值折价。他们研究中的一个有趣特点是,他们确实控制了公司是否在美国交叉上市这一指标,这就保证了绑定假说中潜在的两个竞争机制可以被评估。虽然他们发现了正的交叉上市溢价,但是他们自己也承认,这一发现的精确度太低,因为他们的样本受到所研究的每一国家的数据约束的限制,例如,公司的所有权(控股股东是否存在)、规模以及董事会的独立性。这些估值结果的缺陷进一步阻止了作者对董事独立性与交叉上市的交互项的检验,从而无法估计这些绑定机制的可替代性。

Lel and Miller (2008)检验了涉及董事会的公司治理的一个基本结果:董事会识别和解雇表现不好的 CEO 的能力。他们以交叉上市公司解雇表现不佳 CEO 的力度,来度量美国投资者保护制度在提高公司治理水平方面的有效性,进而与绑定假说联系起来。他们发现,来自投资者保护程度差的公司在美国主要交易所交叉上市后,比那些未交叉上市的公司来说,更易解雇表现不好的 CEO。而在那些未采用最严格的投资者保护制度的交易所中进行交叉上市的公司,就不那么倾向于解雇表现不好的 CEO。作者认为他们的结果为 Coffee(1999)和 Stulz(1999)的绑定假说提供了正面的支持。然而,他们的证据与绑定原理以及更好的公司治理相一致,但他们却从没识别出到底是哪一种治理机制(更有力的董事会、更严格的披露制度,还是其他的外部监督)提高了业绩不佳的 CEO 的更换率。如何以一种可靠的方式来识别出能够提升公司治理的途径,似乎仍是一个需要继续努力的挑战。

3.3.5 机构投资者的作用

海外上市的基本目标之一是扩大公司的股东基数。一组新的股东包括大的海外机构,在这个意义上,成本高昂的监督之所以发生,更大的可能在于控制利益,以便使中小股东获利进而提高公司价值。这是 Stulz(1999)所识别的"声誉绑定"的重要机制。由于缺少交叉上市公司在所有权结构方面的及时、准确的信息,声誉绑定的重要性总是不具检验性,但一些研究已经取得了突破。

Bradshaw et al.(2004)是第一篇此类研究。结果显示,美国的机构投资者更倾向于投资美国的交叉上市公司。他们认为,这是因为美国机构投资者偏好具有更高质量的财务报表信息。他们从汤森路透 Worldscope 数据库的 13 种不同会计信息披露中获得数据,包括 1989—1999 年几乎 90 000 个企业-年观测值,他们将这些数据与 SEC 的季度文件相结合,这些文件与主要机构(资产在 1 亿美元以上)的有利持股有关。他们指出,和 GAPP 准则越一致的公司越有可能获得机构投资者的青睐。

另一些重要的研究则利用了美国联邦储备委员会理事会关于非美国公司股东监管水平研究的数据,这些数据是从 U.S. Custodians 自 1994 年开始要求的报告中得到的。Edison and Warnock(2004)表明,投资者对新兴市场企业尤其是在美国交易所交叉上市的企业的持有情况,与其相对(浮动调整)市场价值成比例,但对于仅在国内交易的股票,情况则不是这样。Ahearne et al.(2004)提到了一个相似类型的母国偏差现象,美国对外国权益的持有集中于那些在美国有更少份额的上市股票的国家。

Aggarwal et al.(2007)指出,美国的机构投资者和散户对交叉上市的股票并不具有同等的偏好。利用晨星(Morningstar)公司的共同基金数据库,他们相信,投资者对 ADRs 的偏好大大优于对普通股的偏好,但这种现象只在那些投资者保护程度低、流动性低、转换成本高的国家公司中出现,如果公司在母国市场仅有有限分析师关注的话。对交叉上市的公司来说,母国的治理属性仍起作用的事实至少间接地说明,通过声誉中介(比如共同基金)进行绑定代表了来自东道国法律环境纯粹影响的一种暂时机制。Leuz et al.(2009)扩展了这项研究,进一步指出,美国机构持股的"交叉上市效应"对公司自身的治理也具有敏感性,其中公司治理可用控股股东的存在性来度量,而这种存在性又通过管理者及其家属的持股比例来度量。

3.4 理解监管事件以及对海外上市的竞争

体制的转换也会提供新的研究机会。在我早期的综述(Karolyi, 2006)中,我提倡对美国市场的一项重要监管制度的变化——2002年《萨班斯-奥克斯利法案》(SOX法案)的通过——对跨国交叉上市的直接后果进行研究。美国总统乔治·布什于2002年7月30日签署了SOX法案,它制定了一系列条款来提高在美上市公司的公司治理水平。在该法案通过之后,很多人都意识到这项法案会有意无意地影响那些在美上市的外国公司(Perino, 2003)。这项法案引起了与之相关的各方尤其是欧洲发行人的不满,原因在于:遵守SOX法案所导致的成本的显著上升,对母国市场过多的要求,以及停止报告责任的困难。美国证监会推迟了对这些问题的考虑,直到2007年由于外国私人发行者的问题才重新考虑。在2006年的那篇综述中,我提出一些新的值得研究的问题:监管制度的变化是否会影响这些外国公司的投资者保护程度及股东财富?机构投资者、董事会成员、分析师、投资银行以及其他中介机构的监管激励机制会如何变化?法案会最终影响公司继续在美国上市的决策吗?SOX法案的通过为绑定假说提供了一个理想的实验环境。

在接下来的五年里,有大量的新研究确实出现了。尽管我本想在综述中尽量讨论这些研究,但对于本文的内容,一个重要的、令人意外的"催化剂"是如下非常公开的政策辩论:美国的法律与监管是否过度(例如SOX法案)以及它们对美国资本市场的竞争优势带来何种威胁。由哥伦比亚大学教授Glenn Hubbard和布鲁金斯学会(Brookings Institution)的John Thornton共同主持,并由哈佛大学的Hal Scott教授直接管理的资本市场监管委员会(Committee on Capital Market Regulation, CCMR)得出如下结论:相对于海外的股票市场与金融中心而言,美国正在失去其首屈一指的竞争地位。大约

附录　公司治理、代理问题与跨国交叉上市：对绑定假说的捍卫

在同一时期，纽约市长 Michael Bloomberg 和纽约参议员 Charles Schumer 发布了一个相似的报告，该报告由麦肯锡咨询公司进行准备。这两份报告都提供了对交易、上市以及交易量尤其是交叉上市股票的大量数据分析，结果表明，存在显著的从美国向监管强度较弱市场的迁移倾向，最为明显的是伦敦和香港。这两份报告认为，外国上市公司纯收益的降低，以及 2002 年（SOX 法案通过的那一年）以后美国交叉上市的估值收益的急剧下降，共同导致了美国竞争力的下降。

3.4.1　变化中的外国交叉上市竞争格局

这些报告也强调了外国发行人如何在美国公开市场上筹集到与私募市场（主要是通过 Rule 144a 私募）一样多的资本，私募市场可以避开公开市场中 SEC 强制的披露要求。由此得出的主要结论是，SOX 法案已经成为一个威慑，使得拥有其他备选途径的公司进入美国资本市场的成本大大提高。鉴于竞争格局已发生了如此戏剧性的变化，很多人开始直接或间接地质疑绑定假说的有效性。

那么，在美国主要交易所交叉上市的外国公司的数量下降了吗？它们下降的比例比在其他市场（尤其那些监管制度相对弱的市场，例如，香港和伦敦）下降的比例明显更高吗？图 1 和图 2 粗略地给出了这些公司的变化数量，数据来自股票交易所世界联合会（WFE），WFE 由世界各地的 50 多家交易所组成。我们必须谨慎地对待这些数据，因为这些数据是由 WFE 成员以不同的报告方法提交的，这些方法的不同则源于市场结构的不同、资产分类的不同、是否包括普通股和/或优先股上市、直接还是二次外国上市，以及是否包括投资基金和信托上市。

如图 1 所示，2008 年外国上市公司数量最多的是伦敦交易所，680 家，这一数量包括了在主板、全球存托凭证以及伦敦备择投资市场（AIM）上市的公司。排在第二名的是纽约泛欧交易所（欧洲），有 650 家海外上市公司。这家交易所包括了以前来自巴黎、布鲁塞尔、阿姆斯特丹和里斯本的交易所。纽约泛欧交易所（美国）和纳斯达克分列第三和第四位，上市公司分别为 415 家和 336 家。如果仅考虑一个国家，则美国拥有数量最多的外国上市公司，将美国股票交易所（AMEX）包括在内，一共达到 846 家。

如图 2 所示，1995—2008 年，世界上大部分东道国交易所的外国上市公司的总数是下降的，只有个别例外。在这个意义上，美国市场的经历可以作为其他交易所（例如，德意志交易所、多伦多的 TSX，以及瑞士的 SWX）的代

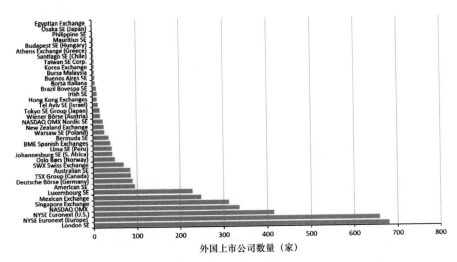

图 1 主要股票交易所的外国上市总数,2008 年

注:每一年的数据来自股票交易所世界联合会(WFE)2009 年 12 月所公布的数据。第一列的交易所名单是 2008 年的。在以前年度,某个给定的交易所可能已经以不同的名字存在或根本不存在。2003 年在 NASDAQ QMX Nordic Exchange 的上市数量是如下交易所的汇总:哥本哈根、OMX 赫尔辛基、OMX 斯德哥尔摩。这是由于合并而需要对数据进行加总的唯一例子。伦敦交易所的数量包括交易所本身所报的数量加上 2006 年后备择投资市场的上市数量。

资料来源:World Federation of Stock Exchanges。

表。在例外的交易所中,最显著的是那些上市数在增加的交易所,包括新加坡、墨西哥的 Bolsa de Valores(BMV,很大程度上要感谢他们的"Mercado Global BMV"),以及纽约泛欧交易所(欧洲)。伦敦交易所的上市量由于纳进了被备择投资市场(一个很特别的备选市场,该市场具有有限的首次上市要求以及增发上市要求)的上市量而受到严重影响。值得关注的是,香港交易所没有出现在图 2 中,这应该属于如何向 WFE 报告数据的一个技术问题。确实,香港交易所的主板和创业板上市量都提高了,因为在深圳和上海交易所上市的公司以 H 股形式在香港交叉上市,一些公司以红筹股形式在香港上市,还有一些公司在内地注册却在香港上市。到 2008 年年底,已经有 156 家公司在香港以 H 股上市,97 家以红筹股形式上市,所以香港交易所上市量应该在新加坡之后排在第六位。

尽管有一些上市公司数量未下降的例外的交易所,学者们也对其做出了专业性的解释,但近十年来,在美国上市的外国公司的数量一直持平甚至有

附录　公司治理、代理问题与跨国交叉上市：对绑定假说的捍卫　429

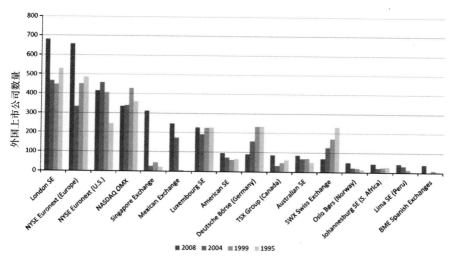

图 2　主要交易所中外国上市公司数量的变化，1995—2008 年

注：每一年的数据来自股票交易所世界联合会（WFE）2009 年 12 月所公布的数据。第一列的交易所名单是 2008 年的。在以前年度，某个给定的交易所可能已经以不同的名字存在或根本不存在。2003 年在 NASDAQ QMX Nordic Exchange 的上市数量是如下交易所的汇总：哥本哈根、OMX 赫尔辛基、OMX 斯德哥尔摩。这是由于合并而需要对数据进行加总的唯一例子。伦敦交易所的数量包括交易所本身所报的数量加上 2006 年后备择投资市场的上市数量。

资料来源：World Federation of Stock Exchanges。

所下降，这一现象似乎代表了美国交易所与其他市场的增长轨迹发生了转换。很多学者注意到了这种转换，并且以此来重新评估甚至质疑绑定假说作为解释交叉上市的合理性。但显然，情况要复杂得多。

这里存在两种完全相反的假说接受检验。如果绑定假说正确，SOX 法案的通过在没有增加额外成本的前提下，会使管理者和控股股东榨取中小投资者利益行为的成本更高，这将使中小股东获得净收益。在这种情况下，外国公司会继续在美国交易所上市，而且有可能提高上市率。另外，首先由 Doidge et al. （2004）发现的交叉上市所带来的估值溢价应该会持久，甚至在绝对数量上应该更大。但实际上，上市公司的数量以及净的估值收益都被实证检验有所下降。因此，另外两种可能的解释出现了。一个是，SOX 法案强加给这些公司的额外成本超过了限制公司管理者或股东谋取私人利益所带来的好处，另一个解释是，绑定假说从一开始就不是对交叉上市合理的解释。

显然，后者对于绑定假说的拥护者来说不是个好消息，而对于绑定假说的各种挑战，我之前也有所叙述。但是，即使第一种解释是正确的，那就说明SOX法案确实削弱了美国市场在吸引外国上市公司方面的竞争力。在下面我即将讲到的很多研究中，这种"竞争力损失"假说被当做绑定假说的重要替代品，即使可以辩称该假说与绑定假说其实高度一致。这个问题的焦点其实就是，在监管规则改变之后，公司通过绑定所获得的利益是否还能超过因遵守美国监管机构的规定而耗费的更高的成本。

在最近的研究中，研究人员通过企业层面以及国家层面的特征，利用交叉上市股票的横截面，来考察哪一类公司的净收益会下降得更多或更少，并且这些特点是否与绑定假说所预测的一致。如果绑定假说是正确的，那么收益下降最小的公司应该是那些最需要绑定的公司：成长最快，融资受限，有控股股东，并且其母国资本市场不发达，法律水平低，对中小股东的保护制度差。

对于SOX法案和外国上市公司的研究新浪潮使用多种研究方法。第一类研究关注交叉上市带来的溢价本身(相比于国内市场配对样本的托宾q的比率)，以及这种溢价在SOX法案通过后怎样变化。第二类研究则评估监管制度变化的事件(例如，SOX法案获得通过)所造成的股价反应。鉴于SOX法案对于在美上市的外国公司来说是一个意外事件，这是一个聪明的实验设计。第三类研究考察SOX法案通过后取消上市和取消登记(终止注册与报告责任，这些属于1933年证券交易法的管辖范围)的外国公司的公告效应。这些研究人员不仅考察了最终离开美国市场的公司数量，还考察了它们的特征以及它们对自身公告的股价反应。

3.4.2　SOX法案和交叉上市溢价

如上所述，首次检验SOX法案通过前后交叉上市溢价的潜在变化的研究由Zingales(2007)完成。该分析是CCMR期中报告(2006年11月)的重要组成部分(第三部分)。支持这项分析的数据是从Doidge、Karolyi和Stulz为发表论文(2009)的准备工作中获得的，数据期间为1997—2005年，包括外国上市公司的注册所在国数据，也单独包括美国目标市场(美国主要交易所、场外市场、144a规则私募市场)的数据。Zingales指出，在SOX法案通过之后(SOX通过之前的时间选择区间为1997—2001年，SOX通过之后的时间选择区间为2003—2005年)，交叉上市公司的托宾q估值溢价下降现象主要集中于来自对中小股东有较好法律保护(通过不同国家在大宗交易中所支付的平均控制权溢价来度量,见 Dyck and Zingales (2004))国家的公司。

乍一看上述研究是有效的,但仔细考虑后,会发现这项分析中一个关键的局限性是,它忽视了公司层面的特点。他还使用了年度的国家水平平均值,这赋予每年、每个国家以相同的权重,而不管这个国家中有多少未上市和交叉上市的公司。这种方法的缺点是,由于样本过小,结论易受极端值的影响。举例来说,在 Zingales 的表 1 中,控制权溢价在 SOX 法案通过前后变化最为明显的国家(地区),在 SOX 法案通过之前的年份拥有很少的交叉上市公司(对于一些国家和地区,在 SOX 法案通过之后,拥有的交叉上市公司也很少)。

Litvak(2007b, 2008)在两篇单独的研究中利用一些独特的创新方法扩展了 Zingales 对交叉上市公司溢价的研究:她同时采用仅在母国上市的公司以及在场外市场、私募市场上交叉上市的公司作为配对与基准,进而研究个体公司。公司基准都是从相同国家、相同行业中挑选出来的,并且具有尽可能接近的市值。在 Litvak(2007b)的研究中,她计算了 2001 年之前交叉上市公司的溢价,又计算了 2002 年 SOX 法案通过之后公司的溢价,她发现溢价有明显的下降。她选择的样本包括来自 40 个国家的超过 1 000 个配对公司。溢价下跌最多的是小公司和 SOX 通过之前有较高水平披露制度的公司。Litvak 解释说,这些结果和绑定假说不一致,但符合这一观点:投资者预感到 SOX 的通过会大大提高交叉上市公司的净成本,尤其是对那些小公司和公司治理水平已经很高的公司来说。

对于上面的研究方法,一个逻辑问题是:配对程序以及在此过程中是否使用了合适的匹配标准。通常,在母国市场或场外市场、144a 规则私募中找不到可作为基准的公司,如果真的需要的话,这些基准公司本应在交易所上市。此类研究的另一个问题是,所选时间跨度太短(对比 2002 年和 2001 年的数据),因此缺少数据精确度。并且,SOX 法案通过后对公司的影响不可能在 2002 年年底就全部体现出来。Litvak(2008)以相同的配对公司为基础,采用月度托宾 q 和市值账面值比率,并将基准时间扩展到 SOX 通过前的 1990 年,以此来解决时间跨度短的问题。她得到了和以前一样的结论:在 SOX 通过之后,公司溢价显著下降,来自对中小投资者有较好法律保护国家(因此获利较少)的小公司表现得尤为明显。

Doidge et al. (2009b)调查美国交易所对跨国交叉上市公司的吸引力是否减弱。他们所选的样本十分广泛,包括:所有在美国主要交易所上市的外国公司,与这些公司相关的所有仅在母国上市的配对公司,以及在场外市场、私募市场融资的外国公司。他们此次研究的另一个创新点是,研究对象还包含了交叉上市公司的竞争目标市场,即伦敦(包括主板和全球存托凭证(GDR)二次上市)和 AIM(备择投资市场)——寻求快速成长的小公司的二线市场。该文作者进行了四个实验。① 评估年度上市公司数量、新上市公司数量,以及取消上市的公司数量;② 研究可能在任何海外市场上市的单个公司的特点以及在 SOX 法案通过之后这些特点有什么变化;③ 对交叉上市公司溢价进行实证分析,包括在美国交易所、场外市场、144a 规则私募市场上市的公司,以及首次包括进来的在伦敦及备择投资市场上市的外国公司;④ 调查海外上市是否帮助了这些公司在全球市场融资的活动(和 Reese and Weisbach(2002)的实验相似)。

他们发现,在美国交易所和伦敦主板市场交叉上市的公司数量已经在下降。然而,他们认为,这种数量上的下降是由公司特征的变化所导致的,而不是由交叉上市所带来的利益变化所引起的。他们利用 SOX 法案通过之前的结果,对导致不同的上市形式的公司特征做了逻辑回归分析,并且将这些模型应用到 SOX 法案通过之后的公司上,结果意外地发现,在美国上市的交叉上市公司的数量有所增长而不是下降。当然,在 SOX 法案通过之后,被美国交易所吸引上市的公司的类型有所不同。结合 Zingales 和 Litvak 的研究来看,这是一项重要的结果,因为 Zingales 的研究并没有控制公司层面的特征,而 Litvak 的研究则采用固定的配对标准来选择基准样本。

Doidge、Karolyi 和 Stulz 通过调查 1990—2005 年上市和非上市公司的估值差异(交叉上市的溢价),发现在美国交易所上市的公司每年都会获得显著的溢价,这种溢价在近年来并未显著下降,即便考虑了时不变的不可观测的公司特征,这种溢价也具有持续性。与此相反,在伦敦主板和备择市场上市的公司,在任何年间都没有获得溢价。最后,他们指出,在美国主要的交易所交叉上市后,公司在母国及海外市场都可提高其融资能力,但在伦敦交叉上市后就没有这种效果。总的来说,他们的实验结果符合这一理论:在纽约交易所上市的外国公司可以持续获得公司治理水平提高所带来的好处,这意味着绑定假说是有效的。

3.4.3 SOX 法案通过之后的市场反应

测量 SOX 法案的增量收益与增量成本的另一种方法是:评估 SOX 法案在 2002 年通过前后的投资者反应。这是一个聪明的办法,因为 SOX 法案代

附录　公司治理、代理问题与跨国交叉上市：对绑定假说的捍卫

表了对股东财富及时的、外生的冲击。一系列的研究试图弄清这一问题，但得到了多样的结果。很明显，不同的方法、标准样本，尤其是所选时间段（SOX法案通过前后的关键时期）都会使比较变得困难，并且限制了任何推断的准确度和合理性。

第一个此类研究来自 Berger et al. (2005)。他们以35个国家中在美国交易所上市的490多个外国公司为样本，利用标准的事件研究方法，评估2002年7月在SOX法案背景下讨论外国私人发行的特定3天中的市场反应。有趣的是，他们采用美国市值加权指数来作为标准。他们发现，股票市场对SOX法案的反应是积极的，尤其对来自投资者权利执行力度差的国家的公司来说更是如此。这一发现表明，SOX法案提高了对投资者的保护程度，从而提高了公司价值，就像绑定假说所预测的那样。该文也考察了SOX法案通过后机构大宗股东和卖方分析师行为的变化，结果同样表明，SOX法案提高了外国私人发行的投资者保护水平。SOX法案通过之后，公司的分析师跟踪量与外部大宗股东的所有权比例都下降了。分析师跟踪量的横截面变化与投资者保护水平间存在微弱的正相关关系，这表明，SOX法案可能替代了分析师的监管角色。

Li (2007) 进行了一次相似的分析，不过，在他的回归分析中，他使用了仅在国内上市的"不受影响的控制样本"作为样本。他的发现明显不同：在SOX法案通过和实施期间，上市公司的累计异常收益率为－10%，尤其是对那些拥有较高治理水平（以国家层面的指标作为代理变量）的公司来说更是如此。在场外市场上市的公司，由于可以免除对SOX法案的遵守，因而没有受到SOX法案的影响。Litvak (2007a) 也进行了一项事件研究，但配对公司来自仅在母国上市的公司（相同国家、相同产业、市值相似），并且公告日期也更宽，结果还是发现了显著的负相关。然而，她并没有指出任何好的或差的公司治理水平的区分，只是说明，欧洲的公司受SOX法案的负面影响最小。Smith (2008) 在423家交叉上市的公司中，也发现受SOX法案影响的21家公司有－3.82%的累计收益率，他还指出，来自公司治理水平较好国家的公司的负效应更明显。和Berger的发现相反，Li和Wong的实验说明，SOX法案对外国上市公司强加了过度的遵守成本。

从这些结果中，我们可以得出一个重要的结论：研究方法很重要。选择在美国上市的公司还是仅在母国上市的公司作为受SOX法案影响的交叉上市公司的基准，对结论会产生很大的影响。无论从哪个角度测量事件影响的

大小,事件研究中选择的时期也很重要。毫无疑问,额外的统计噪声会通过事件研究中的传统问题来干扰研究发现,这些传统问题包括:对样本事件时间段的选择,以及受影响的股票之间的期望误差的截面相关性。

3.4.4 SOX法案通过后的退市和注销登记

越来越多的学者开始质疑绑定假说与交叉上市的相关性,尤其是在SOX法案通过之后,美国市场对全球上市公司的吸引力有所下降,从而降低了其竞争力。观察者们注意到新上市公司数量增长速度的减缓,尤其注意到取消上市的公司数量在增加,于是,学者们开始对这些取消上市的公司进行一系列的研究,考察它们的特点和属性、取消上市的时机选择,以及市场对其公告的反应。前文已经提到过,Doidge et al. (2009b)经过检验并确认,竞争格局的转变(美国市场上市公司数量的减少)是由被吸引到美国市场上市的公司特征的变化引起的,并不表明有资格进行海外上市的公司在SOX法案通过后就不再上市了。其他的研究(我将在下面讨论到)专门关注这些退市的外国公司,并得出了一些不同的结论。

对于公司来说,在主要交易所取消上市,转而在场外市场布告栏或粉单市场进行交易是一个重大的决定,但这并不能减少公司在注册和报告过程中要遵守的SEC所规定的义务。在很多情况下,这是在美国上市的公司担心的首要事情。证券交易法12g-4规则出台之前,根据1934年出台的证券交易法的12g法令,外国公司能否取消上市的决定因素是:持有该公司证券的美国居民是否少于300人。因为很难去核实持有人数,所以公司通常很难取消上市,即使当美国持股人很少的情况下也不行。鉴于公司取消注册的门槛要求更高了,很多研究开始考察取消上市这种行为的决策和影响,从而估计绑定和SOX法案所导致的美国市场竞争力损失之间的相对重要性。

一些实证研究考察外国公司在美国股票交易市场取消上市的决定性因素和经济后果。Liu (2004)观察了1990—2003年在美国市场非自愿退出上市的103家公司的股票反应,结果显示这些公司的股价平均下跌了4.49%。Witmer (2007)将样本扩大到1990—2003年从美国股票市场退出的116家外国公司,发现股价平均下跌了6%,但同时他也发现,非自愿退出的公司和营业额较小的公司所经受的股价下跌反应更小。如前所述,Li (2007)和Smith (2008)将他们的研究集中于SOX法案通过后对美国市场上取消上市的外国公司的经济影响。但Li发现SOX法案通过前,取消上市公司的股价下跌并不显著为负(在3天的事件窗口中,15家公司股价下跌1.58%),而

Smith 发现不显著的但正的股价反应(39 家公司股价上涨 7.75%)。Li 和 Smith 的研究都发现 SOX 法案通过后,公司有正的股价反应。

我们通常很难明确这些公司取消上市的动机,更难说明哪些公司是主动退市,哪些公司是非自愿(合并、收购、破产、来自交易所的行动)。Chaplinsky and Ramchand (2009)从 1961—2004 年取消上市的外国公司样本中,只识别出 48 家"真正的"主动取消上市的公司,对这些公司来说,在 SOX 法案通过之后才取消上市的公司拥有较低的收益率、较低的平均资产、较低的市值、较低的前期股价表现,以及较低的分析师关注度。Piotroski and Srinivasan (2008)得出了与 Chaplinsky and Ramchand (2009)相同的结论:重要的、但与 SOX 法案无关的因素影响了公司取消上市的决定。

还有很多研究考察 SOX 法案通过后外国公司在美国市场取消注册的决定性因素和影响。Witmer(2007)发现,在公司发布取消注册的公告的前后三天时间里,这些公司的股价有不显著的下跌(-0.06%)。他选择的都是 SOX 法案通过之后取消上市的公司。Li (2007) 和 Marosi and Massoud (2008)专门考察了 SOX 法案通过前后取消上市公司数量的变化以及它们的股价反应。Li (2007)发现,这些公司的股价在 SOX 法案通过前有不显著的下跌(-0.62%),在 SOX 法案通过后有不显著的上涨($+2.3\%$)。然而,Marosi and Massoud (2008)并没有发现这样的结果,他们发现无论 SOX 法案通过前还是通过后,这些公司股价都下跌了。Hostak et al. (2009)以 84 个在 SOX 法案通过后主动取消上市的外国公司为样本,发现 3 天里其累计异常收益率有显著的下降(-1.10%)。他们的结论是:公司治理水平差的公司通过退市和取消注册来避免 SOX 法案强制的治理要求,而不是避免因遵守 SOX 法案而增加的成本。

考虑到公司在美国取消注册所面临的困难,以及 SOX 法案通过后这些公司为退市进行游说(以获得简化的退市程序)的巨大努力,SEC 于 2007 年 3 月通过了一项新的法案——证券交易法规则 12h-6。随着这项政策的出台,更多的公司在 2007—2008 年取消上市,而且数量多于 2002—2007 年 SOX 法案通过时退市的公司数。有两个研究将这当做另一个新的实验来检验绑定假说:更容易的退市程序会降低绑定的价值,因为,简化的程序使公司内部人员更容易强迫公司退市从而获取私人利益。Fernandes et al. (2010)指出,公司对于新规则颁布的股价反应的中位数显著为负,下跌了 0.294%。另外,这种下跌集中体现在母国披露水平较低的公司中。他们认为这一结果支持了绑定假说。

Doidge et al.（2010）研究了公司取消注册（新规则颁发之前和之后）的决定性因素和这一决策对公司股东的影响。他们以 2002—2008 年从美国主要交易所退市的 141 个公司为样本。在这些公司中，有 75 家公司是在 2007 年 3 月新规则 12h-6 颁布后退市的。他们发现，与不退市的公司相比，退市的公司增长机会更低，外部融资要求也更低。他们认为这强有力地支持了绑定假说，因为这些公司已经不能从美国上市中获取好处了。作者利用对 SOX 法案通过的股价反应，就像我之前提过的 Berger、Li and Wong、Litvak、Smith 和 Li 做过的研究，但是未能表明：受到 SOX 法案的不利影响越多，公司越可能退市。他们发现的另一个有趣的现象是，在 12h-6 规则通过之前，公司股价对取消注册的公告有显著的负反应，就像 Marosi and Massoud（2008）发现的一样；但在规则通过之后，对公告的平均异常收益率的反应并不显著为 0。一个例外是有较大外部融资需求的公司：它们因取消上市而使股价下跌得更厉害了。所有的这些发现都与绑定假说一致，而且没有证据显示 SOX 法案会对外国交叉上市公司带来什么不利的影响。

4．关于未来研究机会

世界各地的许多企业中，都存在控股股东与管理者。这两类主体从其所控制的企业中获取私人收益的能力，是跨国公司治理中的关键内容。毕竟，只有当企业能够承诺他们不会为了控股利益而转移资本收益，而是将资本收益返还给投资者，投资者不必为此担心时，企业才可以从股东那里筹集外部资本。好的法律和监管机构，以及资本市场参与者的监督，可以有效地限制内部人对私人收益的谋取。但是，在缺少监管机构和活跃资本市场参与者的国家，公司需要凭借其他的可信机制来确保公众股东对内部人的限制。公司在拥有有效机构和市场等监管机制的海外交易所上市，是公司将自己与更好的治理机制绑定在一起的途径。这就是 Coffee（1999）和 Stulz（1999）所提出的所谓绑定假说的核心理念，他们以此来解释为什么有的公司寻求跨国交叉上市，而很多公司则不这么做。

在这篇文章中，我对过去大约十年中检验或再检验绑定假说的许多研究进行了综述。早期的很多实证研究都是支持绑定假说的，当然，可以预期的是,存在很多对该假说的批评。就像我曾指出的,关于绑定假说的争论是积极而有效的。对于批评的每一波浪潮,我在这篇文章中也已经提供了我认为是同样积极的辩护。

第一波批评浪潮致力于说明绑定假说中纯粹的"法律"绑定和"声誉"绑定的不同:法律绑定强调适用于外国交叉上市公司的法律及其执行,声誉绑定则强调围绕这些交叉上市公司的资本市场中介机构的监管作用。这种辩论导致了对绑定概念的有效分解。第二波批评浪潮质疑早期实证研究中发现的由绑定所带来的估值(溢价)的长期性。关于方法、基准、数据样本等方面的众多的不确定性,以及这些批评得出的多种多样混合的结果限制了这些攻击对绑定假说所造成的影响。

对于绑定假说的支持者来说,经常有"张冠李戴"的情况。第三波批评浪潮质疑对之前研究发现所做的解释,以及这些发现在多大程度上可归结于绑定而不是其他的业已存在的交叉上市假说,例如,信息环境的相关改善、流动性的提高、所有权结构的改变、董事会结构以及融资活动。把这些观点当做绑定假说的替代性假说通常忽略了一点:"信息中介"的重要作用其实也是绑定假说中的一部分。

最后,2002年美国通过的SOX法案以其严格的遵守和报告要求不经意间影响了外国交叉上市公司,从而为批评者重新评估绑定假说提供了绝佳的机会。批评者认为,SOX法案侵蚀了在美国上市公司的净收益,并且导致了公司取消上市和注册的浪潮。但如果对离开美国市场的公司本身的特征、这些公司在离开美国之前的资本市场经历、各种随后的规则改变的影响等方面进行详细分析,则会发现:SOX法案或许在公司取消上市的决定中并没有那么大的影响。

对于绑定假说和交叉上市的研究要何去何从呢?我看到了一些有前途的研究方向。

首先,几乎所有关于跨国交叉上市的研究都重点关注美国目标市场。考虑到过去20年中出现的美国交叉上市浪潮以及随后的增速下降,这是可以理解的。新的研究应该克服这种以美国为中心的观察角度。来自世界各地的不同交易场所有望推动他们各自的存托凭证(DR)市场的发展,这些DR市场有望成为学者们研究绑定的"实验室"。一直以来,香港是这方面的领先者,但近年来,香港发起了一场激进的"营销运动"。2007年3月,香港交易与结算公司、证券与期货委员会发布了一个旨在方便海外上市公司的联合声明,内容包括:简化上市规则及要求,制定落实主要股东保护措施的时间表。然而,进一步推动关于绑定的研究日程的关键,是要谨慎地理解公司在这些备择市场二次上市所要承担的法律和监管负担。

　　香港志在吸引亚太地区、其他新兴市场,甚至发达市场中的上市公司。2010年4月,L'Occitane's在香港的首次公开发行中募集了55亿港元,这是在香港公开上市的第一家法国公司。俄罗斯的Rusal公司——世界最大的铝生产公司——通过在香港上市,于2010年1月融资25.5亿港元。但它的发行颇具争议,因为只有机构投资者能够申购其股票。其他的亚太市场也在为吸引外国交叉上市公司而积极运作。2010年5月,英国的渣打银行宣布,它已经填写了用于在孟买交易所发行印度存托凭证的招股书,这是在印度交叉上市的首个外国公司。通过这次新的发行活动,渣打银行期望融资5.5亿美元。学者们必须识别出有助于推动新兴市场吸引外国上市公司的竞争优势的监管事件与其他潜在的因素。

　　其次,尽管大部分学者将注意力放在跨国交叉上市所带来的绑定及其对权益股东的影响上,但很少有人关注绑定对公司中其他外部的利益相关者的影响。考虑到金融文献中由于改善治理实践而导致的更广泛后果的大量证据,却无人关注这方面的问题,这很令人吃惊。事实上,在研究包含公司的全球资本市场战略的其他证券发行中,也许存在独特的机会要将绑定与其他的假说区分开来。我们已经大致讨论过Miller and Puthenpurackal (2002)的研究,以及Ball, Hail and Vasvari (2009)所做的关于交叉上市、公共债券发行价格以及银团贷款的研究。但最近,市场为我们提供了一系列与交叉上市相关的值得研究的金融衍生品。纽约梅隆银行和花旗银行开发了一套广泛的存托凭证指数套件,为基于这些指数的交易所交易基金(ETFs)打开了市场。花旗银行为全球存托票据(GDNs)开发了一个有潜力的新市场,GDNs类似于美国存托凭证和全球存托凭证,实质上代表了以美元交易的当地货币计价证券。这些新产品的引入,对于将美国市场与这些公司进行绑定、这些公司在美国市场的交易量、公司治理、披露选择以及资本市场策略,将会有什么影响?

　　再次,最近几年,在世界一些交易所交叉上市的许多公司在全球范围内取消上市。这一现象的最好例证就是,知名企业从纽约交易所或纳斯达克退市。这些企业包括Allianz A. G.、Anglo American、Deutsche Telekom A. G.、Fuji Film Holdings、TDK Corp.,以及最近的Daimler AG(该公司在美国

附录 公司治理、代理问题与跨国交叉上市：对绑定假说的捍卫

市场的交易量一直很低，而且曾经改变过投资者行为)。至今，对取消上市及取消注册过程的研究太少了。这些取消上市或取消注册的决策与公司伴随而来的其他活动变化之间的联系仍不明朗，并且可能引发其他的研究问题。对于任何给定的公司，是否有最佳的海外发行股票的数量？对于公司在不同的目标市场取消上市的决策，股东又作何反应？取消上市或注册对公司治理、代理问题以及报告、披露策略等方面会有什么影响？最近，巩固交叉上市公司数量的浪潮为研究这些重要问题提供了难得的机会。

最后，美国的存托凭证格局在这几年也以其他的方式发生了改变，这些变化为有趣的新研究提供了机会。自从 2008 年 10 月美国证监会 12g3-2(b) 规则的修正案颁发以来，不涉及外国上市公司的非参与型(unsponsored)美国存托凭证项目有了实行的可能性。这使得在美国柜台交易市场上市的非参与型项目急剧增多，包括一些知名公司，比如，AkzoNobel、Adidas、Marks & Spencer's、BASF 和 Deutsch Telekom。这一市场快速成长，已经占到了美国存托凭证市场的三分之一。Iliev et al. (2009)发现，大企业(如果是小企业，那么将没有资格来发起项目)之间存在小的、负的财富效应，而创造这些 DR 的托管银行则存在显著为正的财富效应。

更近的一个美国法律事件是最高法院的一个划时代的判例：Morrison 与澳大利亚国民银行(National Australia Bank)。在该判例中，最高法院判决，证券欺诈的民事赔偿责任只适用于在美国交易所上市与交易的证券，以及受到美国影响的证券交易。Licht et al. (2011) 的一篇新的工作论文指出，这项法律事件是对绑定假说的理想检验，因为这个判决至少对美国证监会的监管权威有部分限制。他们发现，总体看来，上市公司的股价在 2010 年 7 月 25 日(Morrison 案件的判决日)左右有正的反应，对于小公司和在美国进行交易的公司，这个正的反应更大。他们把这种现象看做是对绑定假说的拒绝。议会迅速地对 Morrison 判决作出反应，它对《多德-弗兰克法案》(Dodd-Frank Wall Street Reform) 的第九条补充了 Section 929P(b)(2)，并对 2010 年的《消费者保护法案》(Consumer Protectio Act) 也做了补充，要求 SEC 要征求公众意见；随后，议会又做了一项调研，考虑是否要扩大私人诉讼的跨境范围。SEC 在 2012 年 4 月发布了报告，其中包括 SEC 自己对法院判决的实证研究以及一系列供议会考虑的意见。

有一点是确定无疑的：在未来的日子里，将会有更多的事件、更多的反应，以及更多的研究。

参考文献

[1] 博格丹·高拉尔奇克,2011,"中国道路:一台高效但未经打磨的发动机",《经济观察报》,[2011-3-14]。

[2] 曹森,2013,"交叉上市、治理环境与上市公司超额现金价值",《管理科学》,25(4):31—43。

[3] 陈学胜、覃家琦,2012,"跨境上市与证券市场流动性之争研究述评",《经济评论》,1:147—152。

[4] 程仲鸣、夏新平、余明桂,2008,"政府干预、金字塔结构与地方国有上市公司投资",《管理世界》,9:37—47。

[5] 程子健、张俊瑞、李彬,2012,"交叉上市对股利政策稳定性的影响分析",《经济与管理研究》,11:78—87。

[6] 戴维斯,L.E.、诺斯,D.C.,1994,"制度变迁的理论:概念与原因",载〔美〕R.科斯,A.阿尔钦,D.诺斯等著,《财产权利与制度变迁——产权学派与新制度学派译文集》,上海三联书店,上海人民出版社。

[7] 〔澳〕蒂莫西·J.科埃利等,2008,《效率与生产率分析引论》(第二版),北京:中国人民大学出版社。

[8] 丁览、董秀良,2010,"境外上市公司回归A股市场交叉上市动因研究",《中国工业经济》,8:108—117。

[9] 丁益,2001,"走出国门后的反思——中国企业境外上市的得失",《资本市场》,5:40—47。

[10] 杜兴强、郭剑花、雷宇,2009,"政治联系方式与民营上市公司业绩:'政府干预'抑或'关系'?",《金融研究》,11:158—173。

[11] 樊纲、王小鲁、朱恒鹏,2011,《中国市场化指数》,北京:经济科学出版社。

[12] 冯·哈耶克,1945,《个人主义与经济秩序》,北京:北京经济学院出版社,1989年。

[13] 〔英〕冯·哈耶克,2001,《哈耶克论文集》,北京:首都经济贸易大学出版社。

[14] 冯·哈耶克,1969,"作为一种发现过程的竞争",载〔英〕冯·哈耶克,2001,《哈耶克论文集》,北京:首都经济贸易大学出版社。

[15] 郭申阳、马克·W. 弗雷泽,2012,《倾向值分析:统计方法与应用》,重庆:重庆大学出版社。

[16] 韩振峰,2014,"摸着石头过河"改革方法的来龙去脉。http://theory.people.com.cn/n/2014/0421/c40531-24920132.html。

[17] 〔美〕赫伯特·A. 西蒙,2004,《管理行为》,北京:机械工业出版社。

[18] 计方、刘星,2011,"交叉上市、绑定假说与大股东利益侵占",《当代经济科学》,33(4):105—114。

[19] 纪宝成、刘元春,2006,"论大规模企业盲目海外上市的缺失",《中国人民大学学报》,5:1—7。

[20] 〔德〕柯武刚、史漫飞,2000,《制度经济学:社会秩序与公共政策》,北京:商务印书馆。

[21] 孔宁宁、闫希,2009,"交叉上市与公司成长——来自中国'H+A'股的经验证据",《金融研究》,7:134—145。

[22] 李剑,2003,"对霍菲尔德法律权利概念的分析",《外国哲学》,2003年卷。

[23] 廖冠民、沈红波,2014,"国有企业的政策性负担:动因、后果及治理",《中国工业经济》,6:96—108。

[24] 林毅夫、李志赟,2004,"政策性负担、道德风险与预算软约束",《经济研究》,第2期。

[25] 刘鸿儒,2008,《突破——中国资本市场发展之路》,北京:中国金融出版社。

[26] 刘研,1997,"中国海外上市问题研究",《改革》,6:29—44。

[27] 刘志远、覃家琦、陆宇建、梅丹,2007,《企业投资绩效评价与融资成本估算体系》,北京:经济科学出版社。

[28] 〔美〕迈克尔·D. 贝勒斯,1996,《法律的原则——一个规范的分析》,北京:中国大百科全书出版社。

[29] 潘红波、夏新平、余明桂,2008,"政府干预、政治关联与地方国有企业并购",《经济研究》,第4期。

[30] 潘越,2007,《中国公司双重上市行为研究》,北京:北京大学出版社。
[31] 邵军、徐康宁,2011,"转型时期经济波动对我国生产率增长的影响研究",《经济研究》,12:97—110。
[32] 沈艺峰、沈洪涛,2004,《公司财务理论主流》,大连:东北财经大学出版社。
[33] 沈艺峰、肖珉、周颖刚,2006,"双重代理与交叉上市",工作论文。
[34] 沈宗灵,1990,"对霍菲尔德法律概念说的比较分析",《中国社会科学》,第1期。
[35] 史晋川等,2002,《境外上市企业国内融资机制研究》,上证联合研究计划。
[36] 舒伯利·C.昆伯卡等,2007,《随机边界分析》,上海:复旦大学出版社。
[37] 覃家琦、何青、李嫦娟,2009,"跨境双重上市与公司投资效率分析",《证券市场导报》,10:52—60。
[38] 覃家琦,2008,"跨境多重上市与公司价值关系研究综述",《证券市场导报》,9:16—22。
[39] 覃家琦、刘建明,2010,"A+H交叉上市与公司业绩关系的实证分析",《管理科学》,23(5):32—42。
[40] 覃家琦、齐寅峰、李莉,2008,"企业投融资互动机制理论综述",《经济评论》,1:155—160。
[41] 覃家琦、齐寅峰、李莉,2009,"微观企业投资效率的度量:基于TFP的理论分析",《经济评论》,2:133—141。
[42] 覃家琦,2007,《企业投资与融资的互动机制理论研究》,北京:经济科学出版社。
[43] 覃家琦,2005,"契约的生成机制与规则系统",《制度经济学研究》,6:140—156。
[44] 覃家琦、邵新建,2015,"交叉上市、政府干预与资本配置效率",《经济研究》,6:117—130。
[45] 覃家琦、邵新建、赵映雪,2012,"双重上市、IPO抑价与大规模融资行为——来自中国IPO的证据",《金融研究》,3:193—206。
[46] 覃家琦、邵新建,2016,"中国交叉上市公司的投资效率与市场价值——绑定假说还是政府干预假说?",《经济学(季刊)》,15(3):1137—1176。
[47] 覃家琦,2010,"战略委员会与上市公司过度投资行为",《金融研究》,6:124—142。
[48] 唐雪松、周晓苏、马如静,2010,"政府干预、GDP增长与地方国企过度投资",《金融研究》,第8期。
[49] 童艳、刘煜辉,2010,"中国IPO定价效率与发行定价机制研究",北京:中国金融出版社。
[50] 涂正革、肖耿,2005,"中国的工业生产力革命——用随机前沿生产模型对中国大中型工业企业全要素生产率增长的分解及分析",《经济研究》,3:4—15。

[51] 汪炜、李兴建、封丽萍,2003,"境外上市企业国内 IPO 融资机制及其监管",《经济社会体制比较》,1:59—65。

[52] 王春峰、姚锦,2004,"新股价值低估的随机前沿分析",《系统工程》,4:30—35。

[53] 王亚星、叶玲、杨立,2012,"交叉上市、信息环境与经济后果——来自 A 股、H 股市场的经验证据",《证券市场导报》,12:35—41。

[54] 王一萱等,2005,《中国企业海外上市研究》,深圳证券交易所研究报告。

[55] 王涌,1998,"寻找法律概念的'最小公分母'——霍菲尔德法律概念分析思想研究",《比较法研究》,第 2 期。

[56] 肖珉、沈艺峰,2008,"跨地上市公司具有较低的权益资本成本吗?",《金融研究》,10:93—103。

[57] 辛清泉、王兵,2010,"交叉上市、国际四大与会计盈余质量",《经济科学》,4:96—110。

[58] 徐少君、金雪军,2009,"社会资本、法律对中小投资者的保护和 IPO 抑价",《制度经济学研究》,19:1—21。

[59] 杨小凯,2003,《经济学——新兴古典与新古典框架》,北京:社会科学文献出版社。

[60] 袁堂军,2009,"中国企业全要素生产率水平研究",《经济研究》,6:52—64。

[61] 曾海舰、林灵,2015,"企业如何获取融资便利?——来自上市公司持股非上市银行的经验证据",《经济学(季刊)》,15(1):241—262。

[62] 张俊瑞、程子健、张健光,2011,"交叉上市对现金持有与现金持有价值的影响",《山西财经大学学报》,33(11):108—115。

[63] 张志华,1995,"驶入国际股市的第一艘中国轮船——访率先境外上市的上海海兴轮船股份有限公司",《交通企业管理》,5:18—20。

[64] 赵世勇、陈其广,2007,"产权改革模式与企业技术效率",《经济研究》,11:71—81。

[65] 赵宇,2012,"顶层设计",《党的文献》,2:108。

[66] 朱凯、田尚清、杨中益,2006,"公司治理与 IPO 抑价——来自中国股票市场的经验证据",《中国会计评论》,4(2):291—306。

[67] Abdallah, A. 2005. Cross-Listing, Investor Protection, and Disclosure: Does It Make a Difference? The Case of Cross-Listing versus Non-Cross-Listing Firms. Working Paper.

[68] Abdallah, W., and M. Goergen. 2008. The Impact of a Cross-listing on Dividend Policy. *International Journal of Corporate Governance*, 1(1): 49—72.

[69] Adam, T., and V. K. Goyal. 2008. The Investment Opportunity Set and Its

Proxy Variables. *Journal of Financial Research*, 31(1):41—63.

[70] Aigner, D. J., C. A. K. Lovell, and P. Schmidt. 1977. Formulation and Estimation of Stochastic Frontier Production Functions Models. *Journal of Econometrics*, 6(1):21—37.

[71] Alenxander, G. J., C. S. Eun, and S. Janakiramanan. 1987. Asset Pricing and Dual Listing on Foreign Capital Markets: A Note. *Journal of Finance*, 42(1):151—158.

[72] Almeida, H., M. Campello, and M. S. Weisbach. 2004. The Cash Flow Sensitivity of Cash. *Journal of Finance*, 59:1777—1804.

[73] Alti, A. 2006. How Persistent is the Impact of Market Timing on Capital Structure? *Journal of Finance*, 61(4):1681—1710.

[74] Amihud, Y. and H. Mendelson. 1989. Liquidity and Cost of Capital: Implications for Corporate Management. *Journal of Applied Corporate Finance*, 2(3):65—73.

[75] Ammann, M., D. Oesch, and M. Schmid. 2011. Corporate Governance and Firm Value: International Evidence. *Journal of Empirical Finance*, 18(1): 36—55.

[76] Amornkitvikai, Y., and C. Harvie. 2011. Finance, Ownership, Executive Remuneration, and Technical Efficiency: A Stochastic Frontier Analysis (SFA) of Thai Listed Manufacturing Enterprises. *Australasian Accounting Business and Finance Journal*, 5(1), 35—55.

[77] Aoki, MasHAiko. 2001. Toward a Comparative Institutional Analysis. *Cambridge*, MA: MIT Press.

[78] Bailey, W., G. A. Karolyi, C. Salva. 2006. The Economic Consequences of Increased Disclosure: Evidence from International Cross-Listings. *Journal of Financial Economics*, 81(1):175—213.

[79] Baker, H. K., J. R. Nofsinger, and D. G. Weaver. 2002. International Cross-listing and Visibility. *Journal of Financial and Quantitative Analysis*, 37(3):495—521.

[80] Ball, R. T., L. Hail, and F. P. Vasvari. 2013. Equity Cross-listings in the U. S. and the Price of Debt. Working Paper.

[81] Barclay, M. J., and C. W. Smith. 1995. The Maturity Structure of Corporate Debt. *Journal of Finance*, 50(2): 609—631.

[82] Barzuza, M. 2006. Lemon Signaling in Cross-Listing. Working Paper.

[83] Battese, G. E., and G. S. Corra. 1977. Estimation of a Production Frontier

Model: With Application to the Pastoral Zone of Eastern Australia. *Australian Journal of Agricultural Economics*, 21(3):169—179.

[84] Bauer, R., N. Guenster, and R. Otten. 2003. Empirical Evidence on Corporate Governance in Europe: The Effect on Stock Returns, Firm Value and Performance. *Journal of Asset Management*, 5(2): 91—104.

[85] Beatty, R. P. 1989. Auditor Reputation and the Pricing of Initial Public Offerings. *Accounting Review*, 64: 693—769.

[86] Bebchuk, L., A. Cohen, and A. Ferrell. 2009. What Matters in Corporate Governance? *Review of Financial Studies*, 22(2): 783—827.

[87] Benmelech, Efraim. 2009. Asset Salability and Debt Maturity?: Evidence from Nineteeth-Century American Railroads. *Review of Financial Studies*, 22(4): 1545—1584.

[88] Bhagat, S., and B. Bolton. 2008. Corporate Governance and Firm Performance. *Journal of Corporate Finance*, 14: 257—273.

[89] Biddle, G. C., G. Hilary, and R. S. Verdi. 2009. How Does Financial Reporting Quality Relate to Investment Efficiency? *Journal of Accounting and Economics*, 48(2—3): 112—131.

[90] Booth, J. R., and L. Chua. 1996. Ownership Dispersion, Costly Information, and IPO Underpricing. *Journal of Financial Economics*, 41: 291—310.

[91] Brennan, M. J. 2003. Corporate Investment Policy. Chapter 3 in *Handbook of the Economics of Finance*, Vol. 1, Part 1: 167—214.

[92] Brockman. P., and D. Y. Chung. 1999. Cross-listing and Firm Liquidity on the Stock Exchange of Hong Kong. *Managerial Finance*, 25(1):64—88.

[93] Brockman, P., and E. Unlu. 2009. Dividend Policy, Creditor Rights, and the Agency Costs of Debt. *Journal of Financial Economics*, 92: 276—299.

[94] Brown, G. K., and T. Mergoupis. 2011. Treatment Interactions with Nonexperimental Data in Stata, *The Stata Journal*, 11(4): 545—555.

[95] Brown, L. D., and M. L. Caylor. 2009. Corporate Governance and Firm Operating Performance. *Review of Quantitative Finance and Accounting*, 32: 129—144.

[96] Burns, N. and B. B. Francis. 2007. Cross-Listing and Legal Bonding: Evidence from Mergers and Acquisitions. *Journal of Banking & Finance*, 31(4): 1003—1031.

[97] Busaha, W. Y., L. Guo, Z. Sun, and T. Yu. 2015. The Dark Side of Cross-

Listing: A New-Perspective from China. *Journal of Banking & Finance*, doi: http//dx.doi.org/10.1016/j.jbankfin.2015.04.004.

[98] Campos, C. E., R. E. Newell, and G. Wilson. 2002. Corporate Governance Develops in Emerging Markets. *McKinsey on Finance*, Winter:15—18.

[99] Carter, R. B., F. H. Dark, and A. K. Singh. 1998. Underwriter Reputation, Initial Returns, and the Long-Run Performance of IPO Stocks. *Journal of Finance*, 53(1): 285—311.

[100] Cater, R. B., and S. Manaser. 1990. Initial Public Offerings and Underwriter Reputation. *Journal of Finance*, 45:1045—1067.

[101] Chan, K., J. Wang, and K. C. J. Wei. 2004. Underpricing and Long-Term Performance of IPOs in China. *Journal of Corporate Finance*, 10: 409—430.

[102] Chan, Y.-C., C. Wu, and C. C. Y. Kwok. 2007. Valuation of Global IPOs: A Stochastic Frontier Approach. *Review of Quantitative Finance and Accounting*, 29:267—284.

[103] Charitou, A., C. Louca, and S. Pananyides. 2007. Cross-Listing, Bonding Hypothesis and Corporate Governance. *Journal of Business Finance & Accounting*, 34(7,8): 1281—1306.

[104] Chemmanur, T. J., and I. Paeglis. 2005. Management Quality, Certification, and Initial Public Offerings. *Journal of Financial Economics*, 76: 331—368.

[105] Chemmanur, T. J., K. Krishnan, and D. K. Nandy. 2011. How Does Venture Capital Financing Improve Efficiency in Private Firms? A Look Beneath the Surface. *Review of Financial Studies*, 24(12):4037—4090.

[106] Chen, A., C. C. Hung, and C. Wu. 2002. The Underpricing and Excess Returns of Initial Public Offerings in Taiwan Based on Noisy Trading: A Stochastic Frontier Model. *Review of Quantitative Finance and Accounting*, 18: 139—159.

[107] Chen, G. M., B. S. Lee, and O. Rui. 2001. Foreign Ownership Restrictions and Market Segmentation in China's Stock Markets. *Journal of Financial Research*, 24: 133—155.

[108] Chen, K. E. W., Z. Chen, and K. C. J. Wei. 2009. Legal Protection of Investors, Corporate Governance, and the Cost of Equity Capital. *Journal of Corporate Finance*, 15: 273—289.

[109] Chen, S. Z. Sun, S. Tang, and D. Wu. 2011. Government Intervention and Investment Efficiency: Evidence from China. *Journal of Corporate Finnace*,

17: 259—271.

[110] Chowdry, B., and V. Nanda. 1991. Multimarket Trading and Market Liquidity. *Review of Financial Studies*, 4: 482—511.

[111] Chung, H. 2006. Investor Protection and the Liquidity of Cross-listed Securities: Evidence from the ADR Market. *Journal of Banking & Finance*, 30: 1485—1505.

[112] Claessens, S. 1997. Corporate Governance and Equity Prices: Evidence from the Czech and Slovak Republics. *Journal of Finance*, 52(4): 1641—1658.

[113] Coase, R. H. 1988b. The Nature of the Firm: Meaning. *Journal of Law, Economics and Organization*, 4(1):19—32.

[114] Coffee, J. 2002. Racing Towards the Top? The Impact of Cross-listings and Stock Market Competition on International Corporate Governance. *Columbia Law Review*, 102(7): 1757—1832.

[115] Coffee, J. 1999. The Future as History: The Prospects for Global Convergence in Corporate Governance and its Implications. *Northwestern University Law Review*, 93:641—707.

[116] Cohn, J., L. Mills, and E. Towery. 2014. The Evolution of Capital Structure and Operating Performance after Leverage Buyouts: Evidence from U. S. Corporate Tax Returns. *Journal of Financial Economics*, 111: 469—494.

[117] Connor, T. G. O. 2005. Does Cross-Listing in the U. S. Cause Value? Working Paper.

[118] Coombes, P., and M. Watson. 2000. Three Surveys on Corporate Governance. *The McKinsey Quarterly*, 4: 74—77.

[119] Core, J. E., R. W. Holthausen, and D. F. Larcker. 1999. Corporate Governance, Chief Executive Officer Compensation, and Firm Performance. *Journal of Financial Economics*, 51:371—406.

[120] Core, J. E., W. R. Guay, and T. O. Rusticus. 2006. Does Weak Governance Casuse Weak Stock Returns? An Examinaiton of Firm Operating Performance and Investor's Expectations. *Journal of Finance*, 61(2): 655—687.

[121] Crawford, S. S. 2007. What's Driving Cross-Listing Effects? An Analysis of Analyst Coverage Surrounding International Cross Listings. Working Paper.

[122] Destefanis, S., and V. Sena. 2007. Patterns of Corporate Governance and Technical Efficiency in Italian Manufacturing, *Managerial and Decision Economics*, 28, 27—40.

[123] Doidge, C., G. A. Karolyi, and R. M. Stulz. 2004. Why Are Foreign Firms Listed in the U. S. Worth More? *Journal of Financial Economics*, 71: 205—238.

[124] Doidge, C., G. A. Karolyi, K. V. Lins, D. P. Miller, and R. M. Stulz. 2009. Private Benefits of Control, Ownership, and the Cross-Listing Decision. *Journal of Finance*, 64(1): 425—466.

[125] Doidge, C. 2004. U. S. Cross-Listings and the Private Benefits of Control: Evidence from Dual-Class Firms. *Journal of Financial Economics*, 72: 519—553.

[126] Doidge, C. 2005. What is the Effect of Cross-Listing on Corporate Ownership and Control? Working Paper.

[127] Drobetz, W., A. Schillhofer, and H. Zimmermann. 2004. Corporate Governance and Expected Stock Returns: Evidence from Germany. *European Financial Management*, 10(2): 267—293.

[128] Durand, R. B., F. Gunawan, and A. Tarca. 2006. Does Cross-Listing Signal Quality? *Journal of Contemporary Accounting & Economics*, 2(2): 48—67.

[129] Durnev, A., E. H. Kim. 2005. To Steal or Not to Steal: Firm Attributes, Legal Environment and Valuation. *Journal of Finance*, 60(3): 1461—1493.

[130] Elliott, J. 1980. The Cost of Capital and U. S. Capital Investment: a Test of Alternative Concepts. *Journal of Finance*, 35: 981—999.

[131] Elston, J., and L. Rondi. 2004. Shareholder Protection and the Cost of Capital: Empirical Evidence from German and Italian Firms. SSRN Working Paper.

[132] Eng, L. L., S. Nabar, and G. M. Mian. 2008. Cross-Listing, Information Environment, and Market Value: Evidence from U. S. Firms that List on Foreign Stock Exchanges. *Journal of International Accounting Research*, 7(2): 25—41.

[133] Errunza, V., and E. Losq. 1985. International Asset Pricing under Mild Segmentation: Theory and Test. *Journal of Finance*, 40: 105—124.

[134] Eun, C., and S. Janakiramanan. 1986. A model of international asset pricing with a constraint on the foreign equity ownership. *Journal of Finance*, 41: 1015—1024.

[135] Faccio, M., L. Lang, and L. Young. 2001. Dividends and Expropriation. *American Economic Review*, 91(1): 54—78.

[136] Fan, J. P. H., T. J. Wong, and T. Zhang. 2007. Politically Connected CEOs,

Corporate Governance, and Post-IPO Performance of China's Newly Partially Privatized Firms. *Journal of Financial Economics*, 84: 330—357.

[137] Farrell, M. J. 1957. The Measurement of Productive Efficiency. *Journal of the Royal Statistical Society*, 120(3): 253—281.

[138] Fernandes, N., and M. Ferreira. 2005. Does International Cross-listing really Improve the Informational Environment? Working Paper.

[139] Ferris, S. P., K. A. Kim, and G. Noronha. 2009. The Effect of Crosslisting on Corporate Governance: A Review of the International Evidence. Corporate Governance: *An International Review*, 17(3): 338—352.

[140] Foester, S., and A. Karolyi. 1999. The Effects of Market Segmentation and InvestorRecognition on Asset Prices: Evidence from Foreign Stocks Listing in the United States. *Journal of Finance*, 54(3): 981—1013.

[141] Foester, S., and A. Karolyi. 2000. The Long-Run Performance of Global Equity Offerings. *Journal of Financial and Quantitative Analysis*, 35(4): 199—528.

[142] Foucault, T., and L. Fresard. 2012. Cross-listing, Investment Sensitivity to Stock Price and the Leaning Hypothesis. *Review of Financial Studies*, 25(11): 3305—3350.

[143] Foucault, T., and T. Gehrig. 2008. Stock Price Informativeness, Cross-listings, and Investment Decisions. *Journal of Financial Economics*, 88: 146—168.

[144] Francis, B. B., and I. Hasan. 2001. The Underpricing of Venture and Nonventure Capital IPOs: An Empirical Investigation. *Journal of Financial Services Research*, 19: 99—113.

[145] Fresard, L., and C. Salva. 2010. The Value of Excess Cash and Corporate Governance: Evidence from US Cross-Listings. *Journal of Financial Economics*, 98: 359—394.

[146] Fung H., and W. K. Leung. 2000. Segmentation of the A- and B-share Chinese Equity Markets. *Journal of Financial Research*, 23: 179—195.

[147] Gao, Y., and Y. Tse. 2004. Capital Control, Market Segmentation and Cross-border Flow of Information: Some Empirical Evidence from the Chinese Stock Market. *International Review of Economics and Finance*, 13(4): 227—262.

[148] Gaver, J. J., and K. M. Gaver. 1993. Additional Evidence on the Association between the Investment Opportunity Set and Corporate Financing, Dividend

and Compensation Policies. *Journal of Accounting and Economics*, 16(1): 125—160.

[149] Giroud, X., and H. M. Mueller. 2011. Corporate Governance, Product Market Competition, and Equity Prices. *Journal of Finance*, 66(2): 563—600.

[150] Giroud, X. 2013. Proximity and Investment: Evidence from Plant-level Data. *Quarterly Journal of Economics*, 128(8): 861—915.

[151] Gompers, P., J. Ishii, and A. Metrick. 2003. Corporate Governance and Equity Prices. *Quarterly Journal of Economics*, 118(1):107—155.

[152] Gormley, T. A., and D. A. Matsa. 2014. Common Errors?: How to (and Not to) Control for Unobserved Heterogeneity. *Review of Financial Studies*, 27(2): 617—661.

[153] Goyal, W. K., K. Lehn, and S. Racic. 2002. Growth Opportunities and Corporate Debt Policy: the Case of the U. S. Defense Industry. *Journal of Financial Economics*, 64: 35—59.

[154] Gul, F. A. 1999. Growth Opportunities, Capital Structure and Dividend Policies in Japan. *Journal of Corporate Finance*, 5: 141—168.

[155] Guo, L., Z. Sun, and T. Yu. 2010. Why Do Chinese Companies Dual-list Their Stocks? Working Paper.

[156] Hail, L., and C. Leuz. 2009. Cost of Capital Effects and Changes in Growth Expectations around U. S. Cross-Listings. *Journal of Financial Economics*, 93:428—454.

[157] Hargins, K. 2000. International Cross-listing and Stock Market Development in Emerging Economies. *International Review of Economics and Finance*, 9: 101—122.

[158] Hermalin, B. E., and M. S. Weisbach. 2004. Boards of Directors as an Endogenously Determined Institution: A Survey of the the Economic Literature. *Federal Reserve Bank of New York Economic Policy Review*, 9:7—26.

[159] Holder, M., F. W. Langrehr, and J. L. Hexter. 1998. Dividend Policy Determinants: An Investigation of the Influences of Stakeholder Theory. *Financial Management*, 27(3): 73—82.

[160] Ho, S. S. M., K. C. K. Lam, and H. Sami. 2004. The Investment Opportunity Set, Director Ownership, and Corporate Policies: Evidence from An Emerging Market. *Journal of Corporate Finance*, 10: 383—408.

[161] Hovakimian, G. 2011. Financial Constraints and Investment Efficiency: Inter-

nal Capital Allocation Across the Business Cycle. *Journal of Financial Intermediation*, 20: 264—283.

[162] Huang, M. , T. J. Wong, and T. Zhang. 2012. Political Considerations in the Decision of Chinese SOEs to List in Hong Kong. *Journal of Accounting and Economics*, 53: 435—449.

[163] Hunt-McCool. J. , S. C. Koh, and B. B. Francis. 1996. Testing for Deliberate Underpricing in the IPO Premarket: A Stockastic Frontier Approach. *Review of Financial Studies*, 9(4): 1251—1269.

[164] Johnson, S. , R. La Porta, F. Lopez-de-Silanes, and A. Shleifer. 2000. Tunneling. *American Economic Review*, 54(2): 471—517.

[165] Karolyi, G. A. 2012. Corporate Governance, Agency Problems and International Cross-listings: A Defense of the Bonding Hypothesis. *Emerging Markets Review*, 13: 516—547.

[166] Karolyi, G. A. 2006. The World of Cross-Listing and Cross-Listings of the World: Challenging Conventional Wisdom. *Review of Finance*, 10 (1): 99—152.

[167] Karolyi, G. A. 1998. Why Do Companies List Shares Abroad? A Survey of the Evidence and Its Managerial Implications. *Financial Markets, Institutions & Instruments*, 7(1): 1—59.

[168] Ke, Bin, O. Rui, and W. Yu. 2012. Hong Kong Stock Listing and the Sensitivity of Managerial Compensation to Firm Performance in State-controlled Chinese Firms. *Review of Accounting Studies*, 17(1): 166—188.

[169] Khurana, I. K. , X. Martin, and R. Periera. 2008. Cross-listing and Firm Growth. *Review of Finance*, 12: 293—322.

[170] Kim, M. , and J. R. Ritter. 1999. Valuing IPOs. *Journal of Financial Economics*, 53: 409—437.

[171] King, M. R. , and D. Segal. 2005. Are There Longer Horizon Benefits to Cross-Listing?: Untangling the Effects of Investor Recognition, Trading and Ownership. Working Paper.

[172] King, M. R. , and D. Segal. 2004. International Cross-Listing and the Bonding Hypothesis. Working Paper.

[173] King, M. R. , and D. Segal. 2009. The Long-Term Effects of Cross-Listing, Investor Recognition, and Ownership Structure on Valuation. *Review of Financial Studies*, 22(6):2393—2421.

[174] Klapper, L. F., and I. Love. 2004. Corporate Governance, Investor Protection, and Performance in Emerging Markets. *Journal of Corporate Finance*, 10: 703—728.

[175] Konigsgruber, R. 2007. An Economic Analysis of Cross-Listing Decisions. Working Paper.

[176] Koop, G., and K. Li. 2001. The Valuation of IPO and SEO Firms. *Journal of Empirical Finance*, 8: 375—401.

[177] Krinsky, I., and W. Rotenberg. 1989. Signalling and the Valuation of Unseasoned New Issues Revisited. *Journal of Financial and Quantitative Analysis*, 24: 257—266.

[178] Kumar, M., L. M. Bhole, and S. M. Saudagaran. 2003. Investment-Cash Flow Sensitivity and Access to Foreign Capital of Overseas Listed Indian Firms. *Journal for Decision Makers*, 28:47—59.

[179] Lang, M. H., K. V. Lins, and D. P. Miller. 2003. ADRs, Analysts, and Accuracy: Does Cross Listing in the United States Improve a Firm's Information Environment and Increase Market Value. *Journal of Accounting Research*, 41(2): 317—345.

[180] La Porta, R., F. Lopez-de-Silanes, A. Shleifer, and R. W. Vishny. 1999. Corporate Ownership around the World. *Journal of Finance*, 54(2): 471—517.

[181] La Porta, R., F. Lopez-de-Silanes, A. Shleifer, and R. W. Vishny. 2002. Investor Protection and Corporate Valuation. *Journal of Finance*, 57: 1147—1170.

[182] La Porta, R., F. Lopez-de-Silanes, A. Shleifer, and R. W. Vishny. 1998. Law and Finance. *Journal of Political Economy*, 106(6):1113—1155.

[183] La Porta, R., F. Lopez-de-Silanes, A. Shleifer, and R. W. Vishny. 1997. Legal Determinants of External Finance. *Journal of Finance*, 52(3): 1131—1150.

[184] Leal, Ricardo P. C., Newton C. A. da Costa, Celso F. Lemme, and Paloma P. L. Lambranho. 1998. The Market Impact of Cross-Listing: The Case of Brazilian ADRs. *Emerging Markets Quarterly*, 2(2): 39—45.

[185] Lee, I. 1992. Dual Listings and Shareholder's Wealth: Evidence from UK and Japanese Firms. *Journal of Business Finance & Accounting*, 19 (2): 243—252.

[186] Lel, U., and D. P. Miller. 2008. International Cross-Listing, Firm Performance, and Top Mnagement Turnover: A Test of the Bonding Hypothesis.

Journal of Finance, 63(4):1897—1937.

[187] Liang, S., and X. Chen. 2012. Motivation and Reasoning behind Chinese Enterprise Overseas Listing. Working Paper.

[188] Licht, A., 2000. Genie in a bottle? Assessing managerial opportunism in international securities transactions, *Columbia Business Law Review*, 51: 351—377.

[189] Licht, A., 2001. Managerial opportunism and foreign listing: some direct evidence. *University of Pennsylvania Journal of Economic Law*, 22: 325—347.

[190] Licht, A. N. 2003. Cross-Listing and Corporate Governance: Bonding or Avoiding? *Chicago Journal of International Law*, 4: 122—141.

[191] Licht, A. N. 2004. Legal Plug-Ins: Cultural Distance, Cross-Listing, and Corporate Governance Reform. *Berkeley Journal of International Law*, 22: 195—239.

[192] Licht, A., 1998. Regulatory arbitrage for real: international securities regulation in a world of interacting securities markets. *Virginia Journal of International Law*, 38: 563—638.

[193] Lin, Justin Yifu, and Guofu Tan. 1999. Policy Burdens, Accountability and Soft-budget Constraint. *American Economic Review*, 89(2): 426—431.

[194] Lin, Justin Yifu, Fang Cai, and Zhou Li. 1998. Competition, Policy Burdens and State-owned Enterprises Reform. *American Economic Review*, 88(2): 422—427.

[195] Lin, J. Y. 1989. An Economic Theory of Institutional Change: Induced and Imposed Change. *Cato Journal*, 9(1): 1—33.

[196] Lins, K. V., D. Strickland, and M. Zenner. 2005. Do Non-U. S. Firms Issue Equity on U. S Stock Exchange to Relax Capital Constraints. *Journal of Financial and Quantitative Analysis*. 40(1):109—133.

[197] Litvak, K., 2007. The effect of the Sarbanes-Oxley Act on non-U. S. companies cross-listed in the U. S., *Journal of Corporate Finance*, 13: 195—228.

[198] Liu, J., andC. Liu. 2007. Value Relevance of Accounting Information in Different Stock Market Segments: The Case of Chinese A-, B-, and H-share. *Journal of International Accounting Research*, 6: 55—81.

[199] Ljungqvist, A. 2006. IPO Underpricing. In B. Espen Eckbo(ed.), *Handbook of Corporate Finance: Empirical Corporate Finance*. Vol. A, Chpter 7. Elsevier/North-Holland.

[200] Maskin, Eric and John Moore. 1999. Implementation and Renegotiation. *Review of Economic Studies*, 66: 39—56.

[201] Meeusen. W. , and J. van den Broeck. 1977. Efficiency Estimation from Cobb-Douglas Production Functions with Composed Error. *International Economic Review*, 18(2): 435—444.

[202] Merton, R. 1987. Presidential Address: A Simple Model of Capital Market Equilibrium with Incomplete Information. *Journal of Finance*, 42: 483—510.

[203] Miller, M. H. , and F. Modigliani. 1961. Dividend Policy, Growth, and the Valuation of Shares. *The Journal of Business*, 34(4): 411—423.

[204] Modigliani, F. , and M. H. Miller. 1958. The Cost of Capital, Corporate Finance and the Theory of Investment. *American Economic Review*, 48(3): 261—297.

[205] Nanka-Bruce, D. 2011. Corporate Governance Mechanisms and Firm Efficiency. *International Journal of Business and Management*, 6(5): 28—40.

[206] Newell, R. and G. Wilson. 2002. A Premium for Good Governance. *The McKinsey Quarterly*, 3: 20—23.

[207] O'Connor, T. G. 2006. Cross-listing in the U. S. and Domestic Investor Protection. *Quarterly Review of Economics and Finance*, 46: 413—436.

[208] O'Connor, T. G. 2009. Does cross listing in the USA really enhance the value of emerging market firms? *Review of Accounting and Finance*, 8(3): 308—336.

[209] Pagano, M. , A. A. Roel, and J. Zechner. 2002. The Geography of Equity Listing: Why Do Companies List Abroad? *Journal of Finance*, 57: 2651—2694.

[210] Petersen, M. 2009. Estimating Standard Errors in Finance Panel Data Sets: Comparing Approaches. *Review of Financial Studies*, 22(1): 435—480.

[211] Pushner, G. M. 1995. Equity Ownership Structure, Leverage, and Productivity: Empirical Evidence from Japan. *Pacific-Basin Finance Journal*, 3: 241—255.

[212] Reese, W. , Weisbach, M. , 2002. Protection of minority shareholder interests, cross-listings in the United States, and subsequent equity offerings. *Journal of Financial Economics*, 66: 65—104.

[213] Rhodes-Kropf, M. , D. T. Robinson, and S. Viswanathan. 2005. Valuation Waves and Merge Activity: The Empirical Evidence. *Journal of Financial Economics*, 77: 561—603.

[214] Richardson, S. 2006. Over-investment of Free Cash Flow. *Review of Accounting Studies*, 11:159—189.

[215] Ritter, J. R. 1987. The Costs of Going Public. *Journal of Financial Economics*, 19: 269—282.

[216] Ritter, J. R. 1984. The "Hot Issue" Market of 1980. *Journal of Business*, 57: 215—241.

[217] Ritter, J. R. 1991. The Long-run Performance of Initial Public Offerings. *Journal of Finance*, 46(1): 3—27.

[218] Salva, C. 2003. Foreign listings, corporate governance, and equity valuations. *Journal of Economics and Business*, 55(5—6): 463—485.

[219] Sarkissian, S., and M. J. Schill. 2009. Are There Permanent Valuation Gains to Overseas Listing? *Review of Financial Studies*, 22(1): 371—412.

[220] Shen, W., and C. Lin. 2009. Firm Profitability, State Ownership, and Top management Turnover at the Listed Firms in China: A Behavioral Perspective. *Corporate Governance: An International Review*, 17(4): 443—456.

[221] Sherman, A., and S. Titman. 2002. Building the IPO Order Book: Underpricing and Participational Limits with Costly Information. *Journal of Financial Economics*, 65(1): 3—29.

[222] Shin, H., and R. M. Stulz. 2000. Firm Value, Risk, and Growth Opportunities. Working Paper.

[223] Shleifer, A., and R. W. Vishny. 1994. Politicians and Firms. *Quarterly Journal of Economics*, 109: 995—1025.

[224] Shleifer, A., and R. W. Vishny. 1998. *The Grabbing Hand: Government Pathologies and Their Cures*. Cambridge, Mass: Harvard University Press.

[225] Siegel, J. 2005. Can Foreign Firms Bond Themselves Effectively by Renting U. S. Securities Laws? *Journal of Financial Economics*, 75: 319—359.

[226] Smith, C. W., and R. L. Watts. 1992. The Investment Opportunity Set and Corporate Financing Dividend, and Compensation Policies. *Journal of Financial Economics*, 32(3): 263—292.

[227] Stapleton, R. C., and M. G. Subrahmanyam. 1977. Market Imperfections, Capital Market Equilibrium and Corporate Finance. *Journal of Finance*, 32(2): 307—320.

[228] Stigler, George. J. 1951. The Division of Labor is Limited by the Extent of the Market. *Journal of Political Economy*, 59:185—193.

[229] Stulz, R. M. 1999. Globalization, Corporate Finance and Cost of Capital. *Journal of Applied Corporate Finance*, 12: 8—25.

[230] Stulz, R. M. 2005. The Limits of Financial Globalization. *Journal of Finance*, 60(4): 1595—1638.

[231] Sun, Q., W. Tong, and Y. Wu. 2013. Overseas Listing as A Policy Tool: Evidence from China's H-shares. *Journal of Banking and Finance*, 37(5): 1460—1474.

[232] Toh, M. H., and W. C. Ng. 2002. Efficiency of Investment in Asian Economies: Has Singapore Over-invested. *Journal of Asian Economics*, 13: 52—71.

[233] Vaaler, P. M., and B. N. Schrage. 2006. Legal System and Rule of Law Effects on US Cross-Listing to Bond by Emerging-Market Firms. Working Paper.

[234] Whited, T., and G. Wu. 2006. Financial Constraints Risk. *Review of Financial Studies*, 19: 531—559.

[235] Wintoki, M. B., J. S. Linck, and J. M. Netter. 2008. Endogeneity and the Dynamics of Corporate Governance. Working Paper.

[236] Wojcik, D., G. L. Clark, and R. Bauer. 2004. Corporate Governance and Cross-Listing: Evidence from European Companies. Working Paper.

[237] Xu, J. 2012. Profitability and Capital Structure: Evidence from Import Penetration. *Journal of Financial Economics*, 106: 427—446.

[238] Yagil, J., and Z. Forshner. 1991. Gains from International Dual Listing. *Management Science*, 37(1): 114—120.

[239] You, L., A. M. Parhizgari, and S. Srivastava. 2012. Cross-Listing and Subsequent Delisting in Foreign Markets. *Journal of Empirical Finance*, 19(2): 200—216.

[240] Young, A. A. 1928. Increasing Returns and Economic Progress. *The Economic Journal*, 38: 527—42.

[241] Zhang, Y. M., et. al. 2004. The Valuation Differential between Class A and B Shares: Country Risk in the Chinese Stock Market. *Journal of International Financial Management and Accounting*, 15: 44—59.

[242] Zingales, Luigi. 1998. Corporate Governance. in *The New Palgrave Dictionary of Economics and the Law*. London: Macmillan.

[243] Zingales, Luigi. 2000. In Search of New Foundations. *Journal of Finance*, 55(4): 1623—1653.